高等院校精品课程系列教材

数智时代的组织管理

ORGANIZATIONAL MANAGEMENT IN THE DIGITAL AGE

龙立荣 王海江 编著

机械工业出版社
CHINA MACHINE PRESS

本书梳理了数智化技术对组织管理或组织行为学乃至人力资源管理的冲击和挑战，采用了承上启下的编排模式，即简单地描述传统组织行为学的内容来凸显数智化技术对组织管理相关领域的重塑，以求拓展思路、增加新知。全书共分为 8 章，涵盖绪论、数字化时代的组织结构、数字化时代的工作设计、数字化时代的劳动关系、数字化时代的沟通、数字化时代的团队、数字化领导力、数字化时代的组织变革等内容，反映了组织管理的前沿实践和最新理论成果。每一章精心选编了国内外企业的生动案例，帮助读者提升运用理论解决实际管理问题的能力。

本书既可以作为高等院校管理类本科生、研究生和 MBA 学员的教材，也可作为相关从业人员的参考读物。

图书在版编目（CIP）数据

数智时代的组织管理 / 龙立荣，王海江编著. 北京 : 机械工业出版社，2025. 6. -- (高等院校精品课程系列教材). -- ISBN 978-7-111-78577-4

Ⅰ. C936

中国国家版本馆 CIP 数据核字第 20255Y8F83 号

机械工业出版社（北京市百万庄大街 22 号　邮政编码 100037）

策划编辑：贾　萌　　责任编辑：贾　萌

责任校对：赵　童　张雨霏　景　飞　　责任印制：单爱军

保定市中画美凯印刷有限公司印刷

2025 年 8 月第 1 版第 1 次印刷

185mm × 260mm · 18.75 印张 · 450 千字

标准书号：ISBN 978-7-111-78577-4

定价：59.00 元

电话服务	网络服务
客服电话：010-88361066	机　工　官　网：www.cmpbook.com
010-88379833	机　工　官　博：weibo.com/cmp1952
010-68326294	金　　书　　网：www.golden-book.com
封底无防伪标均为盗版	机工教育服务网：www.cmpedu.com

前言
PREFACE

10多年前，本书作者龙立荣动笔撰写了《组织行为学》这部教材，并受到广泛好评。有感于这些年生活、工作、技术的快速变化，我们在思考是否该把这些变化在教材修订时反映进去。出版社的编辑也曾多次催促对原来的教材进行“与时俱进”的修订。可惜出于种种原因一直未能开展，起初是忙于行政工作，后来是忙于国家自然科学基金重点课题的研究和推进。但这些好像都是借口，其实是我们没有想清楚组织行为学或组织管理是否还要沿用过去的结构和内容。新的教材是应进行小修小补，还是把新技术革命的前沿或动态反映进去。如果要在阐述传统的组织管理内容的基础上体现新技术革命的变化，作品篇幅应该会非常大。

经过考虑，我们还是放弃了小修小补的思路，开始梳理数智化技术对组织管理或组织行为学乃至人力资源管理的冲击和挑战，尝试一种新的模式：承上启下模式，即简单地描述传统组织行为学的内容来凸显数智化技术对组织管理相关领域的重塑，以求拓展思路、增加新知。于是，有了今天这本《数智时代的组织管理》的编写主旨，并在组织师生一起交流讨论的过程中，形成了本书的核心，最终在机械工业出版社顺利出版。

尽管书中有许多的未尽之处，比如：如何处理传统与现代的关系，知识框架是否需要另起炉灶，如何反映研究前沿，如何增加可读性，如何用数智时代的技术呈现知识，如何增加阅读中的互动性，等等，但是本书仍为揭示数智时代对组织管理带来的影响进行了宝贵探索。

本书的编写是由龙立荣和王海江总体策划和完成的，在写作过程中，华中科技大学管理学院“303的小可爱”给予了我们大力支持。“303的小可爱”是我们团队的爱称，许多博士生和硕士生贡献分享了大量最新的文献与思想，为我们打开了学术前沿的大门，他们提供的一些合适的材料也被选编进教材里，在这里对“303的小可爱”表示感谢，也对相关研究的作者表示感谢！团队成员中，除龙立荣和王海江外，程芷汀对第2章数字化时代的组织结构、黄晓乐对第3章数字化时代的工作设计、秦莹雪对第4章数字化时代的劳动关系、王海洋对第5章数字化时代的沟通、黄泽杰对第6章数字化时代的团队、吴东旭对第7章数字化领导力、江晓燕对第 8 章数字化时代的组织变革做出了许多贡献。

总体上，本书还是沿袭了传统组织行为学教材的大致框架，但和以往的写法相比有较大的创新。由于行为的变化更多与组织环境、技术背景紧密相关，为此，本书忽略了人性方面的内容，略去了人性假设、个体差异和激励等内容，更多突出环境和技术变化对人的行为的影响；此外，编排的顺序也与常见体系有所不同，不再是从传统的个体到群体，而是从组织出发，如从组织结构、工作设计、劳动关系等开始，进而到沟通、团队，最后落在领导力和组织变革上。

虽然有考虑，实施起来还是非常困难，内心里不接受，但是自我安慰的说法是“新生儿都有点丑”，抛砖引玉，供大家学习和参考。本书的读者，也许是本科生，希望扩大知识视野；也许是研究生，希望捕捉前沿选题；也许是实践工作者，希望了解理论前瞻。希望所有读者都可以通过对本书的阅读，收获自己的点滴。

最后，非常感谢老朋友吴亚军编辑的帮助和鼓励。数字化浪潮一浪高过一浪，但是，真正成熟的教材还在萌芽中，研究探索多于共识的结论。在这种背景下，愿意接受这类教材，无疑也是一种大胆的尝试和创新，希望在教学中能获得多赢的结果。

龙立荣　王海江

于华中科技大学管理学院

2025 年 4 月

目　录

CONTENTS

第1章 CHAPTER 1 绪论

工业社会通过引入蒸汽机、电动机解放了人的肌肉力量，优化了工业生产的流程，极大地提高了效率，改善了人们的生活；到信息社会，计算机的出现部分解放了人的脑力，写作、绘图等都可以在计算机上展开，并记录和保存创造的整个过程，使得脑力劳动的效率得到提升；而今天的数智时代，随着通信技术、存储技术、算力、算法的突破，基于大数据、5G技术、云计算、机器学习，人类的工作和生活再次被颠覆，智能化渗透了市场营销、产品和服务设计、产品制造和服务提供的各个环节。那么，这些数智化技术对组织结构的设计和运作、雇佣关系、沟通方式、团队合作、领导行为产生了哪些影响？

§ 学习目标

➢ 学完本章，你应该做到：

1. 了解四次工业革命的发展历程和特点。
2. 了解数智化的特点。
3. 了解数智化对组织管理的影响。

§ 引例

希音的数智化生产运作方式

希音（Shein）的前身南京点唯信息技术有限公司成立于2008年，最初以销售低价婚纱为主，随后逐步转型并扩展到快时尚女装，同时向男装、配饰、家居、美妆及宠物领域不断拓展。该公司由国际化、快时尚女装主导，靠数字化营销拉动市场，凭借小单快返的特色，成为一家快速成长的公司，与国际时尚品牌ZARA形成竞争。公司的组织架构包括运营中心、客户关系管理中心、产品研发中心、供应链中心、商品中心、组织发展与赋能中心、数字智能中心和财务中心八大中心。主打丰富多彩的低价产品，每天上新款达3 000种，在Facebook、Twitter、Instagram、TikTok、YouTube等平台上，利用关键意见领袖（key opinion leader，KOL）、关键意见消费者（key opinion consumer，KOC）进行宣传并扩大影响力，借助数智化技术预测市场趋势和消费者行为，从而实现精准营销，快速获取订单。然后通过小单快返模式（要求供应商能够接受小批量订单，如果形成规模能够快速返单，这种合作模式使公司在短时间内增加热门商品的生产量，同时降低库存积压的风险），整合中国国内的供应链和生产能力，确保了供应链的灵活性和响应速度。同时希音还对合作的工厂进行了数字化改造，这样借助数字化系统，方便将物理上离散的小工厂连接、整合起来，形成一个虚拟的、高效的生产网络。这种数字化的供应链管理方式提高了生产效率和透明度，使得希音能够快速调整生产计划。

资料来源：改编自《剖析千亿级巨头SheIn的组织架构养成》，CIO之家。

1.1 技术引领变革

（1）生活变了。例如，某业主家中抽油烟机因长期未维护，抽油烟的效果下降，于是业主联系厂家进行维修。维修师傅按预约时间准时上门（定位打卡，过程管理）后，首先对设备进行检查，发现是油渍沉积导致通风受阻，随后提供了更换或清洗这两种维修方案，并根据业主的选择进行清洗工作。清洗过程中，师傅对清洗前后的设备状态进行了拍照记录，并上传至云端（云证据，过程管理）。清洗完成后，师傅重新安装零件并进行试运行，确保设备恢复正常工作。业主对维修结果验收后，通过电子支付方式（支付宝或微信）支付了费用。在传统的管理模式中，师傅外出工作的监管主要依赖于顾客的满意度调查，缺乏现场数据支持，导致服务质量难以客观评估。而现代管理模式通过现场定位、拍照记录和云端上传等手段，增强了服务过程的透明度和可追溯性，有效提升了管理效率和顾客满意度。

再如，在线购物能够避免前往商场的不便，如恶劣天气、交通拥堵和停车难题，同时节约了时间和经济成本。因此，某顾客在一次在线购物体验中，通过电商平台订购了一箱需低温保存的酸奶。之后，商品的准时配送保证了酸奶的新鲜度，且商品价格较实体店更为优惠。收货时，顾客发现其中一袋酸奶的包装破损，导致其他几袋酸奶受到污染，随即将损坏情况拍照并上传给客服。客服迅速响应，基于顾客的信用记录以及对顾客的信任，未进行额外核实即退还了一半款项。这种信任体现了电商平台对顾客信用的评估和认可，其迅速的反应和宽松的退款政策有效地增强了顾客的忠诚度。

（2）工作方式变了。在互联网尚未普及的时期，通勤者通常无法预测交通拥堵情况，使得出行选择充满了不确定性。而互联网的兴起为通勤提供了多样化的选择：在交通拥堵时，可以选择其他较为畅通的路线；在紧急情况下，可以选择地铁、公交等更高效的交通方式；对于短途出行，共享单车成了一种便捷的选择。

随着电动汽车的普及，互联网技术与车辆智能化的融合进一步优化了驾驶体验。车辆能够记录并分析驾驶员的通勤习惯，智能推荐最佳行驶路线。同时，车辆能够自动记忆座椅位置、温度偏好、按摩功能等个性化设置，并通过语音控制、触摸屏操作和文字输入等多种交互方式，实现用户对车辆的便捷操作。

在工作环境中，互联网的应用使得工作流程更加数字化和网络化，工作进度和成果得以被详细记录和追踪。会议可以通过现场或在线方式进行，甚至可以联结现场与远程参与者，实现高效的沟通和协作。可视化展示和实时板书也因技术的进步而变得更加便捷。即便在出差或旅行期间，人们也能够通过互联网保持联系，无论是在高铁上、飞机候机室里还是旅游景点，都能够轻松处理工作和日常事务，确保工作的连续性和效率。

这种工作模式的优势在于打破了时间和空间的限制，使得工作可以在办公室、家庭环境、公共空间甚至旅途中灵活进行。对于企业而言，这意味着可以减少传统办公空间的需求，增加共享工作区域，并且审批和讨论等流程不再受时间的限制，员工可以在任何地点实现全天候的沟通。

然而，这种模式也存在挑战：首先，工作与生活的界限变得模糊，可能导致工作时间的延长，影响个人生活的质量和家庭关系；其次，长期依赖网络沟通可能会削弱人际关系的亲密度，一定程度上剥夺人的社会性；再次，网络交流的质量和效果可能受到信号覆盖（如飞机上）或信号强度（如高铁上）以及使用环境（如噪声干扰）的影响；最后，还需考虑数据保密性和个人隐私保护的问题。

（3）管理方式变了。比较极端的是骑手和网约车司机的管理，理论上这类群体有线下的管理者，但实际上他们更多地被算法管理：接什么单、走什么路线、是否超速、是否急刹车、是否绕路、是否逆行以及后续的收费、服务满意度评估、反馈、收入提成等都是靠算法进行的。如果说他们有领导，那么算法可能才是其“领导者”，管理骑手、网约车司机等人和事。

目前，工作场所的员工行为监控受到技术限制（有些行为难以靠思维刻画）和隐私保护原则（考虑隐私保护没有安装监控设施，如摄像头、计算机监控仪、行走路径跟踪等）的约束。未来技术（如脑机接口类的大脑监测设施）可能提供新的监控手段，但依然将受到法律和伦理的严格监管。

（4）合作伙伴变了。典型的例子是2022年11月，OpenAI公司发布了ChatGPT（chat generative pre-trained transformer），这是人类技术的又一大突破。比尔·盖茨（Bill Gates）将其看成人工智能（artificial intelligence，AI）历史上的iPhone革命，是人类历史上的里程碑事件。ChatGPT可以写作文案、写作初级代码、翻译、解答考试题目等，是智力上的革命。之后，微软公司将GPT引入，在其办公软件上开发了副驾驶（CoPilot），帮助人们一边写作，一边导入自动写作的内容；一边做PPT，一边导入需要的材料、图片甚至音乐等，极大地提升了工作效率。OpenAI公司现在又开发出Sora，可以制作一分钟左右的视频，变得更加有影响力。

在工厂，过去的伙伴是人类同事，而现在可能是机器人［机械手、机械臂、智能体（AI Agent）］，并且工作中有时需要和机器人对话或交互。在酒店、餐厅的服务过程中，许多机器人已经承担了一些简单的送餐、咨询等工作。

1.2 四次工业革命的发展历程

1.2.1 第一次工业革命

在第一次工业革命前，纺织基本靠手工操作，单台纺纱机效率相对低下；此外，人的肌肉比较容易疲劳，加上人需要休息，故而借助蒸汽机的动力推动后，纺纱机的效率得到了极大的提升。

18 世纪 60 年代中期，纺织工詹姆斯·哈格里夫斯（James Hargreaves，1721—1778）发明了“珍妮纺纱机”，揭开了工业革命的序幕。传闻记载，哈格里夫斯在回家时不小心踢倒了女儿的纺纱机，但他发现被踢倒的纺纱机还在转动，只是原先横着的纱锭变成直立的了，于是他第二天就把几个纱锭竖着排列，用一个纺轮带动 8 个竖直的纺锤，使用一个控制器，并以他女儿珍妮的名字命名，这就出现了早期的纺织机。珍妮纺纱机的出现使大规模的织布厂得以建立，它比旧式纺车的纺纱能力提高了 8 倍，促成了影响世界历史进程的英国工业革命（Osborne，2013）。

1782 年，詹姆斯·瓦特（James Watt，1736—1819）在传统蒸汽机的基础上改良创造出了双动力蒸汽机；1783 年，瓦特持续改进，制造出了轮转蒸汽机；1788 年，第一台使用离心调节器的蒸汽机在 Soho 厂建成（Osborne，2013）。瓦特制成的改良型蒸汽机不断投入使用，为工业发展提供了更加便利的动力，并得到迅速推广，大大推动了机器的普及和发展。人类社会由此进入了“蒸汽时代”。

随着工业生产中机器生产逐渐取代手工操作，传统的手工业无法适应机器大规模生产的需要，为了更好地进行生产管理、提高效率，资本家开始建造工业厂房，配置机器雇用工人集中生产，这样，一种新型的生产组织形式——工厂出现了。工厂成为工业化生产的最主要组织形式，发挥着日益重要的作用。

机器凭借蒸汽机提供的动力，促进了生产的发展，继而催生了交通运输事业的革新——为了快捷便利地运送货物、原料，人们想方设法地改造交通工具。1807 年，美国人罗伯特·富尔顿（Robert Fulton，1765—1815）制成的以蒸汽为动力的汽船试航成功；1814 年，英国人乔治·斯蒂芬森（George Stephenson，1781—1848）发明了使用凸缘车轮的“蒸汽机车”，从而摆脱了约翰·布伦金普索（John Blenkinsop，蒸汽机车最早的开拓者之一）“带齿轨道”的限制。1825 年，斯蒂芬森亲自驾驶着一列托有 34 节小车厢的火车试车成功，标志着蒸汽机与铁路开始真正的融合（Osborne，2013）。从此，人类的交通运输业真正进入一个以蒸汽为动力的时代。

第一次工业革命标志着农耕文明向工业文明的过渡，是人类发展史上的一个伟大奇迹。

1.2.2 第二次工业革命

第二次工业革命主要表现为电力的广泛应用和内燃机的出现与使用，这种动力设置相对蒸汽机更加轻巧，可以安装在需要动力的各种设备上，迅速地获得推广，变成了生产力，改变和推动了经济、社会发展，世界由“蒸汽时代”进入“电气时代”。

蒸汽机的局限表现在：首先，蒸汽机的特征是需要水，所以工厂需要在河流或湖泊附近开设，限制了其发展空间；其次，蒸汽机比较庞大，占据很大的空间，因此灵活性也是一个很大的挑战；最后，与之相应地，由于过于笨重，所以蒸汽机大多应用在轮船、火车等场景，限制了其适用范围。

发电机与电动机的发明则可以解决蒸汽机的不足。只要电网能到达的地方，都可以使用电动机，而且电动机相对小巧和灵活，可以应用在更多的场景。1831 年，迈克尔·法拉第（Michael Faraday，1791—1867）在发现了电磁感应现象之后不久，他又利用电磁感应发明了世界上第一台感应发电机（Kennelly，1931）。1866 年德国人西门子（Siemens，1816—1892）发明了自励直流发电机（Zhang，2020）。而电动机的原理与发电机相似，将电力转换成动力即可。

内燃机（internal combustion engine）的发明则是第二个对蒸汽机的改进，它也具有体型小的特点。内燃机的出现直接导致了汽车的产生，使得人的活动和物流更加方便快捷，为提升生产效能和方便人们生活提供了划时代意义的工具。内燃机将燃料燃烧产生的热能，通过燃气膨胀直接转变为机械能，具有体积小、质量小、便于移动、热效率高、起动性能好的特点。法国发明家艾蒂安·勒努瓦（Étienne Lenoir，1822—1900）1859 年制造出第一台实用内燃机，德国发明家尼古拉斯·奥古斯特·奥托（Nikolaus August Otto，1832—1891）1876 年制造出第一台四冲程内燃机（Zhang，2020）。但是传统的内燃机一般使用化石燃料，同时排出的废气中含有害气体的成分较高，污染环境，这是现代追求电动化取代化石燃料的动力之一。

在第二次工业革命中，特别是电力、内燃发动机的推动，再加上各种新技术的涌现，包括合金、化学品、电报和无线电等通信技术，使得经济快速发展。钢铁一直是生产资料、新型材料，比木材、石头坚韧，可塑性更强，在房屋、桥梁、交通工具建造中具有重要作用；同时“贝塞麦转炉炼钢法”和“平炉炼钢法”（Holappa, 2019）的出现让生产钢铁变得更便宜；加之有蒸汽机运输推动，使得钢铁的应用更普遍。第二次工业革命本质上是科学的春天，集中围绕着钢铁、铁路、电力和化学品发展。

在第二次工业革命中，化学、电器、石油生产和钢铁等领域都有巨大的创新，社会进入摩登时代（见图 1-1）。具体的成就包括内燃机驱动的船的出现、飞机的发明、汽车的实际商业化、消费品的大量生产、机械制冷和其他保鲜技术以及电话的发明、新的产品与服务措施的出现，这些都促使国际贸易激增。蒸汽机的改进与价格低廉的钢铁的生产使得传统的船只逐渐被速度更快的蒸汽船所替代，贸易的效率也得到了极大的提高。

图 1-1 机械化的摩登时代

资料来源：电影《摩登时代》。

第二次工业革命使得电力、钢铁、铁

路、化工、汽车等重工业兴起，石油成为新能源，并促使交通的迅速发展，世界各国的交流更为频繁，并逐渐形成一个全球化的政治、经济体系。

1.2.3　第三次工业革命

第三次工业革命“以信息技术、新材料技术、新能源技术和生物技术等诸多领域的技术革命为先导，以数字化制造、互联网、新材料、新能源和空间技术、海洋技术的广泛应用以及基于新兴信息技术的商业模式创新为主要标志，实现新技术与新能源的融合”（何继善 等，2017）。

第三次工业革命是以原子能、电子计算机和空间技术的广泛应用为特征的。这次科技革命不仅极大地推动了人类社会经济、政治、文化领域的变革，而且也影响了人类的生活方式和思维方式，第三次科技革命是迄今为止人类历史上规模最大、影响最为深远的一次科技革命，是人类文明史上不容忽视的一个重大事件。

原子能的影响是多方面的，对人类生活产生的影响首先是成为能源的新的供应方式，核能发电作为一种清洁、高效的能源形式，减轻了人类对传统燃煤、石油等化石能源的依赖；其次是对医疗等的作用，如磁共振成像（MRI）和正电子发射体层仪（PET）等，已成为现代医学诊断和治疗的重要手段；同时在农业方面，利用同位素辐射技术改良农作物品种极大地提高了农业生产水平和生产力（Sarcheshmeh，2018）。然而，它也存在负面影响，例如核武器对人类的危害、核能产生放射性物质威胁人类健康等（Prăvălie，2018）。

电子计算机技术的利用和发展是另一重大突破。20 世纪 40 年代后期的电子管计算机为第一代计算机，非常庞大和笨重，运算速度为每秒几千至上万次；20 世纪 50 年代出现晶体管计算机，运算速度为每秒几万至几十万次；20 世纪 60 年代中期出现了集成电路计算机，使得许多电子元件和电子线路集中在很小的面积或体积上，不仅小巧，而且每秒运算速度达几十万至几百万次，方便了一般数据处理和工业控制的需要；20 世纪 70 年代发展为第四代大规模及超大规模的集成电路计算机，每秒运算几百万甚至上亿次；20 世纪 80 年代发展为智能计算机（孙嘉平 等，2001）。

从 20 世纪 70 年开始，微型计算机迅速发展。电子计算机的广泛应用促进了生产自动化、管理现代化、科技手段现代化和国防技术现代化，也推动了情报信息的自动化。

以全球互联网络为标志的信息高速公路正在缩短人类交往的距离；与之伴生的互联网的出现，增加了人与人的连接和沟通；信息的海量存储方便了信息的保存，改善了信息的保存时间和容量；基于计算机辅助的各类软件，方便了人们的生活，提高了工作效率。

1.2.4　第四次工业革命

第四次工业革命一般是指工业 4.0，是基于工业发展的不同阶段做出的划分。按照共识，工业 1.0 是蒸汽机时代，工业 2.0 是电气化时代，工业 3.0 是信息化时代，工业 4.0 则是利用信息化技术促进产业变革的时代，也就是智能化时代。

21 世纪以来，逐渐形成了以人工智能、虚拟现实（virtual reality，VR）、量子信息技术为技术突破口的工业浪潮（Heinze et al.，2017）。从此之后，数学、物理、生物等学科从基础理论到前沿研究开始结合得无比紧密。

第四次工业革命的具体表现是人工智能技术的迅速发展，整个世界进入了智能化时代（Kovács and Kot，2016）。智能化，首先意味着人机交互需要变得像人与人之间的沟通、交谈一样简单、便捷。过去，人类经历了通过“纸带打孔、命令行、键盘、鼠标”等方式来操作计算机，而现在，触控、语音、手势、人脸、增强现实（augmented reality，AR）、虚拟现实等技术的广泛应用，让人们几乎不用额外的学习和训练就能下意识地、直观地与计算机、手机等设备进行交互。一旦脑机接口、眼球跟踪技术进一步发展，可能还有更加人性化的人机交互模式诞生，使人机交互的障碍更小、互动更加流畅。

其次，智能化使得机器像人一样，有强大的学习能力。在此之前，各种设备和系统的行为都是在设计研发时确定好的，程序怎么写，计算机就有什么能力。现在则不同，人工智能技术让计算机可以通过学习很多带标注的数据或者与自己“左右互搏”，来学会识别一只猫，或者学会下象棋。

特别是2022年年底到2023年年初ChatGPT的出现，ChatGPT能对许多离散的语言、图片、视频、文字进行学习，并能够和人对话，进一步推动了人工智能水平的实质性进步，在视觉识别、翻译、记忆和思维、推理等方面超过了普通人的水平，拉开了人类历史的新纪元（OpenAI Blog，2022）。谷歌公司推出了Gemini，能够进行多模态的沟通，进一步实现了技术突破，更加方便了人与人工智能交互（Reid et al.，2024）。同时OpenAI推出了Sora，可以制作短视频，为将来的电影、电视剧、短视频的创新、生产、制作提供了工具，便利了人们的应用和创作（OpenAI Blog，2024）。

最后，未来智能化的范围会进一步扩展。人工智能技术与移动互联网、5G、物联网（Internet of Things，IoT）等技术不仅使计算机变得更智能，而且要实现“万物互联、万物智能”（见图1-2），即让电视、冰箱、空调、汽车等所有设备都联网，都具备智能。可见，人类正在迈入一个智能而美好的崭新时代。

图1-2 万物互联时代

资料来源：李平，杨政银，胡华．“万联网”与多智生态系统：未来商业模式与组织架构[J].清华管理评论，2019（3）：86-101.

1.3 数智化的特征

数智化是在数字化的基础上，通过整合和应用先进的信息技术，如大数据、人工智能、云计算、物联网等，对数据进行智能化监控、分析、诊断，深层次挖掘数据的价值和潜能，从而解决各类实际存在的问题，推动决策过程的智能化，提高效率和创新能力，实现业务模式和组织的转型升级。

数智化的核心价值在于将数据转化为有效信息，并利用这些信息进行智能化运营，从而提升生产力和决策质量。这一过程不仅仅是技术的简单应用，而且是对产业组织模式、现代基础设施体系、科技人才培育体系、社会发展治理模式等的革新与重构。

数智化转型的实现包括从业务数据化到数据业务化，生产经营决策一体化，需要全面联动线上与线下、内部与外部、消费端与产业端数据，实现物理空间与网络空间的交互映射和总体优化；同时，数智化也强调人才与技术的关系变化，人才和技术相互渗透，并通过技术的补充作用实现人才能力和智能的增强，推动科技人才培育体系的重构。综上所述，数智化是一个多维度、深层次的转型过程，它不仅改变了数据的收集和处理方式，还改变了人们的工作方式、企业的运营模式和整个社会的治理结构，是经济社会发展范式的新跃进。

1.3.1 数字化的特征

1. 信息化

信息化是数字化的第一步，即将传统的纸笔类、实物类的信息变成数字化的信息。随着信息技术的提升，多模态的信息都开始数字化，包括文本、图片、视频、音频等，甚至图片上的文字也可以很好地识别。这些视听数字技术的快速发展，使得数字化速度提升。

从感知信息的角度，人类的感官包括眼耳鼻舌身，其中眼睛和耳朵获取的外部信息量是最大的，特别是眼睛，通过眼睛可以看到图片、视频、文字等，绘画、电影、电视、书籍都是海量信息的承载者；而耳朵则是声音信息的获得者，语音信息、音乐信息、其他外部的物理震动的获取都靠听觉。视听技术的发展，正是这种现实需求的集中反映。随着数字技术的迅猛发展，人与人之间的语音、文字、图片、视频、文档等，基本上都可以实时传输和下载，非常方便快捷。

2. 网络化：跨越时空的连接

借助信息技术把人与人、物与物、人与物连接起来，是互联网的一大特征。这一特征使得“天涯若比邻”变成现实，而且连接成本随着规模效益的提升而变得非常廉价，促成了互联网的普及。

过去连接人与人，先是通过电报、电话，之后是通过移动电话以及互联网的沟通方式（如 QQ），现在则是智能手机、平板电脑和计算机。有了这些硬件的支撑，再加上建立在信息技术之上的 app 助推，人与人、群体内、组织内乃至跨组织的连接也十分方便快捷，如腾讯公司开发的 QQ、微信都有很强的个人联络、群体沟通功能。

物与物的连接主要是自动化的普及，依赖数字化的编程或命令，可以将物与物的各个环节自动地连接在一起。

人与物的连接可以有多种方式：第一是信息连接，即人可以看到物品的流动过程，包括定位和查询物流信息，以及查看工厂生产过程的物流信息；第二是人可以控制物的活动，包括远程控制，如启动特斯拉汽车的空调系统，调整或关闭某个生产设备、物料，等等。

人与物的连接的核心技术包括条形码和传感器技术。

（1）条形码。条形码（bar code）的出现为物品的编号、分类、识别做出了巨大的贡献。尤其是在物流体系中，商品条形码的价值非常大。商品条形码是指由一组规则排列的条、空及其对应字符组成的标识，用以表示一定的商品信息的符号。其中条为深色、空为浅色，用于条形码识读设备的扫描识读。商品条形码是商品的“身份证”，是商品流通于国际市场的“共通语言”。通用商品条形码一般由前缀部分、制造厂商代码、商品代码和校验码组成。商品条形码中的前缀码用来标识国家或地区的代码，赋码权掌握在国际物品编码协会手中，如 00 ～ 09 代表美国、加拿大，45、49 代表日本，69 代表中国大陆，471 代表中国台湾地区，489 代表中国香港地区。制造厂商代码的赋码权在各个国家或地区的物品编码组织手中，例如中国大陆由国家物品编码中心赋予。商品代码是用来标识商品的代码，赋码权由产品生产企业自己行使。

（2）传感器。传感器（transducer / sensor）的发展促使物联网、自动化等快速发展。传感器是一种检测装置，能感知到被测量的信息，并能将其按一定规律变换成为电信号或其他所需形式的信息输出，以满足信息的传输、处理、存储、显示、记录和控制等要求。传感器是实现自动检测和自动控制的首要环节，其特点包括微型化、数字化、智能化、多功能化、系统化、网络化。传感器的存在和发展让物体有了触觉、味觉和嗅觉等感觉，让物体慢慢变得活了起来。

通常根据传感器的基本感知功能可以将其分为热敏元件、光敏元件、气敏元件、力敏元件、磁敏元件、湿敏元件、声敏元件、放射线敏感元件、色敏元件和味敏元件等十大类；按用途可以将其分为压力敏和力敏传感器、位置传感器、液位传感器、能耗传感器、速度传感器、加速度传感器、射线辐射传感器、热敏传感器；按原理可以将其分为振动传感器、湿敏传感器、磁敏传感器、气敏传感器、真空度传感器、生物传感器等。

3. 海量数据的传输

信息化、网络化技术的快速发展会产生大量的数据。人在互联网上的痕迹（包括文本、声音、图片、视频等数据）、人与人互动的数据、设备运行状况的数据都在个人台式计算机、网络、手机、服务器、云上存储。这些数据存储在云端的前提是信息传输技术的发展。4G 和 5G 技术的快速发展，使得信息传输的速度、容量等都有了实质性的提升。

华为公司主导的 5G 技术的发展，是世界通信技术领域的重大突破，既是生活数据传播的革命，更是工业互联网发展的前提（见图 1-3）。

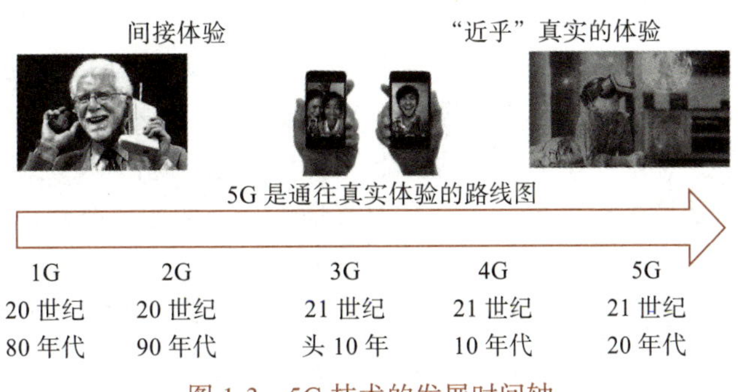

图 1-3 5G 技术的发展时间轴

资料来源：YU H, LEE H, JEON H. What is 5G? emerging 5G mobile services and network requirements[J]. Sustainability, 2017, 9(10): 1848.

相比 4G 技术，5G 具有如下特点。

（1）**高速度**。4G 使用的都是低频段，它的优点在于性能好，覆盖面广，能够有效减少运营商在基站的投入，节省资金，其峰值速率大概为 100Mbps（million bits per second，即每秒传输的百万比特数，表示网络速度。我们通常说的网速几兆就是指 Mbps，这是用来描述流量的，而流量和带宽息息相关，就像水和水管的关系），但缺点是用的人多，数据传输的"路"就会出现拥堵现象。而 5G 使用的则是高频段，不但能缓解低频资源的紧张，并且由于没有拥堵现象，使得"道路"更加宽广，提高了带宽的速率，理论上 5G 的最大速度能达到 10Gbps（gigabits per second，即每秒传输的千兆比特数）。

（2）**大容量**。高频段毫米波能够提升传输速率，但高频信号很难穿过固体。随着传输距离的增加，传输速率会相比 4G 的低频段下降得更快，因此需要更多基站来稳定信号传输效果。5G 技术引入了体积小、耗能低的微基站，这种基站可以部署在城市的任何位置，如路灯、信号灯、商场、住房等。每个基站可以从其他基站接收信号并向任何位置的用户发送数据，信号接收均匀，承载量大，形成泛在网，解决了高频段长距离传输差的问题。这也使得物联网成为一种可能，在 5G 网络中，除了智能手机、台式计算机、消费电子产品等常见的产品，更多的终端设备也可能纳入网络中，实现真正的万物互联。

（3）**低延时**。为实现超低延时，5G 从接入网、承载网、核心网、骨干网各个方面着手进行。在大幅度降低空口传输延时的同时，5G 尽可能减少转发节点，缩短节点之间的距离；同时将核心网控制功能下沉，部署到接入网边缘，趋近用户，缩减传输距离，减少延时。而 4G 网络应用服务器集中于中心机房，距离终端远，中间需要经过多个传输节点。5G 通过边缘计算技术将接入网与互联网业务进行深度融合，在接入网边缘部署计算、处理和存储功能的云计算设备，构建移动便捷云，提供信息技术服务环境和云计算能力，可以减少数据传输过程中的转发和处理时间，降低端到端的延时，低延时也让无人驾驶成为可能。

都说 4G 改变生活，而 5G 将会改变整个社会。5G 通过 VR/AR 等虚拟物品、虚拟人物、增强情景信息等方式给人们全新的媒体体验，它还将进入物联网时代，并渗透至各行各业，例如车联网、智能制造、全球物流跟踪系统、智能农业、市政抄表等。现在虽然 5G 时代已经到来，但 5G 并没有完全普及，相关应用很多还未落地，相信在不久的将来，5G 会引领社会走入数字化、智能化的时代。

4. 大数据的形成和可视化描述

大数据是未来的生产资料，有了感知、传输、存储，就会形成大数据。各行各业都在加大实施数字化转型。产业的数字化直接导致了各类数据的产生和存储，为数据转换成生产力奠定了基础。数据至少有以下几个方面的功能：运用大数据分析，发现新的市场趋势和机会；优化流程管理，降低成本；给消费者画像，更好地满足消费者的个性化需求，增加附加值；融合不同行业的数据，产生创新性的想法，创造价值。

这些数据种类非常多，从管理的视角可以分成人的数据、设备的数据、财务的数据、材料的数据、物流的数据、营销的数据、仓储的数据等。

人的数据，简单来说包括人的购买行为、日常出行行为、阅读行为、运动行为、餐饮和交友行为、支付行为等，还有医疗、健康等方面的行为。拥有这些行为的数据，可以服务于市场营销、员工管理、健康管理等各个方面。

设备的数据，包括设备本身的参数信息、运行情况信息、检修信息、故障信息等。同样地，可以监控这些信息进行模型建构，了解设备的性能、运行状况，进行事前的维护保养，以及事中的干预等，做到预警式的管理，减少事故和安全问题。

财务的数据，如现金流、回款、利润、人效、投资回报率，以及不同业务、不同地区、分子公司赢利的数据等，可以辅助投资决策、管理改进决策，甚至业务发展战略决策。

材料的数据，如不同门类的材料的型号、数量、存放地点、使用量、质量、价格等，可以赋能材料的采购、保持合理的库存、材料的配送、供应商的选择。

物流的数据包括物流的设备数量、物质品类、运送路径、时间长短、所处位置、运送安全性等，可以赋能物流设备配置、物流效率、物流路径优化、物流安全管理等。

营销的数据包括营销的设计方案、活动计划、渠道、效果、顾客购买量、点击率、好评等，有利于评估营销活动设计、营销效果，促进营销的改进。

仓储的数据则更加重要，需要做到心中有数，这样既能避免产品或材料的积压，也能够对产品或材料是否充裕了如指掌，为销售、生产加工提供准确的信息。

1.3.2 智能化的特征

如果缺乏对大数据的分析和应用，就不能将其转化为财富。在产生了海量大数据的今天，需要对数据进行脱敏、清洗、交易，以及云计算或边缘计算[㊀]，才能找到数据的价值。

1. 数据脱敏

数据脱敏（data masking）是指对某些敏感信息通过脱敏规则进行数据的变形，实现敏感隐私数据的可靠保护，在涉及客户安全数据或者一些商业性敏感数据的情况下，以不违反系统规则条件为前提，对真实数据进行改造并提供测试使用，如身份证号、手机号、卡号、客户号等个人信息都需要进行数据脱敏。数据库安全技术主要包括数据库漏扫、数据库加密、数据库防火墙、数据脱敏、数据库安全审计系统。

2. 数据清洗

数据清洗（data cleaning）是对数据进行重新审查和校验的过程，目的在于删除重复信息、纠正存在的错误，并提供数据一致性。

数据清洗是发现并纠正数据文件中可识别的错误的最后一道程序，包括检查数据一致性，处理无效值和缺失值等。因为数据仓库中的数据是面向某一主题的数据的集合，这些数据从多个业务系统中抽取而来，而且包含历史数据，所以就避免不了有的数据是错误数据，有的数据相互之间有冲突，这些错误的或有冲突的数据显然是不需要的，被称为“脏数据”，因此要按照一定的规则把它们“洗掉”，这就是数据清洗。

㊀ 一种分布式计算架构，核心思想是将计算任务从中心化的数据中心转移到网络的边缘，即靠近数据源或数据使用者的地方进行处理，以减少数据在网络中的传输量，提高响应速度，降低延迟，并提高数据处理的实时性和效率。

3. 数据交易

（1）数据交易的概念及特点。交易近似于“买卖行为”，买卖双方达成协议，一方通过出让某物以换取另一方支付的对价，各取所需，实现资源的流转。根据《中华人民共和国数据安全法》第三条的规定，所谓数据，是指任何以电子或者其他方式对信息的记录。由此，对**数据交易**（data trading）的一个简单理解就是：不同主体之间达成合意，以有偿或无偿的形式，将自己所拥有、掌握或控制的任何以电子或者其他方式对信息的记录进行价值交换，以满足不同主体需求的行为。

数据交易的对象是无形的、非实体的，因此可由多个主体同时对其实现非排他性的占有和支配。另外，数据交易的主体、客体以及交易时间相较于其他有体物的交易十分灵活自由，因此数据交易具有隐蔽性、无形性、灵活性、即时性以及非排他性的特点。数据交易的无形性和隐蔽性会使得用户难以有效掌控自己的数据，如对于将数据存储或备份在云服务器中的行为，是用户委托云服务商妥善保管其数据，此时云服务商是否会利用甚至直接使用、共享此间存储的数据则完全凭借自觉。更为甚者，数据交易的无形性和隐蔽性也为非法的数据黑色产业链提供了便捷，为非法盗取的数据提供了很好的销赃渠道。

（2）数据交易的主体。目前，我国数据交易中主要涉及三方主体，分别是数据提供方（主要包括数据开源方与数据来源代理方）、数据需求方和数据交易平台，不同的数据交易主体扮演着不同的角色。其中，数据提供方和需求方大多数都是以营利为目的的商业主体，以有偿的方式提供和接受商业市场数据。然而，出于政策风险、合规风险等考量，目前我国数据提供方与需求方多为央企、国企、科研院所和高校等研究机构，真正有数据需求的商业主体（主要是企业）还未真正参与进来。

交易平台则是为数据交易双方提供交易渠道的主体，属于数据交易的“中介机构”，并且大部分数据交易平台仅为交易双方提供交易所必需的一系列服务，而不实际存储和处理数据，即仅仅对数据进行简单的脱敏处理。

（3）我国当前的数据交易模式。根据业务模式进行分类，我国数据交易主要呈现出两种模式：直接交易模式和第三方交易模式。直接交易模式是指数据交易双方自己寻找交易对象，进行原始数据合规化的直接交易，这种交易风险较高，市场准入、交易纠纷、侵犯隐私、数据滥用等环节的“无人管理”现象频频发生，并且极容易产生非法收集、买卖、使用个人信息等灰色及不法数据交易产业。第三方交易模式是指数据供求双方通过大数据交易所或者数据交易中心等第三方数据交易平台进行的撮合交易，例如贵阳大数据交易所、上海数据交易中心等政府主导建设的第三方数据交易平台，平台以第三方的身份为数据提供方和数据需求方提供数据交易撮合服务。但是供需双方只通过平台来接触客户，交易过程本身并不依赖平台，这也是现行大量数据交易中心都未向社会披露数据交易的动态和数量等信息的原因。

4. 数据计算和管理应用

有了大数据的积累，就可以进行相对准确的规律描述。理论上，数据积累的时间越长、广度越大，数据的代表性就越全面，就越能客观地描述事物的变化规律。比如利用社交媒体数据、浏览器日志、文本挖掘等各类数据集，通过大数据技术创建预测模型，就可以更全面地了解客户及其行为、喜好。再如从智能手表或智能手环等可穿戴设备采集的数据中，可以分析人们的卡路里消耗、活动量和睡眠质量等，许多优秀的运动队在训练之外会跟踪运动员的营养和睡眠状况，以便对运动员的行为进行科学管理。

在大数据时代，数据量迅速膨胀，数据维度不断提高，数据分析的指导作用更加明显。大数据技术应用的领域几乎涵盖各个领域。

（1）电商领域。淘宝、京东等电商平台利用大数据技术，对用户的消费数据、消费过程、人口学数据信息等进行分析，从而实现用户画像，为用户推送用户感兴趣的产品，从而刺激消费。

（2）政府领域。“智慧城市”已经在多地尝试运营，通过大数据，政府部门得以感知社会的发展变化需求，从而更加科学化、精准化、合理化地为市民提供相应的公共服务以及资源配置。

（3）医疗领域。医疗行业通过临床数据对比、实时统计分析、远程患者数据分析、就诊行为分析等，辅助医生的临床决策，规范诊疗路径，提高医生的工作效率。通过对病历的学习和分析，可以将患者的症状和治疗方案进行提炼，帮助医生诊断和治疗。

（4）传媒领域。传媒相关企业收集各式各样的信息，将其进行分类筛选、清洗、深度加工，实现对读者和受众需求的准确定位和把握，并追踪用户的浏览习惯，不断进行信息优化，实行千人千面的信息推送。读者的阅读内容分类、时间长短、推送和评论等，都是描述读者需求或喜好的依据，将这类读者画像与相关的已进行标记或分类的数据库匹配，就能实现精准推送。

（5）安防领域。安防行业可实现视频图像模糊查询、快速检索、精准定位，并能够进一步挖掘海量视频监控数据背后的价值信息，辅助决策判断。

（6）金融领域。在用户画像的基础上，银行可以根据用户的年龄、资产规模、理财偏好等，对用户群进行精准定位，分析出潜在的金融服务需求，并帮助用户进行投资决策。

（7）电信领域。电信行业拥有庞大的数据，大数据技术可以应用于网络管理、客户关系管理、企业运营管理等，并且使数据对外商业化，实现单独盈利。

（8）教育领域。通过大数据进行学习分析，能够为每位学生量身定做个性化课程，为学生提供富有挑战性且劳逸结合的学习计划。

（9）交通领域。大数据技术可以预测未来的交通状况，为改善交通状况提供优化方案，有助于交通部门提高对道路交通的把控能力，预防和缓解交通拥堵，提供更加人性化的服务。

1.4 数智化对组织管理的影响

数智化对组织行为学的影响带有颠覆性。有学者认为需要从组织出发，重构组织行为学的知识体系；也有学者认为，将数智化技术带入传统的学科体系，寻找其新的研究进展，更能凸显学术和知识的增量。考虑到数智化毕竟还是一种技术，并且基于传统的知识体系会更符合知识习得的规律，因此本书并没有重构组织行为学，仅仅是将数智时代的外部环境特征以及技术本身对组织行为学的影响进行“小修小补”，静待学科不断积累，再思考如何总体重构或颠覆。

聚焦实践 1-1

衣服生产和销售经历了小作坊、工业化和数智化生产的不同阶段，表 1-1 展示了各个不同时期的管理差异。

表 1-1 不同工业化阶段的衣服生产和销售的比较

项目	小作坊	工业化	数智化
顾客需求	相对稳定，数量少，保温和美观	数量居中，广告促销和时尚引导，趋同	数量品种相对多，个性化需求，个性化营销
设计	裁缝	专业设计师，市场判断	专业设计师，服装数据库
生产制作	裁缝完成整个工序	分工的流水线，人工裁剪，缝制，熨烫整理，包装	自动化和智能化的流水线，少量的人工辅助
销售	没有营销，等待顾客上门	需要营销广而告之，运用产品、渠道、价格、促销等 4P 模式	通过大数据分析顾客，进行个性化的营销
客服	裁缝店	人工客服中心	远程物流，数字化沟通，数字化客服
效率	低下，品种少	效率较高，个性化不够	效率高，个性化高
组织结构	简单	科层制	扁平化，平台化
规模	小	中	巨大

从表中可以看到，从小作坊时代到工业化时代以及数智时代，不论是服装设计、制作、包装的流程，还是市场驱动、经营的模式，乃至企业的经营规模和效率，都是非常不同的，组织的运行模式也是非常不同的。

数智化对组织管理的影响是深远而广泛的，很难一概而论，这里简单描述如下。

1.4.1 对组织结构的影响

数字化的连接属性、信息透明属性、及时沟通和反馈属性，使得组织必须具备足够的敏捷性，即顾客很容易对商品或服务的价格、品质、物流速度、方便性和后续服务进行比较。由于信息传播速度非常快，如果顾客对组织提供的产品或服务有不满，将会直接影响产品的口碑和其他顾客的购买行为。

传统的组织结构是垂直管理的，横向协调非常困难，特别是消费或服务类的企业更加充满挑战，需要压缩管理垂直的层级并对横向涉及的相关职能部门进行快速反应，否则就会造成差评。

传统销售模式受限于时间和地点，而电子商务允许顾客随时在线浏览和购买产品，不受实体店营业时间的限制。在线客服通过视频和图片提供即时沟通，简化了问题解决流程。在智能化时代，AI 算法正被用于进一步提升问题解决的效率，这是行业发展的新趋势。

例如，对于设计类的服务，可以根据需求，穿越部门墙（部门间的协作壁垒），及时和准确地沟通，保证不同设计环节的协作，并可能相互帮助，共同解决上下游环节的挑战或问题。特别是各类办公软件，如建筑企业设计的 BIM（building information modeling，建筑信息模型），文案设计的企业微信（腾讯）、飞书（字节跳动）、钉钉（阿里巴巴），营销的 CRM（customer relationship management，客户关系管理系统）、SalesForce 等，对于各个领域的协同都可以有帮助，增加领域协同的柔性和协作性，提升效率。

与上述要求相应，企业员工必须充分发挥创造性，从下到上和从上到下互动，广泛地利用员工的创新智慧，提供最优的解决方案，因此权力相对平等也是必然的要求。互联网的基因之一就是缩小人与人之间的地位或权力等级差距，让大家为了共同的目标，齐心协力地工作。

尽管过去出现了事业部制、矩阵式组织等组织结构，但都很难解决敏捷性等问题，因此在数智时代需要进行组织结构的调整。

在大数据驱动的时代，平台型企业应运而生，除了构建数字化的组织，还将经营管理的结果、过程性的数据沉淀下来，将消费者的数据、财务数据、物流数据、仓储数据、生产加工的数据、人力资源的数据、设备的数据、材料的数据集合起来，进行各类智能化的数据处理和分析，赋能经营管理。

平台结构有二台和三台之分。二台结构中，前台面对顾客，对接顾客需求、服务顾客；中台则是通过调动资源（包括人财物）服务前台，此外也进行数据赋能等；而三台结构则多一个后台，把握企业发展的战略方向，以及人才管理与激励政策，类似于抬头看路。这些是传统企业没有的。

当然，这种组织结构的变革是有前提的。第一，要有平等的价值观。扁平化首先约束的是管理者的权力和地位，而权力和地位是人类追求的最大社会动力，因此管理者发自内心地认同这种价值理念需要勇气。第二，要有协同共事的价值理念。传统组织是工作细分，形成专业部门，各司其职；而互联网时代，需要内部形成一个个“团队”，一起满足顾客需求，各自为政、本位主义、内部竞争一定会妨碍合作。此外，斤斤计较、局部利益最大化的观点或制度也会阻碍组织结构的运行效果。第三，需要具备数字化思维方式和技能，重构过去的流程和标准，适应数字化的组织结构运行。比如签字管理如何借助电子签有效地实施，财务报销如何借助友商赋能（如数据系统、电子票据系统、行为过程跟踪系统等）使之更加方便和快捷。第四，需要避免出现多头领导或群龙无首的决策问题。在数字化结构里，网络组织的员工相互连接，可以随时随地组成项目组，而这些项目的决策、推进、评估都需要有责任人，因此如何避免多头领导或无人领导的窘境是必须解决的问题。

1.4.2　对工作设计的影响

外部环境变化非常快，因此组织为了满足顾客或外部环境的需求，既要有从上到下的管控，又要给员工赋能，特别是确定了目标后，需要给员工乃至团队足够的自主性。这种自主性体现在为了实现服务顾客的目标，可以重新设计自己的任务流程、人际关系和认知方式[即工作重塑（job crafting）]，以充分调动员工的积极性和创造性。

借助于互联网的沟通技术，员工可以居家办公或远程办公，甚至团队的合作也可以远程进行。如果居家工作，可以兼顾工作与家庭；如果远程工作，可以省却办公场地和通勤的时间。只要不影响工作进程，就可以重新设计自己的工作方式和习惯。

员工还可以使用各类软件辅助工作，如Office、Photoshop、音乐或视频编辑器，而ChatGPT的出现也进一步改变了人们的工作方式、思维方式、解决问题的方式，提高了工作效率。

但数字化时代的工作设计也存在挑战。首先，居家办公虽然提供了便利，但也可能模糊工作与家庭的边界，这可能会加剧工作与家庭的冲突。其次，长期与组织物理隔离可能导致员工对组织的承诺和忠诚度下降，也可能影响晋升机会。再次，在部分员工居家或虚拟工作，而部分团队成员现场工作的模式下，团队成员之间的情感信任、合作性和创造力可能会受到负面影响。最后，长期依赖技术，如人工智能、ChatGPT等，可能会削弱人际交往，造成人与人之间的情感冷漠，引发孤独感，从而影响员工的幸福感。

1.4.3 对劳动关系的影响

过去，企业用工都是长期导向的，只要企业需要某个技能或岗位，就可能雇用员工，签订长期合同。但是，现在企业生存的外部环境经常发生变化，有些业务是短期的，有些岗位是临时的，因此长期雇用合同增加了企业的负担，也增加了管理的成本。为了解决这个问题，出现了新型用工形式，如劳务派遣、临时外包等，这些被雇用的员工具有一定的灵活性，也增加了组织的活力。

数字化技术的兴起，特别是电商、外卖、网约车公司的出现，催生了一个特殊的职业，即零工工作者。这些员工如骑手、货拉拉司机、网约车司机、家政服务人员、网络平台二手车诊断人员，他们不和平台企业直接签订劳动合同，而是通过劳务派遣、外包，或者自己直接和平台对接，形成松散的劳动关系，没有直接的劳动关系。

还有一些员工不愿意受制于平台或企业，选择成为自由职业者，自己负责经营自己，承接业务、商务谈判、签订合同等；也有一些以团队合作的形式，自由组合在一起承接业务，类似于U盘团队。随着区块链技术的发展，这些自由职业者或团队都可以建立起自己的信用或品牌，享受自己的人生。

可以设想，未来的企业或平台，长期雇用或签订正式劳务合同的人员将越来越少，而由于区块链的信用背书，其他形式的用工形式可能会快速增加。好处是企业或平台越来越灵活、高效，问题是零工工作者需要进行自我管理，为自己的发展、商务谈判、身体健康、养老保险进行筹划。实际上，零工工作者的自由是有代价的，即需要更加自律。否则，必将导致巨大的社会问题。

如何平衡效率与和谐的关系，在数智时代凸显的收入两极分化的背景下显得格外重要。

1.4.4 对沟通的影响

传统的企业主要依靠面对面的沟通，信息化技术的发展，使得电话、邮件、短信开始作为补充。

随着智能手机的快速发展和各类办公软件的兴起，视频沟通、文档传输、语音留言、视频会议等也快速崛起，传输的内容不仅容量大、所需时间短，而且内容形式更加丰富，可以是留言、语音、视频、图片，还可以传输、保存大文件，极大地丰富了沟通的内容。

当然，电子沟通相较于面对面沟通，在媒介丰富度、逼真性、保密性、动机性、及时性等方面仍然存在一些劣势；此外视频会议在沟通中问题更多，如噪声、干扰等。相信通过信息技术的提升，这些问题有望缓解，但是沟通还是离不开线下与线上结合，应充分发挥各自的优势。

1.4.5 对团队建设的影响

数智时代，虚拟团队越来越普遍。虚拟团队跨越了时空来组织资源，因此具有传统团队无法比拟的优势。不同的国家、地区有不同的人才优势，借助于互联网穿越时空的连接，可以把这些人才聚合在一起工作，变不可能为可能。国际上许多跨国公司都是如此运作的，比如微软、甲骨文、苹果、华为等。

但是，虚拟团队也有不足，主要表现在：第一，文化的冲突，包括语言、沟通方式、思维方式的差异，可能阻碍合作的效率提升；第二，缺乏人际信任，团队成员都是围绕工作或业务，很少有时间或机会交流情感诉求，相对会导致情感缺失，心灵孤独。

1.4.6 对领导行为的影响

随着智能程序和智能机器人的发展，智能领导也已经出现。比如网约车司机、快递骑手，其“领导”理论上是算法管理程序，对派单、路径引导、交付和结算、客户服务等一系列过程进行管控。未来，随着人形机器人的快速发展，可以预见机器人领导也会出现。

更加普遍的场景是领导的对象和下属的工作方式发生了变化。领导的对象不仅包括人类，还有各种人工智能驱动的机器人，尽管这些机器人能够比较顺利地开展人机对话或交流，但是毕竟还没有达到人与人沟通的水平，因此存在管理挑战；此外，下属的工作方式改变了，工作地点改变了，很多情况下任务下达、跟踪、评估、反馈和激励的手段也需要相应地做出改变。

根据领导的行为理论，领导的工作主要分成两个方面，即抓业务和关心人。一方面，抓业务的方式在发生变化，需要领导用数字化思维来制定战略和策略进行决策。例如，传统营销如何变成数字化营销？人力资源的职能管理如何转换成三支柱模式（即共享服务中心SSC、服务于业务的人力资源 HRBP、制度和人才战略建构的专家中心 COE）？如何转变商业模式？等等。另一方面，如何能够在利用数字化手段开展工作的同时，让激励人的方式也能适应时代的潮流？现代人都生活在数智时代，如何用游戏思维激励员工？如何认识新生代、理解新生代、变成新生代？唯有解决这些问题，才能更好地激发员工活力。

此外，数字分身技术的出现，使得一个领导可以同时出现在多个场合。数字分身能否达到真实领导的效果？如何进行包装与设计？未来还需要更多的研究予以回答。

1.4.7 对组织变革的影响

过去，组织的经营管理大多靠经验和部分数据；而数智时代，大数据的收集和交易成为常态，通过智能化的手段，刻画事物的规律更加准确和快捷，智能辅助决策相对普遍。比如对客户行为的理解、对员工行为的理解、对生产过程的管控、对设计和研发的了解等，都出现了颠覆性的经营模式和理念。为了防止企业输在起点，在国家政策引导和支持下，几乎所有的企业都在思考数字化转型的问题。特别是新冠疫情期间，为了保证生产和生活，需要在避免传染的情况下进行信息和商品交换，这些需求的实现依赖于数字化技术提供的解决方案，也因此改变了人们对数字化技术的接纳度。

消费和服务互联网本身相对成熟，通常只是做商业模式的迭代和优化工作，很少有重大突破。连接人们生活和工作的微信，通过不断地迭代，不仅是交友的工具，还是支付的手段；不仅可以个人之间一对一交流，还可以在群内同时交流；交流的内容不仅有语言和图片，还有声音和视频；不仅可以存储，还可以查询，等等。字节跳动公司的发展也一样，在逐步取代报纸、电台、电视、电影等的基础上，充分发挥其广告变现的功能，尽管它不直接卖商品，但是通过帮助商家促销从中获得了很大的商业效益。

在数字化和智能化的影响下，企业家开始大胆地预言，通过生态组织或平台的构建，能够逐步实现 C2M 的转型，即数字化不是分隔商业和服务类互联网、工业互联网，而是拉通两类平台，实现从需求端到生产端的融合。这的确是一个非常大胆的设想和创意，值得期待。

在数字化转型的过程中，涉及许多改变：商业模式的改变，企业文化的改变，员工素质结构的改变，企业和员工劳动关系的改变，当然也少不了技术本身的进步和改变。

从目前的情况看，企业的数字化转型成功率并不高，甚至可以说非常艰难。高层管理者希望转型，但阻力巨大，主要是因为中层危机感非常强。因为数智化转型大多从组织结构扁平化开始，增加管理幅度，减少管理层级，直接导致许多中层岗位减少，让中层管理者失去了工作；而且数字化的特点是透明和公开，把许多私人拥有的资源、信息公有化，把许多隐藏的行为公开化，降低了中层管理者的特权。基层员工对数字化转型则既恐惧又无奈。恐惧是因为机器人的大量使用，直接导致许多员工被裁员；而留下来的员工则需要不断学习数字化技术，拥有数字化思维，掌握数字化技能才能生存下来，这无疑也是一个巨大挑战。特别是对于年龄相对较大的员工，过去没有数字化思维，缺乏数字化技能，学习能力又相对下降，转型对于他们更是一个灾难。

因此，数智化转型往往呈现这样一个局面：高层很热心，中层很反感，基层很无奈。要应对数智化转型困境，就需要高层管理者有数智化思维以及风险管控能力和组织变革能力，不至于主动走向变革失败；要化解中层管理者的心理压力，至少做到减岗不减薪，让他们多少有些心理安慰；要为基层员工寻找出路，尽一定的社会责任。例如，某国有汽车制造公司在推行了数智化产线后，为了解决员工就业问题，专门成立了一个网约车公司，给下岗的员工一个新的就业机会。又如，某水泥生产制造企业在数智化转型后，采用向上和向下一体化战略解决就业问题，向上是往矿石开采方面发展，向下则是往预制件、搅拌站方向用力，提供了更多的发展空间和就业机会。

更重要的问题是实现数智化转型后，能够做到提升效益，减少风险，提高管理决策水平，比如，流程优化、工作标准化，搭建数智化的技术平台，采用智能设备，提高算法水平，最终赋能市场营销、生产管理、采购管理、物流和仓储管理、财务管理以及人力资源管理。

本章小结

本章首先带领读者聚焦于技术所引领的变革，然后回顾了四次工业革命的发展历程，继而对数智化的特征进行了讲解，并阐述了数智化对组织管理的影响。通过对本章的学习，读者将对全书的逻辑和体系有全局性的认识。

关键术语

数字化　智能化　大数据　组织结构　工作设计
沟通　团队　第一次工业革命　第二次工业革命

复习思考题

1. 简述第二次工业革命的特征。
2. 简述数字化的特征。
3. 简述智能化的特征。
4. 举例说明数智化对组织管理的影响。

参考文献

[1] 陈冬梅，王俐珍，陈安霓．数字化与战略管理理论：回顾、挑战与展望 [J]. 管理世界，2020，36（5）：220-236，20.

[2] 陈国青，任明，卫强，等．数智赋能：信息系统研究的新跃迁 [J]. 管理世界，2022，38（1）：180-196.

[3] 何继善，等．第三次工业革命与能源生产消费革命 [M]. 北京：科学出版社，2017.

[4] 黄丽华，朱海林，刘伟华，等．企业数字化转型和管理：研究框架与展望 [J]. 管理科学学报，2021，24（8）：26-35.

[5] 李平，杨政银，胡华．“万联网”与多智生态系统：未来商业模式与组织架构 [J]. 清华管理评论，2019（3）：86-101.

[6] 戚聿东，肖旭．数字经济时代的企业管理变革 [J]. 管理世界，2020，36（6）：135-152.

[7] 王玮，杨洁，宋宝香．未来的工作：内外联动，重塑工作新格局 [J]. 清华管理评论，2020（4）：50-61.

[8] 谢小云，左玉涵，胡琼晶．数字化时代的人力资源管理：基于人与技术交互的视角 [J]. 管理世界，2021，37（1）：200-216，13.

[9] 周济．智能制造：“中国制造 2025”的主攻方向 [J]. 中国机械工程，2015，26（17）：2273-2284.

[10] 曾德麟，蔡家玮，欧阳桃花．数字化转型研究：整合框架与未来展望 [J]. 外国经济与管理，2021，43（5）：63-76.

[11]《中国电力百科全书》编辑委员会．中国电力百科全书 [M]. 北京：中国电力出版社，2001.

[12] 金炳华．马克思主义哲学大辞典 [M]. 上海：上海辞书出版社，2003.

[13] 姜振寰．世界科技人名辞典 [M]. 广州：广东教育出版社，2001.

[14] 李庆臻．科学技术方法大辞典 [M]. 北京：科学出版社，1999.

[15] BHARADWAJ A, SAWY O A E, PAVLOU P A, et al. Digital business strategy: toward a next generation of insights[J]. MIS quarterly, 2013, 37(2): 471-482.

[16] BHAVE D P, TEO L H, DALAL R S. Privacy at work: a review and a research agenda for a contested terrain[J]. Journal of management, 2020, 46(1): 127-164.

[17] CHANIAS S, MYERS M D, HESS T. Digital transformation strategy making in pre-digital organizations: the case of a financial services provider[J]. The journal of strategic information systems, 2019, 28(1): 17-33.

[18] CORTELLAZZO L, BRUNI E, ZAMPIERI R. The role of leadership in a digitalized world: a review[J]. Frontiers in psychology, 2019, 10: 1938.

[19] FLORIDI L, CHIRIATTI M. GPT-3: its nature, scope, limits, and consequences[J]. Minds and machines, 2020, 30: 681-694.

[20] HANELT A, BOHNSACK R, MARZ D, et al. A systematic review of the literature on digital transformation: insights and implications for strategy and organizational change[J]. Journal of management studies, 2021, 58(5): 1159-1197.

[21] MANZEI C, SCHLEUPNER L, HEINZE R. Industrie 4.0 im internationalen kontext: kernkonzepte, ergebnisse, trends[M]. Berlin: VDE VERLAG, 2017.

[22] HOLAPPA L. Historical overview on the development of converter steelmaking from Bessemer to modern practices and future outlook[J]. Mineral processing and extractive metallurgy, 2019, 128(1-2): 3-16.

[23] KENNELLY A E. The modern electric age in relation to Faraday’s discovery of electromagnetic induction[J]. Nature, 1931, 128: 356-359.

[24] KOVÁCS G, KOT S. New logistics and production trends as the effect of global economy changes[J]. Polish journal of management studies, 2016, 14(2): 115-126.

[25] LIU Y, MA X Y, SHU L, et al. From industry 4.0 to agriculture 4.0: current status, enabling technologies, and research challenges[J]. IEEE transactions on industrial informatics, 2020, 17(6): 4322-4334.

[26] LU Y. Industry 4.0: A survey on technologies, applications and open research issues [J]. Journal of industrial information integration, 2017, 6：1-10.

[27] MCCALL J J. Economics of information and job search[J]. The quarterly journal of economics, 1970, 84(1)：113-126.

[28] NADKARNI S, PRÜGL R. Digital transformation：a review, synthesis and opportunities

for future research[J]. Management review quarterly, 2021, 71：233-341.

[29] OpenAI Blog. Introducing ChatGPT [EB/OL] . (2022-11-30) [2024-9-2]. https://openai.com/blog/chatgpt#OpenAI.

[30] OpenAI Blog. Video generation models as world simulators [EB/OL]. (2024-2-15) [2024-9-2]. https://openai.com/index/video-generation-models-as-world-simulators/.

[31] OSBORNE R. Iron, steam & money: the making of the industrial revolution[M]. London: Random House, 2013.

[32] OZTEMEL E, GURSEV S. Literature review of industry 4.0 and related technologies [J]. Journal of intelligent manufacturing, 2020, 31(1): 127-182.

[33] PRĂVĂLIE R, BANDOC G. Nuclear energy: between global electricity demand, worldwide decarbonisation imperativeness, and planetary environmental implications[J]. Journal of environmental management, 2018, 209: 81-92.

[34] RAISCH S, KRAKOWSKI S. Artificial intelligence and management: the automation–augmentation paradox[J]. Academy of management review, 2021, 46(1): 192-210.

[35] REID M, SAVINOV N, TEPLYASHIN D, et al. Gemini 1.5: unlocking multimodal understanding across millions of tokens of context[J]. arxiv preprint, 2024, arxiv: 2403.05530.

[36] ROSEN S. Electronic computers: a historical survey[J]. ACM computing surveys (CSUR), 1969, 1(1): 7-36.

[37] SARCHESHMEH E E, BIJANI M, SADIGHI H. Adoption behavior towards the use of nuclear technology in agriculture: a causal analysis[J]. Technology in society, 2018, 55: 175-182.

[38] TRENERRY B, CHNG S, WANG Y, et al. Preparing workplaces for digital transformation: an integrative review and framework of multi-level factors[J]. Frontiers in psychology, 2021, 12: 620766.

[39] VERHOEF P C, BROEKHUIZEN T, BART Y, et al. Digital transformation: a multidisciplinary reflection and research agenda[J]. Journal of business research, 2021, 122: 889-901.

[40] VIAL G. Understanding digital transformation: a review and a research agenda[J]. The journal of strategic information systems, 2019, 28(2): 118-144.

[41] XU L D, XU E L, LI L. Industry 4.0: state of the art and future trends[J]. International journal of production research, 2018, 56(8): 2941-2962.

[42] ZHANG C, YANG J M. A history of mechanical engineering[M]. Singapore: Springer Singapore, 2020.

[43] YU H, LEE H, JEON H. What is 5G? emerging 5G mobile services and network requirements[J]. Sustainability, 2017, 9(10): 1848.

第 2 章
CHAPTER 2

数字化时代的组织结构

组织结构是人们在组织内进行分工与协调的方式的总和。在数字化时代的激烈竞争和外部环境快速变化的背景下，组织结构的变化变得尤为重要。回顾过去，传统的组织结构模式逐渐显露出一系列严重的缺陷，阻碍了组织的发展，使得组织往往无法适应数字化时代快速发展的外部环境，在竞争激烈的全球市场中丧失立足之地。全球互联网、大数据分析、云计算和人工智能等技术的应用，正在重新定义组织内部的协作、沟通和管理方式。数字化时代的组织结构趋势强调扁平化、网络化、平台化、生态化，为组织提供了适应变化的新方法，同时也为员工提供了更多的自主权和创造性发挥的空间。

本章将深入研究数字化时代下组织结构的变化，这种变化旨在更好地适应快速变化的环境，促使组织更具灵活性和创新性，以更好地应对未来的挑战。

§ 学习目标

➢ 学完本章，你应该做到：

1. 了解组织结构的发展演变，以及它们的定义、特点、优势、劣势。
2. 了解数字化时代的到来对传统组织结构的冲击，识别传统组织结构的缺陷，了解传统组织结构如何妨碍组织发展，认识组织结构变化的迫切性。
3. 理解数字化时代组织结构的扁平化、网络化、平台化、生态化等核心趋势。
4. 培养审视组织结构变化的思维，明白这种变化的目的是更好地适应快速变化的环境，激发组织内部的灵活性和创新性。

§ 引例

海尔集团的组织结构变化历程

根据海尔集团组织结构的变革历程，可将其发展分为三个阶段（见表 2-1）。

表 2-1 海尔集团发展过程的阶段划分

项目	企业扩张阶段	颠覆变革阶段	生态构建阶段
时间范围	1984—2004 年	2005—2012 年	2013 年至今
背景环境	改革开放、邓小平南方谈话、中国入世	产业结构调整、鼓励自主创新	创新创业、互联网 +
企业战略	名牌战略、多元化战略、国际化战略	全球化战略	网络化战略
战略导向	创业导向	技术导向	市场导向
组织结构	正三角	倒三角	平台网络
动态能力	组织柔性能力	变革创新能力	生态联结能力

海尔集团在改革开放后不同时期，包括规模红利消失、激烈竞争和互联网技术冲击等环境变化中，形成了组织柔性能力、变革创新能力到生态联结能力的演化。战略导向经历了创业导向到技术导向再到市场导向的变化，组织结构也相应地进行了调整。不同时期的环境变化对企业动态能力提出不同要求，海尔集团通过战略导向和组织结构的交互作用，推动组织学习方向由内部向市场拓展，资源基础由企业家分配向开放组织边界进行整合转变，组织惯例基础由习惯服从企业家决策向适应自主探索演化，实现了“组织柔性能力—变革创新能力—生态联结能力”这一发展过程的升级转换。

资料来源：卢艳秋，宋昶，王向阳．战略导向与组织结构交互的动态能力演化：基于海尔集团的案例研究 [J]. 管理评论，2021，33（9）：340-352.

2.1 组织结构的作用、影响因素与变化趋势

2.1.1 组织结构对组织的作用

组织结构是划分、组织和协调组织活动的工具，它的存在可以使决策、适时的环境响应和组成单位之间的矛盾更容易解决，从而帮助信息流动。Dove（2001）将组织结构定义为“不同资源或元素的集合，这些资源或元素作为一个群体相互作用以达到某种共同目的”。同时，组织结构定义了如何分配任务、向谁汇报任务以及最终的协调过程和应该严格遵循的互动形式。Puranam 等（2014）提出任务划分、任务分配、报酬分配和信息提供是组织的四个普遍问题。Raziq 等（2020）概述了组织结构的要素，包括部门化、指挥链或复杂性（组织中管理层级的数量）、管理幅度、集权或分权。Ahmady 等（2016）确定了决定组织结构的因素，包括目标和战略（确定长期目标的过程）、组织规模（物质资本、人力资本、组织投入和产出、财务资源）、技术（将投入转化为产出的信息、设备、方法和过程）、环境（一般和特定）和控制权（组织权力所有者的战略选择）。

组织结构通过明确不同部门不同岗位的职责和职权，使得各部门和员工个人能够专注于其核心职责，同时赋予各级管理层次相应的权限，以及制定结构中的协作机制和信息流动的路径，以确保信息在组织内部的有效传递，实现不同部门之间的协调与合作。组织结构是组织成功的关键要素，它影响着组织的战略执行、资源管理、决策制定、员工管理等多个方面。

在市场经济中，市场环境如竞争格局、技术趋势、客户需求等变化迅速。全球市场的崛起和国际业务的扩展要求组织重新考虑其国际化战略，而数字化的发展也促使企业之间从竞争关系转变为生态伙伴，同时新技术的引入可能要求组织再造工作流程，引入新职能，或者改变信息流动方式。客户需求和偏好的变化也会影响产品和服务的交付方式，如今客户的个性化、定制化需求越来越高，组织需要不断创新、改进产品和服务以提升客户体验。基于以上原因，组织必须不断调整其结构，适应新的变化，以便抓住机会保持竞争力。组织领导者必须认识到这一点，并设计和维护适应外界环境与组织需求的结构，以实现组织的长期成功和可持续发展。

2.1.2 组织结构的影响因素

1. 外部环境

组织的外部环境是指存在于组织边界之外并对组织具有潜在或部分影响的所有因素，主要包括经济状况、政治状况、社会文化等。

（1）经济状况。经济状况会影响市场需求，在经济繁荣时期，市场需求可能增加，甚至出现新兴市场，组织需要调整结构以满足不断增长的市场；而在经济衰退时期，市场需求可能下降，组织需要缩减规模以适应市场的变化。同时，利率、通货膨胀率和资本市场的状况都会直接影响组织的资金可用性，高利率和紧缩的资本市场可能导致组织在融资和扩张上面临挑战，需要调整结构以节省成本。

（2）政治状况。组织需要确保其结构和运营方式符合相关法律，可能需要设立专门的合规部门或聘请法律顾问，尤其是对于跨国组织，不同国家的政治因素会导致组织需要在不同国家采取不同的结构和策略。

（3）社会文化。在研究文化对组织结构的影响时，跨国组织是主要的载体。文化包括语言、宗教、风俗习惯等方面的特征，这些文化特征可能影响组织在不同国家或地区的运营方式和市场策略，而组织想要适应当地文化，满足当地市场的需求，就得采取多元化的组织结构。同时，社会文化的多样性可能导致组织内部形成多元文化团队，这些团队需要特殊的管理和协作结构，以促进不同文化背景下的员工合作和创新。

2. 内部条件

对组织结构有影响的内部因素主要包括组织使命、组织技术、组织文化和组织战略。

（1）组织使命。组织的输出，即向市场和消费者提供产品或服务，就是其存在的目的。例如，制造业关注产品流程改进以适应市场变化，强调提高组织的灵活性，而信息业专注于知识的转移、积累、共享和创新，强调组织内的知识管理和沟通协作，因此这两个行业的组织结构差异很大。

（2）组织技术。现代技术改变了信息传递和沟通的方式，数字化通信方式使得信息能够更快速地在组织内传递，这可能导致组织结构更加去中心化，而某些技术的引入可能需要更多的专业知识和技能，这导致组织在特定领域需要设立专门的部门或团队。同时，技术的引入可以改进工作流程，提高生产率，这可能导致组织重新设计结构，以更好地支持新的生产方式。

（3）组织文化。组织文化包括价值观、信仰和社会规范等，这些文化差异会反映在组织结构中，如权力分配、领导风格和决策方式。同时，一些文化可能更倾向于跨职能团队，而一些文化可能更看重部门间的分工，这会影响组织结构中的部门设置和职能划分。

（4）组织战略。组织结构是实现管理目标的工具，其形成和演变与组织战略密切相关。1977 年，艾尔弗雷德·D. 钱德勒（Alfred D. Chandler）在《看得见的手：美国企业的管理革命》一书中重申："经营战略与组织结构关系的基本原则是组织的结构要服从于组织的战略。"战略不仅塑造了初始结构，还在战略变化时持续影响结构，甚至可能引发大规模的组织变革。钱德勒还提出不同类型的战略需要与之对应的结构形式，如简单战略适合简单松散的结构，探索性战略需要有机式结构，而防御性战略则需要机械式结构。

2.1.3　数字化对组织结构的影响

人类社会的发展大致可以分为四个阶段：农业社会、工业社会、信息社会和数字社会。在数字社会中，数字化和智能化技术（移动互联网、大数据、云计算、人工智能、5G 等）涌现。有别于传统互联网时代的技术，数智化技术表现出可量化、实时化、可视化、可优化、智能化的核心特征，极大地颠覆了众多传统行业，也对传统的金字塔型组织结构造成了极大的冲击。

1. 企业与企业变为生态共同体

企业传统竞争战略的核心是在特定的市场中采取"一刀切"的方式击败甚至吞并对手，是一种势不两立的零和博弈。但是随着互联网与数字化技术的发展，特定市场的边界正在被打破，不同行业和不同企业间的联系与交集逐渐增多，企业与顾客、企业与供应商、企业与其他相关群体之间的关系日益密切，零和博弈让位于基于平台和数据连接的生态群落竞争，企业竞争开始从早期的质量竞争、价格竞争过渡为以顾客满意度为根本的服务竞争，即竞合模式。

竞争合作理论的主要代表人物、麦肯锡公司的咨询专家乔尔·布利克（Joel Bleeke）和戴维·厄恩斯特（David Ernst）在《协作型竞争》一书中表示："对多数全球性企业来说，完全损人利己的竞争时代已经结束。驱动公司与同行业其他公司竞争，驱动供应商之间、经销商之间在业务各方面不断竞争的传统力量，已不可能再确保赢家在这场达尔文式游戏中拥有最低成本、最高利润、最佳产品或服务。很多跨国公司日渐明白，为了竞争必须协作，以此取代损人利己的行为。企业可以通过有选择地与竞争对手以及与供应商分享和交换控制权、成本、资本、进入市场机会、信息和技术，为顾客和股东创造最大价值。"

在竞合模式下，传统的金字塔型组织结构不再适用。金字塔结构通常包括多个层级的管理和决策流程，这在数字化时代无法适应快速变化的市场需求，严格的组织边界也阻碍了与外部主体的沟通合作，因此组织开始探索生态型组织结构。生态型组织更加强调协作和信息分享，共享资源和知识，以共同应对市场挑战，更好地应对数字化时代的挑战和机遇。传统竞争战略与生态战略的比较如表 2-2 所示。

表 2-2 传统竞争战略与生态战略的比较

项目	传统竞争战略	生态战略
竞争性质	零和博弈	共生、共融、共赢、共创
开放程度	相对封闭	深化开放合作
价值创造	内生，强调自我中心	外生，强调价值共创、互利共生
竞争手段	同质竞争	打造平台，实现利益共同体，产生网络放大效应
适用的商业环境	成熟的传统行业	环境复杂多变、技术更新快的行业

资料来源：张英魁. 以生态战略打造领先环境产业集团 [J]. 清华管理评论，2020（7）：85-91.

2. 平台引领服务经济

数字化技术的兴起产生了大量的数据和信息。在工业时代，企业的信息流需要通过传统的科层制结构，只有极少数人能够获取关键信息，然而这种以获取信息来获取权力的策略逐渐失去了效力。随着数字化技术的崛起，信息不再需要通过层层管理者逐级下达，而是公开透明，变得更容易获得，基层员工也能迅速获得一手信息。过去的信息主要通过口耳相传或会议流动，速度慢、成本高，现在仅需要建立一个群，或者有授权，即可能达到立刻触达或获悉的目的。这一趋势不仅改变了信息的分发方式，也重新定义了权力的基础。此外，数字化时代注重客户导向，客户体验成为竞争的关键因素。

因此，为了更好地适应信息时代的要求，组织开始寻求更具灵活性和高效性的方式，其中之一就是平台。数字技术的发展让组织决策、分工、部门化、信息传递等协同得以实现，5G、云计算、物联网等新基建使数据能够实现从需求侧（C 端）到供给侧（B 端）和政府侧（G 端）、从供应链到价值链的贯通，企业可以在平台上通过数据和算法去引领供需两端。典型的如网约车平台的司机和乘客，外卖平台的消费者和餐馆，旅行平台的游客和酒店、景点门票与餐饮店。平台化组织模式实现了整合统一性与多样性、稳定性与灵活性的设计。

3. 对组织结构要素的影响

组织的数字化转型除了所需的数字资源外，还要考虑的一个关键问题就是能够灵活应对数字化转型的组织结构，尤其是由独立的业务单元、敏捷的组织形式和数字功能区组成的灵活结构。

（1）独立的业务单元。现有企业在发现有价值的技术、认识到迅速做出反应的必要性以及化解数字技术通常引发的冲突（如数字化转型使得传统的商业模式或竞争优势变得过时，破坏组织原有的竞争力；内部变革和调整遭到员工抵制，引发内部冲突）等方面往往较为缓慢。为了应对这一问题，组织可以在与总部分离的自主业务单元中开发这些新的、颠覆性的业务模式，以便进行实验和快速学习，同时避免内部矛盾和冲突。

（2）敏捷的组织形式。在快速变化的数字环境中，官僚主义会降低响应速度和创新能力。为了激发数字敏捷性，组织需要更灵活的形式。例如，可以建立具有独立责任的自主团队，通过试错迭代应对市场需求。一些组织还采用“合弄制”方法（见 2.4.1 节），这是一种以目标为导向的、响应灵活的自我管理实践。

（3）数字功能区。这是组织数字化转型的一个核心特征，强调了对 IT 和数据分析能力的依赖。IT 必须从专注于实现通信或数据流的角色转变为通过快速和探索性的响应来支持数字价值创造的更主动的协调性角色。此外，组织的数字化转型还要求提升员工的数字技能，尤其是在营销和服务运营领域。从人力资源管理的角度看，数字化转型需要吸引具备数字和分析技能的新员工，取代传统劳动力。在市场方面，传统的品牌和产品营销人员可能会被在线和移动营销专家替代，数据分析师则可能接替市场研究人员的角色。企业面临的挑战之一是在市场中争夺人才，因为年轻的数字和分析人才更倾向于选择科技巨头或金融行业，而不是传统的组织。

2.1.4 组织结构的整体变化趋势

1. 组织的四类边界

（1）垂直边界。垂直边界涉及组织内部不同层级之间的关系和权力分配。这包括管理层次和职责分工，以及信息在组织内的传递方式。垂直边界决定了谁负责制定决策、管理资源和监督下属，反映了组织内部的权力结构。相反，无边界组织更关注员工的能力，而非实际地位。

（2）水平边界。水平边界涉及组织内不同部门、团队之间的关系，这导致各个部门通常只关注本部门的目标，忽视了跨部门合作，不利于组织总体目标的实现。而无边界组织鼓励不同职能部门的员工组成跨功能团队，人力、技术、信息等资源可以更自由地在不同部门之间共享，消除了部门间的壁垒。

（3）外部边界。外部边界关注组织与外部利益相关者（如客户、供应商、合作伙伴、竞争对手等）之间的联系和互动，这会导致组织在面对共同的客户或供应商时，和竞争对手形成“势不两立”的局面。而无边界组织鼓励与外部群体共同构建开放的创新生态系统，这有助于分享创新思维和资源、最佳实践，提高竞争力。许多平台会和客户产生互动，甚至将客户纳入平台的参与者，进行共创共享活动。

（4）地理边界。地理边界存在于组织在不同地理位置上经营的情况下，可能由民族文化、政治经济、物流等因素导致。全球化的发展、数字化技术的进步、全球供应链的建立、国际人才的流动等因素都使地理边界逐渐消失。

打破这四类组织类边界的意义在于增强组织的适应性和灵活性，这有助于组织应对竞争激烈的商业环境，迅速适应市场变化，并最终实现可持续增长和成功。这是现代组织在全球化和数字化时代中必须追求的核心目标之一。

2. 组织结构的变化趋势

在传统企业向平台企业的转型过程中，组织的边界逐渐被打破，其变化趋势如图 2-1 所示。

科层机制	– 扁平化 +	市场机制
有边界组织 （传统企业）	有限无边界组织	极端无边界组织 （平台企业）

图 2-1　组织转型的过程

资料来源：穆胜．云组织：互联网时代企业如何转型创客平台 [M]. 北京：电子工业出版社，2015.

传统企业通常采用金字塔型的层级结构，强调科层制和严格的垂直管理，决策和指挥职能集中在顶层领导手中，部门之间的交流有限。

然而，随着市场机制的引入和数字化技术的普及，组织开始朝着扁平化的方向演化。这意味着内部边界逐渐变得模糊，不同部门之间的协作和信息共享增加。组织内部的决策不再完全依赖于顶层的指挥，而是允许更多基层员工参与和贡献。这种状态被描述为有限无边界组织，因为它仍保留了一部分顶层决策权。

未来，组织将朝着更极端的无边界状态发展。这意味着组织的层级将进一步减少，可能仅剩下一个极简的层级。所有员工都被视为创客，完全没有预设的权威结构。组织内部的协作、任务分配和资源分配将依赖于横向的市场机制，而不再需要顶层的指挥和控制。这种状态下，组织实现了极度的去中心化，强调自组织和自管理。这一演进过程将带来更大的灵活性、创新和效率，有助于组织更好地适应不断变化的市场环境。

总之，组织的演变是一个逐步的过程，从传统企业的有边界组织到有限无边界组织，最终走向极端无边界组织。这一过程反映了组织对数字化时代的适应，以实现更大的灵活性、创新和竞争力。这对于组织的成功和生存至关重要。

2.2　传统组织结构的类型及变化趋势

2.2.1　传统组织结构的类型

传统组织结构为组织提供了层级管理、明确定义的角色和责任以及稳定的决策过程。在探索新型组织结构之前，我们需要首先深入了解传统组织结构的特点、优势和缺陷。

1. 直线制组织结构

直线制组织结构构建在一条指挥的等级链之上（见图 2-2），从高层管理人员到基层员工，形成了清晰的权威和责任的传递路径，上级领导对下属员工负有管理和指导责任，而下属员工则要遵循上级领导的指令；同时，直线制组织结构通常倾向于工作的标准化，这意味着工作流程和程序会经过精心设计和规范，以确保任务的执行是一致的和可预测的。

直线制组织结构具有一系列显著的优势，使其在特定情况下成为一种有效的组织形式。首先，它能够有效地管理大量投资、劳动分工和大规模机械化生产；其次，在这种结构中，任务和职责被明确定义，各单元之间的协作有序进行，这有助于确保资源的有效利用和生产过程的高效性；最后，通过组织劳动分工、制度管理决策以及制定一种程序和一套规则，直线制组织结构可以使各类专家齐心协力地为一个共同目标努力，责任与职权明确有助于减少混乱和冲突，增加协作和团队合作。

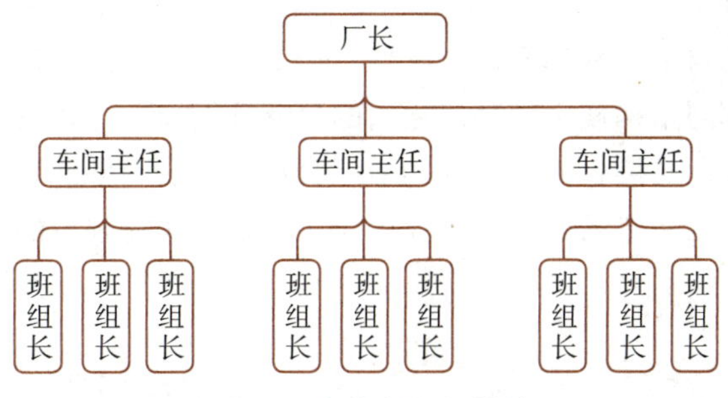

图 2-2 直线制组织结构

直线制组织结构也存在显著的缺陷。首先，信息传递路线较长，反馈较慢，这可能导致决策的延迟和信息的滞后，在快速变化的市场中，这种滞后可能使组织错失机会或难以应对突发情况；其次，在组织规模较大的情况下，所有管理职能都集中由一个人承担，意味着高级管理人员需要做出各种决策，处理大量问题，可能会超出其有效管理的范围，还会导致决策过于集中，影响组织的灵活性和创新性；最后，直线制组织结构中信息主要沿着垂直通道传递，各单元之间横向的协作和协调相对有限，这可能导致信息不对称和恶性竞争，从而削弱组织的整体效率。

2. 职能制组织结构

职能制组织结构的主要目的在于培养专业化职能和提高工作效率（见图 2-3）。在这种结构中，每一位管理者在其管辖的范围内拥有绝对和完整的职权，对其直接下属拥有直接职权，组织中的每一位员工只需向一位直接上级汇报工作。管理者负责确保其部门或职能领域的工作得以顺利进行，包括制定政策、安排资源、协调活动以及做出必要的决策。

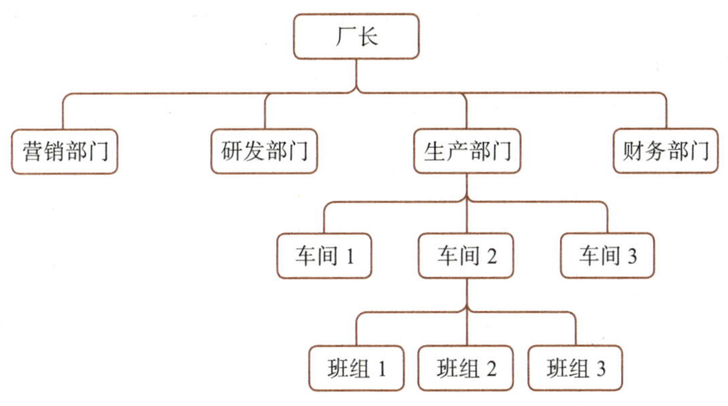

图 2-3 职能制组织结构

职能制组织结构具有多方面的优势。首先，其结构简单，责任、职权与分工明确，有助于管理人员专注并熟练掌握本职工作的技能，强化专业管理，提高工作效率，使组织能够更好地实现其任务和目标；其次，每一位管理人员都被固定归属于一个特定的职能结构，使整个组织系统具有较高的稳定性，有助于组织更好地规划和执行长期战略；最后，职能制组织结构的管理权力高度集中，有利于最高领导层对整个企业实施严格的控制。

职能制组织结构也存在明显的缺陷。首先，过度的集权结构可能导致管理权力高度集中，限制下级管理层的自主权和创新性，降低组织对变化和挑战的适应能力；其次，高度的专业化分工和稳定的部门结构使不同部门之间的协调性较差，导致信息流通的障碍和相互之间的信息沟通不畅，从而妨碍各部门之间的协同合作；最后，职能制组织结构侧重于深度专业化，员工主要关注自己狭窄领域内的专业工作，缺乏跨职能领域的综合能力，不利于培养素质全面的人才。

聚焦实践 2-1

苹果公司的职能制组织结构

苹果公司因其在硬件、软件和服务方面的创新而享誉全球。从 1997 年史蒂夫·乔布斯回归时的 8 000 名员工和 70 亿美元收入，发展到 2019 年的 13.7 万名员工和 2 600 亿美元收入，这一惊人的增长令人瞩目。苹果公司的组织结构是这一成功背后的隐秘关键。

在乔布斯回到 CEO 岗位时，苹果公司采用的是传统组织结构，公司被划分为若干业务部门，每个部门都有自己的损益责任。然而，乔布斯迅速意识到，这种结构对于鼓励创新是有害的。传统的业务部门结构通常导致部门之间的争斗，每个部门都追求独立的损益责任，这限制了全公司的创造性合作。于是，乔布斯宣布解雇了所有业务部门经理，将公司整合成一个共同承担损益的职能型组织。图 2-4 展示了从 1998 年到 2019 年苹果公司的组织结构是如何变化的。

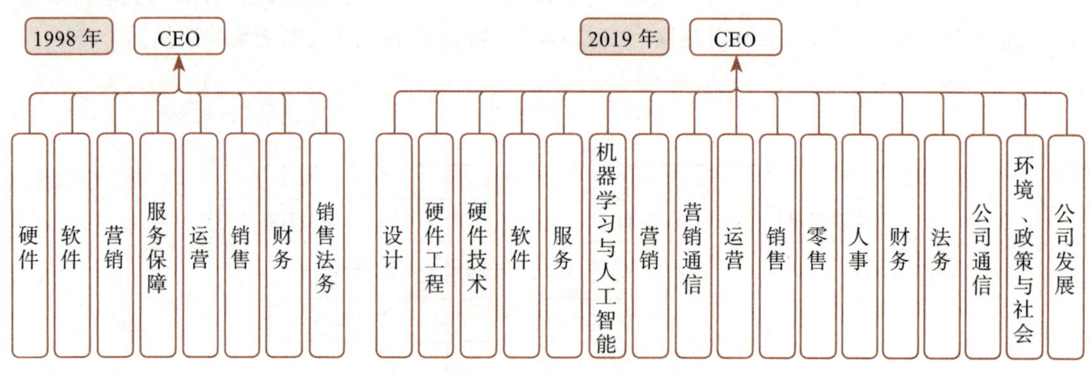

图 2-4 苹果公司的组织结构变化

苹果公司坚持职能制组织结构的原因在于它对创新的独特需求。相较于多部门结构，职能制组织结构更有利于集中专业知识，提高决策效率。苹果公司处于科技变革和激烈竞争的市场中，对于颠覆性技术的判断和直觉至关重要。在这种情况下，公司选择将关键决策权交给在某个领域拥有专业知识和经验的高级副总裁，而非分散给各个业务部门领导。

与此同时，苹果公司坚持职能制组织结构的另一个原因是为了确保产品的尽善尽美。在传统组织结构下，短期利润和成本目标可能成为评估投资和领导者绩效的首要标准，从而影响产品质量。苹果公司的决策机制着眼于公司整体的业绩，而非特定产品的成本或收入。这种方法使得产品决策不受短期财务压力的干扰，允许公司致力于提供卓越的用户体验。

在职能制组织结构中，个人和团队的声誉成为决策的关键因素。苹果公司在创新方面的决策是基于在某个领域拥有渊博专业知识的人的判断，而非主要负责实现数字目标的经理。这种组织结构加大了苹果公司在产品创新上的赌注，比如在 iPhone 7 Plus 中采用人像模式双镜头的尝试。这一决策是一次冒险，但最终为公司赢得了市场认可，并提高了相关团队的声誉。

苹果公司的职能制组织结构既强调了专业知识的集中，也在保持产品质量上取得了平衡。它的组织方式与传统组织结构有所不同，展示了"结构遵循战略"的理念。苹果公司的成功经验为其他企业提供了一个独特的组织结构参考，尤其对那些希望在快速变化的环境中实现创新和成功的企业与个人具有启发意义。

资料来源：《哈佛商业评论》，"How Apple is Organized for Innovation"。

3. 直线职能制组织结构

直线职能制组织结构是一种在大中型组织中常见的管理模式，也被称为"U 型结构"（见图 2-5）。它的主要特点是以直线为基础，在不同层级的管理者之下设置专门的职能部门，例如计划、销售、供应、财务部门等，这些部门负责进行专业化管理，同时作为各级管理者的顾问，协助制定和执行策略。在这种结构中，下级部门同时受到上级部门的管理和同级职能管理部门的指导与监督。管理权力逐级上升，最终由最高管理者直接领导各职能部门，这意味着高度的权力集中和垂直管理。

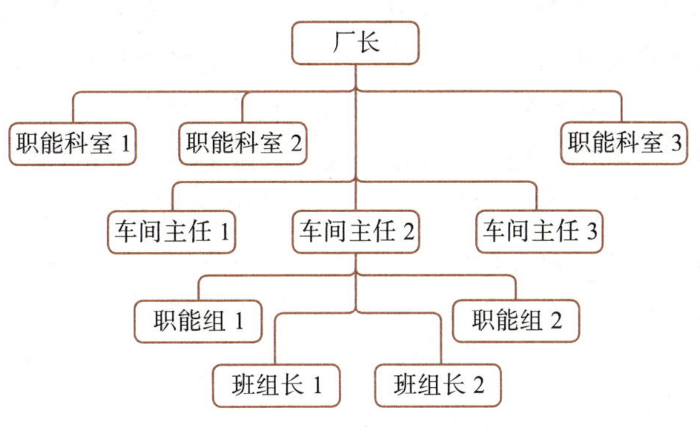

图 2-5　直线职能制组织结构

直线职能制组织结构将直线制和职能制组织结构的优点融合在一起，因此具有独特的优势。它综合了直线制组织结构的集中统一指挥和职能制组织结构的专业化分工的优点，各部门的职能高度集中，责任分工明确，组织内部秩序井然，工作效率相对较高，并且有助于提高组织的整体稳定性。这种结构在维持组织秩序和高效管理方面具有显著的优势。

直线职能制组织结构也存在明显的缺陷。首先，这是一个典型的"集权式"结构，权力高度集中于最高管理层，限制下级部门的灵活性和创新性；其次，各职能部门之间的横向联系较差，妨碍信息的流通和跨部门协作，特别是需要多部门合作的事务难以确定责任的归属，容易导致组织内部的脱节和矛盾；最后，信息传递路线较长，反馈过程较慢，使组织在应对市场变化和竞争压力时显得不够灵活。

4. 事业部制组织结构

事业部制组织结构也被称为“M 型结构”，是通常按照产品或地区设立事业部（或大的子公司）的一种组织形式（见图 2-6）。事业部制组织结构以“集中决策，分散经营”为原则划分总部与事业部之间的管理权限，总部保留对整体战略和核心决策的权力，而事业部则在一定范围内享有较大的自主权，可以根据本部门的特点和市场需求做出灵活的经营决策，每个事业部相当于一个相对独立的实体，拥有自己的管理层和职能部门，各事业部分级管理、分级核算、自负盈亏。

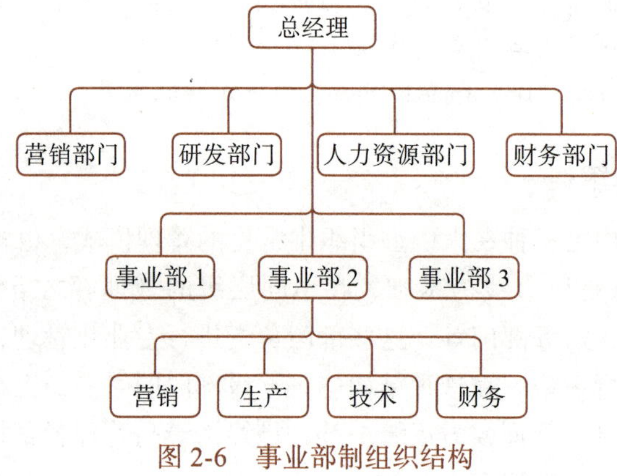

图 2-6　事业部制组织结构

事业部制组织结构具有多个优势，使其成为一种在复杂多元化市场环境下行之有效的组织形式。首先，每个事业部作为一个相对独立的实体，有助于提高管理的专业性和效率，使得各个事业部可以更专注地处理特定领域的产品或服务；其次，总部与事业部分权的设计使得组织具有更高的灵活性和更快的响应速度，能更好地适应本地市场的特点，实现本地化管理；最后，每个事业部独立核算、自负盈亏，对自身的经济状况有清晰的了解并负有责任，从而能更好地激励和管理本事业部的业绩，发挥经营管理的积极性和创造性。事业部制也意味着风险和收益更为分散，有助于降低整个组织的经济风险。

事业部制组织结构同样存在一些缺陷。首先，各个事业部相对独立经营，协同效应减弱，可能导致信息孤岛的问题，而且各事业部利益的独立容易滋长本位主义，导致各事业部争夺资源，影响组织整体战略的协调和执行；其次，可能存在各事业部资源重复配置的情况，例如不同事业部可能存在相同的职能部门，增加开支；再次，分权设计需要总部对各事业部进行更加灵活和差异化的管理与监督；最后，不同事业部可能存在不同的企业文化，这可能对组织的整体凝聚力和协同性造成一定的影响。

5. 矩阵制组织结构

矩阵制组织结构将按职能划分的部门和按产品（或业务、项目、服务等）划分的部门相结合，形成一个矩阵结构，使员工在保持与原职能部门的联系的同时，还能参与业务和项目小组的工作，实现双向甚至多头汇报（见图 2-7）。

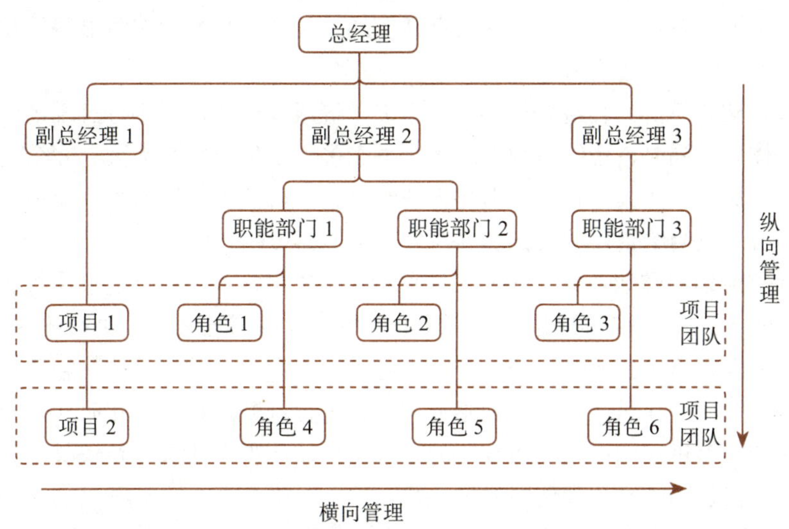

图 2-7 矩阵制组织结构

相对于一般的矩阵结构（弱矩阵），强矩阵针对特定项目组建跨部门团队，该团队全权负责项目运作并对结果负责。项目可能牵涉供应商和渠道等外部资源，因此这个团队可能跨越组织边界。弱矩阵下项目协调人对于参与流程的员工几乎没有考核权，然而强矩阵下项目的权力和责任转移到跨部门团队，功能部门的角色主要是提供资源。这种矩阵制组织结构允许更高程度的协同工作，同时确保项目团队在运作中具备更大的自治权。

矩阵制组织结构具有多方面的优势。首先，矩阵制既存在按职能划分的垂直领导，又存在按项目划分的横向领导，可以更快地应对外界变化；其次，它强调跨部门协作，交叉组合不同的职能和业务部门，针对特定的任务进行人员配置，有利于发挥个体优势，更好地应对复杂多变的项目和业务需求；再次，矩阵制鼓励员工在不同团队中协同工作，增加了互相学习的机会，提高了沟通效率和协作水平，也丰富了他们的经验和技能；最后，矩阵制强调项目的全权负责和结果导向，增强了团队对项目的责任感，跨部门团队在项目运作中具有更大的自主权，能更灵活地调配资源，提高了项目成功的概率。

矩阵制组织结构也存在一些明显的缺陷。首先，双重甚至多重领导的特性，可能导致管理者之间权责不清、决策困难，成员面对不同领导的指示无所适从，影响效率；其次，在双重管理的环境中，需要更多的沟通渠道，可能导致信息传递滞后、决策时间延长；最后，员工可能面临跨团队合作时的角色冲突和优先级问题，不同团队之间的目标和利益可能不一致，导致员工难以平衡不同职能和项目组的要求。

2.2.2 传统组织结构面临的挑战与变化的必要性

1. 传统组织结构面临的挑战

传统组织结构采用明确的等级制度，权力高度集中，职权和责任从顶层向下传递，每个层级都有明确定义的职责。这些特点使得传统组织结构在一定情境下非常有效，但在面对市场快速变化、市场竞争加剧、信息技术的迅猛发展以及全球化的影响时显得僵化，妨碍了组织的创新，影响了组织的适应力。

（1）组织僵化与臃肿。传统企业的层级繁多、等级森严、部门划分过于细致，形成了一种僵化的管理体系。同时，传统组织部门多、员工多，机构臃肿而庞大，冗余的管理层级增加了企业运营的成本。尤其是在经济形势不佳时，企业可能被迫进行大规模裁员，这不仅会对员工造成伤害，也会给企业的文化和创新力带来负面影响。

（2）集权化管理的弊端。集权化管理的弊端在于决策过程中需要通过集权职能的所有层级向上汇报，这导致决策链条延长，时间成本增加，沟通信息失真，决策效率降低。此外，许多传统企业家在经营中主要关注企业的宏观趋势和大方向，对于具体的经营数据了解相对有限，因此在决策时往往只能凭借主观感觉和经验进行判断。在信息化时代，外界环境的快速变化要求企业能够迅速响应，而集权化的管理结构却使得企业难以在快节奏、高不确定性的环境中迅速做出正确的决策和调整战略。

（3）“信息孤岛”现象。按部门划分工作容易导致各部门各自为政的状态，形成部门之间的壁垒，信息流通不畅，阻碍部门之间的紧密协作和有效配合，会造成组织的内耗，而且沟通成本大幅上升，工作效率也会受到影响。这种局面常常引发部门之间的冲突，甚至连管理层都难以有效平衡。

（4）激励制度的缺陷。传统组织结构的激励制度存在严重的缺陷，这一问题的核心在于企业设定的激励目标通常难以有效地分解为各个部门的具体目标，更进一步，这些部门目标无法有效地分解为个人目标。同时，每个部门独立进行绩效考核，导致了“部门黑匣子”现象。各层面的目标缺乏直接联系，个人、部门、企业的绩效难以关联，尽管部门内部可能得到奖励，但企业整体绩效未能明显提升。这种不协调的激励机制也加大了员工在达成组织目标上的困难，进而对整体绩效产生了负面影响。

（5）一线听得见“炮声”但没有“弹药”。传统组织结构中，最接近用户的基层业务人员手中没有资源，如资金、人力、技术等，他们必须向职能部门递交资源预算申请，得到批准后才能动用现有资源，而离市场和用户最远的职能部门却掌握资源，有权决定资源的配置。这一现象形成了一种资源管理的错位，削弱了前线的执行力，降低了整体的竞争力。

（6）文化刚性病态。在企业文化方面，传统企业往往呈现出集权文化、等级文化和硬性文化等特征。首先，集权文化导致下层员工缺乏参与感和责任感，削弱了员工的积极性和创造性，因为他们感到自己的贡献和意见无法得到充分重视；其次，等级文化带来的层级划分加剧了员工之间的紧张关系，办公室政治和团派现象频生，不利于团队协作和创新，阻碍了组织内部的良性互动；最后，硬性文化导致了组织的宽容度和容错度降低，员工在这样的文化氛围中感到压力巨大，不敢冒险做出新的尝试。这些文化刚性的表现导致了一系列负面效应，直接影响着组织的健康发展。

2. 变化的必要性

2000 年以后，在动荡的政治经济环境、飞速发展的科技、全球化带来的社会变化等因素的共同作用下，全球进入了一个易变性（volatile）、不确定性（uncertain）、复杂性（complex）、模糊性（ambiguous）的时代（简称“VUCA 时代”），组织置身于更为复杂的环境中。

计算机的普及和不断提升的计算能力使得大规模数据的处理成为可能，推动了信息化的飞速发展。互联网的发展使得信息的传递变得更为便捷和全球化，并提高了信息的可获得性，人们可以通过互联网获取各种信息，进行在线交流、合作和交易，推动了全球经济的一体化。随着信息量的急剧增加，大数据技术应运而生，通过大数据分析，组织可以从庞大的数据集中提取有用的信息，做出更为精准的决策。

物联网的发展也在改变着企业的运作方式，通过将设备和传感器连接到互联网，实现了设备之间的信息共享和互动，企业可以实时监测和控制各种业务环节，提高生产效率和资源利用率。物联网技术的应用使得企业能够更灵活地应对市场需求变化，实现更高水平的供应链和生产链的整合。云计算、产业互联网这些新基建赋予了组织内外强大的互联和信息穿透能力，有助于降低协调和信息传递成本。

在信息技术发展推动组织结构变化的同时，德鲁克对知识经济时代的来临有着深刻的预见。知识经济强调了员工的智力资本和知识创造，强调了员工的专业知识和创造性思维对于组织的重要性，这使得组织更加关注知识的创造、共享与应用，它对工作的影响如图 2-8 所示。这也迫使传统的层级结构和刚性的管理方式发生转变。德鲁克主张企业需要从以命令与控制为核心的科层组织模式向由知识工作者构成的信息型组织模式演变，同时要从基于职能划分的组织过渡到以任务或工作为导向的团队。

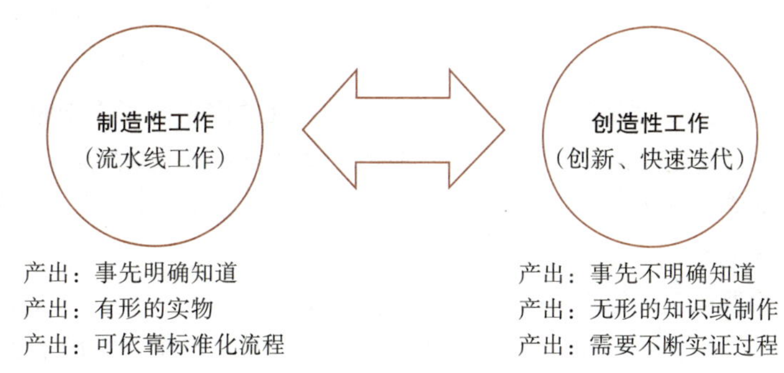

图 2-8　信息化时代工作的变化

资料来源：《哈佛商业评论》，“移动互联时代的组织创新”。

传统的金字塔型科层组织的结构设置导致了知识在不同层级之间只能有限地共享，并且过于强调各部门、各层级按规章制度和管理流程办事，这些条条框框限制了交流与创新。相较于传统的科层制，新型组织结构往往更为扁平，减少了管理层级，要求每个成员都积极承担分享信息的责任，而非单纯执行上级的命令，这有助于实现组织内部人员的轮换与交流，使得拥有知识的员工能够更广泛地与不同群体和新加入者互动，从而推动隐性知识在不同部门之间的扩散与分享。

同时由于缺乏科学管理机制，科层组织的资源不能得到充分有效的分配，企业对外部环境不能快速响应，员工缺乏主观能动性且难以实现自我价值，导致企业竞争力下降。在 VUCA 时代，企业面临的外部环境发生了巨大变化，用户需求日益多样化，为积极应对信息化时代的外部环境变化，组织需要逐步向敏捷型组织和扁平化组织（如海尔的“小微组织”等）转变。

2.2.3 传统组织结构的转型路径

前面我们已经深入探讨了传统组织结构面临的挑战与变化的必要性。因此，为了在这个全球化、科技发展和竞争激烈的信息时代中生存和繁荣，组织必须从金字塔型的层级结构向敏捷化转型，着眼于更有效的决策、更快速的反应能力、更多的员工参与和更强的创新能力。传统组织结构与新型组织结构的区别如表 2-3 所示。

表 2-3 传统组织结构与新型组织结构的区别

项目	传统组织结构	新型组织结构
结构	金字塔型	网状
组织内部关系	分工	协同
流动性	纵向	多向
特征	固化、稳定	动态、变化
可能的风险	僵化	混乱

信息化时代的组织结构呈现网络化、虚拟化和扁平化的趋势。**网络化**指的是组织内部的等级制度淡化，横向分工和协作增加，形成相对平等和自主的小型经营单元或个人组成的网络型组织。**虚拟化**表示未来组织不再以传统的岗位和部门为基础，而是以计算机和信息网络为支撑，通过分工合作关系和市场等价交换原则构建动态企业联合体。**扁平化**则意味着组织不再采用金字塔式的垂直专业化分工，而是通过建立以顾客需求为导向的横向小组和工作团队，消除各部门之间的壁垒。这种结构有助于加强横向协调，调动基层员工的积极性，使企业更灵活地适应市场变化，更好地满足消费者需求。这三个特征共同描绘了未来企业组织的新面貌。

传统组织结构的调整通常有两种方式。一种相对保守的方式是**矩阵化**，适用于那些旨在保持规模经济优势，同时又希望快速感知市场变化的企业。在矩阵化中，尽管仍然保留了职能制度的专业分工，但通过采用虚拟组织等模式，以市场为中心，加强了横向业务单元之间的联系。

另一种相对激进的方式是**扁平化**，彻底打破并重塑组织。这些激进的做法包括消除纵向边界（减少管理层级）、增加横向沟通，使组织更加扁平，增加一线员工的决策权。此外，通过设立临时团队、跨部门调动人力资源等方式完成各类复杂任务，推动组织结构从集中式科层组织向分布化、弹性化、敏捷化的网络组织转变。

学界对组织的敏捷性有不同的理解，总的来说主要有以下三个共性特征：①敏捷性被视为对持续和不可预测的变化的响应，因此在不断变化、不稳定和不可预测的商业环境中特别必要和有效；②其功能重点是速度和响应能力；③其主要目标是提高竞争力。表 2-4 提供了组织敏捷性的部分定义，表 2-5 对比了组织传统管理方式和敏捷管理方式。

表 2-4 组织敏捷性的部分定义

学者	定义
Feng and Zhang（1998）	敏捷组织可以迅速重新配置操作、流程和业务关系，在持续和不可预测的变化环境中蓬勃发展
Van Oosterhout et al.（2006）	……能够快速、轻松地改变业务和业务流程，从而超越通常的灵活性水平，有效地管理不可预测的外部和内部变化……能够及时自如地预测或应对变化
Zhang and Sharif（2007）	敏捷性是一种制造战略，旨在为制造企业提供竞争能力，使其从商业环境的动态和持续变化中繁荣起来，无论是被动的还是主动的

（续）

学者	定义
Teece et al.（2016）	……组织在内部和外部环境需要的情况下，有效地重新分配其资源，以创造价值和保护价值以及获取更高收益的能力

表 2-5　组织传统管理方式和敏捷管理方式对比

传统方式	敏捷方式
自上而下	自下而上和自上而下
通过管理层进行沟通	彼此自由沟通
复杂的官僚制度	保持简单
职能团队	跨职能团队
由管理层决策	每个人都决策
中心化控制	求同存异

资料来源：忻榕，陈威如，侯正宇. 平台化管理：数字时代企业转型升维之道 [M]. 北京：机械工业出版社，2019.

学术研究证实了敏捷性对企业绩效的积极影响。研究表明，拥有强大敏捷能力的组织产生收入的速度比非敏捷组织快 37%，利润比非敏捷组织高 30%。

但这并不意味着传统的组织结构变得毫无价值。企业家倾向于将科层制结构视为“对其企业家灵魂的官僚主义威胁”，尤其是初创企业更加偏好极度扁平化的结构，这主要基于以下两点认知：一是这样小而无差异的公司不需要管理层的协调；二是这些新生的小公司通常在充满活力和竞争的行业中诞生，因此它们应该扁平化以简化决策过程，并灵活地适应环境。

初创企业的规模和横向差异不如成熟企业，而且它们的整合工作尤其具有挑战性，因为这些新生企业尚未开发正式的协调工具（例如标准操作程序），同时缺乏非正式的手段（如共同的文化和规范）。初创企业大多由缺乏经验的新员工组成，除了联合创始人之外，他们以前很少一起工作。虽然扁平的层级结构可以提高创造性，但它可能会让管理者不堪重负，导致下属陷入权力斗争和漫无目的的想法探索。鉴于缺乏其他系统化的方法来协调员工，层级制度在初创企业中可以发挥重要作用，是一把“双刃剑”。虽然集权阻碍了信息的自由流动，而对产生新思想和知识的任何限制都会降低创新能力，但高层管理者在决策上有更大的权力和自由，这使他们能够更有效地协调和整合资源，并促使管理者专注于与目标相关的信息和忽略与目标无关的信息，同时正规化可以引导员工朝着特定的目标努力。

初创企业的层级化与成熟企业的扁平化形成鲜明对比，这种相反的趋势意味着，企业是否能够适应扁平化可能取决于它们是否有其他协调机制可以替代层级制度。

2.3　信息化时代的组织结构类型及变化趋势

传统组织的边界严格地将组织的内部工作与外部环境区分开来（例如员工与客户），但随着信息技术的蓬勃发展，这些边界变得越来越不稳定，组织结构从传统的金字塔型向“倒三角”型组织、网络型组织、虚拟组织、战略联盟、无边界组织等新型模式迈进，组织将这种不稳定作为一种战略资产，以获取竞争优势。这些新的组织结构能够让信息更流畅地传递，赋予员工更多自主权和创造性发挥的空间，从而更好地满足企业发展的需求。

接下来，我们将深入研究信息化时代下组织结构变化的各个方面，包括组织结构的特点、优势、缺陷、面临的挑战以及进一步的发展趋势。我们还将介绍成功实施这些变革的案例，以帮助组织更好地应对未来的挑战。

2.3.1 信息化时代的组织结构类型

1. 倒三角型组织

倒三角型组织结构颠覆传统的正三角型组织结构（见图 2-9），体现了一系列显著的特点。首先，管理核心强调每个一线员工直接面对市场，核心人物不再是管理者，而是一线员工本人，管理者的角色则转变为资源提供者、业务支持者；其次，员工从被动听从指挥转变为自发设定目标，并且有权进行资源主张，根据个人担当的责任被分配到决策权力；再次，这种组织结构以客户为中心，以客户的需求为直接指令，不需要再层层向上汇报导致决策延迟；最后，组织结构更加扁平化，中间管理层大幅减少，内部单元之间的关系也趋于平等。倒三角型组织结构仍然聚焦于单一企业。

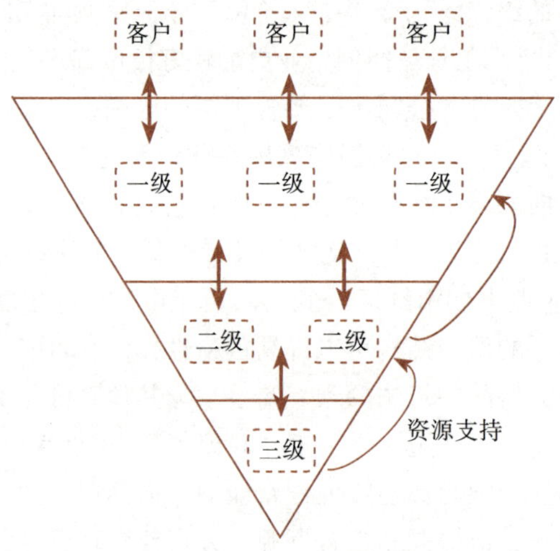

图 2-9 倒三角型组织结构

倒三角型组织结构有一系列显著的优势。首先，一线员工直接接触市场，提高了组织对市场的敏感性和反应速度，有助于更有效地满足市场需求；其次，倒三角型组织结构的基础是授权，强调公开透明的管理环境，打破了原有信息不对称的模式，促使个体间形成开放共赢的关系；最后，倒三角型组织结构将中间管理层级大幅精简，实现了更高效的组织沟通与协作，员工在这一结构下拥有更多的决策权和实际权力，有助于激发员工的积极性和主动性，有助于提高组织的适应性和创新能力。

倒三角型组织结构也存在一些潜在的弊端。首先，倒三角型组织结构强调一线员工的决策权，可能导致权力结构过于分散，治理成本和难度加大，并且短时间内频繁调整战略和方向，缺乏稳定性和长期规划；其次，组织内部每个单元都追求自身利益，可能忽略整体利益，导致内部协作困难，影响整体绩效，管理者需要更多的努力来协调各个单元之间的关系；最后，倒三角型组织结构可能倾向于进行小规模的改革和调整，而忽略对长期、重要创新的支持，因为一线员工更容易关注眼前的问题，难以集中精力投入到需要较长时间和较多资源的项目中。

因此，倒三角型组织结构更适合迭代成本低、直接面对市场、需要敏捷性的业务，如销售主导类企业（时装、保险销售等），而难以适应需要较大的资金投入以及较大创新风险的项目（汽车、手机研发和生产等）。

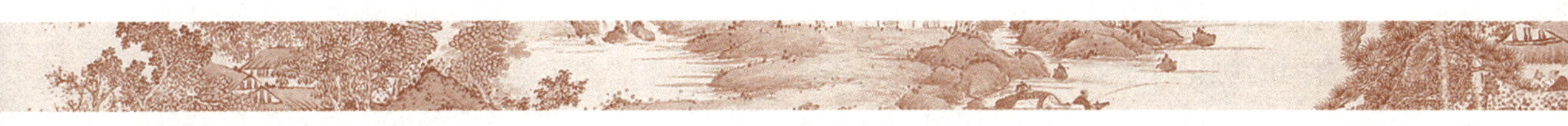

聚焦实践 2-2

海尔的倒三角型组织结构

2007 年 4 月 26 日，海尔提出“用 1 000 天实现流程系统创新（process and system innovation，PSI），完成 2 000 ～ 2 500 个流程的构建”，这被称为“海尔 1 000 天流程再造”。海尔此次的流程再造应该称为组织模式调整，是基于信息系统的全面再造，涉及组织结构的大幅调整。海尔在这次转变中打破了一贯与咨询公司保持距离的传统，积极引入了惠普、IBM 等经验丰富的咨询公司，以助力项目的推进。

在多次调整后，海尔变成了著名的倒三角型组织结构（见图 2-10）。最顶层的一级经营体主要包括研发、生产、市场三类，提倡以员工为单位，直接面对用户进行决策。中间的二级经营体又叫平台经营体，也被称为 FU（functional unit，功能单位）平台，主要包括财务、战略、企业文化、人力资源、供应链等，由大幅精简后的职能部门转变而来，由下指令变成提供资源。最底层的三级经营体又叫战略经营体，是原来的高层管理者，同样是由下指令变成了提供资源。这样一来，就彻底颠覆了原来的正三角型组织结构，决策权从原来的管理者手中移到一线员工手中，原来的管理者则必须提供资源进行匹配。如果说海尔过去的组织转型是“激进”，这次的组织转型就是“颠覆”。

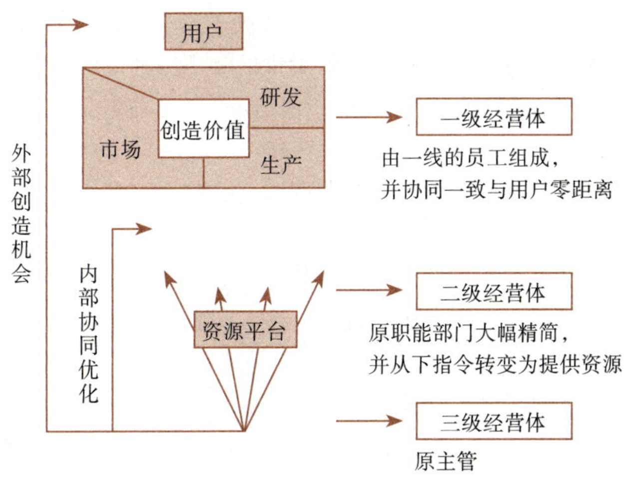

图 2-10　海尔的倒三角型组织结构

资料来源：穆胜．云组织：互联网时代企业如何转型创客平台 [M]. 北京：电子工业出版社，2015.

倒三角将经营体分为三个层次，但三个层次之间的关系并不是行政管辖，而是以用户为中心的服务关系。其实倒三角形成的是一种高度扁平化的组织，中间管理层的职位大量减少，很多以前的管理者不得不交出手中的权力，甚至失去了自己的职位。更有一些管理者为适应新的组织结构，不得不离开自己的宝座，被迫走入一线组建经营体。

2. 网络型组织

网络型组织的核心理念在于构建一个小而敏捷的中心组织，它依赖于与其他组织之间基于合同的协作，包括制造、分销、营销等关键业务活动（见图 2-11）。网络型组织的核心不再是传统的物理上的集团总部式办公中心，而是以一种任务导向的网络结构辐射向外。在网络型组织内部，工作呈现出扁平化的特征，层级关系减少，决策更加迅速而直接；而在外部，则呈现出网络化的特征，依赖于各种组织之间的协作与合作，通过相互连接成为一个庞大而灵活的网络。这使得组织不再受到传统的边界桎梏，能够迅速适应外部环境的变化，实现了更高效的资源整合和协同工作。

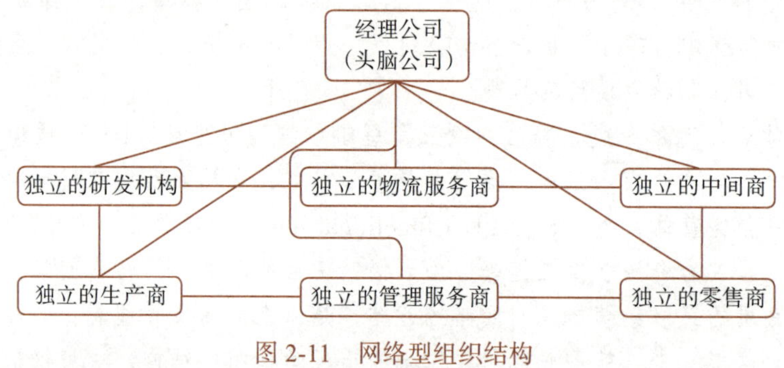

图 2-11 网络型组织结构

网络型组织根据组织成员的身份特征以及相互关系的不同可以分为四种基本类型。

（1）内部网络。通过减少管理层级加速了高层管理人员与普通员工之间的信息流动，并且打破了部门间的界限（但部门分工依然存在），促进了水平方向上的信息和知识传播。

（2）垂直网络。形成于特定行业中，由处于价值链不同环节的企业共同组成。这种网络涵盖原材料供应商、零部件供应商、生产商、经销商等上下游企业，不仅进行产品和资金的交换，还涉及技术、信息等其他要素的交换和转移。

（3）市场间网络。由处于不同行业的企业构成，这些企业在业务上有往来，并在一定程度上相互依存。

（4）机会网络。围绕顾客组织的企业群，其中核心企业专注于市场信息的搜集、整理与分类，成为连接广大消费者和生产企业的桥梁。这有利于给消费者提供更多选择，让生产者也能面对更广泛的消费者，促使两个群体之间充分展开交易。

网络型组织的优势体现在多个方面。首先，通过减少行政层次，组织内部信息传递更为直接，减少了信息失真的可能性，这种扁平的结构也使得上下级之间能够更迅速地进行沟通和协作；其次，网络型组织倡导“无边界”的资源整合，强调协同合作，有助于打破传统的组织边界，员工在这样的组织中更加倾向于分享信息和经验，横向协同工作更加紧密，提高了整体的创新和解决问题的能力；最后，网络结构中的各组织单元建立在现代信息网络技术平台上，实现了信息的高度互联和实时交流，使得各单元之间能够更加紧密地合作，员工也更容易获取所需信息，这种高效的信息流通有助于组织更迅速地适应外部环境的变化。

网络型组织虽然在灵活性和协同方面有着显著的优势，但也存在一些缺陷。首先，每个组织单元都具有自主管理的权力，但又需要接受核心权力的控制，需要在保持自主性的同时确保整体的协调和一致性，使得企业资源规划变得更加困难；其次，网络型组织中各个节点相对独立，一旦某些节点出现问题，很容易迅速扩散到整个组织，并且不容易受到管理层的控制，导致整个组织的运作受到重大干扰，影响组织的稳定性和可靠性；最后，由于信息源汇集到一起，各个组织单元产生的信息可能会过于庞大和复杂，存在信息过载的风险，管理层可能难以有效地处理和利用这些信息，进而影响决策的准确性和效率。

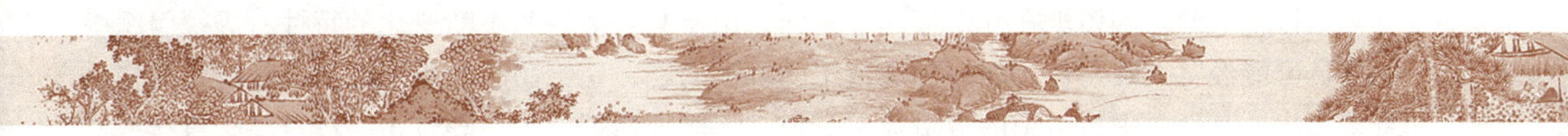

聚焦实践 2-3

思科的网络型组织结构

思科以其高效运作的网络型组织结构而著称，该结构的设计使公司内部各层级和功能得以紧密协作，实现了卓越的业务运营。

首先，CEO 约翰·钱伯斯将公司网络结构分为三层：电子商务员工自服务和客户服务支持、虚拟生产和结账、电子学习。这三层网络构成了生产关系管理系统（PRM）和客户关系管理系统（CRM）的基础。思科有 40 个一级组装商和 1 000 多个零配件供应商，但只有两个真正属于思科的工厂。通过互联网和内联网的高度整合，客户接入互联网下达订单后，思科的网络会自动将订单传送到组装商手中。这使得订单基本能在当天完成组装并发货，实现了高效的生产和物流。

思科充分利用互联网技术，提供了完备的网上订货系统、技术支持系统和客户关系管理系统。这一系统化的运作使得交易效率大幅提升，每年为公司节约了 6 亿美元的交易成本。

思科充分应用互联网，消除了传统的企业管理幅度和管理层次的矛盾。全球各竞争领域的成本和盈利数据通过公司内联网公开，最高层的决策通过内联网传达给一线员工，实现了快速决策和充分授权。企业管理极度扁平化，一线经理每季度结束后仅需一周即可了解未达目标的原因，如网络问题、零部件问题或竞争激烈，大大提高了管理效率。

3. 虚拟组织

虚拟组织是由一系列独立厂商组成的临时网络，也可以视作一种为客户解决方案创建的临时性动态组织，突破了传统组织的有形界限。虚拟组织主要有以下特点：第一，虚拟组织在构建时依赖于相互之间资源的有效整合，包括共享核心技术和基础设施，以更好地迎合市场的快速变化；第二，虚拟组织的运作离不开信息技术的支持，信息流保证了信息的高效传递和沟通，使得虚拟组织能够更加灵活和敏捷地应对市场的变化；第三，虚拟组织强调组织无边界的理念，相较于传统组织的刚性组织结构，虚拟组织更加灵活，成员之间的协作更具弹性。

在实际运作中，虚拟组织展现了“虚”和“实”的双重特点。其“虚”的一面表现在以信息流驱动物流，以及通过高效的信息传递和沟通保证组织运转；而“实”的一面则是指虚拟组织在组织功能上是完整的，通过每一个加盟的实体企业的现实运行来实现。

虚拟组织呈现出许多优势。首先，通过应用现代通信和信息技术，虚拟组织能够迅速连接全球各地拥有专业技能的人才，拓宽人才来源渠道，实现更加灵活的人才配置；其次，虚拟组织成员分布地区广泛，有助于汇集来自全球的技术、知识和产品信息资源，大范围采集客户需求，使组织更迅速地设计和开发出满足市场需求的产品和服务；再次，虚拟组织能够通过通信技术实时进行高效的信息交流，防止信息滞留，从而提高整体工作效率；最后，虚拟组织通过打破地理界限，充分利用外部人力资源，降低了内部人工成本，扁平化的结构精简了内部机构，柔性的工作模式有效降低了员工的办公费用、安置费用等，进一步降低了整体管理成本。

虚拟组织的缺陷体现在几个方面。首先，由于其灵活性和不断变化的特性，虚拟组织中的成员可能经常面临角色、目标和责任不明确的问题，这给团队的稳定性和成员的自我定位带来挑战；其次，虚拟组织的成员通常分散在不同的地理位置，导致团队成员缺乏直接的交流和互动，在这种情况下，组织文化的传承、共同目标的建立和团队凝聚力的培养都面临挑战，从而影响整体协同效能；最后，地理位置的分散也带来了沟通上的困难，成员可能因时差、语言障碍等因素而面临沟通障碍。

虚拟组织与网络型组织虽然均依赖于现代信息技术实现对资源的优化配置和对市场变化的快速响应，但网络型组织通常以一个中心组织为核心，通过契约关系与外部合作伙伴建立相对稳定的协作网络，强调长期的战略合作和资源优化，同时内部层级扁平化，决策迅速；而虚拟组织则是一种更为动态和临时性的组织形式，它围绕特定项目或目标临时结集资源和能力，项目完成后合作体可能随之解散，更侧重于快速实现项目目标和捕捉市场机会。

4. 战略联盟

战略联盟由两个或两个以上具有共同战略利益的企业（或特定事业或职业部门）组成，各成员保持独立的法人地位，通过各种协议、契约，形成了一种紧密的协作关系，战略联盟具有边界模糊、关系松散、机动灵活、运作高效等主要特征。战略联盟旨在通过共同开发市场、共享资源、共同研发等手段实现共同的战略目标，是一种优势互补、优势相长、风险共担、生产要素水平式双向或多向流动的合作模式。

战略联盟根据目的可分为五种：技术开发联盟、合作生产联盟、营销与服务联盟、多层次合作联盟（上述各种联盟的组合）、单国与多国联盟。根据联盟的组成方式则可分为两种：股权性联盟和非股权性联盟。

战略联盟有诸多优势。首先，各企业强强联合优势互补，每个成员企业都能够发挥自身的专业和核心优势，最终提升联盟整体的竞争力；其次，战略联盟能够实现规模经济效应，成员企业能够分享共同的资源，共同分担研发、生产和市场推广等方面的成本和风险；再次，战略联盟有助于消除不必要的竞争，成员企业可以在联盟内部协同合作，共同应对市场竞争和外部威胁；最后，战略联盟以一种灵活的经营机制适应市场需求，不涉及组织的膨胀和扩张，能够避免“大企业病”，使企业能够更加迅速地适应变化并保持竞争力。

战略联盟也存在着明显的缺陷。首先，在商业环境中，寻找与自身战略目标相符、互补性强的合作伙伴并不容易，合作过程中的利益平衡也是潜在的问题，合作难度大，容易导致意见分歧；其次，战略联盟容易使企业过度依赖于合作伙伴，可能会限制企业自身的创新意愿和能力，降低独立发展的动力；最后，战略联盟涉及资源的共享，过度分享企业资源可能会使企业面临商业、政治、文化和货币等多方面的风险，导致企业暴露于潜在的不稳定性和不确定性中，影响长期运行。

5. 无边界组织

通用电气（GE）前任董事长兼 CEO 杰克·韦尔奇先生这样描述无边界公司："预想中的无边界公司应该将各个职能部门之间的障碍全部消除，工程、生产、营销以及其他部门之间能够自由流通、完全透明。"

无边界组织是一种创新性的组织形式，其核心理念在于打破传统组织的边界，但这并非意味着完全消除原有的各种边界，而是通过模糊化传统边界，创造一种类似"隔膜"的新边界，强调跨部门和跨组织的协同合作，提高整个组织的信息传递、扩散和渗透能力。表 2-6 对比了传统官僚组织与无边界组织的差异。无边界组织注重信息和知识的开放共享，借助现代技术，尤其是计算机网络，使组织成员能够实现实时的交流和协作，创造了更灵活和便捷的工作环境，使组织能更好地适应不断变化的市场和竞争环境。

表 2-6 传统官僚组织与无边界组织的差异

项目	传统官僚组织	无边界组织
外部环境	简单、稳定	复杂、快速变化
成功的关键因素开放性	规模、职责清晰、专业化、控制	速度、弹性、整合、创新
结构稳定性	刚性，倾向于固定不变	弹性、动态性及多样性
决策方式	集中	分权
活动差异性及专业化	专业明确的、互相孤立的职能和部门	工作丰富化和扩大化，存在重叠的活动

资料来源：王松涛．无边界组织：企业组织结构变革的新模式 [J]. 同济大学学报（社会科学版），2008（4）：118-124.

无边界组织具有显著的优势。首先，无边界组织是以有边界为基础的，但是它将传统组织中的边界模糊化为一种灵活的"隔膜"结构，更易于信息、资源和能量的渗透与扩散，使得组织作为一个整体的功能超越了各个组成部分的功能；其次，无边界组织强调速度、弹性、整合和创新，它具备快速响应外部环境变化的能力，员工采用弹性制工作，经常变换工作岗位，组织根据特定的需求整合不同的员工和部门，更加注重流程而非单独的专业化，这种整合和弹性使得无边界组织在创新和变革方面具有优势；最后，无边界组织的技术基础是计算机网络化，这种网络化使人们能够超越组织内外的界限进行高效的交流，加速信息传递和共享，这不仅促进了组织内部的协同合作，还使得外部与组织更紧密地互动，为组织提供了更广泛的资源和支持。

无边界组织也存在一些缺陷。首先，无边界组织在文化差异方面可能面临挑战，来自不同文化的个体可能语言不通，并且价值观不同，在沟通时可能遇到困难，导致团队合作的障碍，对组织的整体协同性和效率产生负面影响；其次，在一个边界容易被穿透的组织中，低效率的业绩表现可能会被更多人看到，这可能会引发广泛的焦虑，特别是那些对自己的工作能力或学习能力不够自信的个体，这种焦虑可能影响他们的工作动力和组织的整体绩效；最后，虽然计算机网络化为无边界组织提供了高效的信息交流渠道，但网络的开放性可能导致信息泄露和安全隐患，组织需要采取措施来保护自身免受潜在的威胁。

聚焦实践 2-4

德邦走向无边界组织

德邦为了更好地回应市场需求，决定通过转型以适应快速变化的环境。德邦通过成立企业发展办公室（简称“企发办”）实施转型，于 2011 年 3 月开始规划整体企业战略方向。

最初，企发办通过构建协作机制改变了目标的分解方式。以前的垂直和混合式管理导致了目标都是逐级向下分解，而在外部环境快速变化的背景下，企发办将目标结构从线条式改为网状结构，即某个部门的目标并不一定来自直线上级，也有可能来自其他汇报线上的上级，甚至有可能来自平级。这种结构使得部门之间的协同更为紧密，需要相互帮助才能完成任务。

企发办为了进一步推动无边界协作的发展，于 2012 年成立了项目管理办公室（Project Management Office，PMO）。PMO 的任务是从日常目标中识别出“项目性需求”，即一些通过现有管理体系难以达成的目标。通过项目的方式，各相关部门得以共同合作，协同解决问题。德邦的无边界组织结构如图 2-12 所示。

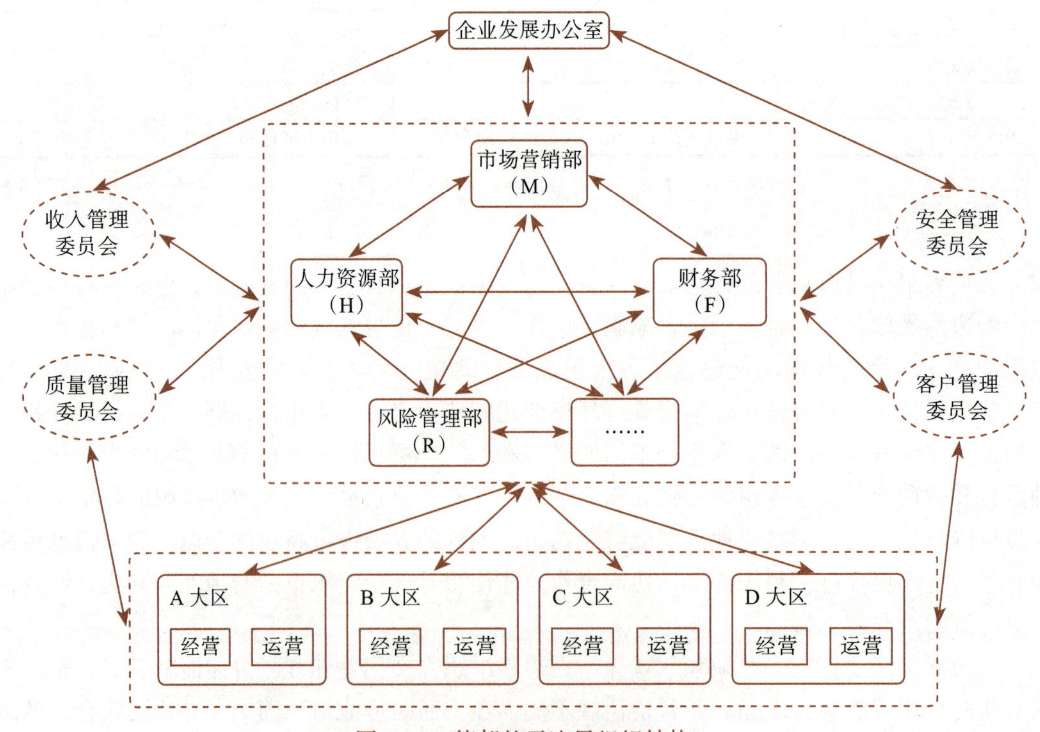

图 2-12 德邦的无边界组织结构

资料来源：穆胜. 云组织：互联网时代企业如何转型创客平台 [M]. 北京：电子工业出版社，2015.

在2014年的长沙外场爆仓事件中，企发办通过缩短监控流量周期和制定应急措施，成功协调各职能部门和一线部门应对突发情况。企发办之所以能具备强大的协调能力，是因为它具备“实权”，各部门必须按照企发办的规则行动，否则将受到惩罚。

通过建立网状目标结构和项目协作机制，德邦逐步过渡为无边界组织。横向边界上，任何部门都可以发起协作，资源之间可以随时互联，而纵向边界也被打破，一线部门不再只是执行者，也是参与决策的重要一环。这一转变使得组织更加灵活地适应市场需求，实现了无边界协作的理念。

以上这些组织结构在信息化时代中崭露头角，体现了一系列共性特点（见图2-13）。

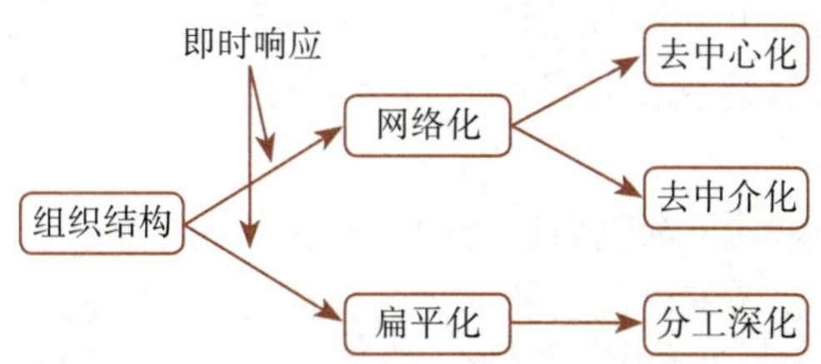

图2-13 信息化时代的组织结构特点

（1）信息技术支持。这些组织结构都依赖于计算机信息网络的支持，借助通信技术等实现内外部信息的高效流通和协作。

（2）去中心化的网状结构。这些组织结构趋于网络化、扁平化，权力往往不再集中在传统的中心机构，而是更加分散化，强调团队合作和自主性。所有成员通过互联网络相互连接，没有僵化的信息传递程序，能够随时与内外界进行能量交换，使组织更具灵活性、开放性，并能够动态变化。

（3）灵活性与适应性。与传统的职能等级制明确的等级和职责划分不同，这些组织结构内部的机构和人员更注重整体优势的发挥，而非仅关注完成本职工作。这些组织结构强调适应变化，组织架构更具弹性，能够随时调整以适应不断变化的市场和行业要求。

（4）平台化思维。平台化思维即赋予业务单元和员工更多的主观能动性。企业管理层的角色更侧重于初始资源的分配、规则的制定以及秩序的维护，培育更多能够对接市场的具有经营性质的主体（以业务单元和员工为单位），而不替代他们做出决策，也不限制他们的自由。

2.3.2 信息化时代组织结构面临的挑战与变化的必要性

1. 信息化时代组织结构面临的挑战

这几种组织结构在适应信息化时代方面面临一些挑战。

（1）协调与沟通难题。在信息化时代，信息的快速传递和实时沟通至关重要。以上几种组织结构由于过于分散或复杂的组织关系，协调和沟通可能受到阻碍。信息化时代要求即时响应和高效协同工作，而这些组织结构可能无法提供迅速而清晰的信息流动。

（2）管理与控制困难。信息化时代的企业环境充满动态变化，需要灵活的管理和迅速的决策。以上几种组织结构由于权力和决策的分散性，可能导致管理的混乱和控制困难。

（3）资源分配不均。信息化时代的创新和发展通常需要大量的资源，包括技术、人才和资金等。以上几种组织结构由于其分散性或弹性，资源可能无法有效地被分配，导致一些部门或项目过度投资，而其他部分可能面临资源短缺问题，影响整体业务的竞争力。

这些问题凸显了在信息化时代中，组织结构需要更加灵活、开放，并不断调整以适应快速变化的环境，同时也需要在文化、安全、协作等方面找到平衡点。

2. 变化的必要性

数字技术的迅猛发展，人工智能、区块链、云计算和大数据（artificial intelligence，blockchain，cloud computing，data，即“ABCD 技术”）等底层数字技术的广泛应用使企业在价值供给上面临激烈的竞争。移动互联网和 5G 的普及使信息传递的主要载体逐渐转变为“比特”，推动着人类社会从信息化时代迈向数字化时代。数字化带来的影响详见“2.1.3 数字化对组织结构的影响”。

数字化对组织结构的影响是深刻而广泛的。首先，数字系统与实际业务运营的结合变得更加紧密，这意味着数字技术不仅仅是辅助工具，而且能深度融入企业的核心运作。人工智能逐渐开始承担管理者日常计划和协调任务的角色，减少了中间管理层的存在，实现了更为高效的决策流程。这也使得许多人才从烦琐的日常管理任务中解放出来，可以更专注于基于大数据的深度洞察和创新。

随着外部需求的不断升级和细分，企业必须迎接数字化革命带来的历史性机遇和重大挑战。这意味着信息更迅速地流动，决策更加迅捷，组织更具有适应性，能够更灵活地适应市场和行业的变化。数字化不仅仅是技术的应用，更是对企业文化和运作方式的深刻改变，在这个过程中，组织结构朝着更加扁平、透明、开放、灵活的方向发展。

2.3.3 信息化时代组织结构的转型路径

（1）自建生态。这不仅仅是将企业自身置于核心位置，更包括在实际运营中精心策划，整合多元资源，构建一个自主核心的广泛行业生态系统，使各个组成部分呈现有机而协调的联系。例如海尔采用的“人单合一”模式，其中每个小前端都成为新的利益节点，随着时代变迁，这一模式逐渐演进为“共创共赢”，海尔开始鼓励员工在平台上开展创业活动。这种转变催生了一批富有创造力的企业家，为企业与整个行业带来了新的活力。换句话说，企业不再只是在内部运转，而是成为一个与员工、合作伙伴以及整个行业都相互关联的庞大系统。

（2）参与生态。这意味着企业不再是一个封闭独立的个体，而要积极融入其他生态系统，提升自身与整个平台的价值。在这种生态系统中，企业成为一个更大的网络中的一部分，与其他组成部分相互依存。这种生态参与模式不仅增强了企业与整个行业的联系，也提供了更灵活、更适应变化的机制，使企业能够更好地适应快速变化的市场和客户需求。

（3）共享生态。依托底层技术和大数据的支持，企业通过建立非营利性且高效率的开放共享平台，实现与其他组织的自由连接，通过价值的流通来实现自身与整个平台的共同提升。在这个共享生态中，企业不再是孤立的个体，而是共同构建了一个相互依赖、相互支持的网络，企业不仅提高了自身的效率，还为其他企业和开发者创造了更多的机会。以谷歌公司为例，它通过开源 Android 底层技术和提供免费的数据平台，为全球范围内无数应用的开发提供了巨大的支持。这种共享的生态模式不仅是一种商业策略，更是一种推动技术创新的机制，有助于加速技术的发展，促进各方之间更加紧密地合作，形成更广泛的价值共创。

2.4　数字化时代的组织结构类型及变化趋势

在数字化时代，组织运营方式正经历着深刻变化，仅是像过去一样设立独立的数字部门，比如某些零售企业设立一个在线销售部门，已不足以适应迅速变化的市场。企业需要实现全面数字化。

数字化时代催生了新的组织结构发展趋势。例如，平台型组织以数字平台和互联网为核心，能够更好地连接各方，实现资源共享和协作创新；生态型组织则强调多元参与者之间的协作，以实现可持续性和共同繁荣。这不仅仅是协同优化，更是对传统组织结构的根本性改变，使组织结构朝数字特性更强的方向发展。这些新兴模式注重敏捷性、适应性和开放性，为组织在数字化时代的竞争赋予了更强的竞争力。

在调整结构时，数字化设计思路至关重要。组织需要巧妙结合业务特点和数字技术，过渡至更为扁平的结构。数字化时代的组织要具备开放、创新和快速决策的特质，以更好地适应竞争激烈、变化迅速的商业环境。因此，数字化的组织结构设计不仅是技术挑战，更是对组织战略和文化的重新定义，是推动企业前进的关键一步。

接下来，我们将深入研究数字化时代下组织结构变化的各个方面，包括组织结构的特点、优势、运行难点等，以帮助组织更好地应对未来的挑战。

2.4.1　数字化时代的组织结构类型

1. 合弄制组织

阿瑟·库斯勒（Arthur Koestler）在他 1967 年出版的著作《机器中的幽灵》中首次提出“**合弄制**”（holarchy），将“子整体”（holon）定义为“从属于一个更大整体的整体”，而“合弄制”则指的是“子整体之间的联系”（见图 2-14）。在合弄制下，企业的组织架构呈现出去中心化的特点，员工被组成不同的小组，小组内的每个人都选择自己的职务并设立自己的目标。在这种管理模式下，企业的 CEO 负责重新组建企业员工的小团队，并将权力下放给通过企业内部章程设立的管理委员会。

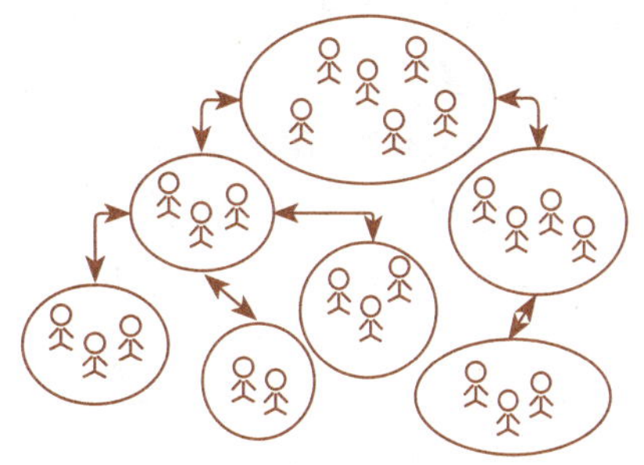

图 2-14　合弄制组织结构

布赖恩·罗伯逊（Brian Robertson）在《重新定义管理：合弄制改变世界》一书中指出，合弄制明确地区分了个体与它所承担的角色，组织结构是由组织实现目标所需要的各种角色来定义的，而非组织中的个体，人是为了担当这些角色才加入企业的，因此，合弄制的核心是给人分配工作。通过建立动态角色、分配权力和自行重组，合弄制能够实现快速迭代并建立透明的规则，使组织更加灵活高效。组织中每个特定的角色都会被授予特定的职权，以完成特定的任务和追求特定的目标。一旦角色对达成目标不再重要，它就会被取消。而当一个角色的责任无法由一个人全部承担时，就需要进一步分化为多个**次角色**（sub-role），形成一个“**圈子**”(circle)。合弄制的基本“圈子”结构如图 2-15 所示。

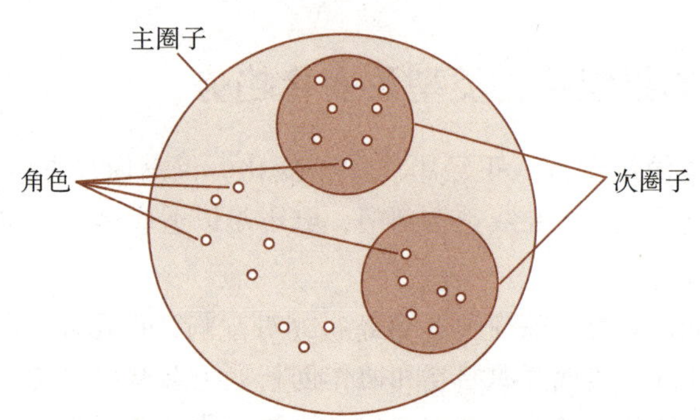

图 2-15　合弄制的基本“圈子”结构

以初创的小型企业为例，最初可能只有一个人担任整个市场营销角色。然而，随着企业规模的扩大，市场营销角色可能会更具体地分化，逐渐形成一个由多人组成、关系紧密的多角色体系。为了细化工作，市场营销角色就需要扩展成市场营销圈子。这个扩展后的圈子可能包括各种不同的专业角色，如社交媒体广告、网络营销和品牌发展等。而随着企业不断壮大，社交媒体角色也难以由一个人承担所有责任，于是，社交媒体本身也形成了一个圈子，成为市场营销这个“主圈子”的“次圈子”。

各个圈子在工作内容、种类和规模上存在显著的差异。有些圈子可能专注于具体项目的实施，而其他圈子则可能负责管理特定的部门和业务线，或者执行特定的支持功能，甚至负责整体业务的运营。同时圈子的规模和关注点各不相同，有些规模较小、关注点较为集中，而大圈子可能包含若干完整的小圈子。合弄制组织结构可被比作一组相互嵌套的圈子，就像生物体内细胞、器官与有机体之间的层次关系一样。在这一结构中，各个部分（或子整体）具备独立自治权、个人职权以及整体性。组织中的角色形成一系列圈子，这些圈子再构成更大的圈子，依此类推，直至最大的圈子将整个组织纳入其中，通常被称为“**根本圈子**”（anchor circle）。在合弄制组织结构中，每个角色和圈子都拥有真正的自治权和相应职权，共同构建起一个紧密结合的整体，在更广泛的组织整体中承担实际责任。表 2-7 对比了科层制和合弄制管理方式的部分不同之处。

表 2-7　科层制和合弄制管理方式的对比

项目	科层制管理方式	合弄制管理方式
权力	权力集中，自上而下授权	权力分散，决策由团队和角色做出
组织结构的稳定性	刚性结构	组织结构通过迅速迭代不断更新
职位	每个员工都有具体的职位，基本不会变动	一个员工可以担任几个角色，角色围绕工作需求制定，并且经常更新

合弄制的优点如下。首先，合弄制最大的优势之一在于它使组织更具适应性，能够灵活调整以应对环境中的机遇和威胁，而且决策由高层管理人员和参与项目的员工共同决定，进一步提升了灵活性；其次，合弄制消除了传统组织结构中的明确界限，通过采用相同或相似

结构的单元，组织可以像一个拥有多个实体的整体一样运作，当网络规模足够大时，组织的潜力会得到进一步增强，创造更多机会；最后，合弄制创造了一个灵活而富有弹性的工作环境，促进了紧密协作，鼓励成员充分发挥个体优势，释放了人才的创造力，使整个组织更具有创新性。

合弄制也存在一些弊端。首先，合弄制结构权力分散，缺乏中央决策机构可能会影响决策的质量，员工的角色频繁变动使得员工难以适应新的工作环境，也会导致组织结构的频繁变化，给组织带来不稳定性；其次，对于习惯了传统组织结构的员工来说，适应合弄制的新文化可能需要较长的时间，同时员工担任的角色较多时可能造成角色冲突，因为不同圈子有不同的文化，员工需要耗费精力适应；再次，不同圈子创造的价值不同，每个人都可能希望进入价值创造最大的圈子，然而员工的角色是被动分配的，这导致无法满足期望的情况时常出现，同时角色变动也会导致员工的薪酬变动频繁，许多人无法接受；最后，传统的领导者习惯指挥和控制，而在合弄制中，他们更应该成为协调者和支持者，这对于领导者来说是一项巨大的挑战，有部分领导尤其是中层领导不愿意放弃权力和地位，更不愿意参与到基层的圈子中，从而阻碍了分权。

布赖恩·罗伯逊在《重新定义管理：合弄制改变世界》一书中指出组织实行合弄制的三大阻碍。

（1）不愿放权的领导。实施合弄制需要领导层放弃曾经的权力，通过相应程序将权力分配到组织的各个层级。领导如果不愿意迈出这一步，合弄制的实施将难以成功。一些领导可能仅在口头上支持合弄制原则，实际上却继续按照过去的方式行事，不遵守新的游戏规则。

（2）不合作的中层。即使CEO支持并遵守规则，管理层也可能公开抵制转变，或者不愿意积极配合。如果有多个高层管理人员都不合作，合弄制的实行可能就会受到威胁。这种情况在顶层团队凝聚力不足、整体文化缺乏凝聚力的组织中更容易发生，给反对者提供了更多空间。

（3）突然停止综合征。这种情况经常出现在那些自认为成功采用了合弄制的企业中。在一段时间内，会议更有效率，员工对自己角色的理解更深刻，组织内部充满进取精神。然而，这些积极的变化不知不觉间开始减弱，以前的管理模式逐渐复原。这可能是因为在完全替换旧权力结构之前，合弄制的采用过程在某些方面出现了停滞，新旧程序不再兼容。如果不及时处理这种情况，合弄制将仅仅叠加在旧权力系统之上，难以实现真正的转变。

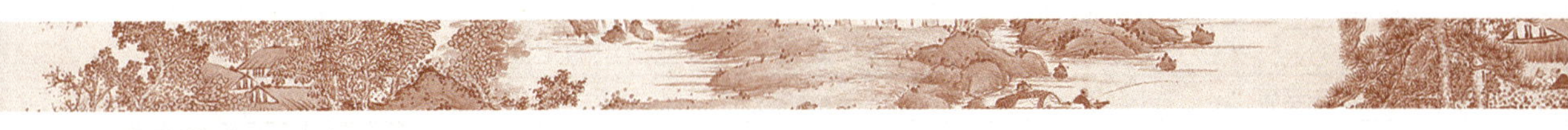

聚焦实践 2-5

Zappos 放弃合弄制

2013年，美国鞋类电商企业Zappos（美捷步）开始试行合弄制。2015年，Zappos宣布正式采用合弄制，采用了没有老板的管理方式。Zappos的团队负责人之一约翰·邦奇强调，公司采用合弄制是为了在各个方面变得更加敏捷。CEO谢家华给了员工选择的权利，不赞成合弄制的可以离开，公司提供3个月的薪酬补助，18%的员工选择了买断离开，还有11%的员工自愿离开。

不过，谢家华可能低估了合弄制的难度，如此大规模的人员离职不可能对企业没有显著的冲击。经过3年实验，2018年，谢家华宣布放弃合弄制。这一消息在管理圈内曾经引发过很大的轰动，因为Zappos一直被视为合弄制的典范。当然，Zappos不是第一家放弃合弄制的企业，Twitter创始人创办的Medium也试行了合弄制，由于结果不佳，2016年宣布停止。

Zappos取消合弄制，主要是因为企业战略决策和员工共治中存在一些无法克服的困难。其中最主要的很可能是组织内部成熟度不够，这导致当前的领导者无法胜任在平等体制下的有效决策。尽管表面上取消了等级，但实际上员工在工作中仍然受到压制。结果整个组织的效率降低，决策质量也并未提高。

但Zappos仍然保留了合弄制的一些特点，例如保留了自我管理的任务团队，也就是圈子。业务圈子之间相互独立，需要竞争公司的资源，如资金和人员。研发部门不需要直接承担收入和利润责任，但要在企业内部向业务圈子争取项目和资金。这种设计类似于海尔所做的将市场机制引入组织内部的变革，上下游之间采用结算关系。

资料来源：改编自《自我管理的组织：Zappos合弄制受挫》，知乎，2020年10月4日。

合弄制虽然有固定的基础模板，但每家企业在采用这一模式时都会走上独特的发展路径，因为模板并没有为每个具体问题提供固定的解决方案。几乎不存在两家企业面临完全相同的难题的情况，因此，任何问题都不存在一成不变的答案，而需要组织根据具体情境灵活地“即兴”解决。

另外，合弄制本身只是一个管理学概念，并没有一套完整的方法论支撑，导致企业只能通过最佳实践来验证其有效性，而Zappos在这一实践中显得至关重要。最佳实践被视为构建合弄制的重要甚至是唯一标准，如今Zappos放弃合弄制，导致所有正在朝着合弄制转变的企业失去了实践基础，只能通过寻找其他最佳实践重新证明合弄制的可行性。但这并不意味着合弄制是一种失败的尝试，相反，合弄制代表了一种自管理系统，仍然是未来组织结构发展的重要方向。

2. 平台型组织

近年来，平台型组织已成为新型组织结构的焦点，引发了广泛的讨论。各界对于平台型组织的概念和特征提出了众多见解，形成了多样而丰富的定义，展现了这一新型组织结构的复杂性和广泛应用的趋势，其中较为有代表性的定义如表2-8所示。

表2-8 有代表性的平台型组织的定义

学者	定义
Cennamo and Santalo（2013）	在互联网环境下，可以通过不断激发网络效应而灵活地安排和变换组织形式的一种组织类型，能够更加方便快捷地聚散资源，通过满足多方需求而实现获利
穆胜（2020）	企业将自己变成提供资源的平台，并通过开放的共享机制，赋予员工相当的财务权、人事权和决策权，使员工能够通过灵活的项目形式组织各类资源，形成产品、服务、解决方案，满足用户的各类个性化需求
刘绍荣 等（2019）	平台型组织是企业为了应对高度复杂的市场需求、不稳定的竞争和知识型员工日益增长的自主管理需要，充分利用高度透明的数据化治理技术，将大公司专业资源集聚的规模优势和小公司敏捷应变的灵活优势进行集成的开放型组织模式
刘继承（2021）	平台型组织指的是利用发达的信息流、物流、资金流等技术手段，通过组建强大的中心、平台、后台机构，以契约关系为纽带，联结各附属机构的组织形态

表2-9对比了传统组织和平台型组织。与传统组织相比，平台型组织具有如下几大特点。

第一，用户导向。传统组织的运作通常以行政权力为核心，而平台型组织则以用户为导向，出发点是满足用户需求和增加用户价值，反对官僚主义。平台型组织通过“平台+前端”的方式简化内部程序，构建出具有敏捷性的组织，更贴近用户需求。

第二，资源数字化。传统组织的资源和知识通常是分散的实体，需求方难以了解资源的具体情况和属性。而在平台型组织中，实体资源经过数字化成为在线资源，资源的功能、特长等属性清晰可见，需求方能够随时调用，提高了资源整合的效率。

第三，员工创客化。随着市场成为唯一的驱动力量，许多企业变成了平台，员工不再只是执行者，同时成为经营者（创客）。这意味着员工的角色被重新定义，员工能够调动平台资源，直接对顾客和经营结果负责，而非对上级管理者和岗位负责。

表2-9　传统组织和平台型组织对比

维度	传统组织	平台型组织
命令链	垂直、单点	水平、多点、网络式
协作方式	各层会议：权力、利益驱动	自由协商：信息、文化驱动
组织层级	高耸、多层级、管理幅度小	扁平、管理幅度大
开放性	低，封闭	高，即插即用的U盘式个人或团队、组织组合

平台型组织的组织结构主要存在三台结构、两台结构和“平台+自组织”模式三种形式。

（1）三台结构。三台结构是平台型组织的基本架构。三台分工协同，总体呈现分布式集成的生态型组织运行形态。与传统组织结构相比，三台结构的组织韧性更强，主要体现在它对敏捷性与稳定性的有机融合上。前台精兵作战，通过充分使用中台提供的资源和服务，采用充分赋能的小组作战模式，应对激烈的市场竞争与快速变化的用户需求；中台控制资源，主要负责持续整合内外部资源并提供标准化、模块化的服务；后台则负责制定平台内部的规则，明确平台的目标。三台结构类似于橄榄球形，两头是前台和后台，宽阔的腹部是中台。这与传统的金字塔型以及后来的倒金字塔型结构有较大区别。

1）前台。前台是企业中专注于特定客户市场的自治小团队，以自组织形式运作，由不同的专业人员组成，可类比为以项目为导向的创业小组，理解和探索用户不断变化的需求，具备项目所需的资源、技术、决策权，以及创新改进的自主空间，并在项目结束后解散。这些内部小团队中的前台成员可能不需要签订长期的固定合同，而是可以通过股权或期权激励代替，例如海尔的“小微创客”。此时，小团队内个人积累的经验和知识可能难以长期运用，因此需要中台来解决这一问题。

前台是以项目负责人或部门为中心的紧密职能集合，这个集合分为内外圈：内圈纳入较重要的职能，称为**合伙关系**（partnership）；外圈则纳入不太重要的职能，称为**外包关系**（outsourcing）。但市场需求是不断变化的，因此两个圈层具体纳入哪些职能是不确定的。虽然有若干职能加入前台，但进入项目的都是个别“代表”，因此依然能够保证“小团队”的特征。

前台的特点包括规模小、数量多且数量不定；敏捷性高，注重短期目标，直接接触客户；适应性强，即通过自我调节可以适应内外部环境变化；以“不同”为主，即面向客户差异化、个性化的需求，提供定制化的服务；强调独立性和外向性，可以独立地从外部寻求资源，不一定通过中台。前台的这些特性使得它能够灵活应对市场变化，发挥创造力。

2）中台。中台是企业的基础设施平台，作为整个组织的数据交汇中心、业务整合中心、资源汇集中心和命令协调中心，承接企业的“经营前台”和“保障后台”，将前台和后台的组织功能模块集成起来，包括数据中台、业务中台（如业务事业部）、职能中台（如人力资源、财务、法务、生产、研发等）、区域中台（如全国或全球规模的区域分布）等四大组成部分。中台负责高效集中地应用并逐步改良现有资源与技术，支持前台的创业体，沉淀前台的试错和迭代，并且提供模块化服务，将前台成功的经验转化为标准化工具，这样前台就能各取所需，快速形成个性化的解决方案。通过提供统一服务，中台使得数据在各业务部门的流动更加透明，帮助企业在保持大企业集团作战优势的同时兼具小企业的灵活性。同时，中台不仅能够赋能前台，还能主动从外部接单，赋能生态圈共生企业和其他客户。此外，中台记录的数据还可以作为三台的人员开展意外事件审查时的参考资料。

中台的特点包括规模大、数量少，兼具体量与灵活性；能够沉淀已有经验与能力，并为组织持续注入成长的活力与动力；注重短期目标，较为稳定；采用矩阵制形式，没有打破科层管理；以“和”为主，提供模块化、标准化的数字处理能力；强调独立性和外向性，中台的某些资源可以有偿提供给外部使用，也可以与外部资源合作来丰富自己。中台通过为前台提供支持，使企业既能发挥大规模的优势，又能保持灵活性和创造力。

3）后台。后台是生态系统的核心设计者与协调者，享有企业战略发展的最高管控权，是主导企业方向的总部，包括核心决策层、以职能划分的专门委员会、常驻利益代表。核心决策层享有最终决策权，专门委员会辅助核心决策层进行战略决策及机制设计，常驻利益代表传达并维护其所代表的中台模块、创业体以及外部合作伙伴的利益。后台进行的战略制定主要是战略方向和运转机制的制定，而非具体业务的制定。

后台为前台和中台提供资源与机制支持，指明中长期战略目标（未来 20 ～ 30 年）与整体战略布局，进行富有前瞻性的探索式研发，同时要制定诸如产品品质、法律风险等监控标准，发挥“兜底”作用。此外，后台要预测未来发展趋势与做好规划，为企业“探路”，以及开展组织文化（包括核心价值观、使命和愿景等）建设。后台还有一个重要职能，即在中台通过内部创新满足前台需求时，提供解决方案，推动突破式创新，或者主动组织资源，研发新工具，赋能中台。后台还需要确保平台具备“资源洼地”和“共享机制”，即平台需要通过提供廉价资源、构建交换节点等方式吸引创客，促使创客选择这个平台，同时通过孵化、激励、收割、风控等机制保障创客的贡献能得到合理回报。

后台的特点包括规模与数量居中；注重长期目标，与客户距离最远，兼顾灵活与稳定；治理方式兼顾“不同”与“和”，提供长期导向的战略保障。

4）三台之间的关系。追求灵活的前台与追求稳定的中台主要关注目前的短期目标，而后台则需要兼顾灵活与稳定，并将注意力集中在“未来”。如果从时间和空间两个维度来评价，则前台关注当下，近距离接触客户，而后台关注未来，离客户最远，中台两方面都处于中间；如果将时间和空间合并成一个维度——敏捷性，那么前台、中台、后台的敏捷性是递减的。三者的关系如图 2-16 所示。

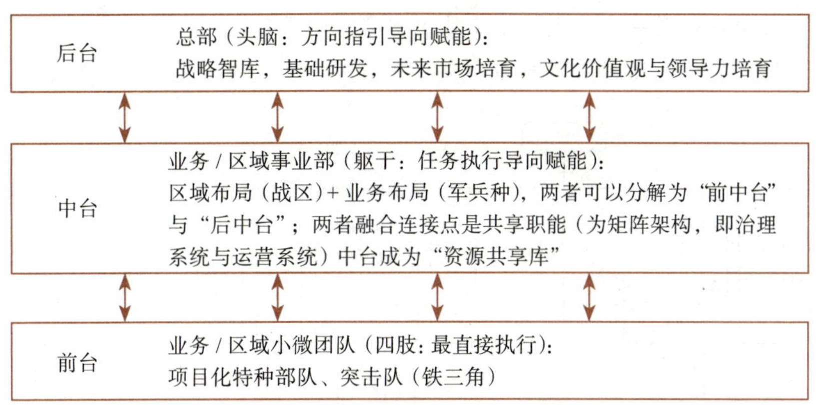

图 2-16 三台结构的分工布局

资料来源：李平，孙黎，邹波，等．虑深通敏 与时偕行：三台组织架构如何应对危机[J]. 清华管理评论，2020（5）：79-85.

三台之间可以相互赋能。**前台和中台：**中台通过提供标准化、模块化的工具，减少前台的试错成本；而前台则为中台提供了试错的应用信息数据。**前台和后台：**前台能够为后台提供有关未来演化突变的潜在信息数据。**中台和后台：**后台通过基础研究提升中台工具的数据智能，对中台赋能。

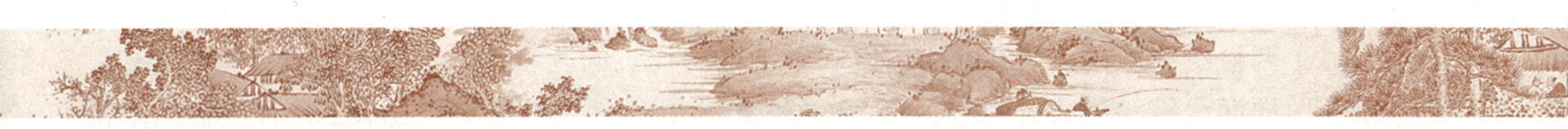

聚焦实践 2-6

万物云的组织结构变化

1990—2020 年，万科物业历经 30 年完成了战略布局，包括在全国建立均衡的服务能力、住宅商业双品牌两翼齐飞、市场化等重要战略调整。这便产生了新的问题——数智时代该如何实现这些战略？

2020 年，通过一个偶然的机会，朱保全参加了微软全球 CEO 峰会。这次峰会给朱保全最大的启发在于微软 CEO 萨提亚·纳德拉讲话中提及的两个英文单词——Remote（远程）和 Hybrid（混合）。朱保全决定万科物业的新十年战略将围绕 Remote 与 Hybrid 展开。鉴于此，2020 年 10 月，万科物业正式更名为万物云空间科技服务股份有限公司（简称“万物云”），并确定了 2020—2030 年的核心战略——蝶城与产业互联，明确了万物云未来业务将围绕科技（TECH）、空间（SPACE）和成长（GROW）三大业务展开（见图 2-17）。

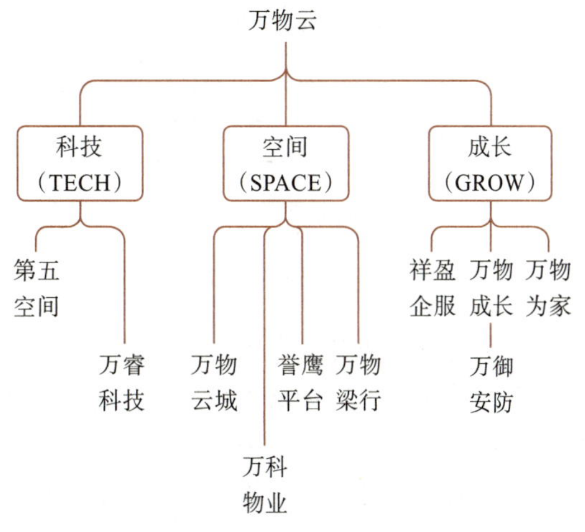

图 2-17 万物云的业务模式

更名后，公司进行了一次较大的组织结构调整（见图 2-18）。2022 年 4 月，万物云向港交所递交上市申请，正式开启了赴港 IPO 的新征途。

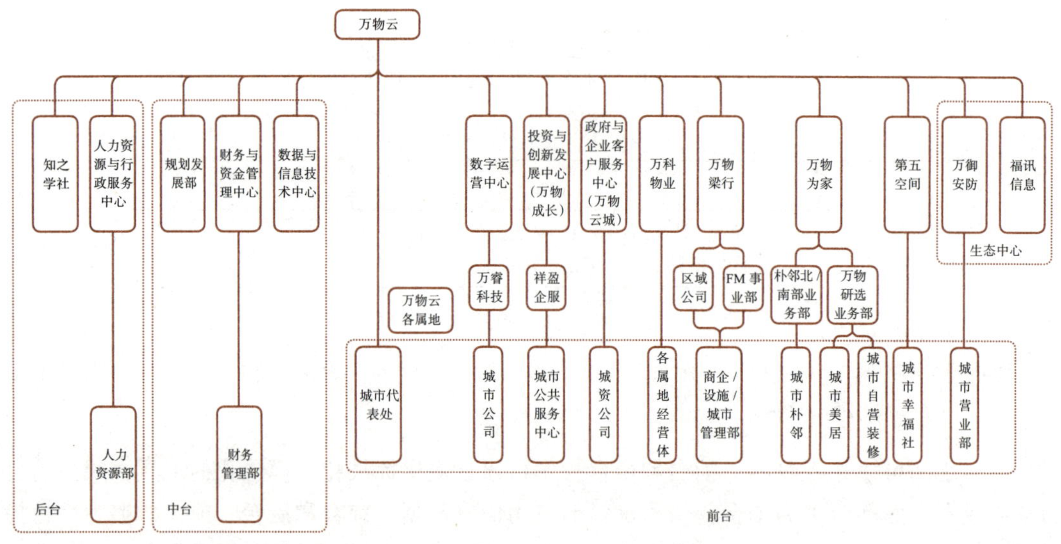

图 2-18 万物云的平台型组织结构

资料来源：张志学，井润田，沈伟. 组织管理学：数智时代的中国企业视角 [M]. 北京：北京大学出版社，2023.

（2）两台结构。在企业实践中，以阿里巴巴为代表的互联网大型企业提出了“大中台、小前台”的两台结构模式（见图 2-19）。这一模式最早体现在阿里巴巴在 2015 年的组织结构调整中提出的“中台战略”，阿里巴巴成立了中台事业群，包括共享业务平台、搜索事业部、数据技术及产品部，为前台提供资源及技术支持。

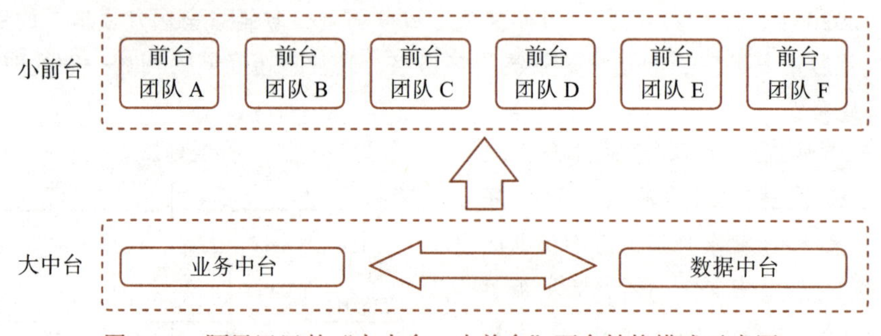

图 2-19 阿里巴巴的“大中台、小前台”两台结构模式示意图

资料来源：赵月松. 设计院构建“大中台小前台”模式势在必行 [J]. 中国勘察设计，2019（11）：72-74.

大中台分为业务中台和数据中台。业务中台的角色是为前台提供模块化的、可重复使用的资源和技术，可以形象地称之为“炮火支援”；而数据中台则负责加工和分析收集到的数据，将反馈结果提供给业务中台，这一角色被形容为“雷达监测”。大中台的设计有助于集中组织内的基础服务，有效缓解“大企业病”，使前台团队能够更高效地应对市场挑战。

阿里巴巴作为自营业务较少的互联网平台企业，不需要强有力的前台和业务中台，因此阿里巴巴的前台可以不是小团队，同时中台可以专攻数据与技术，无须包括职能部门。阿里巴巴更不需要强大的后台，因为其强大的IT技术中台已基本满足需求。电商业务部门因商业模式和管理流程的相似性，更容易被分解成标准化、模块化的服务。相反，实体企业各业务之间差异较大，难以分解成模块化的组成部分。由于电商和传统实体企业的情况不完全一致，因此实体企业无法直接套用这种模式。然而，随着阿里巴巴线下业务的深入发展，尤其是“新零售”业务的推动，阿里巴巴也逐渐呈现出三台结构的雏形。

事实上不同行业中的不同企业都有自己的“大中台”模式，好的中台一般都具备以下共性特点：相对独立性，即既能够从前台分出来成为独立的中台，又是前台的有机组成部分；兼顾稳定性和灵活性，即相对于灵活作战的前台来说更加稳定，能为标准化与规模化提供基础，但又不能过于固化；能最大限度地复用共享，降低成本。

（3）“平台＋自组织”模式。另一种平台型组织的运营模式是“平台＋自组织”，这种模式起源于传统的项目管理制企业，如咨询类、软件实施类企业。这种模式在互联网时代有了更大的发展。前台由多个小组或小微组组成，它们直接与用户互动，负责具体业务；而后台则包含企业的共性功能，如生产和财务，为所有前台提供统一的支持服务。近年来，韩都衣舍成为这一模式的典型代表。

平台型组织具有多方面的优势。首先，平台的开放性创造出了大量创造新价值的机会，为合作伙伴提供了灵活的创新空间，并且通过吸纳外部价值的方式促进了自身业务的发展；其次，在数字化和智能化技术的基础上，平台型组织通过管理创新实现了交易成本的最优化，通过内部交易市场化和市场交易内部化的改革构建了高效的平台治理模式，大幅压缩了内部代理成本和外部交易成本；再次，通过组件标准化和开放化，平台型组织实现了规模经济、范围经济和学习效应的综合最优，既通过组件专业化保持了传统企业专业化和规模化的基础竞争力，又通过组件智能化和敏捷化提供了灵活的解决方案；从次，平台型组织还通过构建强大的网络效应，吸引了更多的创业者和外部资源拥有者，从创业体端看，丰富的创业项目能吸引其他创业者，而从中台资源池看，池中资源越丰富，就越能吸引外部资源拥有者加入；最后，平台型组织通过高度专业化和柔性降低了机会成本和沉没成本，使其能够在全球范围内整合最佳资源，并且由于其高度柔性和允许不断重构的特性，平台型组织的决策更能立足于客户需求和未来竞争力的视角。

最终的平台型组织都会发展成为平台生态组织。平台生态组织和平台型组织的差别是平台生态组织的外部性进一步加强，形成了平台本身的生态化和与其他平台的连接；平台生态组织进一步趋向合作式竞争，满足市场的多元化、个性化需求。

3. 生态型组织

在互联网时代的双边或多边市场中，组织逐渐向平台模式演变。然而，在物联网时代，组织更强调万物互联，朝生态型组织发展，组织成功的关键在于构建有效网络，与相关企业、机构和个人形成能力、资源和认知的互补。企业生态金字塔如图2-20所示。商业战略师詹姆斯·穆尔（James Moore）于1993年提出“商业生态系统”概念，强调组织和个人应共同发挥各自的能力创造附加价值或提高效率，构成网络：“一个由相互作用的组织和个人——商业世界的有机体——支持的经济共同体。这个经济共同体为顾客提供有价值的商品和服务，而顾客本身也是这个生态系统的成员。成员组织还包括供应商、主要生产商、竞争对手和其他利益相关者。随着时间的推移，他们共同发展自己的能力和角色，并倾向于与一个或多个中心公司设定的方向保持一致。那些担任领导角色的公司可能会随着时间的推移而改变，但生态系统领导者的职能受到共同体的重视，因为它使成员能够朝着共同的愿景前进，以调整他们的投资，并找到相互支持的角色。”

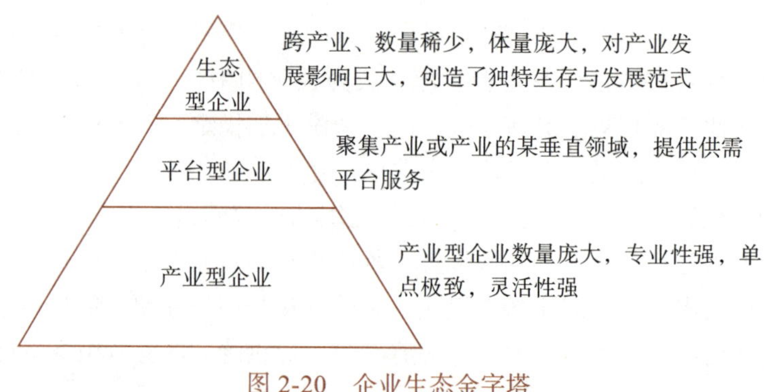

图 2-20　企业生态金字塔

资料来源：张英魁. 以生态战略打造领先环境产业集团 [J]. 清华管理评论，2020（7）：85-91.

在互联网领域，生态圈表现为产业链上下游互通，以形成高效商业体系。以阿里巴巴为例，其生态圈包括淘宝 C2C、天猫 B2C、1688 B2B 等形式，中层有支付宝、菜鸟驿站物流体系，底层涵盖阿里投资和小微银行等。构建生态圈有效降低了风险，实现了可控可预期的经营。

生态型组织与传统组织有着显著区别，其结构并非通用，而是需根据每个生态系统的独特需求进行个性化设计。在推动生态系统架构的完善过程中，生态系统领导者应注重整合多个细分市场，为各市场提供不同的客户价值，并在互动中促成新知识或额外需求的产生，以建立良性循环。

从生态系统领导者的角度看，选择合适的架构需考虑两个关键因素。首先，确保各参与者的价值创造活动明确可见，避免因为生态系统参与者在细分市场中的重叠导致恶性竞争。其次，为确保生态系统的可扩展性，领导者需全面了解细分市场的整体情况，并确保生态系统具备向客户提供所有必要价值的能力，这需要引入具备关键能力的合作伙伴。

市场化生态型组织由共享平台、业务团队和合作伙伴组成（见图 2-21）。共享平台作为中心枢纽，提供各业务团队所需的共同能力、信息和资源，如用户流量、大数据、云计算、研究与开发、供应链、物流和客户服务等。这使得业务团队能够专注于核心业务，充分利用平台的支持、资源和管理机制，提升整体生态的价值。业务团队在生态型组织中负责预测和服务客户，寻找新机遇，推出卓越且差异化的产品或服务，以超越竞争对手。同时，业务团队不断提出创新想法并进行实验，将验证有效的想法规模化，迅速摒弃不成功的业务。合作伙伴在市场化生态型组织中起到补充和丰富能力、产品和服务的作用，通过提供专业能力、产品、服务和导流渠道为整体生态提供高价值的贡献，增强整体生态的竞争力。

生态型组织由于其独特性而拥有显著的优势。构建强大的共享平台，为市场化生态型组织提供最佳的共享资源和专业知识，使得生态型组织能够通过协作更高效地利用资源，降低成本，有助于组织的可持续发展。这种协作模式不仅促进了资源的最优化利用，还创造了一个释放创业内驱力的环境，通过模拟初创企业的责权利有机结合，为业务团队领导者和成员提供了更灵活、更具创业精神的工作环境。因此，生态型组织能够同时融合大规模企业的能量和较小规模企业的敏捷灵活性，这种结合使得生态型组织更加适应市场变化，提高了组织的创新力和竞争力。

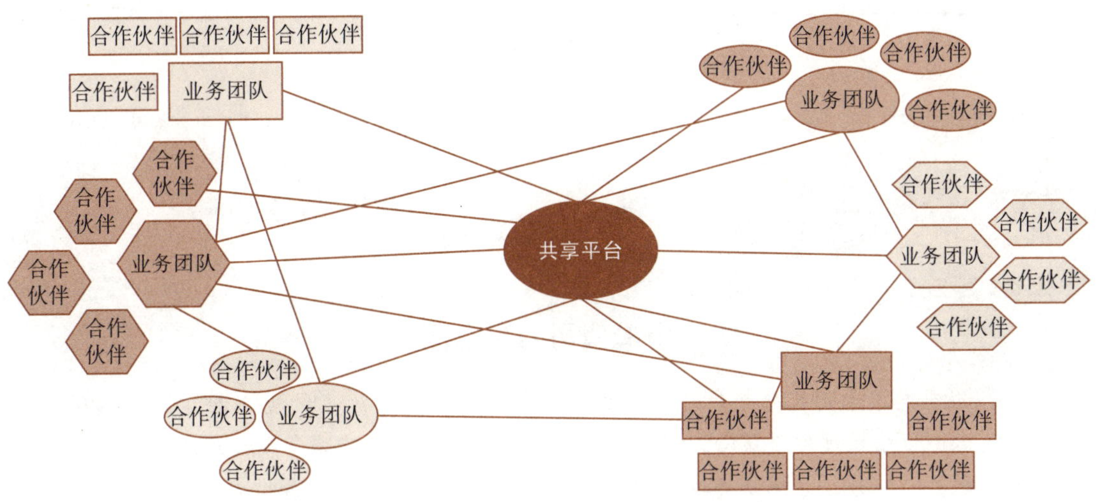

图 2-21　市场化生态型组织的结构（例）

资料来源：杨国安，尤里奇．组织革新：构建市场化生态组织的路线图 [M]. 北京：中信出版集团，2019.

在构建生态型组织时，管理者需要重视并培养组织的四项核心能力，以确保组织在竞争激烈、不断变化的商业环境中保持活力和竞争力。

（1）外部环境感知。生态型组织应具备敏锐的外部环境感知能力。这包括对所在市场趋势和变化的深刻理解，以及在这一环境中获取、分析和应用信息的能力。通过不断监测和适应外部环境的动态变化，组织能够更好地预测趋势、规避风险、应对挑战。

（2）客户至上。这一能力要求组织不仅关注当前客户的需求，更要预测未来可能的需求。从服务客户的传统方式向更加前瞻的客户导向模式过渡，使组织能够更灵活地满足客户需求，并在市场中建立持久的竞争优势。

（3）贯穿始终的创新。生态型组织必须在产品、服务、商业模式和分销系统等多个层面培养创新和独创性的能力，特别要关注数字化和新兴科技带来的机遇。

（4）无处不在的敏捷灵活。这一能力要求组织在失败中吸取经验教训，以及在成功中迅速拓展应用范围，灵活调整策略，最大化利用每一个机会。

表 2-10 为七个典型的生态型组织的核心能力。这种全面性的能力培养为构建生态型组织提供了坚实的基础，使生态型组织能够更好地适应变化，关注客户需求，不断创新，并保持灵活性和敏捷性，能够在不断变化的商业环境中取得持续的竞争优势。

表 2-10 七个典型的生态型组织的核心能力

生态型组织	外部环境感知	客户至上	贯穿始终的创新	无处不在的敏捷灵活
华为	△	△	○	○
腾讯	△	△	○	○
阿里巴巴	△	△	○	△
滴滴	△	✖	△	△
亚马逊 *	△	△	△	△
谷歌	△	○	△	○
Meta	△	✖	△	△

注：1. △代表最强能力，○代表中等强度能力，✖ 代表低强度能力。

2. * 核心零售业务。

资料来源：杨国安，尤里奇. 组织革新：构建市场化生态组织的路线图 [M]. 北京：中信出版集团，2019.

聚焦实践 2-7

小米公司的生态圈

小米公司发家于传统手机行业，通过投资和管理构建了庞大的生态圈，涉及 200 多家企业。生态圈以手机硬件为核心，涵盖生活、娱乐、家具、智能等多领域产品，形成了持久的用户活跃生态体系。生态链布局始于 2013 年，至 2015 年规模显著扩大，截至 2017 年 12 月，小米公司平台上联网设备数量超过 8 500 万，覆盖 800 种产品和 400 多家合作伙伴。从电视、空调到移动电源、手环，小米公司提供的智能设备渗透用户生活的方方面面。小米公司的生态模式如图 2-22 所示。

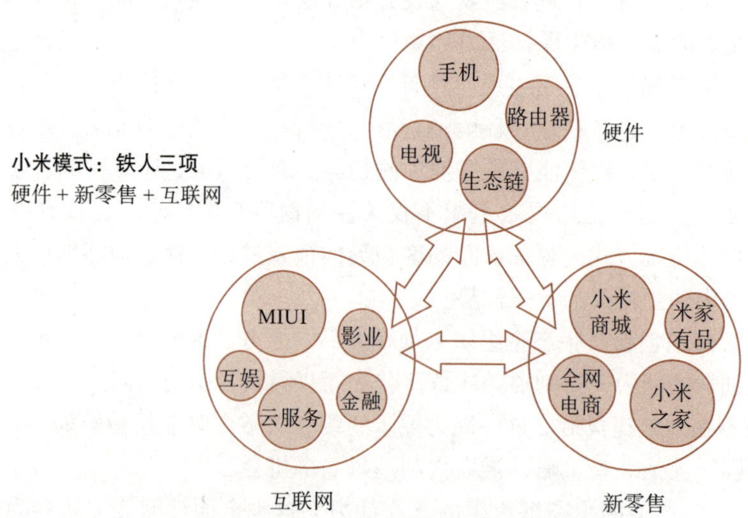

图 2-22 小米公司的生态模式

资料来源：忻榕，陈威如，侯正宇. 平台化管理：数字时代企业转型升维之道 [M]. 北京：机械工业出版社，2019.

小米公司通过多年发展积累了大量具有相似价值观和持续消费能力的用户。这些用户为后续产品的宣传与营销提供了有效支持。小米公司强大的供应链能力使其能够自建并整合线上线下渠道，旗下拥有小米商城、米家 app 等线上平台，以及小米之家等线下实体消费场景，为消费者提供了丰富的购物与体验方式。

小米公司的“富生态”策略使其由手机等少数产品支持的“驱逐舰”逐渐演变成一支由多样化周边产品支持的“航母舰队”，构筑起难以逾越的市场“护城河”。在小米公司投资的 77 家智能硬件生态链公司中，30 家已发布产品，16 家年收入超过 1 亿元，3 家年收入超过 10 亿元，4 家已成为估值超过 10 亿美元的独角兽企业。

2.4.2　未来的组织结构变化趋势

1. 去中心化自治组织

在第四次工业革命中，区块链技术、机器人技术、人工智能、高性能计算和其他核心数字能力的颠覆性增长，正在从根本上改变组织运作方式。新的工具使得越来越分散、自主无边界的商业关系成为可能，产生了例如去中心化自治组织（decentralized autonomous organization，DAO）等新型组织形式。

DAO 是一种基于区块链技术的全新组织形式，它的概念最早在 2014 年以太坊区块链上的一份智能合约中被正式提出。DAO 尚未得到统一的定义，目前学界对 DAO 的一些定义如表 2-11 所示。

表 2-11　DAO 的定义

学者	定义
Berg et al.（2019）	DAO 是围绕智能合约和区块链构建的组织，由其所有者以分散的方式控制
Hsieh et al.（2018）	DAO 是一种非层级组织，在 P2P、加密安全的公共网络上执行和记录日常任务，并依靠其内部利益相关者的自愿贡献，通过民主协商流程来运营、管理和发展组织
Wang et al.（2019）	DAO 是一个由区块链驱动的组织，可以在没有任何中央权力或管理层级结构的情况下自行运行。在 DAO 中，所有的管理和运行规则都以智能合约的形式记录在区块链上，利用分布式共识协议和代币经济激励来实现组织的自运营、自治理和自进化
Van Rijmenam（2019）	DAO 使用区块链和智能合约来建立没有管理层或员工的治理，完全由计算机代码运行

其特点也可以被概括为“DAO”。

分布式与去中心化（distributed and decentralized）。传统组织中存在中央权威和层级结构，而 DAO 摒弃了这一模式。它建立在分布式网络节点的基础上，以自下而上的方式进行交互、协调和合作。在 DAO 中，节点和节点、节点和组织之间的关系不再由行政隶属关系决定，而是依赖于平等自愿、互惠互利的原则，充分利用个体的资源禀赋和互补优势的关系。

自主性与自动化（autonomous and automated）。DAO 的理念是“代码即法律”（code is law），它不再遵循传统金字塔式的组织结构，而是采用分布式模式。权力是分散的，管理机制也从官僚制度转向社区自治。DAO 内部的共识和信任更容易建立，因为它通常在所有利益相关者定义的监管规则和协作模式下运行，这大大降低了信任成本、通信成本和交易成本。

组织化与有序性（organized and ordered）。DAO 依托智能合约，其运行规则、参与者的责任和权限、奖惩条款都公开透明，这意味着整个组织的运作方式清晰可见。通过高效的治理原则，DAO 能够将相关参与者的权益精准分化，确保个体的贡献和责任与相应的权力和利益匹配。这种精准分工促进了权责利益的统一，使得 DAO 的运作更加协调有序。这种开放和透明的结构有助于降低内部冲突，提高整体运作效率。

DAO 的诞生源于对传统组织模式的反思，代表着一种基于区块链技术的革新性组织形式，旨在打破中心化的管理结构，其核心理念是去中心化、自治和透明。通过智能合约，DAO 实现了一种更加平等和民主的组织架构，为参与者提供了更大的话语权和决策权。随着区块链技术的不断发展，DAO 有望成为未来社会组织运作的一种新典范，推动组织形式的进一步演变。

2. 组织在线化

组织在线化是指组织通过数字孪生技术实现线上与线下组织的闭环互动。在这一模式中，组织的运行通过虚拟空间与物理空间的相互作用来实现，形成了“线上指导线下、线下反哺线上”的全新管理理念。数据驱动的在线组织管理使得线下组织能够迅速制定决策、推进方案执行，并将动态变化实时映射到线上组织中。这一闭环互动体现了数字孪生系统中“虚实交互、以虚控实”的核心思想，以数据为核心要素，打造智慧组织，实现数据驱动的组织管理，呈现出数字经济背景下的新型组织运行趋势。

在组织在线化的实践中，数字孪生扮演着关键角色。数字孪生是一种先进的技术概念，通过数字化手段在虚拟环境中精准地模拟现实世界的物体、系统或过程。这一技术的核心思想是在数字领域创建一个与实际对象或系统相对应的虚拟副本，以便进行分析、测试、优化和监测。通过数学建模和仿真技术，数字孪生能够精确还原物体的物理性质和行为，为科学研究、工程设计和决策提供了极为强大的工具。同时，数字孪生也涉及实时数据采集和传感器网络的应用，以确保虚拟模型与实际情况保持同步，为各行业提供更精准、高效的解决方案。

组织在线化的核心特征之一是基于数字孪生对组织内复杂要素与活动的全链路在线映射（见图 2-23）。组织在线化通过实时记录组织内的人、财、物、事等方方面面的数据，再把这些数据投射到在线空间中，让在线组织内部能够随时互相连接，打破了业务运营与组织管理之间的界限，使它们可以更高效地协同工作。通过利用虚拟空间中的全链路系统数据，组织在线化可以智能地解决组织管理问题，提供各种解决方案，比如即时市场预测分析、智能制造方案和动态组织架构设计，使组织更能快速应对内外部需求，提高在线环境下数据驱动的组织效能。

传统组织的架构形成之后变动较少，但随着组织在线化的兴起，实时数据采集与更新打破了传统架构设计的固有逻辑，提出了更灵活的设计思路。这一趋势下，组织内部结构、人员关系与互动等元素，包括一系列非正式社会网络，在线上清晰可视，更真实地反映了组织的实际运行结构。通过对互动网络的可视化，组织能够实现架构的动态调整，例如通过对线上沟通网络的分析，组织能够得知部门或团队是否出现冗余、员工是否按正式架构推进协同等工作中存在的问题，并及时调整架构。

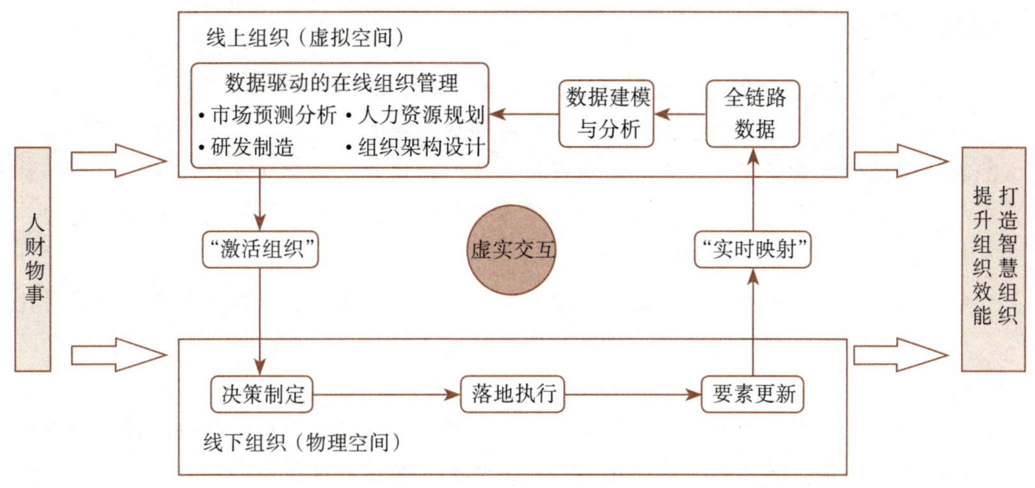

图 2-23　基于数字孪生的组织在线化实践

资料来源：谢小云，何家慧，左玉涵，等．组织在线化：数据驱动的组织管理新机遇与新挑战 [J]. 清华管理评论，2022（5）：71-80.

然而，组织在线化也带来了新的挑战，即如何处理业务数字化与组织数字化之间的“异构”与“耦合”的问题。在线化过程中，组织通常通过数字系统或平台，围绕产品或业务推进全面在线，但这可能降低组织内部原有运行模式的适应性，导致线上业务流程与线下组织架构之间的紧张关系。解决这一问题需要组织更全面地思考业务与组织之间的关系，促进线下正式架构与线上非正式网络的有机融合，以减少“异构”风险，实现更高效的在线组织管理。在这个过程中，组织需要平衡对业务的关注与对管理的深入思考。

本章小结

数字化时代的组织结构呈现出高度的灵活性和适应性，强调快速决策和自主权，减少了层级结构。组织更加倾向于采用平台化和生态化的模式，促进了广泛的合作和创新。数据和智能技术成为组织决策和运营的核心，帮助组织理解市场趋势、客户需求和内部绩效。鼓励创新和积极参与，员工拥有更多自主权和决策权。全球化和多元化变得更加常见，组织将更好地满足全球市场的需求。生态可持续性和社会责任受到更多重视，组织应重新审视自身目标和价值观，以满足社会期望。

展望未来，数字化时代的组织结构将继续演化。数据和技术将继续是组织成功的关键因素，全球化和多元化将成为更广泛的趋势。组织将更多地采取开放创新的方法，以满足不断变化的数字化时代的要求。总之，未来的组织结构将更具适应性、创新性和可持续性，以更好地满足和应对不断变化的数字化时代的需求和挑战。

关键术语

传统组织结构　信息化时代的组织结构　数字化时代的组织结构

网络化　扁平化　敏捷性　平台型组织　生态型组织

复习思考题

1. 在数字化时代，为什么传统的组织结构模式显露出严重的缺陷？请列举至少两个缺陷，并讨论它们是如何阻碍了组织的发展和适应能力。
2. 数字化时代的组织结构变化趋势强调扁平化、网络化、平台化和生态化。这些趋势是如何改变组织内部的协作、沟通和管理方式的？提供一个实际的例子来说明其中一个趋势的应用。
3. 数字化时代下的组织结构强调生态化，鼓励形成生态系统。请从生态化的角度讨论组织与外部环境、合作伙伴和社会之间的互动关系，以及这些关系如何影响组织的可持续发展。
4. 如何利用互联网、大数据、云计算和人工智能等技术促进组织结构调整，以促使组织更好地适应快速变化的环境？提供一个实际案例并加以说明。
5. 在数字化时代，组织结构的变化是为了更好地应对未来的挑战。请结合实际案例列举至少两个数字化时代可能带来的挑战，以及思考组织迎接这些挑战的措施。

参考文献

[1] 梅耶尔，威廉姆森．生态型组织 [M]. 张瀚文，译．北京：中信出版社，2020.
[2] 忻榕，陈威如，侯正宇．平台化管理：数字时代企业转型升维之道 [M]. 北京：机械工业出版社，2019.
[3] 李平，杨政银，胡华．“万联网”与多智生态系统：未来商业模式与组织架构 [J]. 清华管理评论，2019（3）：86-101.
[4] 李平，杨政银．“三台架构”：面向未来的生态型组织范式 [J]. 哈佛商业评论，2018（11）：92-105.
[5] 李平，杨政银．人机融合智能：人工智能 3.0[J]. 清华管理评论，2018（7）：73-82.
[6] 赵月松．设计院构建“大中台小前台”模式势在必行 [J]. 中国勘察设计，2019（11）：72-74.
[7] 穆胜．平台型组织的“三台”重构 [J]. 中欧商业评论，2017（10）：22-27.
[8] 毛宇星．推进大中台战略 加速数字化转型 [J]. 金融电子化，2019（6）：14-16.
[9] 穆胜．平台解救科层制？（下）[J]. 中外管理，2016（11）：64-67.
[10] 李平，孙黎，邹波，等．虑深通敏 与时偕行：三台组织架构如何应对危机 [J]. 清华管理评论，2020（5）：79-85.
[11] 李平．VUCA 条件下的组织韧性：分析框架与实践启示 [J]. 清华管理评论，2020（6）：72-83.
[12] 李平，竺家哲，周是今．破解企业数字化增长难题的锦囊妙计：知己知彼与和而不同 [J]. 清华管理评论，2019（9）：84-93.
[13] 刘绍荣，夏宁敏，唐欢，等．平台型组织 [M]. 北京：中信出版社，2019.
[14] 穆胜．平台型组织：释放个体与组织的潜能 [M]. 北京：机械工业出版社，2020.
[15] 孙康．“平台 + 创客”，组织与个人共赢 [J]. 企业管理，2022（7）：34-36.

[16] 吴绪亮．管理的未来：新基建时代的数字化革命 [J]. 清华管理评论，2020（9）：98-103.

[17] 曹仰锋．生态型组织：物联网时代的管理新范式 [J]. 清华管理评论，2019（3）：74-85.

[18] 邓勇兵．科层制还是网状组织？[J]. 清华管理评论，2018（4）：10-14.

[19] 王玮，杨洁，宋宝香．未来的工作：内外联动，重塑工作新格局 [J]. 清华管理评论，2020（4）：48-61.

[20] 卢艳秋，宋昶，王向阳．战略导向与组织结构交互的动态能力演化：基于海尔集团的案例研究 [J]. 管理评论，2021，33（9）：340-352.

[21] 甘碧群，程凯．网络型组织：知识经济时代的企业组织创新 [J]. 经济评论，2001（2）：120-122.

[22] 张英魁．以生态战略打造领先环境产业集团 [J]. 清华管理评论，2020（7）：85-91.

[23] 林光明．数字时代的组织、人才与领导力 [J]. 清华管理评论，2019（7）：89-95.

[24] 谢小云，何家慧，左玉涵，等．组织在线化：数据驱动的组织管理新机遇与新挑战 [J]. 清华管理评论，2022（5）：71-80.

[25] 索伦．敏捷时代的人力资源 [M]. 黄邦伟，译．北京：化学工业出版社，2021.

[26] 刘兴国，韩玉启，左静．传统企业组织结构模式的比较分析 [J]. 科学学与科学技术管理，2003，24（3）：76-80.

[27] 刘继承．数字化转型 2.0：数字经济时代传统企业的进化之路 [M]. 北京：机械工业出版社，2021.

[28] 陈春花．价值共生：数字化时代的组织管理 [M]. 北京：人民邮电出版社，2021.

[29] 杨国安，尤里奇．组织革新：构建市场化生态组织的路线图 [M]. 袁品涵，译．北京：中信出版社，2019.

[30] 穆胜．云组织：互联网时代企业如何转型创客平台 [M]. 北京：电子工业出版社，2015.

[31] 新华三集团·数字经济研究院．数字社会蓝皮书（2021）[R]. 2021.

[32] 罗伯逊．重新定义管理：合弄制改变世界 [M]. 潘千，译．北京：中信出版社，2015.

[33] 张志学，井润田，沈伟．组织管理学：数智时代的中国企业视角 [M]. 北京：北京大学出版社，2023.

[34] 刘志迎，武琳．众创空间：理论溯源与研究视角 [J]. 科学学研究，2018，36（3）：569-576.

[35] 阿什肯纳斯，尤里奇，吉克，等．[M]. 姜文波，刘丽君，康至军，译．北京：机械工业出版社，2015.

[36] 王松涛．无边界组织：企业组织结构变革的新模式 [J]. 同济大学学报（社会科学版），2008（4）：118-124.

[37] 王加胜．分形企业的产生、概念与管理模式 [J]. 山东社会科学，2008（2）：146-148.

[38] 贾旭东，解志文，何光远．虚拟企业研究回顾与展望 [J]. 科技进步与对策，2021，

38（16）：151-160.

[39] 赵纯均，陈剑，冯蔚东．虚拟企业及其构建研究 [J]. 系统工程理论与实践，2002（10）：49-55.

[40] 捷生．西方企业的战略联盟：一种新的竞争模式 [J]. 外国经济与管理，1990（5）：8-10.

[41] 徐晓飞，战德臣，叶丹，等．动态联盟企业组织方法体系 [J]. 计算机集成制造系统，1999（1）：7-12.

[42] 包国宪，贾旭东．虚拟企业的组织结构研究 [J]. 中国工业经济，2005（10）：96-103.

[43] 罗珉．大型企业的模块化：内容、意义与方法 [J]. 中国工业经济，2005（3）：68-75.

[44] 郝斌，任浩，GUERINA. 组织模块化设计：基本原理与理论架构 [J]. 中国工业经济，2007（6）：80-87.

[45] 胡萍．网络组织的发展与应用研究 [J]. 科学管理研究，2008（4）：59-61.

[46] 帕克，埃尔斯泰恩，邱达利．平台革命：改变世界的商业模式 [M]. 志鹏，译．北京：机械工业出版社，2017.

[47] 戚聿东，肖旭．数字经济时代的企业管理变革 [J]. 管理世界，2020（6）：135-152.

[48] 甘仞初．企业管理的重大变革 [J]. 北京理工大学学报，1999（4）：397-402.

[49] 胡援．分形理论及其在管理领域中的应用 [J]. 同济大学学报（社会科学版），2003（2）：78-82.

[50] 张勉．自由源于自律：作为组织即兴实践的合弄制 [J]. 清华管理评论，2017（5）：75-83.

[51] 李东红．企业组织结构变革的历史、现实与未来 [J]. 清华大学学报（哲学社会科学版），2000（3）：27-33.

[52] 林志扬，林泉．企业组织结构扁平化变革策略探析 [J]. 经济管理，2008（2）：4-9.

[53] YONATANY M. Platforms, ecosystems, and the internationalization of highly digitized organizations[J]. Journal of organization design, 2017, 6: 1-5.

[54] WANG S, DING W W, LI J J, et al. Decentralized autonomous organizations: concept, model, and applications[J]. IEEE transactions on computational social systems, 2019, 6(5): 870-878.

[55] ADNER R. Ecosystem as structure: an actionable construct for strategy[J]. Journal of management, 2017, 43(1): 39-58.

第3章
CHAPTER 3

数字化时代的工作设计

工作设计是关于如何合理安排任务、职责和工作流程，以实现更高效的运作与协作的组织开发技术。在数字化转型和技术飞速发展的时代背景下，工作设计的重要性越发凸显。传统的工作设计模式开始暴露出效率低下、缺乏灵活性和缺少创新动力等诸多问题，难以满足当今快速变化的工作环境需求。尤其是在全球互联网、人工智能、云计算、大数据等技术的驱动下，工作形式和工具正在被重新定义。随着企业竞争的加剧和市场的不确定性加大，现代组织需要一种更加灵活和自适应的工作设计来确保其创新力与竞争力。这不仅要求企业内部任务分配和协作方式的革新，还要求企业赋予员工更多的自主性与创造空间，从而激发其潜能，提升整体组织的响应能力与可持续性发展能力。

本章将深入探讨数字化时代工作设计的演变与趋势，通过结合理论与实践，揭示在数字化时代中如何通过创新的工作设计提升组织的灵活性和创新性，进而应对未来不可预测的挑战。

§ 学习目标

➤ 学完本章，你应该做到：

1. 掌握工作设计的基本概念与理论框架，理解它在组织运作中的关键作用。
2. 了解数字化时代的技术变革如何影响工作设计，识别传统工作设计模式的局限性及其对组织效率与创新的影响。
3. 理解数字化工作设计的核心趋势，掌握在数字化环境中设计有效工作系统的方法与工具。
4. 培养审视工作设计变革的思维方式，能够从个体与组织的角度分析工作设计如何提升员工创新性与组织竞争力。

§ 引例

让 AI 替你打工有多爽

2024 年 1 月 9 日，科大讯飞召开星火大模型数字员工新品发布会，推出了一系列令人眼花缭乱的“员工”，这些“员工”来自三个方向：管理、营销和办公。这些数字员工都是依托星火大模型推出的产品。所谓数字员工，就是一种在如今新一轮科技革命之下出现的新型生产力。通过人工智能、RPA（robotic process automation，机器人流程自动化）、大数据、虚拟人等技术，数字员工就可以帮我们在计算机和手机中“打工”了。很多打工人不得不完成的日常办公任务都可以交给数字员工来协作完成，这把人类员工从重复烦琐的事务中解放了出来。

1. 智能评标数字员工

以前在招标采购工作中，人类员工面临采购过程时间短、任务重等问题，招标采购过程涉及从采购计划到招标文件编制，以及投标、评标再到交付等复杂的环节，过程中还涉及各类不同的信息化系统，费时费力。而这位智能评标数字员工给整个招标采购业务链带来了智能化大升级。基于星火大模型，科大讯飞打造了智能评标大模型，为企业构建了专属的企业知识库，围绕着招标采购业务链中的各个业务流程，进行了点对点的升级，企业无须进行业务管理的调整，现有的信息化系统也无须进行大的升级。另外，虽然企业在长期经营过程中积累了大量招标投标文件以及评标报告，但是这些文件和报告往往没有进行结构化、资产化处理，这就导致企业的数据资产无法进行很好的应用。智能评标数字员工基于大模型的各种分析推理能力，将原有企业的历史招投标文件以及评标知识进行分析和推理，从而打造出企业专有的智能评标模型库。在已合作的某能源集团招标业务智能评审实践中，它实现了对招标采购文件的智能编制和智能辅助评审，采购文件的编写效率提升了 50%，评审效率整体提升了 70%。

2. 智能合同数字员工

合同是企业的重要资产，然而传统的合同管理面临诸多挑战。比如合同审核就是一个非常棘手的工作。因为需要审核的项目繁多，而且容易带来较大风险，企业往往需要花费很多时间和精力。在大批量的合同面前，如果只靠人脑、人眼识别审核，不仅处理速度非常慢，疏漏也难以避免。但现在，智能合同数字员工在合同初审阶段就可以对填写的关键信息和附件信息的一致性进行检验，避免信息不一致。另外，通过星火大模型自由配置企业的风险库以及法律法规知识库，智能合同数字员工能将合同的风险降到最低。

3. 生成式智慧驾驶舱数字员工

科大讯飞打造了一个生成式智慧驾驶舱，可以无缝接入企业各类系统和数据。它可以被看作一个辅助决策数字员工。企业经营者获取信息，往往是通过当面汇报、经营分析会、管理驾驶舱等。以往的驾驶舱存在种种问题，比如信息单项输出，无法进行多维度展现，开发周期长，专业要求高，等等。而科大讯飞的智慧驾驶舱，能够让企业实现一张图全览运营管理、品牌宣传、生产制造等核心业务场景，实时监测企业的运营现状，洞察业务的细微变化，始终保持对复杂市场环境的敏捷反应。

资料来源：《让 AI 替你打工有多爽？讯飞“数字员工”卷飞职场，分分钟直出 50 页 PPT》，公众号“新智元”，2024 年 1 月 11 日。

3.1　工作设计 1.0：传统工作设计的基本理念和概念

3.1.1　传统工作设计的定义与特征

工作设计（work design）是一个系统性过程，旨在对员工的工作任务、角色、关系和职责进行合理组织和结构化，以提升员工的工作效率、幸福感和满意度（Parker，2014）。传统的工作设计理论通常基于科层制组织结构和明确的工作说明书。科层制，也称为官僚制（bureaucracy），由社会学家马克斯·韦伯提出，描述了一种以理性化管理为基础的组织结构。科层制将组织划分为多个层级，每个层级具有明确的职责和权力，由上级管理者监督和指导下级管理者和员工。表 3-1 展示了科层制组织的主要特征。

表 3-1　科层制组织的主要特征

特征	内容描述
专门化	任务根据工作类型和目的进行划分，具有清楚的职责范围；各个成员将接受组织分配的活动任务，并按分工原则专精于自己岗位职责的工作
等级制	组织中每个人的权威与责任都有明确的规定，这些职位按等级制的原则依次排列，部属必须接受主管的命令与监督，上下级之间的职权关系严格按等级划定
规则化	组织运行，包括成员间的活动与关系都受规则限制，即每位成员都了解自己所必须履行的岗位职责及组织运作的规范
非人格化	组织成员不得滥用其职权，个人的情绪不得影响组织的理性决策；公事与私事之间具有明确的界限；组织成员都按严格的法令和规章对待工作和业务，确保组织目标的实施
技术化	组织成员凭自己的专业所长、技术能力获得工作机会，享受工资报酬；组织按成员的技术资格授予其某个职位，并根据成员的工作成绩与资历条件决定其晋升与加薪与否，从而促进个人为工作尽心尽职，保证组织效率的提高

基于科层制组织和工作说明书的工作设计具有以下特征。

（1）自上而下。传统的工作设计主要采用自上而下（top-down）的方式，由管理者为员工设计和安排工作任务。在这种模式下，员工对工作的内容缺乏影响力（张春雨 等，2012）。这种方法能够确保产品和服务的标准化与一致性，降低错误的发生率。然而，它也可能限制员工的个性化发挥，更注重对普通员工的职责和需求进行最佳配置（Hornung et al.，2010）。

（2）标准化。传统的工作设计通常倾向于采用一种通用、统一的工作模式，通过创建统一的工作职责、任务和流程，让所有员工在相似的工作条件下进行工作，来确保任务的一致性。标准化能够提高工作效率和可预测性，但忽视了员工的个性化需求和优势。这种方式可能会带来一些好处，但也可能限制员工的成长和创造性。

（3）静态。传统的工作设计建立在工作说明书的基础上，而工作说明书难以频繁修改，因此传统的工作设计通常表现出静态的特点。一旦工作任务确定，就难以进行灵活的调整。这种方式明确规定了员工的职责范围以及工作的执行标准，有助于维持工作任务的稳定性和一致性。同时，员工能够迅速地掌握工作内容，管理者能够有效地监督工作的执行。但这种方式也可能限制组织的适应性和创新性，特别是在不断变化的环境下。

（4）强调分工。传统的工作设计根植于劳动分工的观点，这一观点由亚当·斯密（1776）首先提出，他将复杂的工作分解为更简单的任务，以提高工作绩效。随后泰勒（1911）提出"科学管理"的概念，通过时间和运动研究，系统化地实现有效的工作分工。分工使员工能够专注于特定任务，发展专门的技能和高效的工作方法来执行任务（Morgeson，2003）。分工还有助于节省时间、明确职责，因为工作被分解成小而可重复的任务，容易安排和管理。

（5）关注员工的工作绩效、动机和满意度。一项元分析结果显示，工作绩效和满意度是工作设计最重要的结果变量，而员工的工作动机在很大程度上影响着这两个结果（Humphrey et al.，2007）。因此，传统的工作设计着重关注员工的绩效、动机和满意度。这也表明传统的工作设计更注重短期绩效指标，而对长期绩效指标（如员工健康、学习发展等）的关注相对不足。

3.1.2 工作设计理论和模型

工作设计作为组织管理的重要议题之一，自 20 世纪中期以来，吸引了广泛的学术研究和讨论，涌现出了多个经典的工作设计理论和模型。其中最具代表性的包括工作丰富化、工作特征模型、工作要求 – 控制 – 支持模型、工作要求 – 资源模型。这些理论分别聚焦于任务的丰富性、工作的特征、工作的要求和工作的资源，揭示了工作设计的本质特征和具体实践方式。

1. 工作丰富化

特克尔（Terkel）1972 年在《工作》一书中提到，"我们大多数人的工作对于我们的精神来说太小了，工作岗位对于人们来说还不够大"，这表明工作需要丰富。**工作丰富化**（job enrichment）是指在工作中赋予员工更多的责任、自主权和控制权。对工作丰富化的早期探索可追溯至 20 世纪 40 年代 IBM 的尝试，随后越来越多的公司开始关注这一理念。然而，工作丰富化理念真正得到推广普及是在 1959 年赫茨伯格（Herzberg）提出双因素理论（two factor theory）。该理论指出，影响个体行为的因素主要分为保健因素（hygiene factor）和激励因素（motivational factor）。前者与不满情绪相关，后者则关联着人们的满意情绪。这一理论认为，组织仅提供工作条件并不能确保员工的满意度和绩效，应着重关注激励因素，即工作本身的丰富性和挑战性。

2. 工作特征模型

工作特征模型（job characteristics model，JCM）由哈克曼（Hackman）和奥尔德汉姆（Oldham）于 1976 年提出。该模型关注五个核心的工作特征：技能多样性、任务完整性、工作任务意义、任务自主性和工作反馈。这些特征影响员工的三种关键心理状态：体验意义、责任感和对结果的了解（Parker，2014）。这些心理状态能够增强员工的内在动机、工作满意度和绩效，同时减少员工的流动率。工作特征模型的相关定义与模型图如表 3-2 与图 3-1 所示。除这五个核心的工作特征，Morgeson 和 Humphrey（2006）还识别出了 21 个扩展的工作特征，并将它们划分为四个主要类别：任务动机（即五个 JCM 特征）、知识动机（如解决问题的需求）、社会特征（如社会支持）和情境特征（如工作条件）。

表 3-2　工作特征模型的相关定义

内容	描述
技能多样性	一项工作涉及各种活动并使用多种不同技能的程度
任务完整性	一项工作要求自始至终完成整项工作的程度
工作任务意义	一项工作对其他人的生活或工作产生重大影响的程度
任务自主性	工作对日常工作决策（例如何时以及如何执行任务）提供自由裁量权的程度
工作反馈	任职者获得有关其执行工作效率的明确信息的程度
体验意义	认为自己所做的工作是有价值的、重要的和值得去做的，处于这种心理状态的员工会有很强的工作动机
责任感	体验到对完成的工作所承担的个人责任和义务，有利于提升员工对工作结果的关注和负责的态度
对结果的了解	关于自身工作所产生的实际反馈结果，有利于员工后续工作的开展

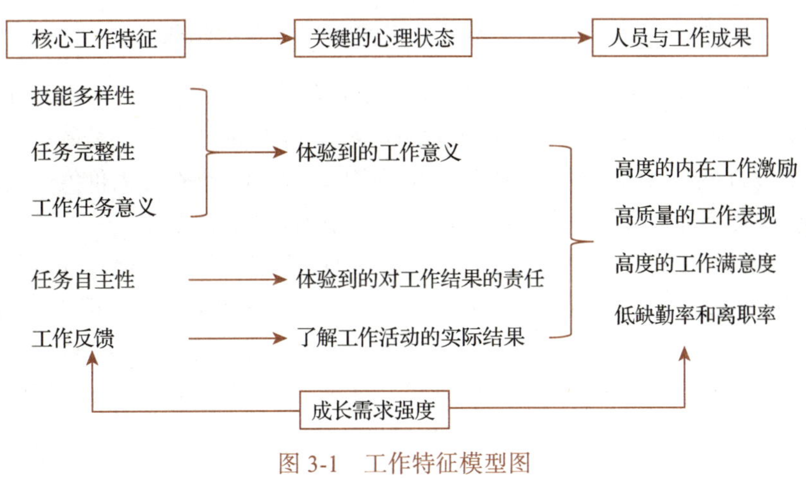

图 3-1　工作特征模型图

3. 工作要求 – 控制 – 支持模型

工作要求 – 控制模型（job demand-control model，JDC）由 Karasek 于 1979 年提出，强调工作要求和工作控制对压力的影响。工作要求（如任务复杂度或时间压力）会增加员工的压力，而工作控制（如任务决策的自主性）则有助于减轻这些压力带来的负面影响。2003 年 Karasek 将社会支持纳入模型，进一步完善了这一理论，形成了**工作要求 – 控制 – 支持模型**（job demand-control-support model，JDCS）。**社会支持**（social support）是指个体感知到的关心、尊重和关注程度，既包括实际支持（如建议和协助），也包括情感支持（如建立友谊）。研究表明，社会支持能满足员工对归属感和幸福感的需求，也能激发员工的情感承诺（Humphrey et al.，2007）。

4. 工作要求－资源模型

工作要求－资源模型（job demand-resource model，JDR）由 Bakker 和 Demerouti 于 2001 年提出。该模型将工作环境中的职业因素划分为两大类别：工作要求和工作资源。工作要求是指需要体力或心理努力的因素，可能会引发压力（如高工作负荷或情绪需求）；而工作资源则是指帮助员工应对这些要求的积极因素（如任务自主性、同事支持、培训机会等）。与 JDCS 不同的是，JDR 认为除了控制和支持外，其他工作特征也能成为应对工作要求、促进成长和鼓励成就的资源。它还将压力和动机积极地融合，认为工作要求主要通过压力和倦怠对健康产生不利影响，而工作资源通过员工参与来提高工作绩效（Parker，2014）。

3.1.3 传统工作设计的挑战

随着未来工作的迅速临近，我们正处于工作变革的前沿。这一变革不仅仅是组织形态的深刻变化，还包括劳动力市场结构的重塑以及员工需求的巨大转变。在这场革命性的转变中，传统工作设计迎来了前所未有的挑战。在技术进步和全球化的推动下，工作的本质正在经历翻天覆地的变化。传统的工作设计方式将面临如何适应新兴工作模式、满足不断变化的员工期望以及应对日益复杂的组织需求等诸多挑战。

1. 从生产经济转向服务经济、从科层制组织转向平台型组织

2012 年 12 月，为更好地满足客户需求和提升企业的运营效率，海尔集团宣布实施网络化战略，树立“企业无边界、管理无领导、供应链无尺度”的“三无”发展观，打破企业原有边界，变成以自主经营体为基本细胞的并联生态圈，为用户创造更大价值，实现从线性制造公司向依赖节点不断生长的平台型组织的转变（胡国栋 等，2019）。

平台型组织是一种将企业视为提供资源支持的平台的组织结构，通过开放共享机制赋予员工更多自主权和决策权，以实现灵活的项目管理并满足个性化需求（穆胜，2020）。在生产经济背景下，企业为了加强对整个组织的控制，通常采用科层制组织结构，以专业化分工来提高生产效率。然而在全球经济转向服务导向的背景下，企业面临的外部环境更加复杂多变，企业需要更具灵活性和适应性的平台型组织结构来应对这种变化。平台型组织的特点是扁平化和网格化。**扁平化**（flattening）消除了传统科层制组织的烦琐结构，降低了决策层级，促进了信息的流通和决策的快速执行；同时，倡导去中心化，鼓励员工自主解决问题和创新，以提高响应速度和适应市场需求。**网格化**（mesh networking）是指平台型组织的成员之间形成多对多的网络关系，这种关系能促进合作、知识共享和价值交换。

相比于传统组织的层级管理，平台型组织中的员工更加自主、决策更加去中心化，员工能够更加灵活地参与不同的项目和活动。同时，平台型组织更强调团队合作和网络关系，这些要求对传统的工作设计提出了重大挑战，组织需要重新思考员工的工作角色、职责和管理方式，以适应新的组织模式和工作环境。

2. 劳动力市场的变化

受到人口、社会、经济和文化因素的深刻影响，劳动力市场呈现出多方面的变化。首先

是老龄化。如图 3-2 所示，随着社会发展，我国的老龄人口比例呈现增加的趋势，这意味着组织将面临员工退休率的增加、劳动力的减少和技能的流失问题。因此工作设计需要解决新的问题，即如何传承和分享老员工的知识和经验，同时如何处理不同代际员工之间的沟通障碍也是工作设计面临的挑战。

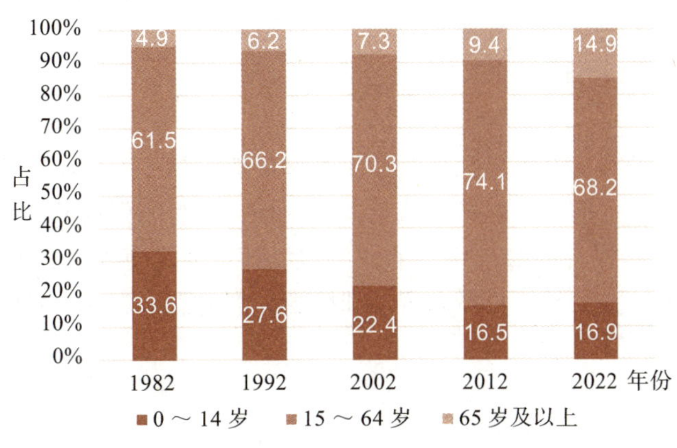

图 3-2　人口结构变化图

资料来源：国家统计局，《中国统计年鉴 2023》。

其次是新生代。学者李琰等（2020）将新生代员工定义为出生在 20 世纪 80～90 年代后的工作者，他们多为独生子女，具有丰富的想象力和激情。《哈佛商业评论》进行了一项有关企业新生代员工的调研，结果显示，他们对职业发展、领导真诚度和被真诚对待等方面的关注较高，甚至超过对薪酬福利、工作环境及灵活工作时间的关注（姜薇薇 等，2014）。此外，“Z 世代”（generation Z）员工的加入进一步加剧了工作设计的复杂性。他们出生于数字化时代，与互联网、社交媒体和移动技术紧密相连，对工作和职业有着更为独特的态度和期望。如何为不同代际的员工提供满足其需求的工作设计，已经成为一项重要课题。

最后是少数群体。少数群体通常因其种族、宗教、性别认同、性取向、残障状况或其他特征而在社会中处于少数地位，这些群体常常面临特定的社会、经济和政治挑战。在我国，工作场所中常见的少数群体主要是女性群体和残障群体。这两个群体由于其生理特性和社会偏见，通常面临较少的工作机会、较低的薪酬和较少的晋升机会。如何满足他们的需求和给他们提供支持，以创造一个更加公平、平等和包容的工作环境是传统工作设计面临的挑战。

3. 员工主动性越发重要

员工主动性是指员工自发地采取行动，积极地参与工作，并超出日常职责范围，以实现组织的目标和利益。随着工作环境的复杂性和不确定性增加，员工主动性对组织的成功变得尤为重要。员工主动性有助于激发创造性思维，使员工能够提出新想法、解决问题，并积极参与创新项目。同时积极主动的员工倾向于设定更高的目标并寻找更高效的工作方法，这有助于提高其工作绩效。因此工作设计应着重激发员工的主动性，给予员工更多的自主权与责任，为员工提供更具挑战性和发展性的工作等，这是传统工作设计需要面临的挑战。

基于上述变化趋势，传统的工作设计已经无法完全适应组织和员工的需要。做设计需要从 1.0 时代向 2.0 时代迈进，提供更具灵活性、适应性和创新性的设计方式，以应对未来的工作挑战。

3.2 工作设计 2.0：基于平台组织和不确定性、服务导向的工作设计

3.2.1 工作设计 2.0 的特征

随着时代与技术的飞速发展，社会经济正逐渐由传统的生产导向型转变为以服务为核心的经济模式。这种变革引发了组织结构从过去的刻板科层制向更具灵活性和响应力的平台型组织演变。在这个不断演进的时代背景下，工作设计也随之迈入了 2.0 时代。工作设计 2.0 相比于传统模式，更注重灵活应对不确定性和服务导向的需求。这一时代的工作设计具有以下特征。

1. 自下而上、员工参与设计、个性化、动态

在自下而上的组织中，工作任务和职责根据员工的实际需求和能力来设计和分配，强调员工的参与和反馈，确保他们在工作过程中具有更大的自主权和责任感。员工参与（employee involvement）对于组织而言非常重要，正如道格拉斯·麦格雷戈在《企业的人性面》一书中所说：一个管理的基本哲学，人性本身的真正内涵，在于员工的参与。中国学者陈进等（2010）也认为广泛的员工参与有利于树立员工的“主人翁意识”，改善企业管理模式，缓和劳资矛盾。此外，个性化与动态工作设计（dynamic work design）也是工作设计 2.0 的重要特征。个性化意味着充分考虑员工个人的兴趣、优势和身份，满足其自我表达的需要。动态工作设计则如 Repenning 等（2017）所说，它认识到变化的必然性，强调灵活性、自适应性和不断改进。

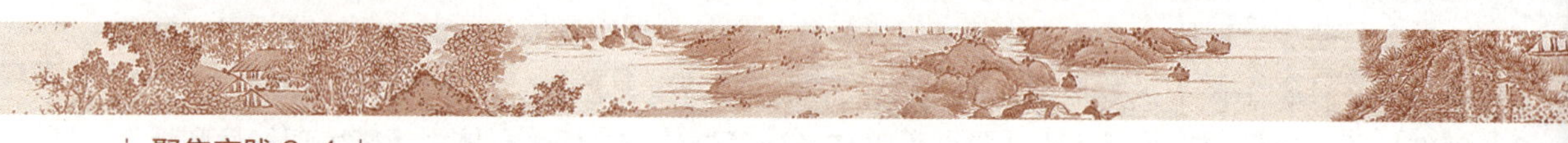

聚焦实践 3-1

IBM 管理故事

20 世纪 30 年代的 IBM 在管理员工和工作方面的一个创新是：让工人参与产品和生产流程设计。当时，IBM 正在开发第一部复杂的新型计算机，由于需求量大，工程设计还没完成就得开始生产，于是最后的详细设计图是由工程师和工人在生产线上共同完成的。结果，这个产品的设计非常出色，而且由于工人参与了产品和生产流程的设计，产品质量和生产效率都大幅提升。此后，每当 IBM 要推出新品时，都会应用这个研发经验。在这个过程中，工人一方面参与了产品规划，另一方面参与了与自己相关的工作内容设计，而且是在工作一开始就参与进来。这种做法不仅提高了工人的参与感、责任心和工作满意度，也对企业的产品设计、生产成本和效率成本产生了积极影响。

资料来源：德鲁克．管理的实践［M］．齐若兰，译．北京：机械工业出版社，2019：264.

2. 强调分工和合作的动态平衡

在传统组织内，为协调组织成员与工作内容以及推动组织目标的实现，人力资源规划通常会围绕组织战略与结构进行。由此，谢小云等（2022）提出了人力资源规划中的两大要素：分工与整合。然而，随着经济主体、组织结构与员工需求的转变，个人的工作角色不再仅受限于静态的工作说明书，组织内信息的快速流通使得员工与组织之间形成更为紧密且实时的联系。因此，传统的静态分工与合作方式难以适应新情境下的组织人力资源规划需求。为更好地满足组织和员工日益多元化的需求，强调分工和合作动态平衡的工作设计变得至关重要。瑞典音乐流媒体服务公司 Spotify 就在实践中采用了这种工作设计，该公司使用跨功能团队结构，运用敏捷方法，倡导开放的沟通文化和信息共享。在这个框架下，每个团队成员都能充分了解任务的分工，同时具备调整工作任务和流程的灵活性。

3. 关注员工的幸福感、主动性、成长和职业发展

随着全球经济和技术的不断变化，人在组织中发挥的作用日益凸显，学者们认为组织应当更关注员工的需求。例如 Sharon Parker（2014）提出扩展的工作设计视角，认为组织应为员工的学习和发展以及身心健康设计工作。这意味着组织不能再仅关注工作绩效、动机和满意度这些短期指标，还应注重员工幸福感、主动性、成长和职业发展等这类长期指标。谷歌公司就非常注重员工的幸福感和发展，他们提供了丰富的员工福利、培训和发展计划，鼓励员工追求个人和职业目标。

基于以上思想，工作设计 2.0 代表了对传统工作设计的重要演进，解决了传统工作设计所面临的问题。它注重员工的个性化需求与参与，推动了团队协作与灵活分工，并以长期发展为目标，赋予员工更多的自主权与成长机会。针对员工需求的转变、团队合作的出现以及少数群体的组织利益，工作设计 2.0 提供了解决方案：工作重塑赋予员工改变任务与角色的自主权，团队工作设计强调团队协作，基于少数群体的工作设计主要关注残障人士的组织利益。此外，工作设计 2.0 还重视外部利益相关者的参与，探讨他们对组织内部成员的影响。

3.2.2　工作重塑

工作重塑（job crafting）最早在 2001 年由 Wrzesniewski 和 Dutton 提出，他们认为员工通过主动改变工作任务、关系和认知（如承担额外的工作任务、重构工作关系、改变对工作的认识等），使工作更适合自己。具体来说，员工可从任务（task）、关系（relational）和认知（cognitive）三个方面进行工作重塑，即增减工作任务、改变与他人关系的质量与数量以及改变个人对工作的看法和思考。

工作重塑有助于员工表达自我，实现自我价值，提升工作意义和认同感，满足对职业使命感的追求。员工可以根据个人偏好和意愿进行工作重塑，通过在工作中表达个人价值观和从事自己认为重要的事情，对情绪和心理状态产生积极的影响。工作重塑还能促进员工采取更多主动行为：员工通过主动改变工作的某些方面，在主观上提高工作动机，在客观上通过争取更多资源来获取更多反馈、社会支持和多样化技能，从而提高工作的外在动

机（Hakanen et al.，2008）；同时，这些工作资源也能促使员工学习、成长和发展，满足他们对自主性和胜任感的心理需求，激发其工作的内在动机。在内外动机的共同作用下，员工的工作投入程度得到提高。此外，还有学者提出这些资源和工作支持对于员工平衡工作与家庭关系、处理家庭问题方面具有积极作用，能提高其工作–家庭增益水平（朋震和殷嘉琦，2021）。

3.2.3 团队工作设计

团队工作设计（team work design）指的是为实现工作目标，对团队结构、角色、协作方式、目标设定和沟通流程进行系统性的规划和组织。其核心在于通过有效整合团队成员的技能、知识和资源，以及赋予团队一定程度的自主权，来促进团队内部协同合作，提高工作效率和创造力。在团队工作设计中，团队自治（team autonomy）至关重要，即能够自主决定目标制定、任务完成和问题解决的方式，而不需要严格依赖于上级的管理干预。目前，越来越多的领先企业已经开始采用员工自治管理的模式。例如，腾讯的“活水计划”允许员工自主选择组织内部的空缺岗位，通过给予员工自主选择管理者的权力，帮助团队成员提升整体工作绩效。

团队工作设计在虚拟团队中发挥着重要作用。Martins 等将虚拟团队定义为：团队成员通过信息通信技术，跨越地理和时间界限，共同协作完成相互依存的任务。虚拟团队面临地理分散和时区差异等挑战，因此高效的工作设计显得尤为必要。Klonek 和 Parker（2021）针对虚拟团队提出了 SMART 工作设计，该工作设计包含五个关键要素：激励（stimulation）、精通（mastery）、代理（agency）、关系（relational）和可容忍的要求（tolerable demand）。这些要素共同促进团队绩效的提升。具体来说，当团队面对复杂的需要集体解决的任务时，工作设计应提供足够的激励性，激发团队成员的积极性和创造力。同时，明确的任务反馈和角色定义能够帮助团队成员掌握工作要点，确保每位成员都能有效地贡献自己的专长。高度的团队自治性使成员拥有自主决策的权力，从而能够根据实际情况灵活规划和调整工作活动。此外，团队内部的相互依赖性和关系建设是社会工作环境的重要组成部分，它们通过增强团队成员间的联系和合作，促进团队的凝聚力和协作效率。最后，合理的时间管理和压力控制是保证工作质量的关键，使团队在面对紧迫的时间压力时，仍能维持高效的工作表现。综上所述，团队工作设计通过整合 SMART 模型的五个要素，能有效地应对虚拟团队面临的特殊挑战，提升团队的整体绩效和协作效率。

3.2.4 外部利益相关者的参与

随着组织合作模式的演进，特别是跨组织合作的加强，工作设计的社会和关系层面变得日益重要（Grant and Parker，2009）。组织不再仅聚焦于内部员工绩效，而是越来越多地关注外部影响。在这一背景下，Grant（2007）提出**关系型工作设计**（relational work design）的概念，强调如何通过工作结构促进员工间的互动。这种互动不仅能够积极影响员工的动机、态度和表现，还能够提升员工对工作的投入感。Grant 认为，当员工与外部利益相关者（external stakeholder），如客户、顾客、患者等接触时，会产生同情心或共鸣，从而增强他们的亲社会动机（prosocial motivation），促进帮助行为的产生。这一理论随后得到了实证检验，例如 Grant 及其同事（2007）在呼叫中心的实验中让员工与受益人建立联系，结果显示这些员工的工作时间和收入都有所增加。此外，Belle（2013）在护士中心的实验中让护士了解他们工作的社会影响，这增强了他们的亲社会动机，提高了工作效率。

这些研究结果都表明了这样一个事实：将外部利益相关者纳入工作设计可以有效地激发员工的亲社会动机，即他们为他人带来利益的愿望。为了实现这一目标，组织首先应确保员工的基本需求得到满足，提高工作满意度。然后，通过强调工作的社会使命，提升员工的工作意义感，并可通过奖励机制进一步激励员工的亲社会行为。在实践中，管理者可以采取以下措施来实现外部利益相关者的有效参与：首先，组织可以召开定期的客户反馈会议，让员工直接听取客户的声音和需求，从而感受到工作的社会价值；其次，通过培训和支持，帮助员工掌握处理客户期望和需求的技能，减少他们在满足外部利益相关者期望时可能面临的压力；最后，组织应注意外部负面影响，例如客户的不文明行为，这可能会降低员工的工作满意度，影响员工的情绪和健康，进而影响服务质量。

亚马逊是一个比较典型的例子，其“客户第一”的文化将客户体验放在核心位置。员工被鼓励与客户进行直接互动，其客服团队不仅要解决客户的问题，还要根据客户的反馈不断改进服务。这种互动方式激发了员工的亲社会动机，使他们对工作更加投入，提高了服务质量和客户满意度。然而，这种模式也给员工带来了压力，因为一些客户可能以不礼貌或不理性的方式表达不满，从而对客服人员的情绪产生负面影响。因此，组织在设计工作时，应平衡员工的需求与外部利益相关者的期望，创造一个既能激发员工亲社会动机，又能维护员工福祉的工作环境。

3.2.5　基于少数群体的工作设计

残障人士是人类多样性的重要组成部分。据 2011 年《世界残疾报告》统计，全球有超过 10 亿人（约占世界人口的 15%）患有某种形式的残疾。截至 2022 年 4 月，中国有 1 800 万就业年龄段持证残疾人。为促进残疾人实现较为充分和较高质量的就业，2022 年国务院办公厅印发《促进残疾人就业三年行动方案（2022—2024 年）》，这表明解决残障群体就业问题在推动社会包容性发展方面具有重要意义。

许多企业都致力于促进残障人士就业，例如中国企业白象不仅为残障人士提供与非残障员工同工同酬的就业岗位，还致力于优化他们的工作和生活环境。白象在工作区、宿舍区和食堂实施了一系列无障碍改造措施，包括增设洗衣房、安全通道以及在食堂开设专门的选餐取餐窗口，为残障员工创造了一个便捷、舒适的综合工作与生活空间。阿里巴巴也通过云客服、饿了么无声骑士、“万人残疾人商家创就业助力计划”等项目助力超过 1 万名残障人士就业。在中国残联等的指导下，阿里巴巴云客服项目连续 9 年招募居家客服，截至 2023 年年底，在岗残障人士有 3 304 名；饿了么为听障骑手上线无障碍沟通系统，超 3 000 位听障骑手通过平台获得收入；阿里公益基金会则与浙江省残疾人联合会发起“浙励播”项目，培养残障人士主播，推广助残产品。

这些举措说明工作设计对于帮助残障人士更好地融入组织起着至关重要的作用。企业可以通过个性化的工作设计，根据残障员工的具体需求和能力调整工作任务。例如，灵活的工作安排允许残障员工根据自己的实际情况调整工作时间和方式；提供必要的辅助工具和技术支持能够帮助残障员工克服工作中的障碍，更好地融入组织。最为关键的是，企业应当致力于建立一种包容性的文化氛围，鼓励员工之间的相互合作与支持。在这样的文化中，残障员工不仅能获得同事的帮助和理解，还能通过工作设计充分发挥他们的能力，成为组织中的重要力量。

聚焦实践 3-2

熊爪咖啡：用一杯咖啡传递温暖与希望

在上海永康路，有一家与众不同的咖啡店。灰色的水泥墙面上只开了一个小洞，一只毛茸茸的熊爪从洞口伸出，将做好的咖啡递给顾客。这家名为“熊爪咖啡”的店铺，以其独特的售卖方式和背后的公益故事，迅速成为人们关注的焦点。

熊爪咖啡的创始人陈大可曾在星巴克工作十年，是一位资深的咖啡从业者。2020 年，他了解到聋哑人陈莹莹的遭遇——尽管她是全国残疾人技能大赛的冠军，却因身体障碍难以找到合适的工作。深受触动的陈大可决定为她创造机会，于是，熊爪咖啡诞生了。陈莹莹成为这家店的第一位咖啡师，她通过熊爪传递咖啡，用真诚的微笑和专业的服务赢得了顾客的喜爱。

开业初期，熊爪咖啡迅速走红，每天能卖出 700～1 000 杯咖啡，许多人专程前来打卡。然而，随着时间推移，永康路店的客流量逐渐减少，如今每天仅能售出 100 ～ 200 杯。尽管经营面临挑战，陈大可并未放弃。在房东的支持下，永康路首店得以保留，并继续为残障人士提供就业机会。

在公益理念的驱动下，熊爪咖啡不断拓展。截至 2024 年，熊爪咖啡已在上海北外滩、K11 等地开设 9 家门店，员工中残障人士占比超过 90%，涵盖听障、视障、肢体残疾、自闭症等群体。此外，熊爪咖啡积极与公益组织合作，例如与上海普陀区花生社区公益创新中心联合培训了 1 000 多名残障人士，帮助他们掌握咖啡制作技能并走上工作岗位。

2023 年，熊爪咖啡与上海市养志康复医院合作，开设了首家轮椅咖啡师门店。该店由脊髓损伤者王晓燕管理，至今已有 100 多名残障人士在此接受职业培训，重拾生活信心。未来，熊爪咖啡计划继续扩大规模，预计 2025 年在上海新增 3 家门店，其中包括一家主要由盲人咖啡师运营的店铺，并筹备建设无障碍门店，进一步优化残障人士的工作环境。

熊爪咖啡不仅是一家商业企业，更是一个社会公益平台。它通过创新的经营模式，为残障群体提供就业机会，同时呼吁社会关注他们的价值。正如陈大可所说：“我们卖的不仅是咖啡，更是机会和希望。”熊爪咖啡的故事展现了商业与公益结合的可能性，也体现了城市的温度与包容。

资料来源：澎湃新闻，《熊爪咖啡在上海：残障员工超 9 成，未来希望帮 1 万名残疾人就业》，2024 年 9 月 9 日。

3.3　工作设计 3.0：数字化工作设计

现在，国家高度重视发展数字经济，并将其上升为国家战略。《中国数字经济发展研究报告（2024 年）》显示，2023 年中国的数字经济规模已达到 53.9 万亿元，占国内生产总值（GDP）的比重达到 42.8%。这表明数字经济已经成为中国经济的一个关键引擎，正对各行各业产生深远影响。

数字技术的变革对工作设计产生了深远的影响，重塑了员工在组织中的工作模式和工作条件（Parker et al.，2001）。随着云服务、移动设备的普及，员工不再受制于传统办公室的物理空间，他们可以在任何时间、任何地点与工作场所保持连通。这种灵活性为工作带来了诸多便利，但也给员工的工作与生活平衡带来了新的挑战（Mazmanian et al.，2013）。现代员工可以轻松地在家中、旅途中或跨时区地进行工作，这在增加了工作方式多样性的同时，也提高了工作的复杂性。

在实践中，许多企业已经广泛应用云技术和移动办公工具。一个典型的例子是华为，通过其全球化的云服务和远程协作平台，员工能够在全球各地无缝协作，这不仅提高了团队的跨时区工作效率，还实现了灵活办公。此外，跨国企业如 IBM 也采用了远程工作模式，让员工可以根据个人需求选择最适合自己的工作地点。这种模式不仅提高了工作效率，还帮助企业吸引了更多的全球人才。

与此同时，人工智能和算法管理的应用进一步改变了工作设计的模式。人机协同技术的进步使得员工能够与智能工具和系统更高效地协作。例如，物流公司（如京东）广泛应用机器人和算法来优化配送路径和时间安排，从而大幅提高运营效率。通过数据分析和预测性建模，组织能够更精准地理解员工的需求和行为，优化工作安排并合理配置资源，从而提升工作效率和成果质量。

在这一背景下，数字化工作设计应运而生，在线化的工作模式、远程办公以及人机协同成为主流。这些变化不仅为员工提供了更多自主性，也增强了组织的运营效率和创新能力。随着数字技术的持续发展，我们可以预见，未来的工作设计将更加注重灵活性、效率与员工福祉之间的平衡，以适应不断变化的工作环境和需求。

3.3.1　工作在线化

工作在线化是指将工作任务和业务流程迁移到在线平台或数字环境中执行的一种趋势。这一趋势涵盖了利用互联网和数字技术进行日常工作、团队协作和沟通的各个方面，旨在提高工作效率、可达性和便捷性。工作在线化涉及运用多种数字工具和应用程序，以及在虚拟团队中进行协同工作的能力。例如，飞书的在线文档功能允许多个用户实时协作编辑文件，同步更新内容和编辑历史，极大地简化了协作流程并提升了工作效率。

随着信息技术、云计算和移动通信技术的快速进步，全球范围内的组织和行业都在积极采纳这种在线化的工作模式，以适应现代数字化时代的需求。例如，全球咨询公司德勤（Deloitte）通过实施在线协作工具和云平台，实现了跨国团队的高效协作，使员工无论身处何地，都能实时参与项目、分享信息。国内的互联网巨头腾讯，其在线办公平台企业微信不仅支持员工在线沟通、任务分配，还能集成项目管理、客户关系管理等多种功能，帮助企业简化流程、提升效率。这种“在线化”的新兴实践不仅能帮助企业有效提升内部运营效能，还能使它们更敏捷地应对外部环境的不确定性，快速适应外部市场的变化需求，最终实现基于数据驱动的新型组织管理模式（谢小云 等，2022）。

在组织数字化转型过程中，工作设计起着至关重要的作用。精心设计的工作流程能够确保任务分配的合理性和协同性，让团队成员随时掌握任务的最新状态和进展，能够迅速地做出调整。例如，亚马逊通过其在线平台为仓库管理系统进行优化设计，确保在订单处理和库存管理等关键流程中，所有操作都能无缝对接，从而极大地提高了整体的运营效率。为了有效实现工作在线化，企业必须重视以下几点：一是任务分配的透明度，通过数字工具让团队成员随时了解各自的职责和任务进展，确保工作流程的顺畅；二是协作效率，运用在线平台和协同工具，使远程团队可以随时进行信息共享和沟通，避免因物理距离产生沟通障碍；三是灵活调整，数字化工具赋予团队更大的灵活性，让团队能够迅速根据实时数据或反馈调整工作策略，保持团队对外部变化的敏感性。

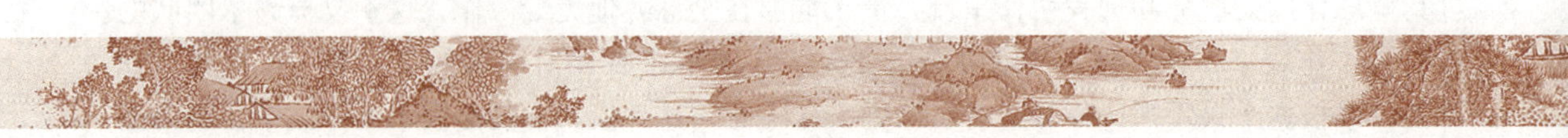

聚焦实践 3-3

过去几年，一批以大数据、云计算和人工智能等新一代数字化技术为基础的集成式数字平台（如钉钉、企业微信、飞书等）开始在各行各业加速普及，协助企业将全链路业务流程和人际协作活动搬到线上，塑造了“组织在线化运行”的趋势。据统计，超过 1 800 万家企业借助钉钉、企业微信等应用实现了全面在线化的有效运行。当前，已有 3 亿左右的活跃用户习惯于深度嵌入钉钉、企业微信和飞书的在线化工作模式。在进一步落实国家发展改革委提出的“上云用数赋智”规划的进程中，已有接近 3 000 万个包括传统企业、中小型企业和专精特新隐形冠军企业在内的各式组织借助钉钉、企业微信等数字平台和应用快速推进组织关键要素和流程活动的“在线化”，不断强化全流程数据的贯通与应用，提升组织动态响应外部需求与数据驱动的智能决策能力。

资料来源：谢小云，何家慧，左玉涵，等. 组织在线化：数据驱动的组织管理新机遇与新挑战 [J]. 清华管理评论，2022（5）：71-80.

3.3.2 远程办公

远程办公的概念最早起源于 20 世纪 70 年代，当时美国正面临燃料成本上升、环境污染和交通拥堵等严峻挑战。作为一种社会解决方案，远程办公被提出以减轻通勤对资源的压力、减少环境污染并提升生活质量。远程办公的核心在于利用计算机和相关设备进行工作，并通过电子通信工具进行沟通，从而摆脱对传统办公场所的依赖。随着互联网的普及和高速网络的发展，员工能够随时随地访问工作文件、与同事协作和参与远程会议。云计算、VPN 和协作工具等技术的进步，进一步推动了远程办公的普及。

远程办公不仅改变了员工的工作方式，还重塑了组织的运营模式。它使得组织能够招募全球人才，降低办公成本，并提升员工的工作满意度和生活质量。根据美国求职招聘网站Glassdoor的调研，许多知名公司如爱彼迎、戴尔、德勤、甲骨文等，都将远程办公作为员工福利的一部分。这种灵活的工作模式尤其适合需要兼顾家庭和工作的职场人士。

然而，远程办公也带来了一些挑战，尤其是在公平性、伦理和信息隐私方面。例如，员工可能会利用远程办公的灵活性，通过延长请假时间来获取更多休息时间，这可能引发同事之间的嫉妒和人际冲突。此外，远程办公对员工的自律性提出了更高的要求，缺乏面对面的监督可能导致生产力下降、信息泄露或不诚信等问题。技术手段目前也尚未能够完全保障信息安全，增加了企业和员工数据泄露的风险。㊀

在远程办公模式下，工作设计的作用尤为关键。有效的工作设计能为远程团队提供清晰的指导和方向，确保任务和角色分配明确，从而避免任务重叠或遗漏，提升工作效率和协作效果。在这种模式下，工作设计的核心内容包括以下几点。

一是任务和角色的清晰定义。通过明确每位员工的责任和目标，确保团队成员了解自己的工作任务，减少混乱。例如，微软的团队管理系统可以自动分配任务、跟踪进度，使团队成员即便身处不同国家也能高效协作。

二是高效的沟通和协作机制。选择适当的沟通工具并制定明确的沟通政策至关重要。许多企业采用Slack、Zoom、飞书、钉钉等平台来实现实时沟通，同时通过定期的虚拟会议来保持团队凝聚力。企业如GitLab采取“异步沟通”策略，使员工可以灵活安排工作时间，并减少不同时区团队成员间的沟通摩擦。

三是选择合适的技术工具。技术工具不仅应方便团队协作，还须确保数据安全和隐私。例如，谷歌和亚马逊等企业采用云端协作工具的同时也加强了数据加密和访问控制，以应对信息安全问题。

四是建立绩效评估标准和反馈机制。远程团队通常缺少面对面的互动，因此，建立清晰的绩效评估标准以及定期反馈至关重要。Netflix通过定期反馈机制，不仅为员工提供了成长机会，还帮助员工保持了高效的工作节奏，提升了远程团队的整体表现。

总之，远程办公不仅是未来工作的一大趋势，也是企业创新管理和提升员工福祉的重要工具。通过科学的工作设计，组织能够在确保灵活性的同时提升效率和生产力，帮助员工在数字化工作环境中取得更大的成功。

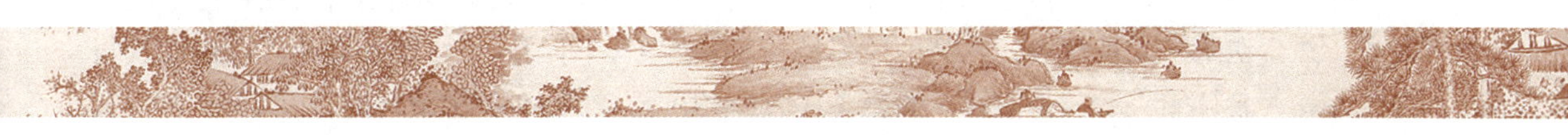

聚焦实践 3-4

Zapier：十年保持100%远程办公

Zapier是一家全球领先的Web应用程序自动化服务供应商。在Zapier，人们可以轻松连接已经在使用的Web应用程序。Zapier的全球用户已经超过100 000个，用户通过使用Zapier完成了烦琐且耗时的任务，从而创建了更高效、更简化的流程。Zapier的创始人从2012年起就开始计划建立一个100%远程运营的业务，并从全球员工队伍中聘请高端专业

㊀ 对远程办公的双刃剑效应感兴趣的读者可以查阅这篇论文：刘松博，程进凯，王曦．远程办公的双刃剑效应：研究评述及展望[J]. 当代经济管理，2023，45（4）：61-68.

的团队成员，通过云视频会议工具来保持联系，以及通过其他相关的远程办公产品来实现团队管理。2017年，Zapier的远程管理模式就已经展现出了非常成熟和有价值的成果。Zapier的首席执行官分享了其独特经验。

企业成功的关键在于招揽人才，不是束缚人才。Zapier将企业的目标放在招揽专业的技术人才上，不考虑其地理位置。他们认为积极进取、充满激情的员工是企业的核心价值，不能被束缚在办公桌前。沟通和团结是远程办公模式的“兴奋剂”。Zapier每周四有一个最受员工欢迎的活动——Thursday Hangout。这是一次全公司范围的视频会议，是一次参与度最高的闪电会谈。员工们可以交谈、大笑和交流想法，并且有机会谈论任何主题。

掌握运营远程办公模式的专业技巧。Zapier的CEO认为如果企业刚刚成立，最明智的方案就是一开始就建立远程工作模式，公司需要通过一段时间的全员远程办公适应期，让每一位员工都了解和熟悉居家办公的注意事项。此外，保持与远程员工的通信十分重要，管理者要学会高效利用远程办公产品，如视频会议工具和文档协作产品等。Zapier表示远程办公的真正美妙之处在于员工可以自主选择工作环境，以满足个人对工作场所的需求。

资料来源：《Zapier：十年保持100%远程工作的成功案例》，公众号“未来工作研究院”，2022年3月25日。

3.3.3 人机协同

近年来，人工智能的迅猛发展已经成为科技领域的重大变革力量。从IBM的Watson到谷歌DeepMind的AlphaGo，人工智能技术正在不断突破原有的认知边界。以IBM的Watson为例，其自然语言处理能力使它能够理解复杂的人类语言，并赋予术语和概念丰富的含义。同时，Watson的机器学习能力让它能够从数据交互中吸取经验，基于历史数据开发出智能解决方案。通过利用机器学习技术，Watson已经能够分析医学研究文献、电子病历，甚至医生的手写笔记，从而识别癌症模式，并在提供潜在治疗方案方面取得了显著进展。此外，人工智能驱动的机器视觉技术也使Watson能够迅速分析大量脑部MRI图像，为医生标出图像中的微小出血点。[⊖]与此同时，生成式人工智能（如ChatGPT）的出现也在各行各业掀起了浪潮，从客户服务到文本生成，再到代码编写，ChatGPT在多种应用场景中都能提供强有力的支持。

然而，随着人工智能技术的迅猛发展，人们也开始担忧：人工智能是否会在智能上超越人类，甚至在未来大规模取代人类的工作岗位？实际上，对于人工智能的讨论可以追溯到很久以前。著名认知科学家赫伯特·西蒙（Herbert Simon）在1965年就预测，到1985年，智能机器将能够完成任何人类能够完成的工作。然而，现实情况是否如此呢？人工智能真的能够完全取代人类吗？以国际象棋为例，即使是顶尖的国际象棋大师，他们在预测和处理突发事件方面的能力也受限于人类的认知能力，而人工智能已经突破了这些限制。不过，当国际象棋大师卡斯帕罗夫（Kasparov）提出他对新国际象棋联盟的愿景时，他强调最佳的棋手既不是人工智能，也不是单独的人类，而是他所称的“半人马”——人类与人工智能之间的合作伙伴关系。这表明，人类与人工智能之间应该是互补而非替代的关系，人工智能系统的设计应当旨在增强而非取代人类的贡献。

⊖ *Can IBM's Watson Do It All?*，Sean Captain，2017年1月5日。

接下来，我们将从人机交互概念的发展和演化，人机协同的定义、类型与发展，人机信任，以及组织中的人机协同等四个方面，深入探讨人机协同的相关问题。通过这些讨论，我们可以更好地理解人工智能如何与人类协作，共同创造更加高效和创新的工作环境。

1. 人机交互概念的发展和演化

孙效华在2020年的研究中提出，**人机交互**（human-computer interaction，HCI）是一门专注于探索人与计算机系统之间信息交流接口的学科，同时也是以人为中心的系统开发方法论。自该领域诞生以来，其研究范围不断演变，而这种演变的主要驱动力是技术的创新，也就是"机"的进化。在当前的人机交互中，"机"主要指的是计算机系统，但实际上，在计算机问世之前，人类与各种工具和机器的交互已经十分普遍。人机交互的起源可以追溯到人类社会开始广泛使用机器来完成具体工作任务的时期，这里的"机"指的是广义上的"机器"。Grudin（2018）在其著作中回顾了人机交互的历史，认为现代人机交互的根源可以追溯到人因工程领域，即"人与工具的交互"（human-tool interaction）。随着机器演变为计算机，尤其是人工智能的出现，人类社会开始步入了狭义的人机协同时代。人工智能技术的迅猛发展及其在各个领域的广泛应用，加速了人机协同化的进程，使得人机协同成为社会的一个显著特征。近年来，随着智能机器人逐渐展现出"类人"的智能特征，人与机器人的交互也逐步从跨学科研究中发展成为一个独立的研究领域。因此，从广义上讲，"人机交互"中的"机"可以有更广泛的解释，不仅可以指计算机，也可以指机器或机器人。交互系统的演进可以划分为三个阶段：从早期的"物理系统"到后来的"数字系统"，再到现在的"智能系统"。[㊀]

2. 人机协同的定义、类型与发展

人机协同是指人类与机器之间合作互动，双方各自发挥独特优势，共同完成任务。这一理念的形成源远流长，其背后有着深刻的学术基础。早在1990年，钱学森等人就将系统科学与人工智能相结合，提出了"开放的复杂巨系统"的概念。这类系统通常涉及专家和计算机的参与，并伴随着人机交互，实质上体现了人机协同的思想。随后，路甬祥等人在1994年首次明确提出了"人机系统"的概念，强调在系统中人与机器应发挥各自的长处，相互协作，并在思维、感知和执行三个层面对人机进行了深入的比较分析。到了2019年，刘步青进一步阐释了人机协同系统由人与计算机共同构成，计算机负责数据处理和部分推理任务，而人类则负责那些计算机难以完成的选择和决策工作，以此发挥人类的创造性和适应性。2021年，曾大军等人提出，人机协同决策过程是一个涉及人类、数据和算法的交互作用过程，这一过程覆盖了算法模型的构建、人机交互分析和结果的综合等各个阶段。人机协同决策研究的核心目标是将人类专家的智慧与机器个体和机器集群的智能相结合，设计有效的协同决策机制。这一过程中的主要挑战包括提高机器智能在学习和推理方面的可解释性、处理人机融合群体的复杂行为，以及缩小人与机器在表达和解决问题机理上的差异。同年，陈赞安等人指出，在人工智能时代背景下，人机协同既源于人工智能，又与之有所不同。与人工智能旨在用机器替代人类的目标不同，人机协同旨在增强人类智能。通过结合人类擅长的技

㊀ 对交互系统每个阶段感兴趣的读者可查阅这篇文章：孙效华，张义文，秦觉晓，等.人机智能协同研究综述[J].包装工程，2020，41（18）：1-11.

能，如推理、创造力、判断力，以及机器智能的高速计算和准确性，人机协同能够提升或改善人类运用机器学习、深度学习等算法和技术的能力与效率，显著提高人类的认知表现和处理事务的能力，从而快速、高效地解决更多、更复杂的问题。展望未来，人机协同将逐步发展为人机融合，甚至实现人机共创。

目前，人机协同的演进可依据不同的分类方法划分为两种主流的发展阶段：四阶段和三阶段。

（1）四阶段。程洪等人在 2020 年的研究中提出了人机协同发展的四个阶段，包括人机系统阶段、人在回路阶段、人在环上阶段和人在环外阶段，这四个阶段分别代表了机械时代、信息时代、智能时代和无人时代。如表 3-3 所示，在人机系统阶段，这些系统允许人为操控，其智能水平相对较低，主要通过直接的人机操作接口来实现控制。随着技术的进步，我们进入了人在回路阶段，这一阶段的人机智能系统通过物理交互和任务分类，提高了任务执行的精确性和安全性。进入人在环上阶段，人机智能系统的设计不仅要考虑任务的复杂性，还要解决因操作者能力不足而导致的交互失效问题。这类系统通过建立物理和认知的双向交互通道，并利用机器人的环境感知与理解能力，实现了复杂环境下的混合决策。最后，在人在环外阶段，人机智能系统主要依赖机器人来进行感知、决策和控制，人类的角色转变为远程监督或完全不参与。

表 3-3 人机智能系统发展阶段及特点

发展阶段	代表性系统	主要特点
人机系统阶段	电动轮椅、汽车	可人为操控、智能性差
人在回路阶段	手术机器人、工业协作机器人	人机物理交互、任务分类
人在环上阶段	外骨骼机器人、人机共驾	物理认知双向交互、人机混合决策
人在环外阶段	无人车	以机器为主进行感知、决策和控制

（2）三阶段。陈凯泉等人在 2022 年的研究中提出，人机协同概念的发展经历了三个显著的阶段，如图 3-3 所示，这些阶段分别是人机共生、人机协作和人机融合。在人机共生阶段，人与机器开始共同存在，人作为决策和控制的中心，占据工作的主导地位。在人机协作阶段，人和机器要发挥各自的优势，做各自擅长的事情，两者协同充分发挥人机协同智能的价值。人机融合阶段则进一步强调“人”和“机器智能”之间的深度整合与优势互补。在这个阶段，人类智能和机器智能的界限变得模糊，两者融合为一个更加强大和协调的整体，以实现 1+1 ＞ 2 的协同效应。

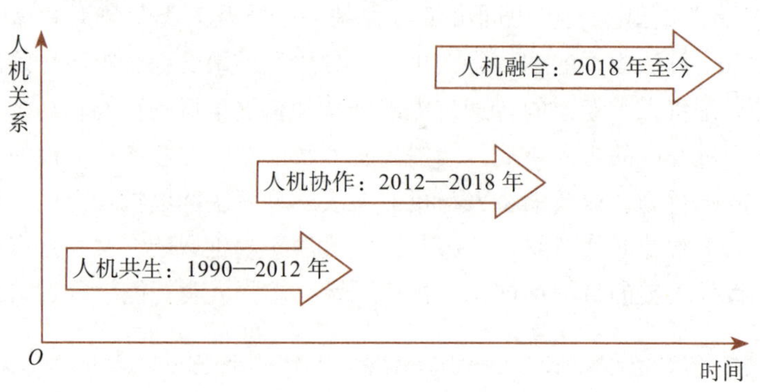

图 3-3 人机协同概念的发展

3. 人机信任

在人机交互过程中，信任是决定交互质量的关键因素。它不仅影响用户对系统的依赖程度，还关系到任务的成败。因此，深入了解影响信任建立和维持的因素以及不适当信任可能带来的后果显得尤为重要。Lee 和 See（2004）将信任定义为“在充满不确定性和脆弱性的情境中，个体对代理人将协助其实现个人目标的信心”。Hancock 等（2011）则认为信任是“个体相信对方不会采取损害他们福祉行为的依赖性关系”。这两个定义都强调了信任与相互依赖关系中的风险因素密切相关。

在人机协同的背景下，用户对机器人的信任应基于对其能力和局限性的准确理解。如果对机器人的能力过度信任，可能会导致误用或过度依赖；而信任不足则可能导致使用不足或低效依赖。理想的信任水平应建立在对机器人能力边界的清晰认识上，以便在人机协作中形成适当的依赖关系（Parasuraman and Riley，1997）。这意味着用户应清楚机器人的长处和短板，以便在不同任务情境下做出理性决策。

为了避免问题重重的交互，建立在用户对机器人能力有准确理解的基础上的信任关系至关重要。有研究表明，当人们需要在人工操作和人工智能系统之间做出选择时，他们倾向于选择自己最信任的系统（Nickerson and Reilly，2004）。Dzindolet 等（2003）发现更好的机器人性能可以激发更高的信任感，进而促使参与者更频繁地使用人工智能。然而这种依赖关系也会受到个体差异的影响，有人可能认为人工智能比人类更为可靠（Lyons and Stokes，2012）。值得注意的是，信任虽然影响人们的选择，但任务类型对信任构建的影响可能更为显著。例如，Sanders 等（2019）的研究表明，在执行危险任务时，参与者更倾向于依赖机器人，而在日常任务中，他们则更倾向于选择人类。这表明，在复杂多变的任务环境下，用户在信任机器人还是人类的决策过程中，会综合考虑任务的性质与潜在风险。

接下来，本节将探讨人机信任问题，特别是通过拟人化的积极和消极影响来分析信任如何在人机交互中发挥作用。

拟人化是一种认知倾向，它涉及将人类的特征、动机、意图或情感归因于非人类的代理人，无论是真实存在的还是想象中的。这一过程引发了两种相对立的理论观点：一方面，诱导性的代理知识视角（the elicited agent knowledge perspective）认为，当非人类实体展现出可观察的人类特征和外观时，人们更容易对其进行拟人化；另一方面，社会性动机视角（the sociality motivation perspective）则强调，当非人类展现出类似人类社会功能的特征时，例如能够提供非语言交流的线索，它们更容易成为拟人化的对象（Van et al.，2019）。在拟人化的认知过程中，人们将类人特征整合到对机器人的感知中，这一归纳推理过程影响了用户如何理解和解释机器人的行为（Epley et al.，2007）。人们倾向于将人类的基本属性（如情感或理性思维）归因于机器人，以便更好地理解和预测它们的行为（Aggarwal and McGill，2007）。

（1）拟人化的积极影响。拟人化在提升人们对机器智能的信任感方面具有重要作用。Van 等人在 2019 年的研究中通过实验操作服务机器人的眼动特征和眼部状貌，发现提高机器人的拟人度能显著增强个体对机器的信任感、使用意愿以及使用时的愉悦感。Waytz 等人在 2014 年的实验研究中也得出了相似的结论，即机器智能的拟人化程度越高，用户对其功能的信任度也越强。这意味着拟人化使得用户更容易与机器建立起信任感，这种信任感让用户相信机器是可靠和可预测的，从而更愿意依赖机器来完成各种任务。随着信任的增强，用户在与机器的交互中感到更加自然和舒适。

这种舒适度不仅鼓励用户更频繁地与机器互动，而且促进了用户对机器功能的探索和学习，从而提高了交互的效率和用户的满意度。拟人化的机器通过模仿人类的沟通方式，如肢体语言和面部表情，帮助用户更好地理解机器的意图和反馈，这不仅加深了用户的理解和信任，也为有效沟通奠定了基础。此外，拟人化还有助于减少用户对新技术的恐惧和抵触情绪。友好和亲切的机器界面使用户感到更加安心，从而更愿意接受和尝试新技术。这种积极的态度不仅提升了用户对特定品牌或技术的忠诚度，也促进了人机交互技术的创新和发展。有趣的是，学者们还研究了如何进一步提高人类对机器智能的喜爱度，发现多种拟人化行为对用户好感度产生了显著影响。例如，机器人握手行为（Avelino et al.，2018）、机器人的反向模仿行为（Mohammad and Nishida，2015）、语音与手势结合的行为（Wigdor et al.，2016）、具有真人声音（Kühne et al.，2020；杜严勇，2022）等都会对人类的喜爱度产生影响。

（2）拟人化的消极影响——恐怖谷效应。1970 年，机器人专家森政弘首次提出了“恐怖谷效应”这一概念，它在机器人领域引起了广泛关注，并对该领域的发展产生了深远的影响。**恐怖谷效应**详细阐述了人类在面对类似人类的物体，尤其是机器人时所经历的情感波动，如图 3-4 所示。这一理论认为，当机器人的拟人度逐渐从机械化向类人化增加时，人们最初会对机器人产生越来越多的好感。然而，当机器人或虚拟人物的逼真度达到一定程度，接近但又不完全等同于人类时，人们对它们的好感会突然间跌至谷底，甚至感到不安、恐惧或厌恶。这种强烈的负面情感反应就是所谓的“恐怖谷”。当机器人和人类的相似度继续上升，达到与真实人类相近的水平时，人类对他们的情感反应会再度回到正面，产生人类与人类之间的移情作用。

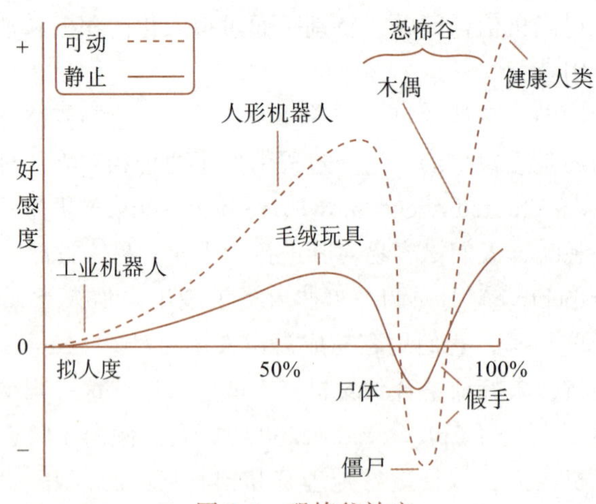

图 3-4　恐怖谷效应

恐怖谷效应的存在意味着当机器人逼真但未达到完全人类化时，用户的信任感会急剧下降，导致用户对机器人的反感和排斥，从而阻碍人机之间的有效互动。相较于更加机械化的机器人，接近人类但又未完全逼真的机器人容易引发这种强烈的情绪反应。同时，随着机器人设计得越来越拟人化，用户可能在道德和伦理层面产生困惑。例如，当机器人表现出接近人类的特征时，用户可能会不确定应该如何对待它们，这进一步加剧了心理不适感。在心理层面，恐怖谷效应可能导致用户在使用机器人时产生焦虑和不安，这种心理不适感不仅削弱了用户体验，还降低了他们与机器人进行互动的意愿。最终，这可能限制机器人技术的广泛应用和推广。为了应对这些消极影响，许多公司采取了调整策略。例如，特斯拉在推出人形机器人时，刻意避免了设计具有真实人脸的外观。这种设计避免了触发人类面部处理系统对不完美“人脸”的负面反应，从而有效规避了恐怖谷效应。

4. 组织中的人机协同

（1）人与人工智能的各自优势。机器与人类在各自的领域内都有其独特的优势。机器擅长执行重复性和可预测性的任务，能够处理依赖于计算能力的工作，对大量数据进行分类、输入，并依据既定规则做出决策。人类则能够设计与改进问题、体验真实的情境、建立关系、跨领域聚焦问题并做出解释、策略性使用有限资源以及根据抽象价值做出有效决策。乔布斯将人的核心能力界定为智慧和灵感，将机器智能的能力界定为运算处理能力（Isaacson，2011），这种区分已被众多学者采纳。

然而，随着人工智能的迅猛发展，这种能力划分的界限正变得模糊。在某些领域，机器智能已经展现出极高的精确度，例如在教育领域中，人工智能能够精准预测学生的学习路径。在创造性任务中，例如围棋比赛，机器不仅能在完全信息下进行博弈，还能够持续推理出新的策略。这种发展趋势表明，人类的角色和分工可能会变得更加专业化和集中（陈凯泉 等，2022）。正如Guszcza等（2017）指出，在需要直觉的决策情境中，人类表现得更为出色。这种人类和人工智能在决策情境中的互补性，特别是在面对不确定性、复杂性和模棱两可性决策情境时尤为明显，如图3-5所示。因此人工智能的兴起需要一种新的人机共生模式，即人机协同。这种共生关系预示着机器和人类之间工作分工的转变。人类普遍的愿景是，机器处理那些平凡且重复的任务，人类则专注于更具创造性和战略性的工作。人工智能通过其卓越的分析能力帮助人类克服复杂性，人类决策者则利用其直觉来应对不确定性，尤其是决策模糊性方面。只有通过二者的紧密协作，才能实现效益的最大化。

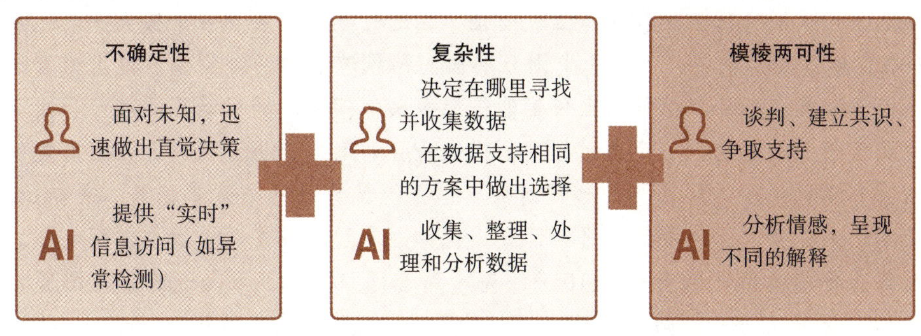

图3-5 人类和人工智能在决策情境下的互补性

资料来源：Jarrahi，Artificial Intelligence and the Future of Work: Human-AI Symbiosis in Organizational Decision Making，2018。

（2）组织中的实践。随着人工智能技术的不断进步，众多组织的管理者已经开始利用这一工具为员工提供更加精确的个性化目标设定、培训和绩效反馈。在零工经济和平台工作中，算法被广泛用于任务分配，如外卖骑手、快递员和网约车司机派单等。这些算法综合考虑员工的实时位置、任务细节、天气状况和交通流量，自动分配任务并规划出最优的工作路线，从而显著提升了员工的工作效率。此外，越来越多的企业开始运用人工智能技术进行工作场所的监控。据美媒 CNBC 2024 年 2 月 9 日报道，包括沃尔玛、达美航空、T-Mobile、星巴克等美国企业，以及雀巢等在内的多家欧洲企业已经开始借助人工智能技术来监控员工之间的工作信息。据悉，这些工具可被用来监控 Slack、Microsoft Teams、Zoom 等海外流行 app 中的聊天内容。此外德勤和麦肯锡等知名咨询公司也已经开发出智能工具，这些工具能够监控和感知组织外部环境的变化，实现战略的半自动化制定。同时，一些公司使用人工智能技术监控员工在工作场所的行为，评估员工的工作状态并进行绩效评分。如亚马逊利用人工智能技术监控仓库员工的工作效率和行为，谷歌公司通过人工智能工具监控员工的电子邮件、日历和文件使用情况，评估工作效率和团队协作，而苹果公司则利用人工智能技术监控员工的计算机使用和网络活动，确保员工遵守公司的安全策略和保护知识产权。这些措施在一定程度上能帮助员工及时调整行为，减少与工作绩效无关的活动（董毓格 等，2022）。同时还能监控员工状况，使突发情况能够得到及时解决。

尽管如此，有关人工智能监控的争议一直未得到平息，员工大多认为自己的隐私受到侵犯，且人工智能的误判问题尚未得到解决，这导致员工对于人工智能监控更加抵触。此外，当员工意识到他们接收到的反馈和监控是由人工智能技术提供的时，他们的学习积极性和改进绩效的意愿可能会降低，这被称为“人工智能披露效应”。这一发现提示管理者和组织在使用人工智能技术时需要考虑员工的心理反应，确保技术的应用能够激发员工的潜力，而不是抑制他们的积极性。

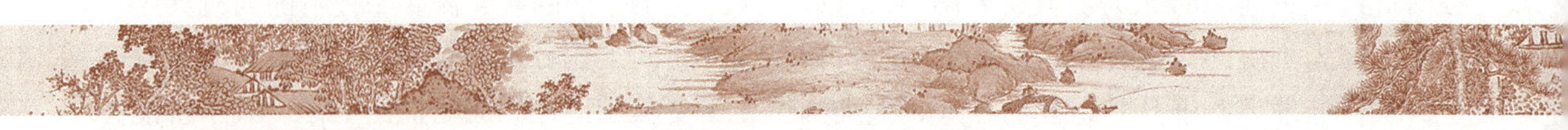

聚焦实践 3-5

亚马逊的人工智能监控

亚马逊为了提高送货效率和保障驾驶安全，在送货车内安装了 4 个摄像头。这 4 个摄像头中，1 个直接对准驾驶员，另外 3 个则分别面向挡风玻璃和两个侧窗。这意味着除了汽车尾部，不论驾驶员在车身周围什么方位都能被摄像头捕捉到，同时是否闯红灯、跟车距离等驾驶行为及状态也会被拍下。行车过程中，摄像头会始终处于打开状态，并实时监督驾驶员的肢体语言、车辆速度，当检测到违规行为时，系统就会使用“语音警报”来告知驾驶员，并记录在案。系统会依据这些行为进行评分，比如跟车过近等多数情况会被记 1 分，而闯红灯等违反停止标志的情况则会被记 10 分。基于这套评分系统，亚马逊的签约配送公司每周都会收到驾驶员的记分卡，最好表现是“惊艳”，最差则会是“糟糕”。配送公司的老板也会参考这一评分决定驾驶员的薪酬，如果安全分数被评为“糟糕”，驾驶员还有可能失去续聘资格。

事实上，这已经不是亚马逊第一次利用人工智能进行监控了。2019 年，亚马逊被曝在内部构建了一套人工智能系统来追踪每一名物流仓储部门员工的工作效率并统计每一名员工的“摸鱼时间”（因为休息时间外喝水、上厕所等而太长时间没有接触包裹）。一旦系统判定

“摸鱼时间”太长，就会在线生成解雇指令，直接绕过主管开除员工。据悉，2019 年时已有近 900 名员工因为被这套人工智能系统判定“工作效率低”而被解雇。这一“压力”下，有调查显示，74% 的亚马逊仓库员工根本不敢正常去上厕所，因为怕耽搁时间。此外，亚马逊还在利用人工智能算法管理平台上的数百万第三方商家，并由此引发了一些来自卖家的投诉，因为他们被系统错误地指控销售假货和抬高价格，从而被赶出了平台。

资料来源：《AI 监控员工：亚马逊司机也困在算法里》，镁客网，2021 年 8 月 4 日。

（3）生成式人工智能。目前在组织中，人工智能的应用主要集中在两个领域：数字员工（digital labor）和生成式人工智能（generative AI），如 ChatGPT、Midjourney、文心一言等。本节将重点介绍 ChatGPT 的相关应用，数字员工的讨论将安排在下一节进行。

生成式人工智能是一种先进技术，它利用深度学习模型和大型语言模型来完成创建新颖内容的任务。生成式人工智能不仅能够生成新颖的对话、故事、图像、视频和音乐，还能通过学习人类语言、编程语言以及各种复杂学科（如艺术、化学、生物学等）来解决新问题。德勤预测，到 2032 年，生成式人工智能的市场规模有望达到 2 000 亿美元，占人工智能总支出的大约 20%，高于目前的 5%。

生成式人工智能的使用已经非常频繁，其中以 ChatGPT 最为著名。据统计，自 ChatGPT 2022 年 11 月发布以来，其访问量已超过 10 亿次。作为一种大语言模型，ChatGPT 的使用范围极其广泛，体现在文本应用、编码应用、教育应用、营销与搜索引擎优化（search engine optimization，SEO）应用以及客户服务应用五个方面。众多企业也引入 ChatGPT，包括微软利用大语言模型改进必应搜索，提供更自然的搜索体验；GitHub Copilot 等工具利用人工智能提供代码自动补全和编程建议；Duolingo 通过人工智能提供个性化语言学习体验；可口可乐利用 ChatGPT 和 Dall-E 创建个性化广告内容；Snapchat 集成“My AI”聊天机器人，提供个性化服务；Slack 集成 ChatGPT 插件，帮助管理项目和工作流程；Octopus Energy 使用 ChatGPT 处理客户咨询，提高服务效率；CheggMate 通过人工智能提供快速准确的学术支持；Freshworks 利用 ChatGPT 生成代码，加快开发流程，等等。

以上企业案例表明生成式人工智能的出现为企业带来了极大的便利，然而它对组织进行工作设计也造成了一系列困扰。首先，生成式人工智能可能会自动化许多任务，导致某些工作岗位的需求减少。员工不仅担心自己会被人工智能取代，还担心自己被使用人工智能的人取代，因此员工必须不断学习新技术，这会导致员工的压力增加，影响员工的职业发展和工作满意度。其次，生成式人工智能这种新技术的引入会造成组织内年老员工的不适应与抵触，他们可能会联合排斥使用新技术的员工或拒绝使用新技术，这可能会造成组织内合作氛围的破坏以及工作效率的降低。再次，过度依赖人工智能可能会削弱员工之间的交流合作以及创新，员工可能更倾向于接受人工智能的建议而不是自己思考或与同事交流，这会导致他们错失提升专业技能的机会以及限制其创造力。最后，还有可能出现绩效归属的争议，最终的绩效归属于员工还是归属于人工智能是上级难以平衡的问题，如果处理不当，会引起员工的不公平感，最终影响组织整体绩效。这就要求组织在引入 ChatGPT 等人工智能工具时，需要制定明确的人工智能使用规范，确保在提升工作效率的同时维护员工的积极性和专业成长。通过合理的管理策略，组织可以最大限度地发挥人工智能的正面作用，同时规避潜在的风险。

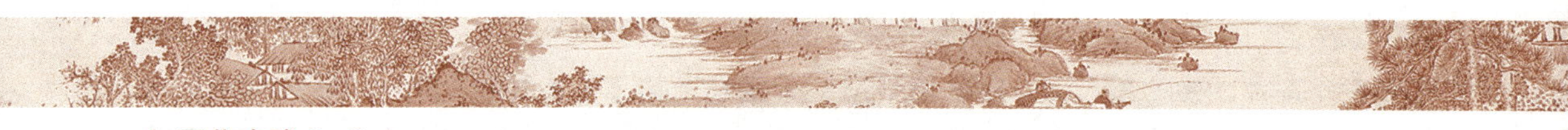

聚焦实践 3-6

IBM 的裁员计划

2023 年，科技巨头公司 IBM 做出了一项重大决策，宣布裁员 7 500 人，并永久取消这些工作岗位，暂停招聘可由人工智能胜任的职位。后来，IBM 要求其员工在新一轮全球裁员中自动离职，其中很大一部分裁员发生在人力资源（HR）等部门。大部分（80%）预期裁员将针对企业运营与支持（EO and S）、财务运营，其中包括 CIO（信息主管）、采购、营销和传播以及人力资源。IBM 的 CEO 明确指出，人工智能将在很大程度上影响后台岗位，尤其是人力资源等领域。在 IBM 内部，涉及人力资源岗位的员工大约有 26 000 名，而 CEO 预测，未来 5 年内，这些岗位中的 30% 将被人工智能技术所替代。在国内，人工智能技术的崛起也给职场带来了不小的冲击。由于人工智能生成图像技术的出现，一些原本收入颇丰的原画师已经长时间接不到订单。甚至有的原画师直接被公司解雇，而公司转而雇用了专门操作人工智能的人员。

资料来源：公众号“自动化大师”，《IBM 计划裁员 80%，原因竟然是 AI？》，2024 年 3 月 12 日。

（4）数字员工。数字员工的起源最早可以追溯到 2007 年出现的数字人，当时以语音合成技术为核心，诞生了基于音源库的虚拟偶像“初音未来”。随后在 2016 年，随着人工智能虚拟主播“绊爱”的出现，数字人开始引起新一轮的关注热潮。尽管当时的技术尚未完全成熟，数字人多以二次元形象示人，但这一趋势预示着数字人未来的发展潜力。到了 2021 年，随着元宇宙概念的兴起，数字人热潮很快进入了企业领域，成为企业创新与发展的新动力。先后有多家企业着手打造并推出自己的数字人 IP，这些数字人主要应用于新型代言人、办公助手等场景。一些数字人还在商业活动中扮演了积极的角色，甚至有的在推出之后被大厂相中，成为“体验官”。例如，快手推出数字人 IP“关小芳”，不仅增加了快手的品牌属性，还为快手提供了功能性支持：成为主播带货时的助手，提升了“涨粉”与带货效率。美国的虚拟数字人 Lil Miquela 在一年之内得到了将近 12 万美元的收入，PRADA、Calvin Klein 等国际化品牌先后邀请“她”作为品牌代言人。此外还有一秒浏览百份商业计划书的红杉中国分析师“Hóng”、单个短视频“涨粉”超百万的抖音美妆达人“柳夜熙”，催办预付应收逾期单据核销率高达 91.4% 的万科年度优秀新人“崔筱盼”，成功打破传统文化与现代科技次壁的中国日报“元曦”，等等。

这类应用于企业场景的数字人被赋予了一个新的概念——“数字员工”，它们代表了劳动力的数字化新形态。数字员工是利用“AI+RPA+ 数据 + 机器人”等多重技术深入融合应用所创造的高度拟人化的新型工作人员，它们不仅能够执行重复性高、标准化强的任务，还能在一定程度上模拟人类的情感和行为，为企业带来更加人性化的服务体验。据相关报告预测，到 2045 年，约有 45% 的重复性工作将得到数字员工的辅助与加强，这将进一步推动企业运营的自动化和智能化，为数字经济的发展注入新的活力。

相较于传统劳动力，数字员工具有多重优势。首先，数字员工能够实现全天候无间断地工作且不受生理和情绪的限制，这种连续的运作能力极大地提升了企业的工作效率。其次，数字员工在成本控制方面展现出巨大潜力。根据麦肯锡的研究，企业若能系统性地推进数字化劳动力的整合，并将其作为新型用工模式，预计在 1 ～ 3 年的时间内，可以将中后台的生产力显著提升高达 50%，同时将员工流失率降低 30%，并在人工成本上实现 10% ～ 20% 的节约。这种成本效益不仅解放了大量人力资源，也大幅度降低了企业的运营成本。再次，数字员工在优化客户体验方面发挥着关键作用。他们能够严格遵循既定的业务流程，从而最小化操作错误，确保业务处理的准确性和安全性。最后，数字员工还能够显著提高服务的响应速度和专业化水平，这对于提升客户满意度和忠诚度具有重要意义。

尽管数字员工为企业带来了诸多优势，但是他们对工作设计的负面影响仍不可忽视。首先，在技术适应和培训方面，数字员工的高效运作依赖于先进的技术和软件平台。这意味着传统员工需要持续学习并不断适应新的工作工具和环境。管理者必须投入额外的时间和资源，提供全面的技术培训和支持，确保员工能够熟练掌握并有效运用这些新工具，以保证工作的顺畅进行。其次，在协同工作方面，数字员工的引入导致工作性质和技能需求发生改变。这要求企业重新思考和设计工作流程，重新评估和设计工作角色，对任务进行重新分配，并设计有效的人机协作模式与监管机制，以确保员工与数字员工能够高效协作，共同完成工作任务。再次，在信息安全和隐私保护方面，数字员工处理大量敏感数据，这使得他们成为潜在的安全风险点。因此，确保他们的工作环境和数据系统的安全性和保密性是管理者面临的重要挑战，管理者必须采取强有力的措施来防止数据泄露和滥用。最后，在员工管理和激励机制方面，数字员工的工作模式可能使传统员工感到压力与抵触。为了营造积极的工作氛围，管理者需要制定合适的激励策略，以激发所有员工的工作热情和创造力，提升员工满意度和整体的工作效率。

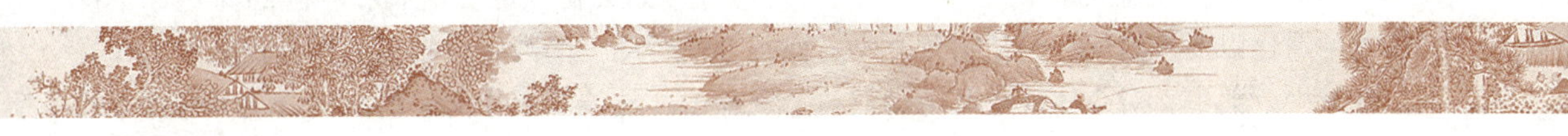

聚焦实践 3-7

万达集团的数字员工

2023 年 5 月，万达集团推出了自己的数字员工“小乔”。“小乔”与之前数字人最大的不同之处在于，“小乔”的内核依赖于与 ChatGPT 类似的人工智能大语言模型技术。在这一技术的加持下，数字人长久以来的问题——核的不稳定性得到了解决。以往数字员工的内核由真人驱动，不可避免地存在着人的不稳定性，这打破了数字人“永不塌房”的幻想。而通过人工智能技术，“小乔”减少了对中之人和运营团队的依赖，实现了更少的人力成本与更高效的资源配置。

万达集团的这一创新，将理论构想转化为现实。ChatGPT 出现之后，很多人开始想象并尝试这是否可以成为数字人的“魂”。知名咨询师刘润已经开始使用自己的数字人“分身”来出镜录制短视频，但背后的内容依然有赖于团队的协作。而万达集团的数字人“小乔”不仅在内容上实现了自动生成，还实现了对提问的实时回复。“分身”是万达集团数字人打出的核心标签。以往我们对于数字化分身的理解更多在于在元宇宙中创建一个自己的数字化身，而万达集团推出的数字人则是对主播思侨进行了多重分身：有负责新闻播报的“小乔”，也有负责丹寨万达小镇、延安红街景区导游的“小丹”和“小延”。这样处理的好处是，通过一个数字人形象，完成多场景的横向扩散，一方面降低了数字人背后的生产成本，另一方面大众会减少很多对数字人的认知门槛与成本，可以很顺滑地完成场景间的切换。

资料来源：公众号“虎嗅”，《企业数字人，到底怎么用？》，2023 年 6 月 9 日。

（5）人机协同对工作设计的影响。如果将组织比作一个人，那么泰勒的管理理论可以被看作关注如何高效地管理人的手脚，使其动作更加协调的理论；德鲁克的管理思想则关注如何管理人的头脑，即战略和决策层面的问题。而在我们所处的智能时代，组织面临的挑战是如何高效地管理知识型人才与智能机器的共存，实现管理思想的升级，从以人为主体转变为管理“人机”共同体的新模式。未来，随着数据科学、机器学习、深度学习、认知分析等机器智能技术的深度融合，人机协同模式将带来几大变革。

首先，团队的组合将自下而上地重构。新的团队可能包括实体机器人或数字形态的人工智能，它们的加入将迫使企业重新平衡工作自动化和人员能力提升的需求，引发生产力和生产关系的转型。组织结构可能从传统的正金字塔模式转变为倒金字塔模式，客户需求位于顶端，企业主位于底端，反映数据能力的积累和价值链的重构。其次，将出现新的协作中台。未来的智力输出由人脑和机器大脑共同构成，两者在能力和特点上各有千秋，因此在企业内部、行业之间乃至整个社会与产业间，将形成一种新的协作中台。这个中台是资源和数据积累的产物，将成为产业资源大循环的交换中心，为人机协作提供最佳的耦合方案。最后，人类与机器之间的协作和互相赋能将成为核心。人类开发、训练和管理人工智能应用，确保人工智能成为人类的得力助手；同时，机器也能赋能于人，帮助人类突破极限，例如处理和分析海量数据，扩展人类的能力边界。

然而，智能机器的普及也带来了一系列挑战，如失业问题、监管和剥削的深化、个体功能的退化以及人机信任的缺失等。一方面，企业劳动力的数字化转型可能导致某些工作岗位的减少或消失，对个体就业和劳动权益造成冲击，技能和工作岗位的两极分化可能加大收入差距。另一方面，数字化的监控手段逐渐取代了传统的人工监督，大数据和智能监控成为对工人绩效的监控工具，强化了对个体的监管和剥削。此外，智能机器的普及还可能导致员工技能退化、人机信任缺失、人机协作失调，以及工作和生活边界的模糊化（何江 等，2021）。

聚焦实践 3-8

AI 助理 Dot 怎么做人机交互

由 OpenAI Fund 投资 340 万美元的旧金山科技初创公司 New Computer 发布了一款名为 Dot 的智能 app。Dot 是一款 AI 助理应用，能够学习与理解用户行为，建立起长期记忆储存，帮助用户管理内容、进行思想合作、解决问题等，以打造个性化的人工智能信息向导体验。Dot 的创始人 Samantha Whitmore 与 Jason Yuan 计划将技术融入更多硬件设备当中，实现人工智能与人体多种感官系统的结合。

Dot 的主要功能包括：一是“长期记忆”，Dot 会储存和管理用户提供的多种内容，包括图像、pdf 文稿、链接与语音等，并通过其动态文件系统（dynamic file system）自动管理文件，形成关于用户的记忆列表；二是具有情境意识（context awareness），Dot 会根据记忆样本的截止日期来提醒用户事件的优先级；三是具备动态 UI 功能，Dot 会根据用户需求生成交互列表，例如当用户需要测验时，Dot 会扮演考官角色生成考卷；四是个性化沟通，Dot 会学习用户的使用习惯，按照用户的兴趣与沟通方式进行个性化交流；五是具备主动作为（proactive agency）功能，当用户近期需要某项内容时，Dot 将自发推荐相关场所，如用户想要学习唱歌，Dot 会推荐用户前往音乐俱乐部；六是自动化工作（automations and routines），Dot 会定时执行特定任务，例如自动编写和存储文档，以预测用户未来的需求；七是连点成线（connecting the dots），Dot 能够自动将对用户重要的事情勾连起来，即便是用户长期未想起的事情，也能通过不同记忆片段的关联，在需要时展示给用户。

Dot 的目标是成为用户的“长期伴侣”，而不仅仅是一个工具，通过深入了解用户，建立值得信任的关系。这种设计理念使 Dot 更有“人味”，例如用户提供画作时，Dot 会与之前的画作进行比较并给予反馈。这种个性化的互动方式增强了用户与 Dot 的联系，使其不仅成为一个高效的工具，更成为用户生活中的一部分。此外，New Computer 承诺将严格保护用户的信息安全，利用 OpenAI 与 Anthropic 的云托管模型进行信息保护，并计划实现计算本地化，减少外部依赖，以维护与用户间的信任与尊重。

Dot 的创始人认为，未来人工智能将有更多可能性，例如无须显性姿势输入即可进行学习和信息输出。随着新硬件（包括 VR 等头戴式设备、可穿戴硬件和投影等硬件）的不断升级，人工智能的应用将变得更加丰富多元。未来可能出现一种混合现实体验，将深度融入人工智能的语音与手势动作扩展，来满足用户的多种情境使用，拓展多模态人工智能的应用场景。

资料来源：公众号“共同虚拟”，《Open AI 投资、前苹果设计师创立，AI 助理 Dot 怎么做人机交互？》，2023 年 11 月 13 日。

本章小结

在数字化时代，工作设计呈现出明显的动态性与灵活性。传统的僵化工作模式逐渐被打破，取而代之的是更加开放、灵活和创新导向的设计理念。数字化技术的引入，使得远程协作、自动化流程和智能化决策成为工作设计中的重要组成部分。员工在工作中拥有更多的自主权和灵活性，个人创造力与组织目标得以更好地结合。本章主要探讨了数字化转型对工作设计的深远影响，强调了个性化和协作的重要性。数据驱动的管理方式不仅提升了工作效率，也为员工创造了更多的创新空间。随着技术的不断进步，工作设计将更加重视灵活性和适应性，帮助组织更好地应对快速变化的市场环境。

展望未来，数字化时代的工作设计将持续演变，以更好地适应新兴技术和市场需求的变化。组织必须不断优化工作设计，激发员工的创造力，提升组织的竞争力和可持续发展能力。

关键术语

传统工作设计　基于平台组织的工作设计　数字化工作设计

员工参与　自下而上　工作在线化　远程办公　人机协同

复习思考题

1. 在数字化时代，传统的工作设计模式面临哪些挑战？请列举至少两个挑战，并讨论它们如何影响员工的工作效率和创新能力。
2. 数字化工作设计强调灵活性和自主性。这些理念是如何改变员工的工作方式和组织文化的？请提供一个实际案例来说明这些理念的应用。
3. 远程办公成为数字化时代的常态。请从员工参与和团队协作的角度，讨论远程办公对组织结构和工作设计的影响，并提供一个实际的例子来说明这一点。
4. 数字化工作设计如何促进组织的创新能力？请结合实际案例，分析技术工具的应用如何帮助组织实现更高水平的创新。

参考文献

[1] 曾大军，张柱，梁嘉琦，等．机器行为与人机协同决策理论和方法 [J]. 管理科学，2021（6）：55-59.
[2] 陈进，张国民．工作系统模式设计：对传统工作分析的创新 [J]. 中国人力资源开发，2010（10）：45-48.
[3] 陈凯泉，韩小利，郑湛飞，等．人机协同视阈下智能教育的场景建构及应用模式分析：国内外近十年人机协同教育研究综述 [J]. 远程教育杂志，2022（2）：3-14.
[4] 陈赞安，李宁宇，尹以晴，等．从算法到参与构建计算模型：人机协同视域下计算思维的内涵演进与能力结构 [J]. 远程教育杂志，2021（4）：34-41.
[5] 程洪，黄瑞，邱静，等．人机智能技术及系统研究进展综述 [J]. 智能系统学报，2020，15（2）：386-398.
[6] 董毓格，龙立荣，程芷汀．数智时代的绩效管理：现实和未来 [J]. 清华管理评论，2022（5）：93-100.
[7] 杜严勇．厌恶算法还是欣赏算法？——人工智能时代的算法认知差异与算法信任建构 [J]. 哲学分析，2022，13（3）：151-165，199.
[8] 何江，闫淑敏，关娇．四叶草组织：一种新型混合劳动力组织形态 [J]. 外国经济与管理，2021，43（2）：103-122.
[9] 胡国栋，王晓杰．平台型企业的演化逻辑及自组织机制：基于海尔集团的案例研究 [J]. 中国软科学，2019（3）：143-152.
[10] 姜薇薇，于桂兰，孙乃纪．新生代员工管理对策研究 [J]. 兰州学刊，2014（1）：130-136.
[11] 李琰，葛新权．服务型领导对新生代员工工作激情的影响研究 [J]. 管理评论，2020，32（11）：220-232.
[12] 刘步青．人机协同系统的哲学研究 [M]. 北京：光明日报出版社，2019.
[13] 路甬祥，陈鹰．人机一体化系统与技术：21 世纪机械科学的重要发展方向 [J]. 机械工程学报，1994（5）：1-7.
[14] 穆胜．平台型组织 [M]. 北京：机械工业出版社，2020.

[15] 朋震，殷嘉琦．工作重塑研究：二十年回顾与展望 [J]. 管理现代化，2021，41（2）：111-116.

[16] 钱学森，于景元，戴汝为．一个科学新领域：开放的复杂巨系统及其方法论 [J]. 自然杂志，1990（1）：3-10，64.

[17] 孙效华，张义文，秦觉晓，等．人机智能协同研究综述 [J]. 包装工程，2020，41（18）：1-11.

[18] 谢小云，何家慧，左玉涵，等．组织在线化：数据驱动的组织管理新机遇与新挑战 [J]. 清华管理评论，2022（5）：71-80.

[19] 张春雨，韦嘉，陈谢平，等．工作设计的新视角：员工的工作重塑 [J]. 心理科学进展，2012（8）：1305-1313.

[20] AGGARWAL P, MCGILL A L. Is that car smiling at me? schema congruity as a basis for evaluating anthropomorphized products[J]. Journal of consumer research, 2007, 34(4): 468-479.

[21] AVELINO J, PAULINO T, CARDOSO C, et al. Towards natural handshakes for social robots: human-aware hand grasps using tactile sensors[J]. Paladyn, journal of behavioral robotics, 2018, 9(1): 221-234.

[22] BAKKER A B, DEMEROUTI E. The job demands-resources model: state of the art[J]. Journal of managerial psychology, 2007, 22(3): 309-328.

[23] BELLÉ N. Experimental evidence on the relationship between public service motivation and job performance[J]. Public administration review, 2013, 73(1): 143-153.

[24] DZINDOLET M T, PETERSON S A, POMRANKY R A, et al. The role of trust in automation reliance[J]. International journal of human-computer studies, 2003, 58(6): 697-718.

[25] EPLEY N, WAYTZ A, CACIOPPO J T. On seeing human: a three-factor theory of anthropomorphism[J]. Psychological review, 2007, 114(4): 864-886.

[26] GRANT A M. Relational job design and the motivation to make a prosocial difference [J]. Academy of management review, 2007, 32(2): 393-417.

[27] GRANT A M, CAMPBELL E M, CHEN G, et al. Impact and the art of motivation maintenance: the effects of contact with beneficiaries on persistence behavior[J]. Organizational behavior and human decision processes, 2007, 103(1): 53-67.

[28] GRANT A M, PARKER S K. Redesigning work design theories: the rise of relational and proactive perspectives[J]. The academy of management annals, 2009, 3(1): 317-375.

[29] GRUDIN J. From tool to partner: the evolution of human-computer interaction[C]// Extended Abstracts of the 2018 CHI Conference on Human Factors in Computing Systems. New York: ACM, 2018.

[30] GUSZCZA J, LEWIS H, EVANS-GREENWOOD P. Cognitive collaboration: why humans and computers think better together[J]. Deloitte Review, 2017, 20: 8-29.

[31] HANCOCK P A, BILLINGS D R, SCHAEFER K E. Can you trust your robot?[J]. Ergonomics in design: the magazine of human factors applications, 2011, 19(3): 24-29.

[32] HACKMAN J R, OLDHAM G R. Motivation through the design of work: test of a theory[J]. Organizational behavior and human performance, 1976, 16(2): 250-279.

[33] HAKANEN J J, PERHONIEMI R, TOPPINEN-TANNER S. Positive gain spirals at work: from job resources to work engagement, personal initiative and work-unit innovativeness[J]. Journal of vocational behavior, 2008, 73(1): 78-91.

[34] HORNUNG S, ROUSSEAU D M, GLASER J, et al. Beyond top-down and bottom-up work redesign: customizing job content through idiosyncratic deals[J]. Journal of organizational behavior, 2010, 31(2-3): 187-215.

[35] HUMPHREY S E, NAHRGANG J D, MORGESON F P. Integrating motivational, social, and contextual work design features: a meta-analytic summary and theoretical extension of the work design literature.[J]. Journal of applied psychology, 2007, 92(5): 1332-1356.

[36] ISAACSON W. The real leadership lessons of Steve Jobs[J]. Harvard business review, 2012, 90(4): 92-100, 102, 146.

[37] JARRAHI M H. Artificial intelligence and the future of work: human-AI symbiosis in organizational decision making[J]. Business horizons, 2018, 61(4): 577-586.

[38] KARASEK R A. Job demands, job decision latitude, and mental strain: implications for job redesign[J]. Administrative science quarterly, 1979, 24: 285-308.

[39] KLONEK F, PARKER S K. Designing SMART teamwork: how work design can boost performance in virtual teams[J]. Organizational dynamics, 2021, 50(1): 100841.

[40] KÜHNE K, FISCHER M H, ZHOU Y F. The human takes it all: humanlike synthesized voices are perceived as less eerie and more likable. evidence from a subjective ratings study[J]. Frontiers in neurorobotics, 2020, 14: 593732.

[41] LEE J D, SEE K A. Trust in automation: designing for appropriate reliance[J]. Human factors, 2004, 46(1): 50-80.

[42] LYONS J B, STOKES C K. Human–human reliance in the context of automation[J]. Human factors, 2012, 54(1): 112-121.

[43] MARTINS L L, GILSON L L, MAYNARD M T. Virtual teams: what do we know and where do we go from here?[J]. Journal of management, 2004, 30(6): 805-835.

[44] MAZMANIAN M, ORLIKOWSKI W J, YATES J. The autonomy paradox: the implications of mobile email devices for knowledge professionals[J]. Organization science, 2013, 24(5): 1337-1357.

[45] MORGESON F P, CAMPION M A. Work design [M]//BORMAN W C, ILGEN D R, KLIMOSKI R, et al. Handbook of psychology: industrial and organizational psychology. Hoboken: Wiley, 2003.

[46] MOHAMMAD Y, NISHIDA T. Why should we imitate robots? effect of back imitation on judgment of imitative skill[J]. International journal of social robotics, 2015, 7: 497-512.

[47] MORGESON F P, HUMPHREY S E. The work design questionnaire (WDQ): developing and validating a comprehensive measure for assessing job design and the nature of work.[J]. Journal of applied psychology, 2006, 91(6): 1321-1339.

[48] NICKERSON J V, REILLY R R. A model for investigating the effects of machine autonomy on human behavior[C]//37th Annual Hawaii International Conference on System Sciences. New York: IEEE, 2004.

[49] PARASURAMAN R, RILEY V. Humans and automation: use, misuse, disuse, abuse [J]. Human factors, 1997, 39(2): 230-253.

[50] PARKER S K. Beyond motivation: job and work design for development, health, ambidexterity, and more[J]. Annual review of psychology, 2014, 65(1): 661-691.

[51] PARKER S K, WALL T D, CORDERY J L. Future work design research and practice: towards an elaborated model of work design[J]. Journal of occupational and organizational psychology, 2001, 74(4): 413-440.

[52] REPENNING N P, KIEFFER D, REPENNING J. A new approach to designing work[J]. MIT Sloan management review, 2017, 59(2): 29-38.

[53] SANDERS T, KAPLAN A, KOCH R, et al. The relationship between trust and use choice in human-robot interaction[J]. Human factors, 2019, 61(4): 614-626.

[54] SIMON H A. The shape of automation for men and management[M]. New York: Harper & Row, 1965.

[55] VAN PINXTEREN M M E, WETZELS R W H, RÜGER J, et al. Trust in humanoid robots: implications for services marketing[J]. Journal of services marketing, 2019, 33(4): 507-518.

[56] WAYTZ A, HEAFNER J, EPLEY N. The mind in the machine: anthropomorphism increases trust in an autonomous vehicle[J]. Journal of experimental social psychology, 2014, 52: 113-117.

[57] WIGDOR N, DE GREEFF J, LOOIJE R, et al. How to improve human-robot interaction with conversational fillers[C]//2016 25th IEEE international symposium on robot and human interactive communication (RO-MAN). New York: IEEE, 2016.

[58] WRZESNIEWSKI A, DUTTON J E. Crafting a job: revisioning employees as active crafters of their work[J]. Academy of management review, 2001, 25(2): 179-201.

第 4 章
CHAPTER 4

数字化时代的劳动关系

随着科技的快速进步和全球化浪潮的推进，当前社会正在经历一场前所未有的工业革命。自 18 世纪第一次工业革命起，人类社会已经走过了三次工业革命的历程，每一次都伴随着深刻的社会结构变动和经济的飞跃发展。特别是在第三次工业革命之后，劳动关系由标准化向非标准化转变，给传统的雇用模式和制度带来了新的挑战。在此背景下，新型劳动形态以需求为核心，呈现出劳动时间碎片化、劳动场所灵活化、劳动管理虚拟化等特征。随着人工智能时代的到来，就业形态必将继续朝灵活化方向发展。本章以四次工业革命为线索，将探讨劳动关系从标准劳动关系向非标准劳动关系的演变过程，分析过程中出现的各种现象、概念和理论。

§ 学习目标

➢ 学完本章，你应该做到：

1. 理解标准劳动关系的定义、特点与理论。
2. 理解非标准劳动关系的定义与特点。
3. 了解标准劳动关系向非标准劳动关系转变的驱动因素。
4. 了解零工的分类、零工经济的演变过程。
5. 了解算法在非标准劳动关系中产生的影响。

§ 引例

"城市摆渡人"难自渡：外卖骑手无边界的群像困境

平台经济下的灵活用工形式，以其简便的入职手续和结果导向的赚钱机制，吸引了越来越多的人选择成为灵活用工的一分子。全国职工队伍状况调查 2023 年 2 月的数据显示，在中国各城市中，大约有 8 400 万新就业形态的人员，他们穿梭在城市的各个角落，成了一道道亮丽的风景线。

以外卖骑手为例，在为劳动者创造就业机会的同时，也带来了不少问题。外卖平台用工形态包含了劳务派遣、业务外包、非全日制三种。前两种用工模式下形成了“专职骑手”这一群体。他们可能是通过劳务派遣公司被分配到需要配送服务的单位；或者是代理商负责某个区域的配送任务，代理商招聘“专职骑手”来完成这些任务。而第三种模式下涌现出了被称为“众包骑手”的外卖员类型。这类骑手可能包括暂时失业的人员、兼职工作的青年，或是在寻找稳定工作期间将送外卖作为临时工作的人员。数据显示，不低于四成的外卖骑手身兼数职，工装下的外卖员可能是公司白领、律师、摄影师，或是小微创业者、厨师、自媒体人等。三类用工方式都属于“灵活用工”的范畴，活跃在非标准劳动关系之下，遵循需求导向原则，强调临时性、灵活性。

在外卖配送服务的流程中，顾客成功下单后，算法系统会自动计算出配送费用和预计的送达时间，并将订单分配给接单的骑手。系统为骑手规划出最佳的配送路线。随着算法系统的不断优化和提升，外卖送达的时间大大缩短，短途配送可以在 29min 内完成，有时甚至可以缩短至 11min。配送完成之后，顾客对骑手提供的服务进行评价。后台的监控数据与客户评级一起转化为可视化指标，用来管理和评估骑手的工作表现，直接影响骑手的收入。近年来，“算法进化”使得送餐时间大幅压缩，使骑手送餐超时的概率增加。

无边界的评价管控、无边界的劳动时间、无边界的责任方认定，“三无”边界构成了外卖骑手的劳动困境。受制于投资方和市场竞争，平台采用复杂的绩效考核体系来管控骑手，包括订单数量、配送时长、用户评价等一系列指标。除此以外，平台的算法系统倾向于将更多订单分配给效率更高的骑手，而这些任务往往有更紧的时间限制，于是效率高的骑手反而会陷入“不断加速”的怪圈中。表面上灵活自由的零工工作方式，在严格的绩效考核体系和算法控制之下，出现灵活悖论现象。平台作为供需双方的中介，负责分配任务并进行监管。平台与骑手之间形成“居间服务”，建立起非标准劳动关系，不承担骑手工作期间出现意外的任何责任。“三无”困境下，外卖骑手体验着受控的自由，执行着有限的行动。

资料来源：中国管理案例共享中心案例库。

4.1　大工业时期的劳动关系

4.1.1　第一次工业革命时期发展

18 世纪 60 年代，随着第一次工业革命的兴起，机器生产逐步取代手工劳动。自此，现代意义上的工厂、工人等概念开始出现，这个时期的劳动形态具有以下特点：

- 工作时间长；
- 雇主提供全部的生产资料和生产工具，劳动者提供劳动力；
- 劳动者的可替代性高，工人之间的差异性较小，易于替换；
- 劳动报酬普遍偏低；
- 雇主承担所有经营风险并享有全部收益。

在该阶段，雇佣劳动的从属性极强。然而，值得注意的是，尽管工业革命催生了新的劳动形态，但是大规模的雇佣劳动现象尚未形成。

4.1.2 第二次工业革命时期发展

随着 19 世纪初电气化科技的革命性发展，资本主义的社会化特征得到显著加强。集团化、标准化的机器大生产模式使得工资劳动者数量急剧增加。雇佣劳动成为一种社会普遍现象。到了 20 世纪初期，各国颁布现代意义上的劳动法。在集团化、标准化、流水线、统一规格的大批量生产环境下，标准劳动关系开始在企业内部、雇主与雇员之间形成。劳动者提供自己的劳动力并受雇主的管理和指挥，从属于雇主；而雇主则对劳动者进行监督和资源配置。标准劳动关系模式至今仍在全球范围内得到广泛的采纳和应用。

4.1.3 标准劳动关系的定义与特点

标准劳动关系，在西方国家也称为劳资关系、劳工关系，主要是指劳动者与所在单位之间在劳动过程中建立的互动关系，包括劳动者与用人单位在工作安排、休息时间、劳动报酬、劳动安全、劳动卫生、劳动纪律及奖惩、劳动保护、职业培训等方面的关系。

虽然劳动关系建立于平等的基础之上，但本质上带有从属性质，一经建立，劳动者便将其劳动力置于用人单位的控制之下。用人单位和劳动者之间必须建立一种以指挥和服从为特征的管理关系，从属性正是劳动关系的独有特征。从属性主要表现在两个方面：人格从属性和经济从属性。人格从属性是指除法律、团体协约、经营协定、劳动契约另有规定外，在雇主指挥命令下，由雇主单方决定劳动场所、时间、种类等。经济从属性是指雇员并非为自己的经营劳动，而是为他人之目的劳动，雇员既不能用自己的生产工具从事生产劳动，也不能用指挥性、计划性或创造性方法对自己所从事的工作加以影响。从属性的外在体现是雇员对雇主构建的生产组织的依赖（董保华，2008）。整体来看，劳动关系具备三个特征：从内容来看，劳动关系以劳动作为给付标准，不同于以劳动成果作为给付内容的其他关系；从当事人地位来看，劳动关系强调当事人双方的从属关系；从主体身份来看，劳动关系是雇员和雇主之间的关系，法律对雇员和雇主的范围有所限制。劳动关系强调运行机制等制度层面的问题，雇员与雇主需要签订正式合同来确立这种二元关系（崔勋 等，2012）。

标准劳动关系主要呈现出以下特点：控制性、稳定性、专用性、实质性。

1. 控制性

标准劳动关系下，组织对员工有着直接、全面且强有力的控制。雇员处于从属地位，依附于雇主及其建立的组织。因此，传统劳动关系离不开组织设计和日常管理。雇员必须融入组织，并得到上级的管理、监督和指导。无论是传统科层制组织，还是新兴的无边界组织、平台型组织、生态型组织，虽然组织结构和工作方式有所改变，但是必要的工作流程和上下级之间的关系仍然存在，雇员受到组织的强有力管控（蔡宁伟 等，2021）。

2. 稳定性

在标准劳动关系的认定过程中，劳动合同的签订、履行、解除以及赔偿等都受到对应的基准劳动法的保护。这些基准劳动法不仅保护了劳动者的合法权益，缓和了劳资双方的紧张对立，而且有利于创建和谐稳定的劳动关系。劳动的稳定性与连续性是劳动关系认定的前提。偶然的、短期的劳动均不适合认定为劳动关系。在标准劳动关系模式下，雇员工作收入一般为长期计酬，比如月薪、季薪甚至年薪等。将劳动力作为报酬给付标准也充分体现了劳动关系的长期性、规范性和稳定性特征（蔡宁伟 等，2021）。

3. 专用性

在传统的雇用模式框架内，工作岗位的定义和职责的划分往往非常具体和明确，每个岗位都有其独特的功能和要求。岗位间的差异性较大，需要雇员具备相应的专业背景、知识和技能。因此，一般情况下，组织会在员工入职前提供专门的培训课程，对岗位职责、任职要求、工作流程以及组织文化等方面进行详细说明。另外，传统雇用模式强调员工与岗位之间的一对一匹配，即每个员工被安排在最能发挥其专长和技能的位置上，人力资源分配展现出高度专用性。

4. 实质性

标准劳动关系管理具有实质性，一方面强调雇主与雇员之间以书面形式呈现的劳动契约，另一方面也注重日常工作环境中的互动与沟通。这种管理方式强调现场的直接沟通，确保雇员能够及时接收到来自管理层的指导和反馈。对于员工来说，这些现实性特征能够帮助雇员产生清晰的自我身份认知、理解工作内容以及更好地融入企业文化（王圣元 等，2018）。

4.1.4　传统劳动关系理论和模型

社会交换理论为理解员工与组织之间的互动关系提供了关键的理论支持。该理论指出，员工与组织之间的互动涉及经济交换和社会交换两种形式。组织管理领域对雇佣关系的研究主要基于社会交换理论，从三个不同的视角展开：一是从员工的视角出发，研究双方责任认知的心理契约模型（psychological contract model）；二是从组织的视角出发，研究雇佣关系策略的诱因 / 贡献模型（incentive/contribution model，简称 I/C moel），它反映了组织方对员工的激励与期待，Tsui et al.（1997）根据此模型界定了 4 种基本的雇佣关系类型；三是从相互关系的视角进行研究，改变了以往从员工或组织单边视角切入进行研究的思路，以陈维政等（2005）提出的 I-P/S 模型（input-performance/satisfaction model）为代表（Tsui et al., 1997；朱苏丽 等，2015）。

1. 社会交换理论

社会交换理论（social exchange theory）起源于 20 世纪 50 年代后期，它结合了经济学、社会学和心理学的理论视角，从个体层面分析人类行为。该理论将社会行为视为一种交换过程，这种交换不仅包括物质商品，也涵盖了非物质商品，如认可和声望等。在这一过程中，通过持续的互动和沟通，参与者双方最终达到心理上的平衡。互动交换的所有内容可以归结为经济交换与社会交换两大类。经济交换涉及明确的、具体的义务，是一种短期的互惠协议；社会交换则是以信任为基础的长期互惠契约。经济交换双方交换的资源更具有普遍性和具体性，如金钱、规定任务或服务；社会交换的资源更具有特殊性和抽象性，如组织认同和培训。Blau（2017）曾提出三点：信任被视为社会关系的基础；关系的投资对社会交换至关重要；社会关系是长期导向的，因为交换是持续的。

社会交换的本质就是一种基于他人有效反馈的互动行为。随着时间的推移，这些行为能够促成互惠互利的交易与关系，进而发展为建立在信任、忠诚和相互承诺基础上的联系。如果交换双方的关系是平衡的，就会形成相互依赖的社会交换关系（social exchange relationship，SER）；如果是不平衡的，就会出现地位和权力的分化。其中，相互依赖被认为是社会交换关系的决定性特征。基于社会交换理论，员工 – 组织关系（employee-organization relationship，EOR）可以被视为组织对员工所做投入与员工对组织所做贡献之间的互惠交换，以互惠为准则。

相关研究普遍认为社会交换关系是员工与组织建立关系的基础，认为当组织满足员工的社会情感需求（如认可、尊重、隶属关系和情感支持）和物质要求时，员工会对组织产生良好的倾向。但是近年来，关于组织未能善待员工是否削弱了员工与工作组织的社会交换关系，或者相反，组织为员工提供更有利的待遇是否加强了员工与工作组织的社会交换关系的问题，一直存在争议。Eisenberger et al.（2019）采用元分析方法对社会交换关系近年以及未来的发展趋势进行了详细的分析和预测。通过对感知到的组织支持（perceived organizational support，POS）、领导 – 成员交换（leadership-member exchange，LMX）以及情感组织承诺（affective organizational commitment，AOC）三个要素变化的考察，发现目前员工与组织建立社会交换关系的意愿并不强烈。但如果组织和管理层能够提供有利待遇，员工仍愿意并做好准备投入到关系之中。文章还进一步探讨了社会交换关系的两个可能趋势：一是经济压力导致组织减少对员工的善意行为而削弱社会交换关系；二是社会对员工有利待遇的重视增强了社会交换关系。社会交换关系仍处于员工 – 组织关系研究中的核心位置。

2. 心理契约模型

阿吉里斯（Argyris）首次提出了“心理契约”这一概念，用以描述雇员与雇主之间的相互期望。这种相互期望包括了两个水平：个体水平的雇员对于相互责任的期望；组织水平的雇主对相互责任的期望。但是由于组织不具有主体性，心理契约主要是员工对自己与组织间义务关系的个人认知。这种理解侧重于员工个体，从员工的视角对心理契约进行了简化，强调员工对组织责任和自己责任的感知。基于这种狭义的定义，心理契约具有主观性和动态性两个特点。主观性是指心理契约的内容是员工个体对于相互责任的认知（主观感觉），而不是相互责任本身。因此心理契约可能会与雇用合同的内容不一致，与其他第三方的理解不一致。动态性是指心理契约一直处于不断变更和修订的状态，任何工作环境的变动都可能引起心理契约的改变（李原 等，2002）。

（1）卢梭的心理契约模型。卢梭（Rousseau，1995）提出了心理契约模型，认为该模型由时间结构和绩效要求两个维度构成。时间结构维度指的是雇佣关系的持续性，绩效要求维度是指对绩效要求描述的清楚程度。基于这两个维度，心理契约可以被分为以下四个类型：交易型（transactional）、过渡型（transitional）、平衡型（balanced）和关系型（relational）（见图 4-1）。组织内部的心理契约类型主要是交易型和关系型两种。交易型成分更多关注具体的、短期的、经济型的交互关系，契约内容清楚明确；关系型成分更多关注广泛的、长期的、社会情感型的交互关系，契约内容动态灵活，带有隐含的和主观上的理解。而变动型成分更多关注短期的、不确定的、经济型的交互关系，契约内容具有高度不稳定性。平衡型成分更多关注具体的、长期的、社会情感型的交互关系，契约内容更为均衡和可持续。

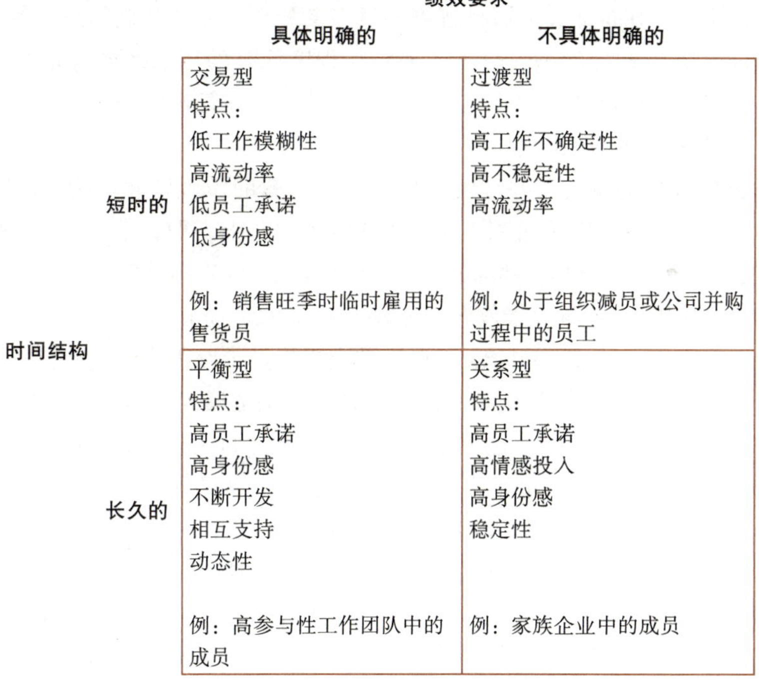

图 4-1　心理契约的类型

资料来源：李原，郭德俊. 组织中的心理契约 [J]. 心理科学进展，2002（1）：83-90.

（2）现实心理契约模型。余琛（2004）提出了关于现实心理契约关系的理论，该理论认为心理契约具有现实意义，而非仅仅是员工的主观认知。现实心理契约模型把义务认知作为心理契约的核心，不考虑期望，将义务的实际履行情况作为心理契约的构成。现实心理契约模型同样包含两个维度：企业义务履行程度和员工义务履行程度，形成了四种不同的现实心理契约关系：企业义务履行程度低，员工义务履行程度低（低，低）；企业义务履行程度低，员工义务履行程度高（低，高）；企业义务履行程度高，员工义务履行程度低（高，低）；企业义务履行程度高，员工义务履行程度高（高，高）。第一种和第四种属于平衡型的现实心理契约关系；第二种和第三种属于不平衡的现实心理契约关系（见图 4-2）。

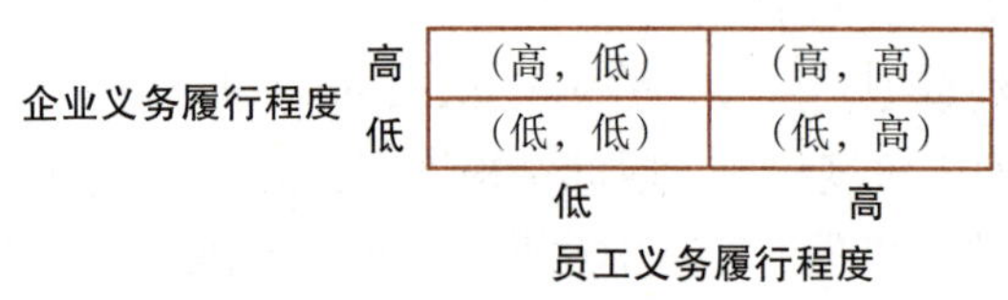

图 4-2　四种不同的现实心理契约关系

资料来源：余琛．四类不同心理契约关系的比较研究 [J]. 心理科学，2004（4）：958-960.

研究还进一步发现，在四种不同的现实心理契约关系中，员工展现的组织公民行为、离职倾向和对高层的信任程度都存在着较大的差异。员工对高层的信任程度主要与企业义务履行程度有关，员工的组织公民行为则更多地与员工义务履行程度相关。在企业义务履行程度和员工义务履行程度都高的情况下，组织公民行为与对高层的信任程度都是最高的，员工的离职倾向最低；相反，在企业义务履行程度和员工义务履行程度都低的情况下，员工的离职倾向最高。企业义务履行程度高、员工义务履行程度低时的离职倾向与企业义务履行程度低、员工义务履行程度高时的离职倾向不存在显著差异。在管理实践中，组织应尽量避免双方义务履行程度都较低的情况出现。

（3）心理契约模型的发展。心理契约提供了一个有助于理解雇佣关系动态变化的概念性框架。多年来，心理契约理论研究主要集中在两个主题上，即评估（包括履行、破裂和违背）和内容（交易型和关系型心理契约）(Kutaula et al., 2020）。心理契约破裂（psychological contract breach）是指员工对组织未能履行心理契约中的责任和义务所产生的认知。心理契约违背（psychological contrast violation）可以被定义为员工对组织未能履行承诺或义务的程度所产生的“情绪混合体”，以失望和愤怒为特征。有关心理契约违背的研究一致认为，当员工产生心理契约违背的认知时，这种感知与负向的员工行为（离职、渎职行为）高度正相关；与积极的员工行为（如良好的工作表现、组织公民行为、组织承诺）和态度（如工作满意等）高度负相关。此外，一些研究将心理契约视为中介变量进行考察，发现它在程序公正、分配公正与员工的工作态度之间发挥着中介作用（汪林 等，2009）。同时，也有不少研究以心理契约理论为基础，关注特定员工群体（例如新生代），探讨新的激励机制和这些群体的离职问题（时宝金，2012）。Kutaula et al.（2020）的综述文章回顾了以往 20 年的研究，系统性地分析了心理契约如何影响员工和组织之间的关系；探讨了它在亚洲不同国家和地区的实践情况；讨论了心理契约研究的方法论问题；最后提出未来研究的方向，建议学者采用更加广泛的理论视角和方法进行探索。

近年，心理契约理论的研究已经扩展到零工工作者与组织之间。研究内容包括探讨零工工作者的心理契约类型；分析零工工作者与平台企业之间的合作关系满意度；探索平台低承诺是否使得零工工作者产生心理契约违背；以及基于心理契约模型，提出零工在人力资源实践中的概念模型，等等（刘艳巧 等，2020；龙立荣 等，2021；Cropanzano et al.，2023）。

3. 激励 / 贡献模型

从组织角度出发，员工与组织之间的交换包括组织提供的激励（如工资、福利、工作权限等）以及员工所做出贡献的数量和质量。组织要取得成功，关键在于妥善管理这种交换关系，并重点关注雇主提供的激励和雇员做出的贡献之间的平衡（徐云飞 等，2017）。根据激励 – 贡献模型，Tsui et al.（1997）划分了 4 种基本的雇佣关系类型：准交易契约型、相互投资型、投资不足型与过度投资型。其中准交易契约型和相互投资型代表了雇主与雇员之间均衡的交换关系（双方义务相匹配），投资不足型和过度投资型则涉及不平衡的交换关系。

（1）准交易契约型。准交易契约型（quasi spot contract）关系类似于纯粹的经济交换，雇主向雇员提供短期的、纯经济的激励，以换取雇员具体明确的贡献。双方不会期待对方有超出既定范围的付出（雇主对雇员的义务主要是货币形式的奖励，雇员只需要完成雇主指派的规定任务），并且双方也并没有义务来维持长期关系，这种平衡关系是短暂并且相对有限的。准交易契约型关系非常适合工作成果和业绩贡献能够轻松明确地界定和评估的工作情况。

（2）相互投资型。与准交易契约型关系不同，相互投资型（mutual investment）关系下，雇主与雇员之间是开放式的、长期投资的平衡交易关系。除了金钱奖励外，雇主对雇员的职业生涯进行投资，包括培养其专业知识技能，提供员工福祉。作为交换，雇员除了完成事先规定的工作任务外，还需要协助同事，接受特定技能的培训并回馈组织，将组织利益与自身利益视为一体为之努力。相互投资型关系更加注重社会交换，双方需要承担更多不明确的、长期的、广泛的和开放式的义务（Blau，2017）。

（3）投资不足型。若雇主期望雇员能够承担广泛、长期的责任，但只提供短期的、具体的金钱奖励作为激励，并且不愿意承诺长期的合作关系，员工 – 组织关系就属于投资不足型（underinvestment）。这种关系在竞争激烈的行业中较为常见，雇主希望员工能为组织创造较大的价值，同时又希望能够随时解雇员工，以此最大限度地确保组织的灵活性。这种关系可能导致员工缺乏职业安全感和组织的承诺，从而影响他们对组织的忠诚度和工作投入。

（4）过度投资型。当雇主提供了一系列的金钱奖励、培训、职业发展机会等长期的、开放的奖励，而雇员只完成了规定内的、以工作为中心的工作任务时，这种员工 – 组织关系就属于过度投资型（overinvestment）。例如，一些受工会合同约束的组织或者政府机构，它们会为雇员提供高标准的培训机会、就业保障和员工福祉，但并不要求雇员做出超出其工作职责范围的额外贡献。

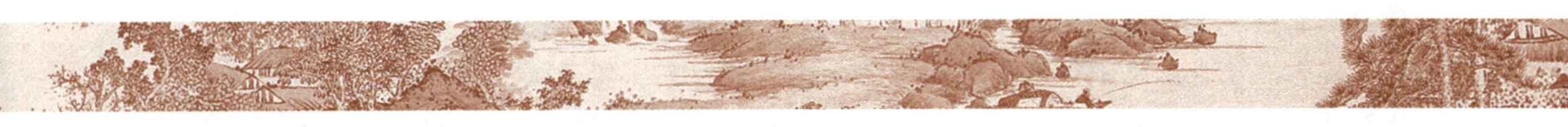

聚焦实践 4–1

海底捞雇佣关系模式改变

2018 年 9 月 26 日，海底捞在香港交易所成功上市，其市值迅速冲破千亿港元大关，刷新了全球餐饮业的 IPO 纪录，并一跃成为全球第五大餐饮企业。董事长张勇回首海底捞的发展历程，自 1994 年在四川绵阳开设第一家门店起，海底捞逐步扩展至西安、北京等城市，并最终实现了全国范围的覆盖。如今，海底捞正慢慢走向国际化、智能化。这位具有“草根精神”的中国餐饮人用他半生的辛酸、际遇和智慧，开创了“员工第一、顾客第二”的运营哲学，不断完善海底捞的雇佣关系模式，打造出了海底捞如今的欣荣与辉煌。

回看海底捞的发展历程，海底捞完成了从准交易契约型雇佣关系模式到过度投资型雇佣关系模式，最终到相互投资型雇佣关系模式的转变（见图 4-3）。

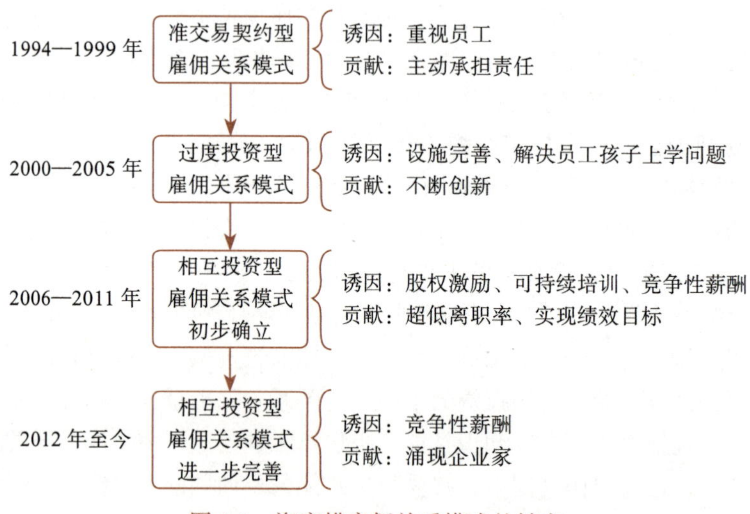

图 4-3　海底捞雇佣关系模式的转变

在 1994—1999 年海底捞初创阶段，张勇秉承“企业把员工当作家人，员工把企业当作家庭”的理念，给员工提供相较同行略高的工资，并给予员工家人般的关怀，员工完成本职工作的同时，会给予公司家人一般的回馈。此时的海底捞还在初创期，目标是求生存，员工－企业双方的交换以短期的经济交换为主，属于准交易契约型雇佣关系模式。

2000—2005 年，海底捞开始着力解决员工就业的后顾之忧，帮助员工“一身轻”进行创新。海底捞建立了私立寄宿制学校解决员工子女的上学问题，配备员工宿舍，为农民工提供生活和工作方面的培训。此时海底捞的雇佣关系模式已经转变为了过度投资型雇佣关系模式。

2006—2011 年，海底捞推出“员工奖励计划”，并且创办了海底捞大学，用于内部员工的培训，高层干部还可以到北大光华管理学院等学校攻读 MBA。员工在企业的安全感、对企业的满意度和忠诚度都达到了较高的水平，员工流动率远远低于餐饮业平均流动率，此时海底捞的雇佣关系模式初步转变为相互投资型雇佣关系模式。2014 年，海底捞公司推行计件工资制，此制度让员工的收入增加了 20%～30%，同时海底捞为员工提供更多的培训与学习机会，使员工感觉到自己不是打工仔而是企业家、实干家，此时海底捞的雇佣关系模式依旧是相互投资型雇佣关系模式，相较于之前，双方相互投资的内容有所增加。

2012 年，海底捞走上了国际化道路，在新加坡开设了海外第一家店。海外开店本身并不难，难点在于找到合适的店长和服务员，更难之处在于怎样将国内雇佣关系模式应用到海外。除此以外，海底捞还面临智能化技术变革带来的新难点。2018 年，海底捞全新智慧门店正式对外营业，实现了全自动化的运营流程。从顾客下单到菜品的准备、上桌，再到后厨的管理，整个过程都不需要员工直接参与。顾客可以一键下单，系统会自动配置菜品，精确度可控制在误差 0.5g 以内，并为顾客创建个性化的锅底档案。随后，机械臂自动入菜、机器人自动上菜。后厨采用 RFID 食材监管系统和 IKMS 总厨大脑进行实时监控，确保菜品的新鲜度和后台运行的流畅度。技术驱动在这个因雇用“人”而出名的企业显现出了巨大能量。公司在节省成本、提高效率等方面取得了显著成效，并直接解放了后厨 37% 的人力。

资料来源：中国管理案例共享中心。

4. I-P/S 模型

Shore et al.（2004）对员工 – 组织关系的相关概念进行了综合，提出了一个包含个体心理契约和组织层面雇佣关系的全面视角。这种视角突破了以往只从员工或组织单一方面进行研究的思路。单一角度进行研究容易产生认知偏差且认为企业的员工 – 组织关系策略具有统一性，而组织对员工的投入常常是因人而异的（陈维政 等，2005）。因此，从员工和组织两个角度研究员工 – 组织关系可以更好地反映其双向性和互动性，有助于企业实施更为个性化的管理策略。基于此，陈维政等（2005）提出了 I-P/S 模型来定义组织与员工之间的社会交换关系。

I-P/S 模型通过 3 个变量来描述和理解员工 – 组织关系：组织对员工的投入 I（organizational input）、员工绩效 P（employee performance）、员工满意感 S（employee satisfaction）。

在这个模型中，组织对员工的投入包括物质资源、发展机会和情感支持等，这些都是通过管理层或其他代理人向员工提供的。员工绩效是指员工在完成工作任务过程中的行为表现和实际成果。员工满意度是指员工对工作本身、上下级关系、工作报酬等方面的满意度，以及对企业的认同感、忠诚度的综合感受。将每个变量分为高、低两个刻度级，组织与员工之间会存在 8 种不同类型的员工 – 组织关系（见表 4-1）。一个组织内可能会存在其中的几种类型，企业可根据自身情况具体分析员工 – 组织关系特征并采取相应的管理策略。研究数据表明，理想型、知足型和奉献型三种员工 – 组织关系类型在企业中较为普遍。

表 4-1 I-P/S 模型

组织投入	高				低			
员工绩效	高		低		高		低	
员工满意度	高	低	高	低	高	低	高	低
I-P/S	1	2	3	4	5	6	7	8
员工 – 组织关系类型	理想型	埋怨型	慈善型	愚蠢型	奉献型	危险型	知足型	糟糕型

资料来源：陈维政，刘云，吴继红. 双向视角的员工组织关系探索：I-P/S 模型的实证研究 [J]. 中国工业经济，2005（1）：110-117.

4.2 第三次工业革命时期的劳动关系

保罗·肯尼迪在《全球社会学》一书中提到“世界进入了弹性劳动与经济不稳定、工作不稳定时代”。自 20 世纪四五十年代以来，信息革命兴起并持续发展。在此背景下，服务业发展迅速，逐步取代了工业在经济中的统治地位。企业对劳动力的需求变得更加灵活多变。传统的、较为固定的劳动关系模式难以适应这种市场化机制。因此，职业中介、人事代理、劳务派遣和劳务外包等第三方机构应运而生，非标准劳动关系出现并逐渐发展壮大。非标准劳动关系的灵活性更强、风险可转移、从属性变弱（劳动时间和地点灵活多样；劳动方式并不局限于流水线工作；就业状态不稳定）。20 世纪 80 年代以后，劳动关系在全世界范围内越来越倾向于非标准化（董保华，2008）。当前虽然非标准劳动关系势头正盛，但是标准劳动关系仍占据主导地位。

4.2.1 非标准劳动关系的定义和特征

马渡淳一郎（2006）曾指出："雇用的柔软化、非典型雇用的扩大、劳动力供需体制的多样化是世界各国雇用体系变化的共同现象。"这一现象要求雇主、员工、政府乃至社会组织等各方重新审视并深入思考非标准劳动关系快速扩张所带来的影响及其在当代劳动市场中的地位。

非标准劳动关系是相对标准劳动关系而言的，也可以被称为"非典型劳动关系""非正规劳动关系""弹性劳动关系""灵活劳动关系"等，非标准劳动关系在工作时间、劳动报酬、工作场所以及保险福利等方面展现出不同的特征。非全日工作、短期合同、劳务派遣、自我雇用的工作形式都可以在雇员 – 雇主之间形成非标准劳动关系（Kalleberg et al.，2003），其具体概念定义如表 4-2 所示。

表 4-2 非标准劳动关系定义

工作方式	定义
非全日工作	时间短于所属企业正常工时，每周工作 30h 以内的工作方式
短期合同	雇员在企业编制定员之外，从事临时性工作，一般持续时间为 3 ～ 6 个月
劳务派遣	劳动者的雇主企业和用工企业之间是相互分离的
自我雇用	国际劳动组织将雇主（雇用一个或多个员工）和个体经营者（不雇用任何员工）两类群体归为自我雇用者

资料来源：KALLEBERG A L, REYNOLDS J, MARSDEN P V. Externalizing employment: flexible staffing arrangements in US organizations[J]. Social science research, 2003, 32(4): 525-552.

"非正式工作"最早由弗里德曼（Freedman）在 1985 年提出，特指短暂的，需要附加条件的雇用安排。其用工形式非常广泛，主要包括部分时间工作（parttime work）、自雇（self-employment）、临时雇用提供（temporary help agency employment）、外包（contracting out）、雇员租赁（employee leasing）和商业服务业的雇用（employment in the business services industry），几乎任何不同于通常形式的永久、全日制工资和薪酬的工作都被认为是非正式工作。2005 年，中国劳动和社会保障部劳动科学研究所课题组所做的《中国灵活就业基本问题研究》对灵活就业（非正式工作）做出了以下概念界定：所谓灵活就业是指在劳动时间、劳动报酬、工作场地、保险福利、劳动关系等几方面（至少是一方面）不同于建立在工业化和现代工厂制度基础上的、传统的主流就业方式的各种就业形式的总称。非正式工作与非标准劳动关系不可分割，对非正式工作概念的解释可以帮助理解非标准劳动关系。

非标准劳动关系呈现出以下特征，简称为三个分离。

1. 空间分离

随着网络技术的不断进步，劳动关系与实际工作地点之间的联系变得不再紧密，劳动者的流动性增强。远程就业、家庭就业的工作形式开始出现。劳动方式从固定的集体劳动向灵活松散的劳动发展。生产场所的灵活性能够提高生产效率，激发员工的潜能。在灵活就业的劳动力中，女性占据了相当大的比例，因为这种工作地点的灵活性恰好满足了她们对于工作与生活平衡的需求。

2. 时间分离

在弹性劳动需求增加、经济不稳定、工作不稳定的背景下，少数人能够通过签订传统或标准合同得到标准形式的雇用，雇员越来越多的是在一种不断变化的环境中工作，雇用的本质正在发生变化。雇佣关系的稳定性降低，雇员逐渐适应了频繁地更换雇主或间接性失业的现实，劳动关系与持续性稳定工作产生脱节。短期就业与季节性就业等形式开始变得普遍，临时工作在就业市场中的比重持续上升。灵活就业形式下，劳动者对工作的接受具有自主权，劳动者按需承接工作，从形式上割裂了标准劳动关系内在的持续性特征（班小辉，2019）。

3. 雇用分离

相较于二元的标准劳动关系，非标准劳动关系下，一种三方参与的雇用模式——劳动力派遣或劳务派遣，实现了劳动关系中雇用与使用的分离。简单来说，劳动力派遣的形式就是“企业不养才而用才”。雇员与两个承担着不同功能的雇主分别产生了“不完整”的劳动关系，派遣机构与雇员签订劳动合同，为雇员发放工资、缴纳社保，而用人单位负责对劳动者的工作进行具体的指挥监督。原本标准劳动关系中双方的权利和义务被划分开来，派遣机构和用人机构两个雇主对雇员在组织上的控制都被弱化了，雇员的从属性减弱。

4.2.2 新零工初现

运用互联网平台和众包技术，劳动技能得以被拆分和重新组合。该消解过程有助于降低劳动成本，同时推动新一轮的劳动标准化和模块化，使得劳动力外包变得更加普遍和深入。数字信息技术造成的去技能化，使得人力资源在世界范围内容易获得，为资本提供了一个取之不竭的“劳动力蓄水池”，也为劳动力市场价格的下降打开了阀门，劳动力市场的不稳定性日益凸显。企业通过多种方式，如劳务派遣、业务外包以及雇用临时工等，实现了雇佣关系的灵活化，减少了对员工发展技能培训的投入，并降低了员工对职业生涯的期望。从高层管理者到普通员工，维持稳定的标准劳动关系变得越来越难（闻效仪，2020）。零工经济作为这种趋势的延续，正依托于数字技术飞速发展，现已成为劳动力市场中蓬勃发展的一部分，成为一项影响深远的全球现象。在美国，目前约有 88% 的企业雇用零工，超过 2 700 万人从事零工工作，欧洲和日本也存在类似的趋势（莫怡青 等，2022）。在中国，根据滴滴公司的报告，2020 年 6 月，其公司旗下已经有 1 166 万名注册的网约车司机；2020 年上半年，美团平台的外卖骑手数量已达 295 万人；阿里研究院预测，到 2036 年，中国零工经济从业者规模可能会达到 4 亿人，不容小觑。

1. 零工

零工本是一项古老工种，核心是雇主和雇员的短期雇佣关系，历史上也称短工、帮工、助工等，基本与长工相对应（邱泽奇，2020）。零工的日益盛行可以被视为以往现象的回归，零工并不是全新的概念。现代意义上，传统零工是指那些不隶属于特定组织、不需要对任何组织或雇主做出长期服务承诺的人。他们通过完成临时的、碎片化的或小规模的任务来为客户（可以是组织、家庭或个人）提供服务，并且根据工作量或任务数量获得报酬。从事新零工工作的个体往往依赖网络平台，这些平台帮助他们获取信息并与雇主达成合作交易，从服务提供者、资源提供者或者客户那里收取中介费 / 佣金（刘俊振 等，2020）。与其他国家相比，我国平台零工工作者的人数增长更加快速，零工工作呈现出快速发展的趋势。

Cropanzano et al.（2023）的研究综合了之前关于零工概念的文献，提出了四个特征来描述信息时代下的零工工作者。

（1）成员身份。零工工作者不被视为特定组织的正式雇员，而是一种自由合同工，他们并不雇用其他人，也不会长期固定在一个组织内工作。

（2）时间。零工工作者倾向于在各种工作之间快速转换，常常同时承担多个组织的多项任务，形成自己的工作组合。

（3）薪酬。零工工作者通常按照项目或计件计酬，没有固定工资。

（4）联系方式。零工工作者直接向市场提供服务，或者通过中介机构出售自己的劳动力、产品和服务。

总的来说，可以对零工工作者做出以下定义：零工工作者是指通过中介平台，承接组织或个人客户发布的任务，提供自己的劳动力、产品和服务，最终获得计件报酬的工作者。在互联网的推动下，零工经济得到了迅速发展，几乎涵盖了所有的非正式工作方式。因此，零工工作者与企业、平台之间的关系可以作为非标准劳动关系的典型代表进行研究学习，他们之间的关系大多表现为多重雇佣关系。

零工工作者不再局限于以临时工身份进行工作，部分工作者会选择全职参与，能够在平台上工作较长时间，不断接受计件付费形式的短期任务。这类工作者可以被称为**自由职业者**或独立承包商（谢富胜 等，2019）。Petriglieri et al.（2019）通过定性研究，探讨了在缺乏组织或职业归属的情况下，独立工作的个体如何管理工作身份中的不稳定性和个性化的问题。研究发现，独立工作者通过为自己创造一个可控的环境（holding environment）来管理自己的情感变动，这种环境帮助自由职业者将所面临的不稳定性转变为一种可容忍的、可解决的困境。

另外一部分工作者在从事本职工作的同时，通过平台从事多种额外的工作来增加收入或发展自己的职业（Campion et al.，2020），这类工作者被称为“**副业从业者**”。额外的或兼职的工作很容易找到，员工既可以通过 Airbnb 出租房屋赚取额外收入，也可通过 Freelancer 或猪八戒网等平台获取线上远程工作的机会，或者使用滴滴打车软件注册网约车司机、代驾身份，载客赚取收入（Sessions et al.，2023）。副业从业者同时处于标准劳动关系与非标准劳动关系之下，身份不断转换。处于非标准劳动关系之下时，劳动者在工作时间和工作地点上的自主性、灵活性大大增加。主流观点一直认为自主权的增加是有益的，但是根据 Sessions 等（2023）的研究，副业工作中自主权的提高不仅会带来积极效果，也有可能对全职工作表现产生消极影响，进而影响到副业从业者与正式工作组织之间的心理契约以及员工和组织的关系。

另外，现有劳动力队伍中零工工作者的占比越来越多，但是组织对零工的人力资源管理实践仍然处于发展阶段。Cropanzano 等（2023）的研究以零工工作者和雇用组织之间新兴的交易心理契约为视角，回顾了零工工作对个人和组织产生的影响，概述了组织和个人喜欢零工工作的原因。对于零工工作者来说，他们重视新的心理契约带来的自主性、自由和灵活性。零工工作增强了组织在员工数量、技能和经济方面的灵活性。组织可以通过招聘零工工作者应对业绩高峰期或季节变化带来的员工需求量差别较大的问题。签订短期合同的零工工作者为组织带来了专业技能和知识，而组织不需要向零工工作者提供带薪福利或培训。此外，Cropanzano 等（2023）的文章还从招聘、薪酬、管理等不同方面，为组织提供了一个可参考的概念框架，分析了组织雇用零工工作者会面临的一系列人力资源实践的变化。一般来说，零工工作者多适用于标准化、模块化的任务。为雇用零工工作者，组织需要重新设计工作，将传统的工作解构为标准化、模块化的任务。零工工作者的招聘过程涉及第三方，如中介机构和数字平台。零工工作者的管理更多依赖于算法和数字平台，算法管理大大提升了人力资源调度、绩效评估、薪酬管理的效率。零工工作者的薪酬通常基于项目或工作量，而不包含福利发放。组织通过不支付福利来节约成本。另外，组织不需要为零工工作者提供培训，对员工的投资减少了。最后，零工工作者可能与标准雇员一起工作，形成混合团队。组织需要采取措施，保证团队内部的有效合作和沟通。

2. 零工经济

传统零工经济主要描述独立工作者与企业之间基于临时性工作和项目签订合同的经济趋势，强调了零工的临时性和项目性等特征。在这种模式下，劳动者通常以非全日制的形式为企业提供服务。这些任务在企业的业务中只占很小的比例，处于边缘位置，与企业的主营业务和战略发展没有紧密的联系。这些传统零工劳动者通常被称为临时工、散工、钟点工、短期工作寻觅者等，大多活跃在底层劳动力市场（刘俊振 等，2020）。

与传统零工经济相比，**新零工经济**是一种以网络平台为基础的、具有即时性的新兴经济模式，它标志着工作者可参与的工作类型越来越多、工作时间和地点越来越灵活。传统零工经济与新零工经济之间的特征对比如图 4-4 所示。依托于网络、众包平台，劳动者有机会从事更多高技能和高收入的工作。图中还额外展示了在平台参与的基础上，零工工作者身份的演化趋势。

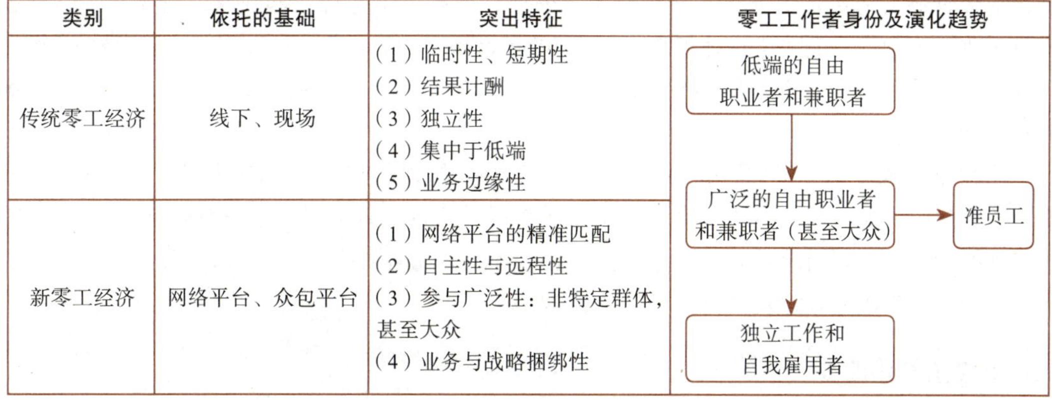

类别	依托的基础	突出特征	零工工作者身份及演化趋势
传统零工经济	线下、现场	（1）临时性、短期性 （2）结果计酬 （3）独立性 （4）集中于低端 （5）业务边缘性	低端的自由职业者和兼职者 ↓ 广泛的自由职业者和兼职者（甚至大众）→ 准员工 ↓ 独立工作和自我雇用者
新零工经济	网络平台、众包平台	（1）网络平台的精准匹配 （2）自主性与远程性 （3）参与广泛性：非特定群体，甚至大众 （4）业务与战略捆绑性	

图 4-4　传统零工经济与新零工经济的特征对比及零工工作者身份的演化趋势

资料来源：刘俊振，王泽宇，姜珅妍．未来工作的趋势：基于零工和企业灵活用工的演变 [J]．清华管理评论，2020（4）：71-79.

新零工经济主要包含两种形式：众包（crowdsourcing）经济和按需服务（on-demand service）经济。众包经济依赖于客户在数字平台上发布任务信息，零工工作者可以根据自身的条件选择承接任务，并在完成后获得报酬。国际劳工组织的调查显示，众包经济涵盖了调查或实验、网站/视频流量制造、数据采集、信息转录、内容制造编辑、人工智能训练等各类型工作，每个任务所需的参与者众多。Mechanical Turk 和 Clickworker 网站是众包领域的两个代表平台，Mechanical Turk 拥有约 50 万名劳动力，Clickworker 的劳动力规模也早已超过 70 万名（De Stefano V，2015）。按需服务经济与无法通过模块化处理进行分包的业务相关，需要服务提供者与客户能够在同一时间直接对接。外卖送餐、Airbnb 房源提供、网约车驾驶、商务咨询、创意写作等劳动都可划分为按需服务。整体来看，众包经济和按需服务经济都将活动外包给个人，而非复杂企业。

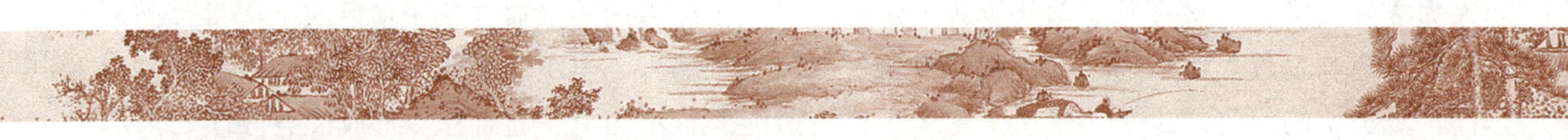

聚焦实践 4-2

Amazon Mechanical Turk

Amazon Mechanical Turk（简称 AMT）是由亚马逊公司开发的一个众包平台。在这个平台上，任务发布者（称为 requester）把需要做的任务（human intelligence task，HIT）发布到网上，愿意做这项任务的人（称为 worker）在承接并完成工作之后获得报酬。

AMT 的创建源于人工智能无法满足互联网公司的需求。2006 年，亚马逊公司扩展其在线数据存储、分类和提供服务的业务，但是人工智能难以准确处理图像、声音和文本中的微妙文化差异。因此，亚马逊公司开发了 AMT，AMT 作为一个虚拟市场，允许人类工作者而非算法来完成这些任务。这些工作者通过互联网连接，可以在全球范围内灵活地、全天候地完成任务。寻求快速数据处理的雇主可以将数据处理任务发布到 AMT 上，为每项任务设定价格，接收并验证零工工作者处理的数据之后，将其整合到计算机系统中进行使用。在此过程中，雇主不需要与零工工作者签订合同或进行面对面的沟通联系。AMT 使用算法将雇主发布的大量独立的小任务分配给大批零工工作者，并提供支付转账和成果验收渠道，这种方式被称为“众包”。正如“软件即服务”（software-as-a-service）一样，贝佐斯将 AMT 的这种模式解释为“人即服务”（human-as-a-service），劳动者接受并完成一件又一件的计件计酬的服务任务。

现如今，通过 AMT，雇主已经可以发布信息收集（调查）、音频编辑、数据收集、机器学习（发布任务选取人工标注人员，标记用于机器学习的训练数据）等一系列模块化的任务。

资料来源：IRANI L. Difference and dependence among digital workers: the case of Amazon Mechanical Turk[J]. South atlantic quarterly, 2015, 114(1): 225-234.

3. 零工经济演变

Meijerink J 等（2019）提出，随着平台新环节的加入，零工经济形成了包括雇主、平台（原雇主、派遣公司、自我雇用法人等）、雇员在内的新三方模式，完成了从传统零工经济的双方模式向三方甚至是多方模式的演变。互联网数字平台使得零工经济能够为供需双方提供便捷快速的大规模匹配。零工经济的基础结构演变（从传统双方模式到新型的三方模式）大多如图 4-5 所示，传统的雇员 – 雇主二元关系逐步发展为三方参与、签订动态交换协议的多元关系。平台三方模式再进一步演变发展，就会出现多方模式，图 4-6 以四方模式图举例进行说明。许多 app 工作类型的零工工作都至少涉及三方，平台可以协调零工工作者、顾客和供应商（例如餐厅）之间的交易（Duggan et al.，2020 ）。

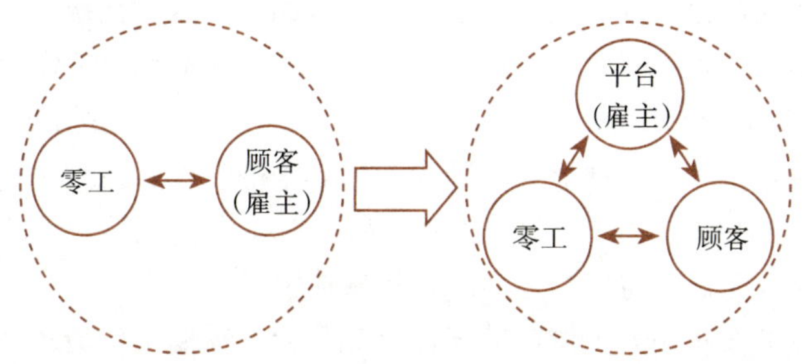

图 4-5　零工经济的基础结构演变：从传统双方到新型三方

资料来源：蔡宁伟，张丽华 . 新零工经济的优势与劣势：基于用工时间、内容、流程、收入、体验和发展等多维度思考 [J]. 中国劳动，2021（2）：50-67.

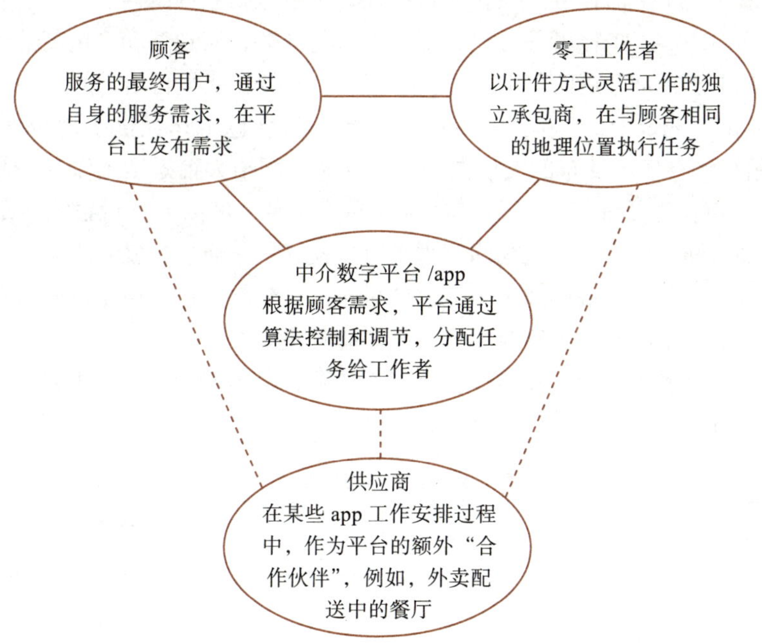

图 4-6　零工经济四方模式图

资料来源：DUGGAN J, SHERMAN U, CARBERY R, et al. Algorithmic management and app-work in the gig economy: a research agenda for employment relations and HRM[J]. Human resource management journal, 2020, 30(1): 114-132.

4. 零工工作

数字平台为企业组织工作和提供服务带来了一种新的方法。这些在线平台不仅促进了零工和客户之间的商业交流，还能在这两者之间起到调节作用。这一特性允许我们根据平台的不同性质将零工工作划分为三种不同的工作变体：资本平台工作、众包工作和 app 工作（Duggan et al.，2020）。

（1）资本平台工作。资本平台工作是指工作者个人使用数字平台，直接点对点向顾客销售产品或租赁资产的零工工作形式，对应按需服务经济。例如，Airbnb 是一个闲置房源租赁平台，Esty 是一个在线销售原创手工工艺品的平台网站。在这种情况下，数字平台的作用是将顾客与个人拥有的一种资本（如住宿资源）联系起来。资本平台工作依赖于共享未充分利用的资产（住宿）或售卖独有商品来获得经济利益，而非依赖于完成工作（Schmidt，2017）。这种工作有时被视为微创业的一种形式，因为参与其中的工作者在某种程度上类似于小企业主。因此，资本平台的顾客（租赁者 / 购买者）和资本提供者之间产生的是一种类似于电子商务的买卖关系，或者说企业与企业之间的合作伙伴关系。

相比之下，众包工作和 app 工作依赖于数字化平台，需要工作劳动者在平台领取任务之后，自己联系顾客提供实际服务。

（2）众包工作。众包工作以数字平台作为零工工作者远程完成工作任务、提供服务的中介（De Stefano V，2015），归属于众包经济。在一个典型的众包工作场景中，组织或个人在数字平台上发布一个个的任务或项目，这些任务可以包括软件编码、写作、翻译、音频转录等。全球范围内的零工工作者都可以在平台上接受任务，实现劳动力供需的快速匹配，任务发布者可以从中选择最合适的零工工作者。算法是此类在线平台运营的核心（Wood A J et al.，2019）。AMT、Freelancer 和猪八戒网等平台都为众包工作提供了发布渠道。AMT 和 Freelancer 使用算法将雇主发布的大量独立的小任务分配给大批零工工作者，并提供支付转账和成果验收渠道。若是任务成果不符合雇主要求，雇主可以不支付报酬，重新寻找工作者，但这会增加时间成本。而猪八戒网增添了竞赛模式——雇主在发布需求时，先将酬金托管至平台，从多个服务商交稿中选出中标稿件后再进行付款。这样雇主可同时在多份任务结果中进行选择，减少了因成果不符合要求而增加的时间成本。

众包工作的参与者大部分是在线远程零工工作者，根据职业不同，主要可分为以下六大类（Wood A J et al.，2019），如表 4-3 所示。

表 4-3 在线远程零工举例

职业分类	项目举例
专业服务	会计
	咨询
	财务规划
	人力资源
	法律服务
文书及数据输入	客服
	数据录入
	技术支持
	翻译
	虚拟助理
创意性工作及多媒体	动画

（续）

职业分类	项目举例
创意性工作及多媒体	建筑
	音频制作
	图形设计
	摄影
	视频创作
	网络博主
销售和市场支持	广告发布
	导购
	搜索引擎优化
	电话营销
软件开发与技术	数据科学
	游戏开发
	手机开发
	质量保证和测试
	软件开发
	网页制作
	网页抓取
写作和翻译	学术写作
	文章写作
	文案写作
	创意写作
	技术写作
	翻译

资料来源：WOOD A J, GRAHAM M, LEHDONVIRTA V, et al. Good gig, bad gig: autonomy and algorithmic control in the global gig economy[J]. Work, employment and society, 2019, 33(1): 56-75.

（3）app 工作。在零工工作的范畴内，app 工作作为第三种变体，属于按需服务经济。app 即应用程序，是一种能够在用户移动设备上直接执行特定功能的软件程序。这种工作模式下，顾客使用 app 直接发布任务，支付费用。零工工作者接受并完成本地化的任务，例如，运输、送餐和载客（De Stefano V，2015）。在顾客发布任务之后，平台算法快速识别劳动任务，直接将任务分配给某位零工工作者。该过程不同于资本平台工作和众包工作的分配流程，不再由任务发布者自主选择某位零工工作者来完成任务。app 工作的另一大不同点在于，它会受到地理位置和时间段的限制（Howcroft D et al.，2019）。一般来说，任务发布者与接受任务的零工工作者都必须要在规定时间段内到达特定地点，才能够完成线下线上互通，实现工作任务闭环。

4.2.3　非标准劳动关系发展驱动因素

在数字信息时代，企业的传统雇用模式正面临着持续的冲击和挑战，这导致标准的雇佣关系开始出现空心化现象。劳动关系演变的外部驱动因素如下。

1. 政策驱动力

典型劳动法律针对的多是传统稳定的、单一的劳动关系。法律相对于现实具有一定的滞后性，对非标准劳动关系的新特征反应较为迟缓。法律规制的不足或弱化导致了劳动关系中灰色地带的出现，这也成了雇主使用非标准劳动关系进行雇用的制度诱因（班小辉，2019）。政府对于劳动关系法律政策的改进和更新将会影响劳动关系的演变趋向。

以我国为例，在改革开放背景下，劳务派遣作为一种新型的工作方式在国内出现。这对传统劳动法律体系提出了挑战，要求相关法律改变观念，改进相关制度。杨伟国等（2021）的研究总结了这个变革历程：1983 年开始，国家逐步试行劳动合同制；直到 1991 年，城镇国有企业里的劳动关系在形式上才全部转化为劳动合同制，为灵活就业提供了基础条件；1995 年，《中华人民共和国劳动法》的实施，进一步弱化了行政干预，打破了传统的人才资源统一分配模式，劳务派遣工作形式所代表的非标准劳动关系得到迅速发展。总体来说，政府出台的政策旨在鼓励多样化的就业形式，并致力于完善非标准劳动关系的保障机制。这些措施成为推动非传统雇用方式发展的主要动力，未来劳动关系的演变发展将继续受到新兴就业政策的影响。

2. 经济驱动力

新一轮技术革命的深入发展推动了全球数字化转型，促进了数字经济、平台经济、共享经济和零工经济等新经济形态的兴起，引领了新经济形态与非传统雇用模式的共生发展。例如，2008 年 Airbnb 创立，平台经济为它提供了发展机会。反过来，Airbnb 在共享经济领域颇有建树，引领了全球共享经济热潮（吴光菊，2016）。数字平台成了联系全球资源库的基础，平台与资源提供者之间形成新的非标准劳动关系，房主成为 Airbnb 的松散型人力资源（Martin C J，2016）新经济形态作为“新技术群”发展下的产物，创造了大量的灵活就业岗位，为非标准劳动关系提供了广阔的发展空间。

杨伟国等（2021）提出新经济形态的发展使得劳动力需求方发生了改变。第二、三产业的快速发展，以及改革开放程度的加深，为非传统雇用模式的发展提供了坚实的需求侧基础。全球范围内，服务行业的相对重要性日益增加，其他类型行业的生产呈现出分散化的特点。这些变化促成了资本密度较低、规模较小的生产方式的出现。Gandini（2019）认为这种形式下，雇主不再需要担心必要时期是否能够雇用到劳动力。雇主为员工提供永久性标准劳动关系类型职位的一个关键动机消失，雇主与员工建立非标准劳动关系具有更高的性价比。

聚焦实践 4-3

Airbnb 的发展与管理模式

Airbnb 在 2008 年创立，至 2016 年已经渗透到全球 190 个国家和地区，在共享经济领域颇有建树，引领了全球的共享经济热潮。Airbnb 通过互联网平台，协助用户预定闲置房间（多为民宿），打开了闲置房源供给端与需求量巨大的房屋需求端进行匹配的新通道。2016 年，Airbnb 的房源数量与交易量已可以和国际大酒店相媲美，Airbnb 成为住宿界异军突起的一匹黑马（程熙镕 等，2016）。Airbnb 的管理模式可以从交易方式、费用、服务方式、绩效考核等四个方面来介绍。

1. 交易方式

房东通过 Airbnb 平台发布信息，用户使用各种过滤条件来搜索房源，包括住宿类型、日期位置和价格等。租房价格由房东决定，每晚可以收取不同的价格。房东需要提供住宅的详细信息，包括屋内设施、可预订日期以及取消预订的方式，并额外提供住宿环境照片。房客直接和房东在 Airbnb 平台进行联系、预订、付款等（王圣元 等，2018）。

2. 费用

每次预订，平台收取 0 ～ 20% 的房客服务费，并额外收取 3% 的房东服务费。对于其他服务，比如导游服务，公司会从房东那里收取 20% 的佣金。

3. 服务方式

Airbnb 平台和房东之间建立起非标准劳动关系，一起为租客提供服务，赚取费用。在共享经济时代，闲置资源的提供者直接面对市场，其服务品质的优劣直接影响房东自身的市场竞争力。为获取更高的利益，房东愿意提供更加专业的服务。在这个过程中，共享平台为房东提供标准化的培训，让房东可以自主学习（程熙镕 等，2016）。Airbnb 官网上提供了一系列标准化的培训资源，内容包括如何有效地发布房源、更好地提供服务以及准备房源内所需物资等。通过自主学习，房东可以有效提高自身的竞争力。除此以外，Airbnb 还为房东提供了一系列管理服务，如钥匙交接、清洁房源、房源页面设置等，一般这些服务都由第三方公司提供。Airbnb 设有全天候房客支持团队，专门为房东和房客提供帮助，确保他们在遇到任何问题时都能及时获得协助。标准化、专业化的服务对于增强房东对房东的以及整个平台的信任至关重要，有助于提高房东和平台的收益（李立威，2019）。

4. 绩效考核

传统企业往往通过定期的绩效评估来评价员工的工作表现，并据此调整员工的薪资和奖励。与此类似，Airbnb 也需要对房东进行绩效评估，但是评估的执行者不是 Airbnb 本身，而是房客。根据程熙镕 等（2016）的搜集整理，Airbnb 建立了一套互评机制，使得考核可以实时进行。Airbnb 互评机制的独到之处在于它颠覆了传统的单向评价机制，即用户对服务者进行评价、服务者被动接受的机制。相反，它引入了双向约束机制，房客对房东进行评价的同时，房东也可对房客进行评价。

基于双向互评机制，房东通过为房客提供房源而收取服务费，Airbnb 通过为房东和房客搭建平台而收取服务费（见图 4-7）。房客在享受服务之后，支付房费并做出评价，该评价直接影响房东下一次房源的交易机会和交易价格。个人绩效与市场竞争力直接挂钩的透明机制有效地激励房东提供更加优质的服务，从而促进三方共赢局面的实现。

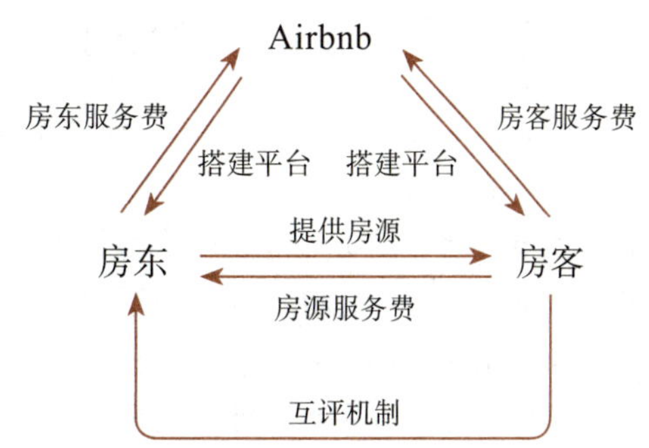

图 4-7　Airbnb 基于互评机制的市场结算关系

Airbnb 模式的出现是技术因素、社会因素以及经济因素共同起作用的结果。闲置资源的共享是 Airbnb 得以成功运行的关键。Airbnb 的崛起也为研究共享经济模式、研究零工经济、研究这种模式下形成的非劳动关系提供了宝贵的参考价值（吴光菊，2016）。

资料来源：程熙镕，李朋波，梁晗．共享经济与新兴人力资源管理模式：以 Airbnb 为例 [J]. 中国人力资源开发，2016（6）：20-25.

3. 社会驱动力

社会驱动力在劳动力市场的变化和员工工作态度的转变两个方面表现得尤为明显。过去十几年来，劳动力供应的长期过剩和工资压力相对缓和使得雇主更有信心在必要时期能够雇用到额外劳动力，以适应生产需求或业务条件的变化，这增强了雇主采用临时工等非典型雇用方式的倾向（Gandini，2019）。同时，劳动力市场灵活性不断上升，进一步推动了非标准劳动关系的发展。其中，劳动力市场灵活性是指面对经济的变化，就业量、工作时间（劳动投入）或者工资（劳动成本）能够及时进行调整的灵活程度。此外，工作态度的改变也推动了非传统雇用模式的发展。

4. 技术驱动力

新兴技术的快速发展为雇用模式带来了新的变革机遇。互联网平台作为劳动力市场供需双方之间的关键枢纽，显著提高了供需匹配效率，推动了社会关系、劳动关系的持续演变。数字技术的发展使得生产方式向更加精细化的方向发展，以数据和信息的即时交换为核心，企业逐步转型为虚拟聚集组织。数据成为主导生产的关键因素，其虚拟性特征与劳动者紧密结合，将劳动者置于经济生态系统的中心位置。为适应这种变化，企业内的劳动雇佣关系必须随之改变。

杨伟国（2021）提出技术对非传统雇用模式产生的发展驱动作用，体现在雇主、雇员双重层面。依托于大数据、区块链等技术，企业雇主能够利用网络用工平台、大数据匹配和位置服务等技术手段，快速匹配合适的人力资源。劳动者可直接向企业或个人提供劳务服务。作为非标准劳动关系的主要代表形式，新零工使用数字技术来促进工作的分配、协调和补偿（Gandini，2019）。因此，以数据为核心的技术进步是支持未来灵活用工市场和非传统雇用模式持续发展的四个宏观驱动力中最为根本的驱动力。

4.3 第四次工业革命时期的劳动关系

工业 4.0 的概念源于 2013 年汉诺威工业博览会，是指以智能制造为主导的第四次工业革命，又称“智能革命”。从弱人工智能到强人工智能，科技发展的速度逐渐加快，以摩尔定律和指数增长的爆炸性速度取得技术突破。人工智能时代具有数据驱动的特点，社会呈现出扁平化、去中心化等特征。田思路和刘兆光（2019）共同提出，劳动形态将朝着多元化方向深入演化和发展，并可能呈现出全面非典型化的趋势。这种深度演变将以普遍性的自主劳动为最终目标，以大量过渡性的非标准劳动关系为典型表征。在这样的时代背景下，受高度智能化、去中心化以及多元价值等多重因素的影响，劳动关系将变得更加复杂。

4.3.1　非标准劳动关系理论

在非标准劳动关系的环境中，员工的工作往往具有外围性、工作价值边缘性和工作临时性等特点，这导致非典型雇用的员工处于组织的“边缘位置”，与用工组织的联系较为松散。这种关系中，雇员与雇主的观念都发生了较大改变。企业面临新的挑战——如何在这种高弹性、低成本、低工作意愿、低承诺的非标准劳动关系中达到员工－组织的互利共赢。自第四次工业革命概念提出之后，有关非标准劳动关系的研究迅速增加。蒋建武等（2012）将传统的员工－组织关系理论模型进行拓展，Gandini（2019）将劳动过程理论的研究扩展到数字平台，这些理论研究都为企业理解非标准劳动关系、应对新的挑战提供了指导方向。

1. 员工－组织关系理论的拓展

蒋建武等（2012）拓展了传统员工－组织关系基本理论模型，引入派遣单位，从用工单位期望员工的贡献、用工单位提供的诱因、派遣单位提供的诱因3个维度来考察非典型雇用形式下的员工－组织关系，将该关系总结为8种类型（见图4-8）。用工单位提供的诱因强调用工单位对员工的投资，多为发展性投入，可以提高员工对集体的关注程度，如参与决策、授权、公平对待等。派遣单位提供的诱因既有物质性投入，也有发展性投入，如就业能力培养、长期派遣等。用工单位期望员工的贡献包括员工要达到的任务绩效（与工作任务直接相关的行为，如勇于创新、绩效优秀）和周边绩效（如帮助同事）。

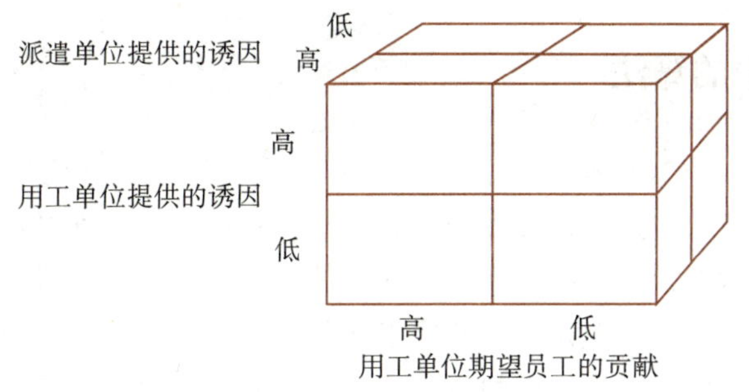

图4-8　非典型雇用形式下的员工－组织关系立体结构模型

资料来源：蒋建武，戴万稳．非典型雇佣下的员工－组织关系及其对员工绩效的影响研究[J]. 管理学报，2012，9（8）：1178-1182.

对用工单位、派遣单位提供的诱因，以及用工单位期望员工的贡献的高低情况进行组合，一共可以形成8种类型的员工－组织关系模式。在派遣单位、用工单位和派遣员工投入水平不一致时，员工会表现出不同的工作绩效及稳定性。该模型下，当员工、用工单位及派遣单位三方都进行长期的投入时，三方形成稳固的三角关系，是相对理想的关系模式。此时，派遣员工可能同时对派遣单位和用工单位产生“双元承诺”。

2. 劳动过程理论

20世纪80年代和90年代，劳动过程理论（labor process theory，LPT）就已经被应用到各种工业环境中，用来揭示拥有生产资料的雇主与劳动力之间的关系。非标准劳动关系下，雇主不再需要提供工作场所和生产资料。新零工经济标志着数字活动不再是无偿或无形的工作，参与其中的人不再是简单的用户，而是“实际的”有偿零工工作者。基于此，Gandini（2019）提出，将 LPT 的研究范围从有偿工作场所扩展到数字平台。数字平台作为第三方，在非标准劳动关系中的作用主要体现在生产点、情绪劳动和控制三个方面。

（1）生产点。基于信息和通信技术，生产点从单一的物理场所开放到任何有通信设备的空间。零工工作平台就代表了一个独特的、基于数字的生产点。平台作为中介，促成了雇主与零工工作者之间的合作。不同的数字平台作为不同的生产点，它们之间的关键区别在于代理费用不同。

（2）情绪劳动。情绪劳动在零工经济中变得更加显著，平台通过反馈和评分系统要求零工工作者进行情感管理，以维持良好的客户关系和个人声誉。这种情感劳动不再是一种无形的劳动，而是以可视化的指标呈现，成为他们获得未来工作的关键因素。

（3）控制。数字平台通过反馈、排名和评级系统对零工工作者施加了一种新型的“技术规范性”控制。这种控制形式结合了以往服务经济中的控制策略（客户管理）和独特的以平台为基础的控制实践（影子雇主）。

Gandini（2019）首次引用 LPT 解释非标准劳动关系。随后，Kellogg et al.,（2020）提出了一个有利的分析框架，使用 LPT 来理解算法在工作场所中的应用和影响。算法被视为一种技术和管理工具，它允许雇主以新的方式控制劳动者，从而重新塑造劳动过程中雇主与雇员之间的关系。

4.3.2 零工经济中的算法

波兰尼悖论（Polanyi’s paradox）的核心观点“人类知道的远比他们能表达的多”强调了人类知识的隐性特性，即人们在实践中掌握的知识和技能往往难以完全通过言语和文字表达出来。传统信息技术下，算法被视为人类知识的表达，需求只有清晰明确，才能够通过算法以数字化的形式表现出来。但是，第四次工业革命之后，人工智能突破了波兰尼悖论的限制。算法实现过程不再依赖人类知识的表达，通过分析大量数据和案例，算法可以自我学习抽取特定规则，产生变革性影响。非标准劳动关系中与算法相关的各类场景成为大热的研究内容。

1. 算法监控

工作场所监控可以作为一种有效普遍的组织控制机制来确保员工为实现管理目标努力。一定程度上，该监控过程被视为是二元的，包括离散的观察者和被观察者。作为人与人之间监督模式的补充，一些组织采用了新兴的算法监控形式。算法监控（algorithmic surveillance）可以被认为是计算过程的集合，通过监测零工工作者的工作过程自动生成数据、评估并分配劳动活动。Kellogg et al.（2020）通过文献回顾，总结了算法监控的六个主要机制，即“6R”，包括限制（restricting）、推荐（recommending）、记录（recording）、评级（rating）、替换（replacing）和奖励（rewarding）。这些机制使得雇主可以通过算法技术来指挥、评估和规范工作者，从而实现对劳动力的更高效的管理和监控。

当雇主与雇员之间建立起标准劳动关系时，雇主提供工作场所，监控过程可以是传统工作场所监控与算法监控的结合。近年来，非标准劳动关系绝大部分通过数字平台建立，并无雇主提供工作场所。算法监控成为三方多模式监控组合中的主导形式。多模式监控组合包括算法、管理和客户监控（Newlands，2021）。算法监控通过数据捕获、算法分析来实时监控零工工作者；管理监控以算法监控作为辅助，必要情况下进行人工干预；客户监控主要通过平台的评价和反馈系统收集客户看法，对零工工作者进行管理和控制。

Gillepie 提出算法是惰性的、无意义的机器，直到与数据库相匹配才能发挥其作用。因此，获取大量与零工工作者活动相关的连续数据是执行算法监控的先决条件。监视模型和捕获模型都可以用来获取数据。监视模型侧重于对行为进行实时的监控和控制。捕获模型在活动发生时生成相关数据，侧重于数据的收集和后续使用。算法监控更多使用捕获模型收集员工行为和位置的数据，并利用这些数据评估员工的绩效、优化工作流程和做出决策。Rahman（2021）的文章探讨了自由职业者如何面对平台的不透明算法评估，并分析了算法评估对他们后续行为的影响。研究提出了“无形之笼”的概念来描述自由职业者在不透明算法评估下的体验。这种控制形式下，高评级的标准以及标准的变化都是不可预测的，这使得工作者在努力理解并达到高评级而获取更高收益时感到困惑和挫败。

Newlands（2021）的研究运用 Henri Lefebvre 的空间三元理论分析了平台算法监控对零工工作者与组织的影响。具体来说，Lefebvre 的理论区分了三种空间：构想空间（由专家设计的理想化的技术性的抽象空间，如技术地图）、感知空间（个体的日常体验空间，由习惯与实践组成）和生活空间（个体对空间的主观感受，完全个人化和非正式化）。算法监控更侧重于构想空间，往往无意或有意地忽视零工工作者的感知空间和生活空间。组织对员工实际工作经验和环境理解的不足，可能加剧零工工作者的边缘化处境和工作条件的恶化程度。算法只处理机器可读的数据，可能会影响组织做出准确和公平决策的能力。总的来说，Newlands 的文章为我们提供了一个深入的视角，以帮助我们理解算法监控如何在零工经济中重塑劳动关系，以及这种变化对零工工作者和组织意味着什么。

2. 算法抵制

在传统的控制系统中，组织依靠管理人员的密切监督对员工进行约束控制。员工通常会采取策略或行动来重新获得自主权和尊严（Cameron et al.，2022）。控制与抵抗之间的关系犹如同一枚硬币的两面。算法抵制（algorithmic resistance）是指零工工作者对平台算法控制采取的反抗行为（Kellogg et al.，2020）。

上面所提到的 Newlands 的研究，运用三位一体理论，分析了算法监控对零工工作者和组织的影响。算法监控过程中观察者和被观察者之间的技术中介关系存在缺口为零工工作者提供了算法抵制的机会。构思、感知和生活三个空间的认识论距离为零工工作者提供了抵抗空间。零工工作者可以通过干扰构想空间与感知空间之间的连接来抵抗算法监控。例如，零工工作者可以采用位置隐蔽工具或软件操纵 GPS 信号，故意向平台提供模糊、混淆或误导性的信息，影响数字地图与现实情况的紧密对应。零工工作者也可以直接跨越构想空间，完全切断构想空间与感知空间之间的对应。在平台无法感知位置信息的情况下，零工工作者可以参与到集体街头抗议和办公室占领活动中抵制远程数字控制。Kellogg et al.（2020）提出算法抵制涵盖了一系列从个人行动到集体行动的抵抗策略，并对算法抵制的形式进行了汇总（见表 4-4）。通过不同的抵抗方式，零工工作者能够对算法控制提出挑战，影响算法监控的实施过程，并改善自己的工作条件和权力。

表 4-4　算法抵制形式

项目	形式	举例
个人行动	不合作	▪ 零工工作者拒绝学习游戏化的算法规则来抵制平台监控 ▪ 破坏算法记录，零工工作者通过阻止数据收集或提供错误数据来影响算法监控
	利用算法	▪ 如果账号的不良反馈评级较多，零工工作者重新注册新的账户进行工作 ▪ 零工工作者通过参与在线论坛，找出影响评分的特征或行为，进行规避
	与客户谈判	▪ 绕过平台，零工工作者直接联系留下了负面评价的人员，与他们谈判取消差评
集体行动	开发在线论坛和平台	▪ 博客“The Rideshare Guy”的建立帮助零工工作者在不同的汽车共享市场中最大化他们的收入，其他类似平台还有 Turkoption、Peers.org、Zen99
	平台组织	▪ 平台合作社通过解决与算法控制相关的不透明、偏见和利润提取相关问题，提高算法的透明度
	法律动员	▪ 通过法律途径，针对员工隐私、管理监控、歧视和数据所有权等问题进行动员，零工工作者可以改变现有的法律框架，以更好地保护自身的权益 ▪ MID（个人数据调解人）提案的通过

资料来源：KELLOGG K C, VALENTINE M A, CHRISTIN A. Algorithms at work: the new contested terrain of control [J]. Academy of management annals, 2020, 14(1): 366-410.

Cameron 等（2022）的定性研究将 RideHail（网约车平台）以及 Findwork（自由职业者平台）两个平台的零工工作者作为研究对象，从工作任务完成的前、中、后三个阶段分析了两个平台零工工作者的具体抵抗行为。研究发现，工作者在劳动过程的早期阶段抵抗自由度最大。但是随着工作过程的推进，工作者抵制的能力越来越小，他们的抵抗策略必须调整。对任务执行前、中、后控制与抵抗的关系的分析提供了对算法监控和算法抵制理解的新思路。

技术决定论认为人工智能在工作中的使用会导致零工工作者的完全原子化。“原子化”最初描述的是个体之间的联系减弱，以及那些位于国家、资本和个体之间的社会组织消亡，从而使个体直接面对国家和资本的现象。对于零工工作者来说，原子化是指工作者在工作中变得极度孤立，独立完成任务，减少集体合作的现象。这种现象使得零工工作者进行集体的算法抵抗变得不太可能。然而，Heiland 等（2021）的研究提出了不同的观点，尽管平台试图通过算法控制来原子化工作者，从而阻止零工工作者的自我组织，但是，调查显示，60% 的工作者仍然会通过官方或非官方的聊天群组以及工作期间的非正式面对面会议与同事进行联系。他们沟通的主要内容之一就是对工作条件的批评。因此，许多在线和面对面的沟通网络也被用来组织集体斗争，算法抵制的脚步并没有停下。

3. 算法厌恶

算法优化，效率提高，使得零工的工作都被嵌入平台算法匹配之中，但是算法的全部潜力还没有体现出来。因为算法厌恶的存在，零工用户会有意低频率地采用算法给出的建议，这阻碍了算法进一步优化提升效率。算法厌恶是指相对于人类而言，人们对算法存在一定程度的片面看法，表现为对算法的消极行为与态度。Liu et al.（2023）利用大型出行平台推出的算法，进行了算法厌恶的第一个大规模现场研究，探讨了司机对于算法推荐系统的接受度问题。最后分析认为，司机对于算法的接受程度受到个人经验和群体行为的显著影响，表现为情境效应和羊群效应。情境效应是指零工工作者根据自己的特定经历和经验来做出决策的倾向。零工工作者（如网约车司机）如果在某特定地点和时间有很多接单经验，他们可能会根据这些经验来判断当前位置的潜在需求，而不是完全依赖算法的建议，他们可能会对算法产生抵触情绪。羊群效应是指零工工作者在不确定的情况下，会通过观察其他人的行为来做出决策的倾向。例如，网约车司机可能会观察并模仿其他司机的停放位置。若是此时，算法推荐司机移动到其他位置，就会引起司机对算法的不信任和厌恶。这些发现对于平台或者企业使用算法管理员工具有重要的参考意义。

4.3.3　非标准劳动关系优劣势

从个人层面来看，非标准劳动关系发展至今，其核心优势在于为工作者带来了高度的灵活性、自主决策的能力、多样化和具有挑战性的任务。然而，这种关系也伴随着一些潜在的问题，例如，可能导致工作者收取较低的薪酬、感受到社会孤立、难以融入集体、过度劳动、缺乏睡眠等（Wood A J et al.，2019）。鉴于第四次工业革命之后劳动关系将继续朝着多元化方向发展，呈现出全面非典型化趋势，分析了解非标准劳动关系的优劣势具有十分重要的参考意义。

1. 优势

（1）相对自由。传统雇用经济中，无论是制造工厂、高新企业还是互联网公司，往往都会明确工作的基本时间，近年来，从“朝九晚五”衍生出“996”甚至“007”(蔡宁伟 等，2021）。相较而言，非标准劳动关系具有以人为本的特征，可以让劳动者按照自己的时间和安排来选择工作，打破了传统工作方式对劳动者的束缚。工作者在工作中感受到较强的灵活性和自由度。

传统雇用经济中，雇主为雇员提供固定的工作场所并要求雇员在工作场所内工作，可以居家办公的“SOHO”（small office，home office）工作模式也需要员工参加例会和团建（王圣元 等，2018）。相较于此，非典型劳动形态——远程劳动更加适合人工智能时代，代表着更高的工作场所灵活性。线上远程工作者不必集中在雇主提供的传统工作场所中工作，基本摆脱了地点决定论的限制。

（2）约束较少。非标准劳动关系下，雇员无须融入平台组织，只需要做好分内的工作，与其他组织成员来往较少，这种工作方式进一步强调了雇员与平台和雇主之间进行经济交换、短期契约的关系特征，增加了员工裸辞的可能性和便利性，极大程度地契合了“90后”“00后”新生代员工希望实现“说走就走、想回就回”的心理诉求（蔡宁伟 等，2021）。许多年轻人十分重视这种新的心理契约所带来的自主性、自由和灵活性（Cropanzano et al.，2023）。

(3)入门快速。一方面，灵活就业的劳动者不需要特定的教育背景或长期的职业培训，减少了参与工作的障碍（Chen et al.，2019）。对劳动者来说，灵活就业具有操作专业、内容单一的特征，参与方式简单灵活（郑祁 等，2019）。另一方面，非标准劳动关系具有按需工作的特性，约束较少，这种特性也降低了传统意义上的入职门槛。

2. 劣势

(1)灵活悖论。非标准劳动关系中的高度灵活性是以工作保障的高度不确定性、不稳定性以及平台算法的实时监控为代价的。首先，非标准劳动关系的不确定性会使得工作者更频繁地失业，导致自身职业发展缓慢，缺乏可预测的未来（Fauser et al.，2024）。其次，灵活性减少了工作保障，在非标准劳动法尚未完善、公司不会提供标准劳动关系该有的保障的环境下，工作者工作和休闲之间的界限变得模糊；隐私权可能会遭到侵犯；保险、养老、医疗等方面得不到保障，可能会引起自身身体状况和工作伤害方面的问题（郑祁 等，2019）。最后，灵活性的背后是隐蔽的平台监管，通过对工作任务完成度进行实时数据捕获、根据客户反馈对个人工作表现进行评级、实行“游戏化”的竞争策略，平台变相督促零工工作者不间断地执行一个又一个任务（Wood A J et al.，2019）。

(2)模式单一。工作碎片化导致了工作流程的分解和工作成果的不连贯性。多数平台难以分解知识密集型工作，而容易分解劳动密集型工作。所以，灵活就业的工作者所从事的大多是简单、重复性高的工作。而市场对劳动的需求具备差异化特征，只有当工作者可以提供差异化的劳动、产品、服务时，自身才会更具有发展潜力（王圣元 等，2018）。

人工智能时代，高级专业人才具有高度的不可替代性和稀缺性，劳动力价格昂贵。因此，工作者可以通过提升自身技能来克服非标准劳动关系模式单一的缺点。孔茗等（2020）将技能和参与度作为两个维度，提出了“2 × 2”分类矩阵，指出了工作者的可持续发展路径，如图 4-9 所示。

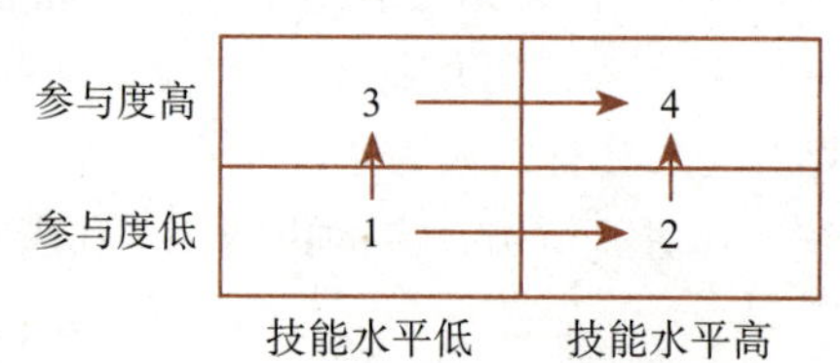

图 4-9 零工模式：个体在人工智能时代的可持续发展之道

资料来源：孔茗，李好男，梁正强，等. 零工模式：个体在智慧时代的可持续发展之道 [J]. 清华管理评论，2020（4）：62-70.

总的来说，工作者在享受非标准劳动关系提供的灵活性和自主性的同时，也需要权衡自由与安全之间的利弊，做出适合自己的职业选择，同时注意社会保障层面的问题。从企业层面来看，郑祁等（2019）的研究通过对西方文献进行梳理，总结了零工经济给企业带来的机遇和优势、风险和挑战，以及企业的应对策略和方案。文章提出企业需要通过创新管理策略、建立合作伙伴关系以及承担社会责任，来最大化非标准劳动关系的潜在价值，同时应对由此带来的间接影响。通过这种方式，企业不仅能够提高自身的竞争力，还能够为整个社会的经济发展和劳动力市场的优化做出贡献。

本章小结

在本章中，我们主要介绍了标准劳动关系、非标准劳动关系及其演变过程，总结了劳动关系的特点和优劣势。进一步地，以零工经济模式为代表，本章介绍了非标准劳动关系的一些具体工作形式，以及算法对非标准劳动关系中各方产生的影响。

关键术语

标准劳动关系　非标准劳动关系　理论　驱动因素　零工　演变　算法　优劣势
发展趋势

复习思考题

1. 请说明标准劳动关系与非标准劳动关系的概念，将其特点进行对比分析。
2. 自己挑选一个公司，分析该公司的员工–组织关系的转变历程。
3. 简述零工与零工经济的概念与分类，并思考零工工作者未来可能会遇到的挑战。
4. 思考算法监控、算法抵制、算法厌恶三者的联系，以及它们分别对组织、平台、工作者会产生什么影响。

参考文献

[1] 班小辉."零工经济"下任务化用工的劳动法规制[J].法学评论，2019（3）：106-118.

[2] 蔡宁伟，张丽华.新零工经济的优势与劣势：基于用工时间、内容、流程、收入、体验和发展等多维度思考[J].中国劳动，2021（2）：50-67.

[3] 陈维政，刘云，吴继红.双向视角的员工组织关系探索：I-P/S模型的实证研究[J].中国工业经济，2005（1）：110-117.

[4] 程熙镕，李朋波，梁晗.共享经济与新兴人力资源管理模式：以Airbnb为例[J].中国人力资源开发，2016（6）：20-25.

[5] 崔勋，张义明，瞿皎姣.劳动关系氛围和员工工作满意度：组织承诺的调节作用[J].南开管理评论，2012，15（2）：19-30.

[6] 蒋建武，戴万稳.非典型雇佣下的员工–组织关系及其对员工绩效的影响研究[J].管理学报，2012，9（8）：1178-1182.

[7] 孔茗，李好男，梁正强，等.零工模式：个体在智慧时代的可持续发展之道[J].清华管理评论，2020（4）：62-70.

[8] 李立威.分享经济中多层信任的构建机制研究：基于Airbnb和小猪短租的案例分析[J].电子政务，2019（2）：96-102.

[9] 李原，郭德俊.组织中的心理契约[J].心理科学进展，2002（1）：83-90.

[10] 刘俊振，王泽宇，姜珅妍.未来工作的趋势：基于零工和企业灵活用工的演变[J].

清华管理评论，2020（4）：71-79.

[11] 刘艳巧，王佳玮．心理契约对员工与平台企业合作稳定性的影响：以滴滴出行为例[J]. 企业经济，2020，39（11）：45-52.

[12] 龙立荣，梁佳佳，董婧霓．平台零工工作者的人力资源管理：挑战与对策 [J]. 中国人力资源开发，2021，38（10）：6-19.

[13] 邱泽奇．零工经济：智能时代的工作革命 [J]. 探索与争鸣，2020（7）：5-8.

[14] 时宝金 .90 后新生代员工激励机制的构建：基于心理契约视角 [J]. 中国人力资源开发，2012（12）：33-36.

[15] 田思路，刘兆光．人工智能时代劳动形态的演变与法律选择 [J]. 社会科学战线，2019（2）：212-221.

[16] 汪林，储小平．组织公正、雇佣关系与员工工作态度：基于广东民营企业的经验研究 [J]. 南开管理评论，2009，12（4）：62-70，82.

[17] 王圣元，陈万明，赵彤．零工经济：新经济时代的灵活就业生态系统 [M]. 南京：东南大学出版社，2018.

[18] 闻效仪．去技能化陷阱：警惕零工经济对制造业的结构性风险 [J]. 探索与争鸣，2020（11）：150-159，180.

[19] 吴光菊．基于共享经济与社交网络的 Airbnb 与 Uber 模式研究综述 [J]. 产业经济评论，2016（2）：103-112.

[20] 徐云飞，席猛，赵曙明．员工 – 组织关系研究述评与展望 [J]. 管理学报，2017，14（3）：466-474.

[21] 余琛．四类不同心理契约关系的比较研究 [J]. 心理科学，2004（4）：958-960.

[22] 郑祁，杨伟国．零工经济的研究视角：基于西方经典文献的述评 [J]. 中国人力资源开发，2019，36（1）：129-137.

[23] 朱苏丽，龙立荣，贺伟，等．超越工具性交换：中国企业员工—组织类亲情交换关系的理论建构与实证研究 [J]. 管理世界，2015（11）：119-134.

[24] 中国劳动和社会保障部劳动科学研究所课题组．中国灵活就业基本问题研究 [J]. 经济研究参考，2005（45）：2-16.

[25] BLAU P M. Exchange and power in social life[M]. London: Routledge, 2017.

[26] CAMPION E D, CAZA B B, MOSS S E. Multiple jobholding: an integrative systematic review and future research agenda[J]. Journal of management, 2020, 46(1): 165-191.

[27] CAMERON L D, RAHMAN H. Expanding the locus of resistance: understanding the co-constitution of control and resistance in the gig economy[J]. Organization science, 2022, 33(1): 38-58.

[28] CHEN M K, ROSSI P E, CHEVALIER J A, et al. The value of flexible work: evidence from Uber drivers[J]. Journal of political economy, 2019, 127(6): 2735-2794.

[29] CROPANZANO R, KEPLINGER K, LAMBERT B K, et al. The organizational psychology of gig work: an integrative conceptual review[J]. Journal of applied psychology, 2023, 108(3): 492-519.

[30] DE STEFANO V. The rise of the just-in-time workforce: on-demand work, crowdwork, and labor protection in the gig-economy[J]. Comparative labor law and policy journal, 2016, 37: 461-471.

[31] DUGGAN J, SHERMAN U, CARBERY R, et al. Algorithmic management and app - work in the gig economy: a research agenda for employment relations and HRM[J]. Human resource management journal, 2020, 30(1): 114-132.

[32] EISENBERGER R, ROCKSTUHL T, SHOSS M K, et al. Is the employee-organization relationship dying or thriving? a temporal meta-analysis.[J]. Journal of applied psychology, 2019, 104(8): 1036-1057.

[33] FAUSER S, MOOI-RECI I. Non-standard employment and underemployment at labor market entry and their impact on later wage trajectories[J]. Human relations, 2024: 00187267241239568.

[34] GANDINI A. Labour process theory and the gig economy[J]. Human relations, 2019, 72(6): 1039-1056.

[35] HEILAND H, SCHAUPP S. Breaking digital atomisation: resistant cultures of solidarity in platform-based courier work[M]// MOORE P V, WOODCOCK J. Augmented exploitation: artificial intelligence, automation and work. London: Pluto Press, 2021.

[36] HOWCROFT D, BERGVALL-KÅREBORN B. A typology of crowdwork platforms[J]. Work, employment and society, 2019, 33(1): 21-38.

[37] KALLEBERG A L, REYNOLDS J, MARSDEN P V. Externalizing employment: flexible staffing arrangements in US organizations[J]. Social science research, 2003, 32(4): 525-552.

[38] KELLOGG K C, VALENTINE M A, CHRISTIN A. Algorithms at work: the new contested terrain of control[J]. Academy of management annals, 2020, 14(1): 366-410.

[39] KUTAULA S, GILLANI A, BUDHWAR P S. An analysis of employment relationships in Asia using psychological contract theory: a review and research agenda[J]. Human resource management review, 2020, 30(4): 100707.

[40] LIU M, TANG X C, XIA S Y, et al. Algorithm aversion: evidence from ridesharing drivers[J]. Management science, 2023.

[41] MEIJERINK J, KEEGAN A. Conceptualizing human resource management in the gig economy: toward a platform ecosystem perspective[J]. Journal of managerial psychology, 2019, 34(4): 214-232.

[42] NEWLANDS G. Algorithmic surveillance in the gig economy: the organization of work through Lefebvrian conceived space[J]. Organization studies, 2021, 42(5): 719-737.

[43] PETRIGLIERI G, ASHFORD S J, WRZESNIEWSKI A. Agony and ecstasy in the gig economy: cultivating holding environments for precarious and personalized work identities [J]. Administrative science quarterly, 2019, 64(1): 124-170.

[44] RAHMAN H A. The invisible cage: workers' reactivity to opaque algorithmic evaluations

[J]. Administrative science quarterly, 2021, 66(4): 945-988.

[45] ROUSSEAU D M. Psychological contracts in organizations: understanding written and unwritten agreements[M]. London: Sage Publications, 1995.

[46] SHORE L M, TETRICK L E, TAYLOR M S, et al. The employee-organization relationship: a timely concept in a period of transition[M]//Research in personnel and human resources management Volume 23. Leeds: Emerald Group Publishing Limited, 2004: 291-370.

[47] SESSIONS H, BAER M D, NAHRGANG J D, et al. From free pastures to penned in: the within-person effects of psychological reactance on side-hustlers' hostility and initiative in full-time work.[J]. Journal of applied psychology, 2023, 108(12): 1979-1997.

[48] TSUI A S, PEARCE J L, PORTER L W, et al. Alternative approaches to the employee-organization relationship: does investment in employees pay off ? [J]. Academy of management journal, 1997, 40(5): 1089-1121.

[49] WOOD A J, GRAHAM M, LEHDONVIRTA V, et al. Good gig, bad gig: autonomy and algorithmic control in the global gig economy[J]. Work, employment and society, 2019, 33(1): 56-75.

第 5 章
CHAPTER 5

数字化时代的沟通

在数字化时代，沟通的革新已经成为推动组织效能和个人协作效率提升的关键因素。随着互联网技术的飞速发展，传统的沟通模式正在被新兴的数字工具所颠覆。这些工具不仅重塑了信息传递的速度和范围，还极大地丰富了沟通的内容和形式。在这一背景下，了解数字化时代沟通的特点、优势及其对人际关系和工作流程的影响，对于任何组织和个人来说都至关重要。

本章将深入探讨数字化时代沟通的演变及其对现代工作场所的深远影响，分析新兴沟通技术如何改变了组织沟通，并在全球化的背景下促进了跨文化理解和协作。同时，也将讨论数字化沟通带来的挑战，包括信息过载、隐私保护以及沟通管理等。本章将通过对这些关键议题的探讨，为企业提供一个全面的视角，使企业能更好地理解和利用数字化时代的沟通工具，从而在快速变化的商业环境中保持竞争力。

§ 学习目标

➢ 学完本章，你应该做到：

1. 了解数字化时代沟通的演变及技术发展背景。
2. 掌握数字化时代沟通的技术相关特征和语言特点。
3. 明白如何有效地避免沟通障碍。
4. 了解数字化时代跨文化沟通的障碍与对策。

§ 引例

Tracup 改变了跨团队协作中的沟通模式

在一家跨国企业中，跨部门合作是非常普遍的。Sarah 是某家企业的 IT 部门经理，负责领导一个由来自不同国家和文化背景的开发团队组成的项目。这个项目需要团队成员及时高效的协作和沟通，但由于团队成员所在空间不同、语言和时间存在差异等，团队合作经常陷入困境。在跨团队协作中，实现高效的沟通是非常重要的。于是，Sarah 通过 Tracup 的项目管理平台，成功地帮助团队成员实现了更好的协作和沟通。

Tracup 可以帮助团队成员更好地协作和沟通。例如，团队成员可以使用 Tracup 进行进度管理、文档共享、讨论和反馈等。这些功能可以帮助团队成员更好地实现信息的及时沟通，提升沟通效率和信息传播的速度。这些功能使得团队成员之间的协作更加高效和便捷。

随着数字技术的不断突破和发展，团队沟通的方式和模式也经历了翻天覆地的变化，一个功能强大的软件可以帮助团队成员实现更好的协作和沟通，特别是在跨团队沟通的情况下，团队协作软件让成员们可以更加高效地沟通协调和完成任务，并且能够更好地了解项目进展情况，从而做出更加准确的决策。

资料来源：Tracup 官网案例故事，2023 年 4 月 25 日。

5.1 数字化时代沟通的变迁

沟通（communication）的定义有很多，如表 5-1 所示，从定义中可以发现，沟通的方式与媒介的发展有着紧密的联系。沟通是贯穿企业管理的重要因素，本节将在数字化时代的背景下，探讨沟通因技术而发生的改变和受到的影响，以帮助组织更好地应对数字化沟通的挑战。

表 5-1 沟通的定义

著作及学者	定义
《大英百科全书》	沟通是指人们通过语言、文字、视觉、动作、符号、电话、电报或其他媒介进行信息交换和传递的行为
西蒙（H. Simon）	沟通解释为一种程序，通过这种程序，组织中的成员可以将他们所决定的意见传达给其他成员
丹尼斯・麦奎尔（Denis Mc Quail）	沟通是关于信息、理念、态度或情感的符号从主体向客体的传递，其主体是人或团体，客体或接收者是其他人或团体
切斯特・巴纳德（Chester Barnard）	沟通是将所有组织成员联系在一起，以实现组织目标的方法或手段
桑德拉・黑贝尔斯（Saundra Hybels）和理查德・威沃尔二世（Richard L. Weaver Ⅱ）	沟通被定义为分享信息、思想和情感的任何过程，这个过程中信息、思想和情感的传递媒介不仅包括口头语言和书面语言，还包括身体语言、个人的习惯以及物质环境等被赋予信息含义的任何东西

随着科技的迅猛发展，企业正从信息化时代迈向更为高级的数字化时代。这一转变不仅仅是技术的更新换代，更是企业运作模式和内部沟通机制的根本性变革。在信息化时代，企业通过引入计算机和互联网技术实现了数据的电子化处理和信息的快速传递，提高了工作效率，缩短了决策时间。而数字化时代则在此基础上进一步拓展，大数据、云计算、人工智能等先进技术不仅改变了企业的生产方式、经营模式，还深刻影响了企业内部的沟通方式。

在信息时代，企业内部沟通多依赖于面对面沟通、电话、电子邮件等方式。面对面沟通在一定程度上受限于时间和空间；电话的语音沟通信息比较狭窄，缺乏可视性、不能传输文本和视频、不能多人对话等；电子邮件非常书面化且不能即时响应，相对而言，信息传递的速度和效率较低。而在数字化时代，企业内部沟通的方式更加多样化、丰富化和即时化。以即时通信软件为例，它们使得员工之间的沟通不再受地理位置的限制，可以实时进行信息交换和意见反馈，极大地提升了沟通的效率和便捷性。

除了沟通方式的变化，数字化时代还改变了沟通的形式，涌现出了网络流行语、表情符号、表情包等新颖语言。这种变化使组织沟通变得高效的同时，也增添了不少幽默感。协作平台的兴起也为企业内部的知识共享和团队协作提供了新的途径，员工可以通过这些平台学习专业知识、工作经验，甚至进行跨部门的项目合作。

5.1.1　信息技术的发展

信息技术的发展与沟通的改变紧密相连。数字技术在提升沟通便捷性的同时，也逐渐改变了组织的沟通方式和信息的传播速度。

1. 数字化沟通与移动通信技术的演进

数字化沟通指的是在数字技术的支持下，通过电子媒介实现的信息交流和传播活动。它与移动通信技术的演进是一个复杂而多维的过程，涉及多种技术的融合与创新，主要包含了终端设备的更新与网络架构的发展。

数字化技术的演进对沟通信息的传播产生了显著的促进作用，这一点在网络架构的发展中表现得尤为明显，如表 5-2 所示。从第一代移动通信（1G）的模拟蜂窝系统实现基本的语音通话功能，到第五代移动通信（5G）的高速、低延迟特性，每一代技术的更迭都在不断拓宽沟通的边界，并深化其应用场景。在 1G 时代，尽管语音通话功能得以实现，但由于终端普及率较低，组织内部沟通仍主要依赖于面对面的方式。然而，随着技术的进步，特别是 4G 通信技术的出现，通过整合无线局域网（WLAN）和 3G 通信技术，图像传输的速度和质量得到了显著提升，高清视频直播、远程沟通协作、多人沟通或远程会议沟通等成为现实，信息传播的内容形式也因此变得更加多样化。

表 5-2　移动通信各代生态系统中的三大构件

构件	1G	2G	2.5G	3G	4G	5G
业务和应用	话音	话音	数据	话音 + 数据 + 多媒体	话音 + 数据 + 多媒体 + 物联网	话音 + 数据 + 多媒体 + 物联网 + 工业互联网
网络和架构	支持话音的电路域网络架构	支持话音的电路域网络架构	同时支持话音和数据的电路域和分组域网络架构	支持话音和数据的网络架构，早期为电路域和分组域，后期为全 IP 网络	同时支持话音和数据的全 IP 网络	同时支持话音和数据的全 IP 网络
终端和设备	模拟话音终端	数字话音终端	数字上网终端	多媒体终端	多媒体终端、物联网终端	多媒体终端、物联网终端、工业互联网设备

注：IP（Internet Protocol）是指互联网协议。

资料来源：《创新科技》杂志 2023 年第 4 期。

进入21世纪后，5G技术的商用化部署标志着万物互联新时代的到来，人际沟通方式经历了深刻的变革。终端设备的更新换代，尤其是移动通信技术的不断完善和性能提升，极大地增强了终端设备的支持能力，进而推动了技术的演进和沟通模式的迭代。从最初的手机话音和短消息业务，到后来的联网和多媒体业务，再到4G和5G时代的物联网应用和各种互联网设备的广泛接入，沟通方式已经从传统的电话沟通、邮件沟通转变为更高效的视频会议和即时通信。

在4G和5G时代，移动终端的概念已经突破了传统手机的范畴，扩展到了物联网设备、车联网终端、可穿戴设备等，实现了真正意义上的无处不在的沟通。这些技术的发展不仅使得沟通不再受到空间因素的限制，而且极大地促进了企业沟通管理模式的创新。5G技术的到来，以及人工智能、虚拟现实、增强现实、云计算等新技术的深度融合，将进一步加速这一进程，推动我们进入一个更加智能、互联和虚拟化的沟通新时代。

2. 社交媒体与即时通信工具的兴起

社交媒体和即时通信工具打破了地理限制，使得跨时间、空间的交流成为可能。这不仅促进了国际上的交流，也使得人们能够更容易地与全球各地的朋友和家人保持联系。人们有了更多即时、便捷和多样化的沟通工具。电子邮件、即时通信应用（如微信、WhatsApp）和社交媒体平台（如微博、抖音）使得信息传递几乎实时，大大缩短了信息传递的时间，提高了沟通的效率。

社交媒体提供了更多的建立人际关系的机会，使我们能认识日常生活中所不能遇见的人。同时，它也是维持和增强现有关系以及重建原有关系的有力途径。此外，社交媒体在传递思想和与他人沟通方面发挥了重要作用。

社交媒体和即时通信也改变了人们之间的交流方式，使得线上交流变得更加便捷、快速。朋友圈、微博等社交媒体也为展示个性提供了平台，让用户可以尽情地表达自己的心情，而且通过点赞、关注、评论等机制，形成了一个以“我”为中心，向外扩散的圈层式传播网络。

3. 虚拟现实和增强现实在沟通中的应用

虚拟现实（VR）和增强现实（AR）是近年来备受瞩目的技术，它们正改变着人们的沟通和体验方式。从最初的游戏娱乐工具到如今在医疗、教育、娱乐等领域的应用，VR和AR正以前所未有的速度改进着我们与数字世界之间的互动方式。

随着VR和AR技术的普及，它们将在人际沟通领域发挥重要作用。人们可以通过VR和AR技术与远程的亲朋好友或同事进行沉浸式的交流和互动，甚至在虚拟空间中办公或举办各类活动，如线上会议、虚拟音乐会和电影放映等。

AR和VR技术的发展，可能会使我们以更加沉浸的方式进行沟通和交流。例如，我们可以使用AR技术在真实环境中加入虚拟元素，或者使用VR技术进入一个完全虚拟的环境，与其他人进行实时的互动。

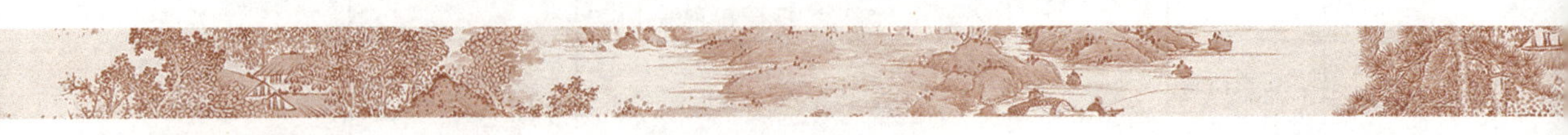

聚焦实践 5-1

2022年12月3日，上海外国语大学图书馆利用VR技术在元宇宙场景中举办了“元宇宙与智慧图书馆”高端学术论坛。上海外国语大学图书馆常务副馆长蔡迎春表示，这是国内高校图书馆首个以元宇宙形式举办的学术论坛，是一种全新的尝试和探索，希望可以积累相关经验，开拓相关领域，引领业界风向。

据悉，本次论坛提供了直播和元宇宙虚拟会场两种参会方式，元宇宙会场共设置了100位参会席位，共吸引了1.6万人同时在线观看。

本次活动现场有两个最大的亮点：第一个亮点是还原度高、体验感完整，打破了现实虚拟次元壁垒的场景设置，不仅包括会议室、培训室、贵宾厅，还有可以互动打卡并观看视频的活动区、合影区、体验间、展厅等；第二个亮点则是参会的数字人，其中既有行业内的技术大咖，也有行业前辈与新人，大家放下现实中的陌生与距离，以自己定义的数字人形象共聚一堂沉浸式体验。

资料来源：中国日报网，2022年12月5日。

4. 人工智能与自动化在沟通中的角色

在数字化浪潮的推动下，远程办公逐渐成为现代职场的新常态。然而，远程办公虽然带来了极大的灵活性和便利性，但也伴随着协作效率下降和沟通质量受损等挑战。幸运的是，人工智能（AI）技术的迅猛发展，正在为远程办公提供强大的支持，助力提升远程办公的协作效率与沟通质量。

AI在远程办公中的应用广泛而深入。在协作方面，AI技术能够自动化处理大量烦琐的数据和信息，释放人类工作者的时间和精力，使他们能够专注于更具创造性和战略性的任务。例如，智能日程管理工具可以根据团队成员的日程安排自动调整会议时间，避免时间冲突，提高会议效率。同时，AI还能通过自然语言处理技术，自动整理和分析会议内容，生成会议纪要，减少人工整理的时间成本。员工如果因为时间冲突无法参加线上会议，可以通过回放录播或阅读会议纪要了解会议内容，大大地提高了沟通效率。

在沟通方面，AI技术同样发挥着重要作用。智能语音助手能够实时翻译不同语言，尽量消除语言障碍，让全球团队能够无缝沟通。此外，AI还能通过情感分析技术，识别并理解沟通中的情绪变化，帮助团队成员更好地理解彼此，减少误解和冲突。这种基于AI的沟通方式不仅提高了沟通效率，还增强了沟通质量，使远程办公团队能够更好地协作和配合。

5.1.2 数字技术对沟通的影响

数字技术（digital technology）作为一种将模拟信息转换为电子设备可解析和处理的二进制代码（即一系列的0和1）的技术，其定义虽然在学术上存在一定的复杂性，但其核心功能是将文本、图像、音频和视频等日常生活中的信息形式转换为电子信号。这一转换过程使得信息得以在全球范围内进行快速且高效的传输和处理，从而根本性地改变了我们的沟通模式和生活方式。例如，借助移动通信技术，个体可以随时随地通过手机、平板电脑等移动设备与他人进行沟通。

沟通过程被定义为信息发出者通过特定渠道向接收者传递信息的一系列行为。然而，由于个体间的差异性以及信息不对称性的存在，完全一致的理解和观点在实际沟通中是难以实现的。这种差异性是沟通误差产生的根本原因。有效的沟通不仅包括信息的传递，还涉及信息的准确理解和解释。理想情况下，一个完美的沟通过程应当确保信息发出者能够将信息精确地传达给接收者。沟通过程模型如图 5-1 所示。

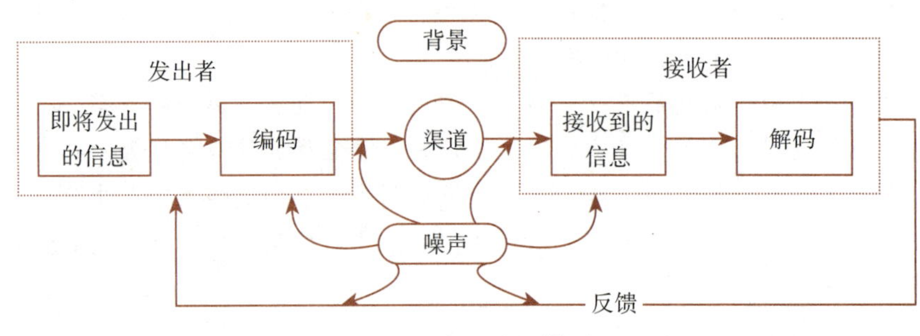

图 5-1　沟通过程模型

该模型的关键构成部分为：①发出者；②编码；③信息；④渠道；⑤解码；⑥接收者；⑦噪声；⑧反馈；⑨背景。

信息的发出者在沟通过程中扮演着关键角色，负责决定信息传递的起始时间、方式、接收者以及传递的目标。**信息**是发出者通过认知加工并**编码**而成的物理存在。无论是口头交流、书面表达还是非语言的姿态展示，其内容、文字或肢体动作均构成信息的表现形式。信息传递的载体被称作**渠道**，其选择权属于信息的发出者，并由信息发出者决定采用正式或非正式的传递渠道。正式渠道由组织建立，旨在传递与组织成员工作相关的信息，通常遵循组织的层级结构。非正式渠道则用于传递个人或社会性信息，这些渠道由个体自发建立，不受限于组织结构。

信息的接收者是沟通过程的终点，其首要任务是将接收到的符号**解码**为可理解的信息。**噪声**是沟通过程中的干扰因素，可能源于认知障碍、信息过载、用词不当或文化差异等，会导致信息传递的模糊和误解。**反馈**环节是沟通过程的重要组成部分，通过反馈机制，我们可以验证信息是否已被准确传达，并确认双方是否达成了共识。数字技术对信息的编码、传输、解码和反馈等各个环节均产生了深远的影响。**背景**环境，包括物质环境（如物理环境、心理环境、社会文化环境）和非物质环境，对所有沟通方式都具有潜在的影响。

在沟通的实践过程中，个体或组织可依据特定的需求，策略性地选择适宜的沟通渠道，以确保信息传递的有效性与效率。数字技术的持续演进和日益成熟对沟通渠道的信息承载能力和沟通环境产生了显著影响。具体而言，数字技术的发展对于沟通渠道的信息丰富度和沟通背景产生了以下效应。

1. 沟通渠道的信息丰富度差异

沟通渠道（communication channel）是指用于传递信息和消息的媒介或途径，它们确保信息能够从发出者有效地流向接收者。信息和消息可以采取直接或间接的形式进行传递，既可以通过口头传递，也可以通过书面传递，或者是通过数字技术传递。沟通渠道的选择和使用在信息传递的有效性上起着至关重要的作用。

沟通渠道的效果在信息的丰富度方面表现出显著差异。信息丰富度是指沟通渠道在传递信息时所能够承载的信息量和信息的多维性。如表 5-3 所示，沟通渠道由于所选用的载体不同，展现出不同的信息传递优势。例如，面对面沟通能够通过语言和非语言的方式同时传递信息，因此具有最高的信息丰富度。视频会议和电话紧随其后，它们虽然无法完全复制面对面沟通的非语言线索，但仍然能够在一定程度上提供实时的音频和视觉信息。

表 5-3 沟通渠道及其信息丰富度

通道或媒介	丰富度	丰富特征
面对面	最丰富	•同步，多重线索，自然语言，及时反馈
视频会议	非常丰富	•同步，多重线索，自然的视频 / 音频渠道，及时反馈
电话	中等丰富	•同步，较少线索，自然的音频渠道，及时反馈
电子邮件	低度丰富	•异步，单维线索，文本信息，延迟反馈
报表和公告	贫瘠	•异步，单向传递，文本信息

资料来源：《科研管理》2005 年第 5 期。

相比之下，电子邮件和书面报表或公告等书面沟通形式主要依赖文本信息的传递，其信息丰富度相对较低。这是因为书面沟通往往缺乏非语言线索，如肢体语言、面部表情和语调变化等，而这些非语言线索对于信息的理解和情感的传达至关重要。

因此，在进行沟通之前需要仔细考虑我们的目标。在向一个方向推送信息时（例如，在传播日常信息和计划、分享想法和收集简单数据时），可以使用精简的基于文本的媒体，例如电子邮件、聊天和公告板。而网络会议和视频会议是更丰富、更具交互性的工具，适合承担解决问题和谈判等需要汇集不同的想法和观点的复杂任务。在日常工作中，我们应当力图避免通过电子邮件或即时聊天的方式来解决有争议的人际问题（比如，告诉某人他犯了错误、没有尽职尽责或者他惹恼了队友）；相反，我们应该选择更丰富的媒体来解决高语境问题。简而言之，任务越复杂，我们应该越接近面对面地交流。有时面对面沟通（如果可能的话）是最好的选择。

为了能让人与人之间的沟通真正起作用，选择沟通渠道至关重要。选择沟通渠道时既要让信息与技术相匹配来保证信息的完整传递，又要考虑沟通频率、任务类型以及任务的复杂程度等因素的影响。总之，就是要让信息在适当的时机通过合适的方式进行沟通传递。

2. 数字技术突破了传统的沟通背景

（1）打破了时间和空间的阻隔。数字化沟通技术的兴起已经从根本上重塑了信息交流的范式。具体而言，视频会议技术已经成为企业乃至国家间沟通的重要工具，它使得参与者能够在不受地理位置和时间差异限制的情况下，实现实时的面对面交流。通过音视频同步传输，视频会议不仅确保了信息语义的准确传达，降低了沟通成本，而且还提升了沟通的效率和质量。此外，视频会议的记录功能为沟通提供了可追溯的证据，为后续的分析和评估提供了便利。展望未来，随着增强现实等前沿技术的融合应用，视频会议系统有望提供更加沉浸式的沟通体验，甚至模拟出握手和拥抱等非语言交流行为。技术的提升改变了信息传播的范围。传统的书面传递印刷成本高、分发成本高，传递周期比较长。此外，在传统的模式下，由于管理幅度有限，组织必然呈现金字塔型的架构。决策和反馈的沟通在制定者和执行者之间传递的层次多，容易造成信息失真。

（2）显著扩展了信息传播的范围和速度。与传统的书面沟通相比，数字化沟通方式大大降低了印刷和分发的成本，缩短了信息传递的周期。在传统的层级式组织结构中，信息往往需要在多个层级间传递，这不仅限制了管理的幅度，也增加了信息失真和扭曲的风险。数字化沟通通过简化信息传递的层级，减少信息在传递过程中的失真，从而提高组织沟通的清晰度和决策的质量。

（3）提高了沟通的效率。从信息论的视角分析，提升人类协作效率的关键在于提高沟通效率，而沟通的核心即是信息的有效传递。数字化技术通过优化信息的编码、存储、处理和传输过程，显著提高了沟通的效率。这种技术驱动的沟通效率提升，不仅加快了信息流动的速度，还增强了信息的准确性和可靠性，从而为个人和组织带来了更高的协作效能。因此，数字化技术的发展对于促进现代组织内部和组织间的高效沟通具有至关重要的作用。

5.1.3 沟通方式的演变

沟通有各种各样不同的分类方式。按沟通形式分类有口头沟通、书面沟通、电话沟通以及网络沟通等。下面我们以技术发展的时间段分类，分别从传统、信息化到数字化三个时代，认识几种典型的沟通方式。

1. 传统的沟通方式

传统沟通主要指的是面对面或通过非数字媒介进行的交流方式。这种沟通方式依赖于直接的人际接触和非语言交流，如肢体语言、面部表情等，这些都是信息传递的重要组成部分。在传统社会中，人际交往方式相对固定，主要通过面对面的交流来建立和维护关系。

传统团队的面对面沟通是指团队成员在同一时间和同一地点进行直接交流的方式，这种方式在过去的长时间里被广泛采用，并具有其独特的优势和劣势。

面对面沟通的优势表现如下。

- 亲和性。在直接的交流中，对方的言语表情、肢体动作等元素一目了然，这些都有助于营造出一种亲切的氛围，即使有些话语不够得体，但面对面的交流环境也相对容易化解误会或矛盾。
- 交互性，信息交流充分。在面对面的交流场景中，如果只有一方在发言，这种情况可能会产生一些交流的尴尬和不顺畅。但如果有另一方的参与和配合，双方就能形成更加流畅的交流。双方可以根据对方的语言或非语言信号，进行有针对性的交流，以便及时纠正可能出现的误解或解释不清楚的地方。
- 排除书面沟通障碍。书面沟通常常受到文字使用能力的限制，对于一些文化水平较低或书写能力较弱的人来说，他们可能不适用于书面沟通。然而，通过言语对话，这些障碍可以得到一定程度的减少，从而扩大有效沟通的范围。

面对面沟通的劣势体现如下。

- 面对面的沟通成本较高。特别是当沟通的双方距离较远时，经济成本和时间成本都可能成为不可忽视的考虑因素，这些因素甚至可能导致沟通变得不可能。例如，涉及跨国界、跨地区的面对面沟通，其成本通常较高。

- 有些沟通并不适合以面对面的形式进行。对于一些可能引发羞愧、激烈冲突或让人伤心的事情，采用面对面的方式进行沟通，可能会使人们难以启齿或不愿意开口。因此，在这种情况下，采用其他形式的沟通方式可能更为合适。

2. 信息化时代的沟通方式

随着信息技术的发展，特别是互联网和移动通信技术的普及，信息化时代的沟通开始出现新的特点。这一时期的沟通方式包括电子邮件、电话、短信等。信息化时代的沟通特点在于信息传播的速度和范围大大增加，人们可以跨越时间和空间的限制进行交流。

（1）电话沟通。在信息化时代的初期，电话的出现打破了传统沟通方式在时间和空间上的限制，使得人们可以实时进行跨时区、跨地域的交流。电话是一种便捷且高效的沟通工具，在当时被广泛使用，但是固定电话由于终端固定在特定的地方，空间的限制还是比较大。随着终端的不断发展，移动电话使得语音沟通更为便利，通话质量也得到了显著提高，有基站的地方，沟通无处不在。以下几种情况适合使用电话沟通进行交流。

- 当沟通双方距离较远，无法进行面对面交流时，电话具有跨越地域限制的优越性。通过电话可以实现远距离的实时沟通和交流，解决空间上的障碍。
- 有些话题当面沟通可能会使双方感到尴尬或不便，使用电话沟通则可以避免这种局面。在某些情况下，电话沟通能够使沟通更为顺畅。
- 当对方不宜打扰或者双方暂时不能见面时，电话沟通也是一种合适的选择。在一些需要避免长时间打扰的场合，电话沟通能够及时传递信息并避免打扰他人。

（2）电子邮件。电子邮件是指通过网络为用户提供交流的电子信息空间，它既可以为用户提供发送电子邮件的功能，又能自动地为用户接收电子邮件，同时还能对收发的邮件进行存储，但在存储邮件时，电子邮箱对邮件的大小有严格的规定。

电子邮件的出现打破了时间和空间的限制，让工作时间或工作地点不同的人们能够有效地沟通。电子邮件让人们能够同时给几个人发送信息，并能发送电子文件、图片或文档等附件，但是电子邮件有一定的时间差，反应的及时性不如电话。因为电子邮件几乎不包含人们的外貌特征和气质形象等方面的信息，也不能传达微妙的手势或者非语言的暗示，它可能被误解或者曲解，导致矛盾的产生。而面对面的沟通则没有这些问题。因此，许多研究人员和经理们建议，对有争议或者敏感的问题进行沟通时，应避免使用电子邮件。

3. 数字化时代的沟通方式

数字化时代进一步推动了沟通方式的变革，特别是智能手机和社交媒体工具的普及，使得人们的沟通更加便捷和多样化。数字化时代的沟通不仅仅是信息的传递，更是人们沟通交往方式的一种全面中介化。在这个时代，数字媒介成为构建和连接人与人之间关系的工具，改变了人际关系和社会交往秩序。

（1）视频会议与即时消息。视频会议是指位于两个或多个地点的人，通过通信设备和网络进行面对面交谈的会议。视频会议以一种独特的方式，保持了原本组织沟通面对面交流的所有优势，同时避免了召集异地人员集中到一个会议室的直接和间接费用。在会议过程中，与会人员可以展示与交流内容相关的物品，例如设备或产品，对其他人的认真倾听和适当反应进行评估。此外，参会人员还可以按照需求被分成两个或多个小组，同时进行问题讨论并推动决策进程。

即时消息（immediate message，IM），是一种接近于实时进行的文字信息沟通，它可以在两个或更多用户之间进行。它和普通电子邮件的不同之处在于，它的信息沟通立即就能完成，而且“对话”相当简便。因为参与人员是“好友名单”上的，所以即时消息有一种浓厚的社区气氛。在很多情况下，这种气氛有助于建立有效的沟通区域。即时消息可将没有争议的信息发送给一大群人，但它不适合所有的场合或者工作关系。两个工作联系不是很紧密的人对于这种亲密的实时聊天可能会感到尴尬，而两个试图解决难题的人可能会认为即时消息的固有缺陷阻碍了解决问题的进程。

这两种新型的沟通形式具有以下明显优点。

第一，无地域限制。基于网络的沟通行为比传统方式如电话、书信或电报等有更广泛的适用范围。通过点击操作，沟通者可以在全球范围内任何接入互联网的角落进行联系，这进一步强化了地球村的概念。如果沟通者具备较高的外语能力，还可以进行留言或评论。

第二，沟通范围更广。传统的沟通方式难以实现同时与不同地域的数百人进行对话、讨论问题或分享报告，并且难以立即了解其他人的反应。然而，在互联网普及的今天，只需要一部智能手机或计算机以及网络连接，就可以实现上述功能，大大拓展了沟通的范围。

第三，沟通成本更为低廉。目前，除了购买智能手机、计算机和网络接入等一次性投入较大外，网络建成后的每次信息交流相比传统沟通方式都更加便捷和成本低廉。与传统媒介相比，利用网络进行沟通可以节省许多时间和费用。例如，如果进行面对面的交谈，需要承担交通费用和在路上的时间成本；如果选择打电话，需要支付电话费用；如果需要传输资料，需要支付打印和传真费用。而利用网络进行沟通，只需要连接 WI-FI 并注册、登录即时通信工具，这种形式类似于面谈，并且可以通过电子邮件附件传输资料。

这两种新型的沟通形式具有以下缺点。

第一，人是具有社会性的，不仅需要完成各种任务，还需要面对面的情感交流。然而，网络技术的发展使得人与人之间面对面交流的机会逐渐减少，网络成为主要的沟通方式。例如，中国传统节日是人们联络感情的重要时刻，而现在电子贺卡、视频通话、文字消息以及网上购物表达心意，已经取代了传统的明信片和信件，这种沟通方式削弱了人们的情感联系。

第二，网络技术的发展降低了人们之间的信任感。由于网络的虚拟性，沟通者可以轻易地改变自己的身份和特征，例如姓名、性别、个人经历、特长和爱好等，真实的身份特征难以被识别。当信任这一沟通的基石缺失时，交流内容的可信度自然会降低，这进而可能会导致正义感、良知和公德心的缺失。因为许多人为了宣泄自己的情绪，会通过匿名的方式进行不负责任的观点或情绪表达。

（2）企业协作与管理平台。当前，大型集团多层级企业的日常办公与沟通，已经离不开多终端企业协作与管理平台，这些功能齐全、界面友好的智慧化办公平台能够整合企业资源，打通各层级各业务的数据流，提升企业的整体运营水平，促进企业高效率地运转。它以智能化终端设备为载体，通过计算机技术、互联网、大数据以及通信技术、物联网、音视频数据传输等，使用统一综合管控的协同平台打通各类通道，使信息在企业内部的传递更加快速和安全，例如实时通信、历史数据查询、共享文档、群组等多功能模块，它们通过统一智慧平台实现大型企业员工之间便捷、高效的沟通和实时、多渠道的工作处理模式。下面是几款常见的企业协作与管理平台工具。

1）钉钉。钉钉主打高效沟通，让工作更有效率的概念，在企业协同应用软件中占据一方市场。钉钉通过提供即开即用的场景群，将应用和群深度融合，做到简单、好用。建群时能同步创建对应的上下游组织，让组织间业务协作更高效；消息智能分类，可以确保信息不遗漏；消息支持查看已读未读，未读消息可转 DING 通知对方，使消息高效传达；支持发送定时或静音消息，减少打扰，让用户随时都能无压沟通；支持文字表情表态，降低回复消息的门槛；信息云端同步，数据只跟组织走，保障组织信息安全不泄露。

2）飞书。飞书作为一款重新定义企业协作与沟通的新时代的应用软件，具有丰富的功能和实用的特点。当今企业面临的挑战包括跨部门沟通困难、项目协同低效、信息传递不畅等，而飞书正是为解决这些问题而生的。通过飞书，企业可以实现实时沟通、信息共享、项目协同等目标，大大提高工作效率。飞书的核心价值体现在三个方面。第一，沟通协作：促进企业内部跨部门、跨层级的沟通与协作，提高工作效率；第二，在线办公：支持多人实时协作编辑文档、表格、幻灯片等，降低企业运营成本；第三，智能管理：通过日程安排、任务分配等功能，提升团队管理水平，确保项目按时完成。

3）企业微信。企业微信的推出，使得微信更是在企业领域里应用广泛，成了许多企业间交流的首选工作渠道。企业微信可以实现成员管理、消息管理、权限管理等功能，能够方便实现企业内部的沟通、协同工作等。企业微信可以方便地实现在线沟通，减少邮件、电话等传统沟通方式的时间成本。企业微信使用简单，无须复杂的 IT 设施，减少了企业管理成本。企业微信可以提供数据备份、数据加密等多种措施，对企业数据进行全方位的保护。企业微信中的社交化元素可以激发员工间的互动和协作，让企业内部管理更加便捷。总之，企业微信成了互联网时代下企业管理的新方法。

如表 5-4 所示，随着技术的不断进步，沟通方式经历了显著的演变，信息的传递变得更加高效和便捷。电话作为信息化时代的沟通工具，以其即时性和简洁性，为紧急情况提供了迅速的反馈机制。电子邮件的发明进一步加速了信息的流通，它通过清晰的流向和快速的发送速度，使得特定主题的信息传递和保密性要求得以满足。视频会议技术的发展，打破了地理界限，使得不同地域的人员能够方便地参与到非集会式的交流中，为大型会议和紧急召集提供了新的可能。即时消息工具和协作平台的出现，更是将沟通的即时性和互动性提升到了新的高度，不仅提高了工作效率，降低了成本，还促进了跨部门的沟通协作。

表 5-4　主要沟通方式的比较

沟通方式	主要优点	主要缺点	应用范围
电话	沟通及时、反馈无须等待、成本低等	通话时间有一定的限度、对沟通内容也有一定的要求	紧急的、需要当即回复的、内容简短、容易表达清楚的信息
电子邮件	流向清晰、发送速度快、传达准确、保密性好	邮件接收不及时、需要反馈等待	需要向特定主题传递或要求保密的信息

（续）

沟通方式	主要优点	主要缺点	应用范围
视频会议	召集会议方便、省时省力	互动效果相对传统会议较差、参会人员的精力投入不充分	不同地域人员参加的非大型会议或需要紧急召集的会议
即时消息	方便、即时互动、时效性强	受沟通对象是否在线的约束	员工或领导与员工之间办公交流或联络感情
协作平台	提高效率、降低成本、促进跨部门协作等	人际关系的表面化、缺乏真实性、容易造成情感上的疏离感	企业内部沟通、远程工作、项目管理等

资料来源：陈春花，曹洲涛．管理沟通 [M]. 3 版．广州：华南理工大学出版社，2020.

这些技术的发展不仅改变了沟通的速度和范围，也丰富了沟通的形式和内容。通过多样化的数字化沟通方式，人们可以更加灵活地选择适合自己需要的沟通工具，无论是在紧急情况下快速传达信息，还是在需要深度讨论时选择更为互动的沟通方式。技术的发展使得沟通变得更加多元，满足了不同场景和需求下的沟通目的，从而在很大程度上优化了沟通的效果。

4. 数字化工具对沟通方式的影响

在数字化时代，智能手机、计算机和平板电脑等终端的互联，邮箱、微信和协作平台等数字化工具的使用已经深入人们的日常工作和生活，极大地影响了组织沟通。Paul M. Leonardi（2017）在他关于“ Social Media and Their Affordances for Organizing”的研究中，构建了如图 5-2 所示的理论框架模型。

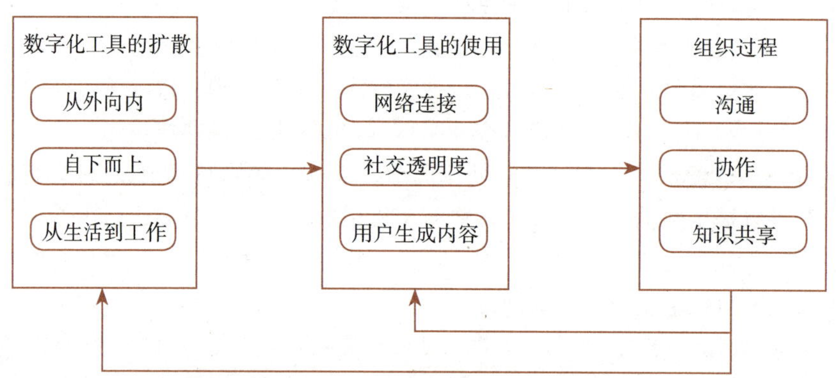

图 5-2　数字化工具对组织影响的理论框架模型

数字化工具的扩散。数字化工具在组织中的扩散是一个多维度的过程，涉及从组织外部到内部、从基层到高层，以及从休闲领域到工作领域的转变。这一过程不仅受到技术特性的影响，还受到组织文化、员工接受度和管理层支持等社会因素的影响。研究表明，这种扩散往往遵循自下而上的模式，员工在个人生活中对数字化工具的熟悉和接受，促使他们在工作场所中寻求类似的沟通和协作工具。此外，数字化工具的扩散还带来了对组织结构和沟通模式的重新考量，有时甚至导致组织变革。同时，这一过程也伴随着对信息安全、隐私保护和工作生活平衡的担忧。

数字化工具的使用在组织中产生了新的工作现象，如网络连接、社交透明度和用户生成内容。网络连接允许员工通过平台构建和维护人际关系网络，这有助于知识共享和专业成长。社交透明度增加了员工对同事工作和沟通行为的可见性，这可能促进信任和责任感的建立，但也可能带来隐私侵犯和过度监控的风险。用户生成内容则赋予了员工在组织内部分享观点和创新的权力，这对组织创新和员工参与度的提升具有重要意义，但也要求组织对内容的管理和监管提出新的策略。

数字化工具对组织过程中的沟通、协作和知识共享等产生了深远的影响。数字化工具在沟通方面提供了一个更为开放和包容的平台，使得信息流通更加迅速和广泛，但也要求组织对信息的真实性和安全性进行管理。在协作方面，数字化工具促进了跨地域和跨部门的团队合作，员工可以通过工具进行项目协调和知识交流，但这也给团队成员之间互动和冲突解决带来了新挑战。知识共享方面，数字化工具创造了一个更为广泛的知识交流环境，员工可以更容易地访问和贡献知识资源，但这也要求组织对知识产权和知识质量进行保护和控制。总体而言，数字化工具正在重塑组织过程，要求组织对传统的管理和运作方式进行创新和调整。

接下来，我们将从沟通的可供性、双重性和边界管理三个方面，认识数字化工具如何重塑了沟通方式，以及这些变化对个人和组织产生的影响。

（1）沟通的可供性。可供性是指数字化技术提供的行动潜力，它允许用户以新的方式进行沟通和互动。在组织中，数字化工具沟通的可供性包括能够创建和维护社交网络、分享信息、参与讨论和协作解决问题。这些可供性使得员工能够跨越传统层级和部门界限进行沟通。

（2）沟通的双重性。双重性是指组织同时管理两种不同但相互关联的内部沟通模式：组织（或管理层）产生的内容和用户（或员工）产生的内容。数字化工具为管理层提供了一个平台，来传达官方信息和组织战略，同时也为员工提供了一个分享个人观点和建议的空间。组织需要平衡这两种沟通模式，以促进有效的内部沟通并避免潜在的冲突。

（3）边界管理。边界管理是组织通过数字化工具进行沟通和协作时必须面对的一个关键挑战。这些工具的普及使得工作与个人生活的界限变得模糊，这要求员工和组织重新考虑如何维护专业身份和个人隐私。数字化工具的使用增加了员工行为的可见性，这意味着员工的工作表现、沟通方式和社交互动都可能被同事、管理层甚至外部利益相关者观察到。这种可见性不仅影响了员工如何呈现自己，也影响了他们如何建立和维护职业关系。

5.2 数字化时代的沟通特点

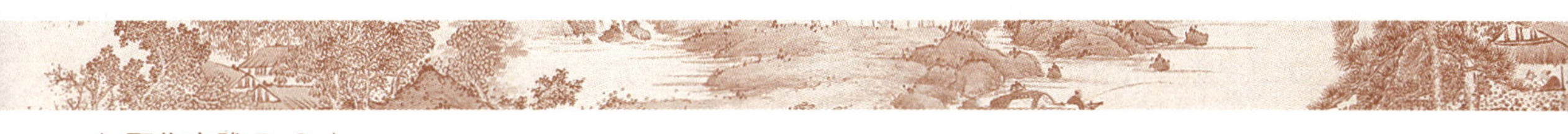

聚焦实践 5-2

筹备 20 亿元春晚红包，抖音团队只用了 27 天

2021 年春节，抖音上线了春节红包活动“团圆家乡年”，共计发出 20 亿元红包。然而，这个项目是对抖音团队的巨大挑战：时间紧、任务重。从与春晚确定合作关系到春晚举办，抖音团队只有短短 27 天的筹备时间。这么短的时间内，抖音团队需要协调多个部门 1 000 多人参与到项目中来。如此繁重的工作、庞大的团队，抖音是如何迅速组织作战的？他们的

秘密武器就是飞书。

当时抖音面临了三个挑战：一是抖音春晚红包团队需要在短时间内协调 1 000 多人共同协作，需要快速对齐目标，确保春晚项目准时上线；二是一旦组织规模过大，成员间的协作和信息传递极易变得低效，例如群聊中的海量消息、信息间的上传下达，这些都会导致全员效率不高；三是多部门间的协作不仅需要大量信息同步汇总，还需要将任务落实到个人，实现精准的调度和跟进。

上千人的项目，如何有效地协同和沟通呢？如果是借助一个大型群聊，有用的关键信息经常会被淹没在杂乱的讨论中；如果是借助组织架构，进行层层向上汇报和向下通知，不仅效率低下，还难以避免会有信息丢失。

抖音春晚红包团队使用的方式是，将文档作为所有人员的指挥站和所有信息的中心枢纽，人围绕着文档展开工作。

相关人员为项目分门别类地建立了详细的文档，包括准备期的研发安排、春晚当晚的活动剧本、几次演练的流程以及应急预案等。不仅是所有的相关信息都沉淀在文档当中供大家查看，项目成员的分工也一样在文档中用 @ 进行了明确标示。当一位成员被 @ 的时候，他在会话界面就会收到一条消息推送，这可以确保信息不会因为“没有看到”而丢失。在这个过程中，文档没有被发送给这位成员，而是成员接到通知后打开文档查看并领取自己的任务。

使用文档的另外一大好处就是大幅地减少了开会的需要，团队成员之间的沟通从会议的同步沟通模式转变为文档的异步沟通模式。会议要求所有人都在线，一人发言，其他人听，很多关键信息在走神时会被错失，而且会议时间有限，有时并不能很好地讨论出满意的结论。而在文档上，可以 @ 相关的同事，一方面对方通过阅读就获取了需要了解的信息，另一方面对方可以自己安排时间进行思考和输出。比如，项目组要对所有可能出现的意外情况进行罗列，一个“同步”开的会议，只能在 1 ～ 2h 内让大家现场讨论。而一个“异步”写的文档，可以在很长的时间范围里不断被丰富。

最终，飞书让千人量级的团队协作井井有条、顺畅无间。

资料来源：飞书官网客户案例。

5.2.1 数字化时代沟通的技术相关特征

从传呼机、固定电话、移动电话到计算机，技术的突破改变了沟通方式；从文字、语音到视频，技术的突破不断更新信息载体。如今，无论相隔多远，人们都可以随时随地建立起沟通。可见，数字技术在提升沟通水平的同时，也改变了沟通的特征。

1. 正式沟通

正式沟通（formal communication）是指组织中依据规章制度中明文规定的原则和正式组织结构进行的信息交流。在过去，传统组织结构采用明确的等级制度，权力高度集中，信息流通不畅，正式沟通甚至会发生“信息孤岛”现象。接下来，本节将正式沟通与传统沟通方式对比，分析正式沟通的技术相关特征。

（1）沟通可见性。沟通可见性指的是，组织内部成员之间的沟通对于其他成员的可见程度。当沟通变得可见时，员工可以通过看到他人的交流来提高他们对组织内部知识分布和人际关系的认识。Paul M. Leonardi（2014）提出了一个基于沟通可见性的新理论，如图 5-3 所示，当组织内部成员之间的沟通变得对第三方可见时，这些第三方可以通过观察这些沟通来提高他们的元知识（即关于谁知道什么和谁与谁知道谁的知识）。信息透明度和网络半透明度增强了组织内部成员对元知识交流的意识。增强的元知识有助于员工更有效地定位和利用组织内的知识资源，减少重复劳动，并促进跨部门和团队的协作。

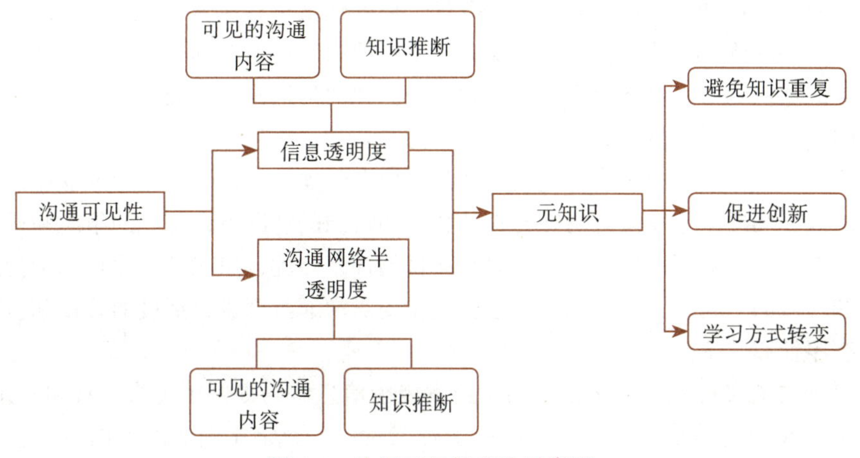

图 5-3　沟通可见性理论示意图

沟通可见性主要体现在以下两方面。

1）信息透明度，指的是沟通内容的可见性。在这种透明度下，员工可以看到其他同事（发出者和接收者）在讨论什么，分享了哪些信息，以及他们是如何交流的。信息透明度使员工能够直接观察到同事间的交流内容，从而推断出他们的专业知识和技能。例如，如果一个同事看到另一位同事在讨论特定的市场分析技术，他可能会推断出这位同事在该领域具有专长。

2）沟通网络半透明度，指的是组织内成员通过观察其他人的沟通网络来了解他们的联系和关系。观察者可能无法完全了解这些人际关系的性质和深度，网络半透明度为他们提供了一种了解组织内部社交结构的方式。员工可以看到他们的同事与哪些人交流频繁，从而推断出可能的合作关系和知识共享的潜在渠道。

（2）沟通即时性。沟通即时性是指在组织沟通过程中，信息能够在发出者与接收者之间进行实时传递的特性。随着数字技术的广泛应用，传统的时间和空间障碍被突破，信息传播的速度得到了显著提升。这种加速的信息流通使得接收者能够迅速地对信息进行反馈和核查，以确认所传递的内容是否准确地反映了原始信息的意义，从而确保沟通过程的连贯性和有效性。

然而，沟通即时性也可能带来信息过载的问题。当发出者在短时间内发布大量信息时，这可能会超出接收者的信息处理和吸收能力，导致信息的溢出效应。这种信息过载不仅会降低沟通的效率，还可能引起接收者的抵触情绪，进而影响沟通的质量。

（3）沟通互动性增强。沟通互动性是指在沟通过程中，信息的发出者与接收者之间所进行的双向或多向的交流与互动。这一概念在现代沟通理论中占据着核心地位，因为它强调了沟通双方的参与度和信息交换的动态性。与传统沟通相比，共享文档、视频会议和即时消息工具在正式沟通的背景下提供了实时互动的可能性。这种互动性不仅显著提升了沟通的质量和深度，而且极大地增强了反馈的有效性。同时，实时互动允许信息接收者即时提问、提供反馈、深入探讨，从而促进了沟通共识的形成和问题的解决。此外，互动性的提升还有助于增强参与者的参与感和满意度，进而激发参与者更高层次的协作精神。

（4）沟通模式改变。数字化技术的兴起极大地推动了群体沟通模式的转型，促使沟通的维度从纵向向横向扩展。在这种模式下，信息传播的速度得到显著提升，传统的正式沟通结构产生了根本性的改变。数字化沟通环境弱化了组织内部的层级划分，使得沟通参与者能够在相对平等的地位和层次上进行交流。这种去中心化的沟通模式有效地降低了信息在层级传递过程中的损耗，确保了信息的完整性，从而为有效沟通提供了有力保障。然而，这种平等的沟通结构也带来了一定的挑战。缺乏明确的主导者可能导致沟通过程中的秩序混乱，从而影响沟通的效率和质量。在没有明确的领导和协调机制的情况下，信息的组织和过滤可能变得困难，参与者之间的互动可能缺乏方向性和目的性。因此，虽然数字化技术为沟通提供了更多自由和开放的空间，但在实践中管理者仍需要对沟通过程进行适度的管理和引导，以确保沟通的有序性和效率。

（5）编码方式多样化。数字技术的飞速发展为信息编码提供了更为丰富和多元的形式，数字化沟通的编码与传统的单一编码形成了鲜明对比。数字化沟通的编码不仅包括文本信息，还涵盖了图像、文件、音频、视频以及网络链接等多种内容载体，这些载体的持久性和可见性极大地增强了信息的传播效果和存储便利性。有研究指出，人类获取外部信息的主要感官渠道是视觉，其次是听觉，这一发现对于优化信息编码策略具有重要意义。

在沟通协作平台的应用中，数据的可视化处理，如图表化展示，使得复杂的数据分析变得直观易懂。这种多元化的编码方式使信息的发出者能够根据信息的性质和接收者的需求，选择最合适的编码形式，从而确保信息的完整性和传递的有效性。通过利用这些多样化的编码方式，沟通双方能够更加精确地传递和理解信息，从而促进有效沟通的实现。

聚焦实践 5-3

Slack 的团队沟通平台

随着信息技术的快速发展，企业沟通和协作方式正经历着前所未有的变革。传统的电子邮件和即时通信工具已无法满足现代企业对高效沟通的需求。在这样的背景下，团队沟通平台如 Slack 应运而生，它旨在通过集成多种企业社交媒体功能，提供更加灵活、集中化的团队沟通解决方案。

Slack 是一款专门为团队沟通和协作设计的服务软件，它整合了即时通信、社交网络和信息集成等多种功能。通过公开和私有的沟通渠道，Slack 使得团队成员能够围绕特定主题或项目进行高效的交流。此外，Slack 支持与第三方工具的集成，如文件共享服务 Dropbox 和 Google Drive、视频会议工具以及各种自动化工具，从而实现了工作流程的自动化和优化。

企业面临的主要挑战包括信息过载、沟通不畅和协作效率低下。传统的沟通方式如电子邮件往往导致信息碎片化，难以实现有效的知识共享和团队协作，而 Slack 通过以下方式解决了这些问题。

- 沟通可见性：Slack 的公共频道和话题组让团队沟通更加透明化，有助于知识的共享和传播。
- 多通信和注意力分配：Slack 允许用户在多个频道和对话中同时参与，通过灵活的媒体模式和同步性调整，实现了多任务处理和注意力的有效分配。
- 集成和自动化：通过与各种专业 ICT 工具的集成，Slack 成了团队工作的中心枢纽，使得团队成员可以在一个统一的平台上完成大部分工作。

早期采用 Slack 的组织和个人通过分享博客文章，讨论了他们使用 Slack 的经验和感受。相关研究基于这些自我发布的案例进行了定量和定性的内容分析，结果显示 Slack 的使用促进了沟通的透明度，支持了知识共享和协作工作流程。用户反馈表明，Slack 不仅提高了团队的沟通效率，还促进了社交互动和团队凝聚力。

Slack 的成功案例展示了团队沟通平台在现代企业中的重要性。它不仅改变了团队成员之间的沟通方式，还促进了跨部门和跨地域的协作。通过集中化沟通和信息流，Slack 提高了组织的生产力和创新能力。然而，这种新的沟通方式也带来了信息过载和注意力分配的挑战，需要组织和个人制定有效的管理策略来应对。

资料来源：ANDERS A. Team communication platforms and emergent social collaboration practices [J]. International journal of business communication, 2016，53（2）：224-261.

2. 非正式沟通

非正式沟通（informal communication）是指在组织正式信息渠道之外进行的信息交流。非正式沟通的信息传播方式包括单线型、辐射型、随机型、集束型。随着数字技术的发展，信息传播的速度越来越快，通道也越来越多，非正式沟通呈现出了以下特征。

（1）消息的真实性难以分辨。过去正式沟通和非正式沟通的传播渠道是不同的，正式沟通具有较强的规范性和权威性，例如官方报纸、电视台等，但如今随着科技的不断发展，人人都可以对消息进行编辑和发布，“小道消息”肆意传播，信息过载对接收者来说成了一个挑战。

（2）传统传播渠道大势已去。过去“小道消息”的传播没有便利的渠道，只能通过口耳相传，但如今多样化的渠道，如微博、抖音、微信朋友圈等，恰好满足了人们对“小道消息”（如他人隐私等）的需求，因此非正式沟通的渠道使用量大大增多，这导致正式沟通的渠道呈现出明显的颓势。

5.2.2　数字化时代沟通的语言特色

数字技术让语言的表达更加丰富。信息的编码方式有很多种，包括文字的、视觉的、听觉的和情绪的，甚至还有抽象的公式、符号等，通过不同的编码方式，信息会传递出不同的效果。下面我们从语言沟通和非语言沟通这两方面，具体了解一下数字化时代沟通的语言特色。

1. 语言沟通

语言沟通（verbal communication）是指以语词符号为载体实现的沟通。**网络用语**（internet slang）是书面沟通所产生的新特色，指的是从网络中产生或应用于网络交流的一种语言，包括中英文字母、标点、符号、拼音、图标（图片）和文字等多种组合。这种组合往往在特定的网络媒介传播中表达特殊的意义。网络用语诞生于20世纪90年代初，是网民为了提高网上聊天的沟通效率或满足诙谐、逗乐等特定需要而采取的方式，久而久之就形成了特定语言。

如今，在企业内部的正式沟通中使用网络用语也屡见不鲜，越来越丰富多元的网络用语以各种花样、各种形式不断更新，层出不穷。网络用语既提高了沟通速度，又增加了趣味性。下面将对几个流行的网络语形式进行举例。

（1）谐音类。在网络交流过程特别是青少年的聊天中，受其标新立异心理的影响，网络用语中流行着大量的汉字谐音词语，如有木有（有没有）、稀饭（喜欢）等。同时，在经过不断的发展后，谐音不再局限于汉字方面，员工开始在非正式沟通中使用数字谐音和英文的谐音，如886（拜拜啦）、77（亲亲）、Y（why）等。

（2）缩略类。网络有着两个鲜明的特点：一个是新，另一个是快。人们在网络交流的过程中往往是利用极短或零碎的时间来完成一段对话，所以更加快速便捷的表达也就成了网民的不断追求。早期的缩略类网络用语较常见的有汉语拼音缩略型，如A（爱、哎）、XIXI（嘻嘻）；字母缩略型，如PK（player killing）。随着互联网的进一步发展以及网络新兴交流平台的出现，缩略类网络用语也有了新的发展，出现了汉字拼音首字母缩略，如XS（笑死）、YYDS（永远的神），以及混合类缩略语，如I服了Y（我服了你）。

（3）词义创新类。旧词新意作为现代汉语新词产生的一个重要途径，在网络用语的创造过程中同样被广泛地使用。这些网络用语是在旧有词汇意义的基础上，受某些特殊的原因或者在网络聊天中的特殊使用方式的影响，被赋予了新的含义，成为网络用语的一员。例如，“土豪”原指在乡里凭借财势横行霸道的坏人，而在网络用语中则是指那些空有财富而没有文化、没有素质且又执着于炫富的人，是对金玉其外、内部空空的人的一种讽刺。

网络用语随着互联网而生，同时也逐渐在日常工作的人际互动中渗透，而伴随着现代社会生活节奏的不断加快和工作压力的不断增大，语言也在往幽默化的方向发展，幽默创新是网络用语的一个重要文化特色，这一代年轻人虽然在工作中面临着各种压力，却用生动、新颖、富有想象力的语言使工作变得有趣。

2. 非语言沟通

非语言沟通（nonverbal communication）是指通过非语言途径呈现信息，包括声音、肢体语言等重要部分。非语言沟通在数字网络世界的存在形态都是无形的，它以图像、声音、信息等电子文本作为自己的存在形式，促进了语言形式的多样化并得到了广泛的传播。社会文化的变迁和沟通需求的变化推动了非语言沟通的发展和演变，这些变化一方面是为了适应快速的数字化交流节奏，另一方面也是为了获得特殊的交际效果。下面介绍非语言沟通中的表情符号和表情包。

（1）起源与发展。表情符号（emoji）是随着数字技术和社会文化的发展而产生的非语言视觉符号。它们由字符、图像、文字等元素构成，在网络在线交流中能够传达情绪和建构意义，从而代替现实沟通情境中的表情或形态，起到对传递信息“编码和解码”的作用。表情符号可以概括为一种图像性符号，用于满足网络在线沟通交流的需求。

表情符号的起源可以追溯到1982年，当时美国卡内基–梅隆大学的Scott Elliot Fahlman教授在学校的电子公告牌上第一次输入了这样一串ASCII字符：“ : -)”（微笑，顺时针旋转90度可得）。人类历史上第一张计算机笑脸就此诞生。文字的编码和解码方式的不同，常常会导致理解偏差，使得信息传播产生障碍，出现“词不达意”的情况。而表情符号具有直观易懂等特点，因此它开始受到用户的喜爱。此后，随着互联网的发展及聊天工具的出现，网络表情符号逐渐流行起来，并成为数字化沟通中非语言沟通的重要组成部分。

2000年年初，社交软件QQ开始引入自定义表情包，包括卡通形象和动态图片，这类自定义表情符号从此有了新的名称——**表情包**（emotion），但目前研究者并未给出表情包的明确定义。早期的表情包是以“卡通脸型＋真人表情”的形式出现的，多数是网友恶搞出来的，但现在我们在社交软件中使用的表情包的含义已然发生了变化，它更多是指配有文字的表情图片，既可以是静态的，也可以是动态的。相较于原始的表情符号，表情包被赋予了更多关于自我个性的表达，甚至不仅仅是沟通中“自我”的延伸，还折射出社会心态、利益诉求、价值取向等多元化的象征意义。表情包的出现改变了传统沟通过程中信息交流单一的形式。

（2）对组织沟通的作用。表情符号和表情包的使用对组织沟通的作用包括以下三个方面。

第一，传递信息。从信息传播的角度来看，它们能够在具备语言文字特点的同时，还能因为拥有不同于语言文字的情感表达、简便快捷、形象趣味等特点而被广泛使用。作为一种表情载体，在表达我们要说的话的时候，表情符号和表情包能够比文字有更形象的表达。

第二，交流情感。从视觉语言的角度来看，表情符号和表情包又不同于面部表情，它们延伸了身体不在场的面部情绪，可以不通过语音或视频沟通，表达语言无法形容的各种情绪和内心的真实写照，从而增强交流沟通对象彼此的细腻情感。例如，在远程或混合办公环境中，表情符号和表情包可以帮助管理者更深入地了解团队成员的状态，让信息的传递富有情绪；同时，也可以帮助管理者更好地理解员工的动机和工作体验。

第三，激励作用。在沟通的同时，一个“点赞”的手势符号，能更加形象且富有感染力地表达出上级对下级的肯定，同理，也可以表达出下级对上级的尊重，以及同事之间的相互鼓励和关怀。

（3）对信息交流的影响。表情符号和表情包作为一种新兴的语言符号，通过其文字注释和视觉呈现效果，可以积极地影响人们在社会化媒体中的信息交流体验。具体来说，文字注释有助于用户更好地理解和享受交流过程，而视觉呈现效果则增强了用户的社会临场感，即感觉与交流对方更亲近，这两者共同作用，提升了沟通对象在线交流中的愉悦感。这些正面的感知体验进一步促进了有效沟通。宋小康等（2019）在关于《社会化媒体中表情包使用对信息交流效果的实证研究》中构建出了如图 5-4 所示的模型。

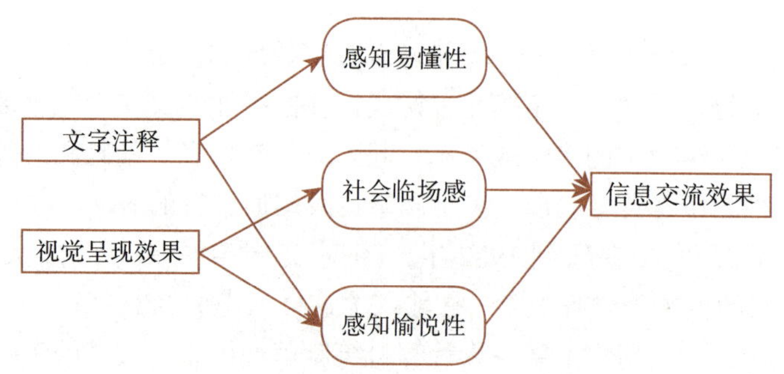

图 5-4 表情包对信息交流效果的影响

该文献中提出的模型和实证研究结果，可以从以下三个层面进行详细阐述。

第一，研究发现，表情包的文字注释对于提高用户对信息的感知易懂性具有积极作用。这意味着在社交媒体交流中，文字注释作为表情包的组成部分，能够帮助用户更准确地把握信息的意图和情感色彩，减少沟通中的误解。这一结论提示社交媒体平台的设计者和表情包的创作者，应当重视文字注释的设计，使其既能简洁明了地传达信息，又能与视觉元素相得益彰，共同促进有效沟通。

第二，表情包的视觉呈现效果在增强用户社会临场感方面发挥了重要作用。社会临场感是指用户在社交媒体交流中感受到的对方“在场”的程度，它能够提升用户的交流体验，使得虚拟的在线交流更具有现实交流的温度和真实感。这一结论表明，表情包的设计应当注重视觉元素的表达力，通过形象、生动的视觉设计增强用户的情感体验，从而提升交流的亲密度和自然度。

第三，研究结果强调了感知愉悦性在信息交流效果中的重要性。感知愉悦性是指用户在使用表情包进行交流时所感受到的乐趣和满足感，它是影响用户交流体验的关键因素。研究表明，无论是文字注释还是视觉呈现效果，都能提升用户的感知愉悦性，进而正向影响信息交流的整体效果。这一结论提示我们，在设计和使用表情包时，应考虑到它为用户带来的愉悦感，这不仅能增强用户的交流动机，还能促进更积极、更富有成效的组织沟通与互动。

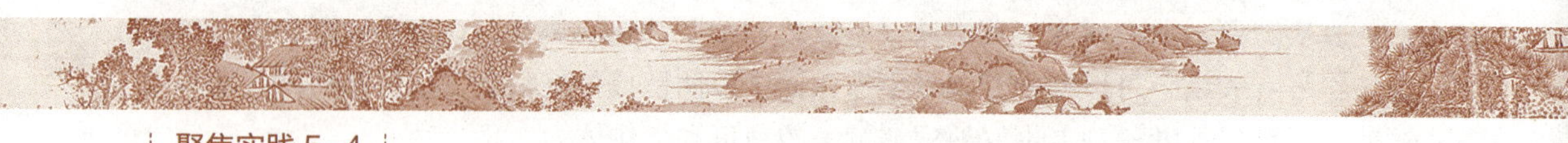

聚焦实践 5-4

表情包万岁：高效沟通与情感批注

全世界社交网络的频繁使用者可能都会认同，当下如果不能使用表情包，彼此就无法聊下去。尽管你的手机里有分门别类的上千种表情包，调查统计表明，使用频率最高的还是微笑、哭笑不得等表示情绪、情感的符号，哭笑不得还入选了《牛津词典》2015 年发布的年度词汇。人们将微笑用于开头或结尾，来破冰或延续友好的氛围。在句尾后添加吐舌头或哭笑不得的表情，表明自己只是开个玩笑。陷入困境时，“生活总是大起大落落落落落”“挂一吊瓶快乐水”“流着泪笑着面对生活”等自嘲幽默的表情包尤为合适。

爱心或亲吻的表情可以用来渲染和强化示好或爱慕之心。甚至有统计表明，约会消息中频发代表爱心等意义的表情包的人，约会成功率大于不发表情包的人。当然，这些表情包不是“恋爱必胜”的护身符，它们传递出一种印象，对方是个感情丰沛或者说对自己充满感情的人。达内斯将表情包称为社恐福音，用以寒暄和避免沉默。反复输入又删去也无法组织的措辞，可以多么有效且准确地用一个简单的表情包表达啊！

在实际交流的过程中，感受是复杂的，词语的意义是可变的。词语的意义总是由特定的人物、地点、时间等因素决定。即使是“一只红笔”这样简单的句子，也有笔的颜色和墨水颜色两种解释。达内斯在书中提到了“表达含义”和“文本含义”两个概念。后者需要远离语境，通过传统写作风格实现；前者则需要具体的语境来避免歧义。英国数字语言学家维维安·埃文斯也持相似的观点。她在《表情包密码：笑脸、爱心和点赞如何改变沟通方式》中谈到，我们总是认为交流基于语言，但面对面的对话是与眼神、笑容、语气甚至手势这些细致入微的特点并行的。想要准确理解对方的意图，必须超越词语范围。“短信体”中的文字，“非语言线索”是缺失的。表情包可以帮助我们弥补口头表达中缺失的细节，消除数字化通信中的歧义和因此导致的负面效果。尽管不少表情包本身也具有叙事功能，但是我们在发送文字消息时，还是最常用它们来减少阅读的疲劳感和严肃性，以及运用微笑、哭笑不得等表情符号来止损情感表达。

资料来源：《表情包万岁：高效沟通与情感批注》，余春娇，澎湃新闻，2021 年 11 月 8 日。

5.3　数字化时代沟通的障碍

沟通有效性（communication effectiveness）是指在沟通过程中，信息发出者能够成功地将信息、想法、情感或意图传达给接收者，并且使接收者理解、接受并采取期望的行动或反应的程度。结合沟通过程模型，影响有效沟通的障碍包括以下几点。

5.3.1　编码与解码

沟通过程中编码与解码的不匹配现象是一个值得深入探讨的问题。这种现象主要源于三个方面的因素：编码语言的选择、共同经验的缺失以及语言表达能力的差异。

（1）编码语言的选择。这对信息传递的效率和准确性起着决定性作用。信息的发出者在编码过程中需要根据信息的复杂性和接收者的理解能力，选择适当的编码方式。不恰当的编码可能导致信息过载，使得接收者难以充分理解和识别信息，从而影响沟通的有效性。

（2）共同经验的缺失。信息的发出者和接收者之间缺乏共同的经验或背景知识，例如，双方具有不同的文化背景、教育水平、思维方式和行为习惯，可能会导致双方对信号的解释出现偏差，进而影响信息的准确传递和接收。

（3）语言表达能力的差异。发出者的语言表达能力也是影响编码与解码匹配度的重要因素。发出者在传递信息时，应注意自己的思维习惯和用词选择，以确保信息的准确无误和完整性。表达不清晰或用词不当可能会导致接收者对信息产生歧义或误解，从而降低沟通的效果。

5.3.2 信息过载

在数字化沟通的背景下，即时性的显著特征使得信息能够迅速地在各类接收者之间传播，无论是从组织层面到个体层面，还是个体与个体之间。这种高速的信息流动往往导致组织成员接收到的信息量远远超出了他们能力范围内可以处理的信息量。虽然数字技术极大地简化了信息传播的过程，但接收和处理这些信息需要投入大量的时间和精力，由此产生的信息过载现象，可能会对有效信息的筛选和识别造成干扰，从而影响信息的接收质量和沟通的效率。

此外，沟通过程中的视觉信息过载也是不容忽视的问题。以视频沟通为例，参与者的视觉注意力通常集中在移动设备或计算机屏幕上。在视频交流中，诸如参与者的面部朝向、画面中其他物体的位置以及引人注目的背景颜色等视觉元素，都可能成为沟通过程中的干扰因素。这些视觉干扰不仅分散了参与者的注意力，还可能对信息的准确传递和接收产生负面影响。因此，在数字化沟通中，如何有效管理和减少视觉信息过载，成了提高沟通质量的关键问题。

5.3.3 沟通管理

（1）非正式沟通难以控制。在数字化时代，非正式沟通的渠道和形式变得极为多样化和难以控制。随着社交媒体、即时通信应用和在线论坛等数字平台的兴起，信息传播的速度和范围得到了前所未有的扩展。在这种环境下，小道消息和流言蜚语可以迅速地在网络中传播，而这些信息的传播往往是隐蔽和难以追踪的。由于非正式沟通的自发性和去中心化特点，管理者很难对其进行有效的监督和管理。这不仅可能导致错误信息的广泛传播，还可能对组织的形象和运营产生不利影响。因此，虽然非正式沟通在促进信息流通和增强团队凝聚力方面具有一定作用，但在数字化时代，其复杂性和不可预测性也给组织沟通管理带来了新的挑战。

（2）隐私保护问题。信息透明化在带给人们知识信息的同时，也给个人隐私带来了威胁，组织需要管理信息的公开程度，以确保隐私和敏感数据的安全。在这个数字技术高度发达的时代，保护个人隐私既是社会伦理的基本要求，也是人类文明进步的重要标志。

5.3.4 沟通技巧的退化

数字技术的广泛应用给办公、组织沟通和生活带来了便利与选择，但长期的线上沟通缺乏深度和情感交流，简短的文字和表情符号可能无法完全传达复杂的情感和语境，导致沟通质量下降。在习惯了使用简短语言和表情符号沟通后，人们逐渐淡忘了现实社交中那些语言、手势、表情和眼神等与人沟通的方式，导致沟通技巧的退化。

5.4 跨文化沟通

跨文化沟通（cross-cultural communication）是指来自不同文化背景的人们之间的信息、想法和情感的交流过程。这种沟通超越了单一文化群体的界限，涉及语言、价值观、信仰、习俗和社会规范等方面的差异。

在数字化时代，跨文化沟通的现状已经发生了显著变化。随着数字通信技术的飞速发展，人们可以轻松地通过社交媒体、即时通信工具和在线协作平台与世界各地的人建立联系。这不仅促进了全球信息的快速流通，也带来了新的挑战，语言差异、文化差异对跨文化沟通的影响呈现出新的特征。例如表情符号、表情包等数字非语言元素成了重要的沟通语言，它们在不同文化间传递情感和意义方面发挥着越来越重要的作用。因此，理解和适应这些差异对于有效进行跨文化沟通至关重要。

5.4.1 跨文化沟通模型

图 5-5 展示了一个跨文化沟通过程模型，其中信息的传递和理解是通过编码和解码的过程实现的。在这个模型中，信息的发出者首先对信息进行编码，然后通过适当的媒介将编码后的信息传递给接收者。接收者在接收到信息后进行解码工作，将解码后的思想或观点再次编码，并将其反馈给原始的发出者。当发出者确认接收到的反馈与初始发送的信息相符合时，可以认为沟通过程已经成功完成。

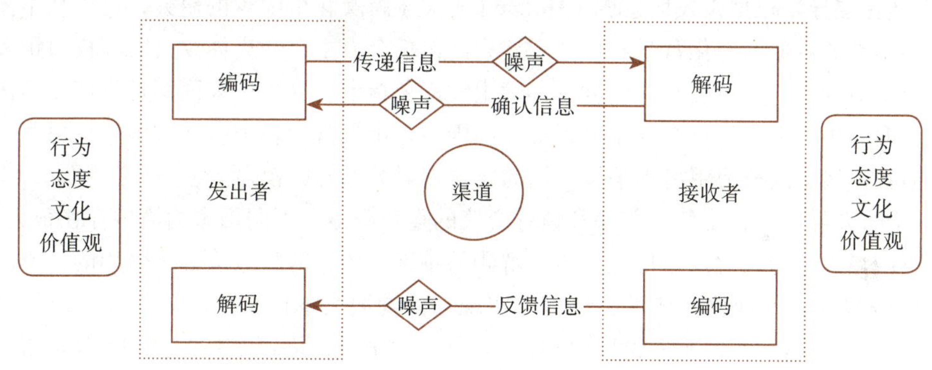

图 5-5 跨文化沟通过程模型

在跨文化沟通的背景下，由于语言和文化背景的差异，信息的准确理解和确认变得尤为重要。接收者不仅要负责完整地接收信息，还需要与发出者进行确认，确保其对信息的理解是正确的。此外，跨文化沟通过程中可能存在的噪声和障碍，如发出者的行为、态度、文化和价值观等，都可能对信息的传递和接收造成干扰。因此，跨文化沟通强调在沟通过程中确保信息理解的必要性，接收者需要主动确认信息，以减少误解和降低沟通障碍，从而提高沟通的效率和有效性。

5.4.2 跨文化沟通的主要障碍

影响跨文化沟通的主要因素包括语言差异、文化差异、价值观、思维方式等，下面将参照跨文化沟通过程模型图 5-5，分别从编码阶段、传递阶段、解码阶段进行分析。

（1）编码阶段。在编码阶段，发出者的语言表达能力、思维能力、了解接收者的价值观和文化背景的程度等因素，都会对跨文化沟通产生影响。

1）情境文化差异。O’Hara-Deveraux 和 Johansen（1994）关于情境文化差异的研究发现如表 5-5 所示。

表 5-5 情境文化差异表

高情境文化	低情境文化
依赖含蓄的沟通	依赖直接、明确的沟通
强调非语言沟通	强调明确的语言
任务从属于人情关系	把人情和工作分割开来
强调集体主义和集体决策	强调个人的主动性和个人决策
以人情关系看待雇主和员工关系	以合约看待雇主与员工关系
依赖直觉，而不是事实和数据统计	依赖于事实和统计数据
在书写和言谈中，倾向于间接风格	在书写和言谈中，采取直接的风格
喜欢迂回或简洁的推理方法	喜欢直线式的推理方法

综上，高情境文化的大部分信息由环境语言、非言语信号传递，集体主义倾向于高情境文化的沟通风格，委婉而间接。低情境文化恰恰相反，大部分信息是由明确的语言传递的，个人主义倾向于低情境文化的沟通风格，明确而直接。

2）文化差异。根据霍夫斯泰德（Hofstede）关于跨文化价值观的研究，可以从不同维度来判断不同沟通对象的文化背景和价值观差异，包括个人主义和集体主义，高权力距离水平和低权力距离水平，男性度和女性度，不确定性避免指数。其中，前面两种价值观与沟通关系密切，西方国家大多奉行个人主义，而我国则集体主义观念较强；西方国家权力距离水平较低，而我国属于高权力距离水平，人们的地位和等级观念比较强。

3）语言差异。语言是信息传递和情感交流的重要载体，不同国家的语言存在很大差异，语言的不同增加了跨文化沟通信息编码和解码的难度。语言的释意会因为使用的人不同而产生不一样的理解。尽管数字技术已经可以实现书面沟通文本信息的智能翻译，但是由于词汇和语法障碍，智能翻译仍然无法准确传达原意。特别是，语言本身的模糊性（是指一个词语、短语或句子在语境中有两个或多个可能的意义）在跨文化交流中可能导致混淆。例如，一些语言中的中性词汇在其他语言中可能没有直接对应的表达方式，或者不同行业或领域的专业术语翻译不准确等会造成信息传递有误。

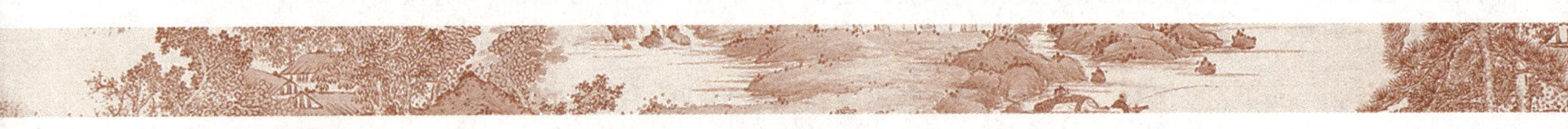

聚焦实践 5-5

科大讯飞助力冬奥会自动语音转换与翻译

讯飞听见是科大讯飞旗下的一个重要产品，专注于轻办公及跨语言交流场景的人工智能服务，提供记录、写作、交流、协同的一站式体验。它还参与了北京 2022 年冬奥会和冬残奥会的官方自动语音转换与翻译工作，展示了其在大型国际赛事中的应用能力。

来自世界各地的冬奥健儿、奥运官员以及其他工作人员齐聚一堂，说着各式各样语言的人们如何高效准确地进行沟通，既影响奥运参与者的体验，更关系到赛事的顺利进行。好在，2022 年北京冬奥会有了人工智能这个强大的帮手。

基于智能语音新一代人工智能开放创新平台，北京冬奥会官方自动语音转换与翻译独家供应商科大讯飞研发定制了具有冬奥特征的多语种智能语音及语言服务平台，可提供面向冬奥场景定制优化的语音识别、语音合成、机器翻译、自动问答等多种核心能力。据了解，这套系统的能力可以同时支持 60 个语种语音合成、69 个语种语音识别、168 个语种机器翻译和 3 个语种交互理解。在冬奥场景下，汉语与英语、俄语、法语、西班牙语、日语、韩语等重点语种的翻译准确率不低于 95%；平均每句翻译响应时间不超过 0.5s。

在语音同传技术实时性和效果的平衡上，科大讯飞创新构建了“流式的 CAAT 语音翻译框架”模型，在一个模型内同时解决同传上转写和翻译的两大核心问题，真正实现“又好又快”，对于保障冬奥场景下的语音同传应用效果起到了非常关键的作用。

在多语种自动问答领域，科大讯飞融合了数字人生成、语音识别、语音合成、自然语言理解等多项技术，并结合 FAQ 问答、文档集合问答、知识库问答和基于文本蕴含识别的多源答案验证等技术进行知识库构建，最终让人们可以和冬奥虚拟志愿者“爱加”用六种语言自由地互动交流。

资料来源：中国发展网，《科大讯飞：科技力量助力北京冬奥会实现“三个沟通无障碍”》，2022 年 2 月 10 日；《新京报》贝壳财经记者许诺，《5G 能护航，AI 会翻译，揭秘北京冬奥赛场背后的黑科技》，2022 年 1 月 13 日。

（2）传递阶段。在传递阶段，为了保证信息能流畅地传递要考虑以下几点因素。第一，沟通对象所处的时差和沟通时间的长短，例如中国与美国刚好处于昼夜颠倒的情况，如果沟通时长过长，则会有一方沟通对象疲惫不堪，没有良好的沟通状态。第二，选择合适的编码方式，减少文字、数字的使用，利用多媒体技术，组织视觉、听觉信息，提升沟通效果。第三，选择合适的沟通方式，并降低环境因素如网络信号、设备等的干扰。

（3）解码阶段。解码阶段与编码相似，除了编码阶段提及的影响因素之外，文化智力也会对解码产生影响。**文化智力**（cultural intelligence，CQ）是指个人在跨文化环境中适应、交流和运用文化知识的能力。它不同于智商或情商，是一种特殊的智力，用来评估个体在多元文化背景下应对复杂问题的能力。通过了解、学习和应用文化相关的知识、技能和态度，个体能够更好地融入不同的文化环境，并顺利与不同文化背景的人沟通合作。

5.4.3 跨文化沟通的对策

在数字化时代，了解文化差异、认同文化差异和提升文化智力是进行有效跨文化沟通的根本所在。能否达到降低文化差异影响的目的，取决于跨文化沟通的策略应用情况。

（1）加强跨文化培训。在多元文化的环境中，文化差异主要表现为基本价值观、生活习惯以及技术知识三个方面的差异。其中，基本价值观差异具有难以改变的特性，生活习惯差异可通过长期的文化交流逐渐克服，而技术知识差异则可通过教育培训的方式得到改善。针对技术知识差异，企业可通过组织不同文化背景的个体或在不同文化区域工作的员工参与跨文化教育培训，来识别和缩小文化差异，促进不同文化间的合作与联系。研究表明，此类培训能有效提升跨文化沟通技能，进而提高工作绩效。原因在于，跨文化培训改善了管理层与本地员工及政府间的关系，降低了国际贸易谈判中的失败率，并加速了管理者对新文化和新环境的适应。

（2）**识别文化差异**。在跨文化交流的实践中，个体往往基于自身文化的标准和价值观来评价和解读他人的行为。这种以自我为中心的判断方式，容易导致对他文化的误解和偏见。由于文化差异的多样性和复杂性，即使是普遍性的行为，也可能蕴含着特定的文化意义。因此，识别文化差异是实现有效跨文化沟通的基础。为了达到这一目标，需要通过跨文化教育和培训来提升个体对他文化的文化智力（敏感性和理解能力）。在跨文化沟通的过程中，理解和尊重不同文化的特殊性和价值观念是至关重要的。这要求沟通者不仅要深入了解自己的文化，还要学习和了解其他文化的特点和价值观。通过这种双向的文化学习和心理预期的建立，沟通者可以更好地适应跨文化交流的环境，减少误解和冲突，从而促进更顺畅和富有成效的沟通。

（3）**理解差异的客观存在**。在跨文化沟通的过程中，沟通者首先需要认识到文化差异是客观存在的，并且这些差异是沟通中不可避免的挑战。全球化的进程使得来自不同文化背景的人们在工作和日常生活中频繁互动，这要求沟通者不仅要克服以自我为中心的思维方式，还要积极学习和理解其他文化的价值观念、行为习惯和交流风格。为了有效地进行跨文化沟通，沟通者必须摒弃狭隘的文化中心主义，培养对他国语言、文化、经济和法律等方面的深刻理解。在全球化企业的运营中，管理者和员工来自多元的文化环境，他们各自独特的思维方式和行为模式对企业的沟通和管理提出了挑战。因此，管理者需要了解并尊重不同文化的特点，采取包容和灵活的管理策略，以促进企业在全球市场中的成功。文化因素，如价值观念、信仰、道德观念、审美观念和风俗习惯，虽然不如政治法律那样具有强制性，但它们在跨文化沟通中起着至关重要的作用。例如，不同国家的文化特点（如美国的规则和秩序导向、日本的集体主义和改进精神）都会对沟通方式产生影响。因此，了解并适应这些文化特质对于跨文化沟通的成功至关重要。

（4）**保持开放的心态**。跨文化沟通中，保持开放和积极的心态至关重要。不同文化群体的价值观念和思维方式的差异虽然可能构成沟通障碍，但同时也提供了相互学习、共同进步的机会。通过相互尊重、消除偏见、增进理解和互相学习，不同文化群体可以实现共同发展的目标。

本章小结

本章探讨了数字化时代沟通方式的演变及其对组织和个人沟通的影响。随着科技的快速发展，尤其是移动通信技术的进步，沟通方式经历了从传统面对面交流到即时通信、社交媒体和远程协作等多样化形式的转变。这些变化不仅提高了沟通的效率和便捷性，还促进了跨地域、跨文化的交流。本章通过案例分析，如抖音春晚红包团队利用飞书进行高效协作的实例，展示了数字化沟通工具在实际工作中的应用和优势。同时，本章也指出了数字化沟通带来的挑战，包括信息过载、非正式沟通难以控制、隐私保护问题以及沟通技巧的退化等。此外，本章还讨论了跨文化沟通所面临的障碍，为了应对这些障碍，提高跨文化沟通的有效性和适应性，提出了加强跨文化培训、识别文化差异、理解差异的客观存在和保持开放的心态等策略。

展望未来，随着人工智能、虚拟现实、增强现实等新技术的不断涌现和融合，数字化沟通将进一步革新我们的沟通方式和工作模式。可以预见，未来的沟通将更加智能化、个性化和沉浸式，提供更加丰富和直观的交流体验。同时，随着全球化的深入发展，跨文化沟通将成为常态，它对文化敏感性和适应性的要求将更高。企业需要不断创新沟通策略，培养员工的数字化沟通能力，以适应快速变化的工作环境。此外，隐私保护和数据安全将成为沟通技术发展中的重要议题，需要企业和个人共同努力，确保技术进步的同时，充分保障个人权益。未来沟通的发展趋势将是有机结合技术创新与人文关怀，构建一个更加高效、安全、包容的沟通环境。

关键术语

数字化沟通　正式沟通　非正式沟通
表情符号　表情包　跨文化沟通

复习思考题

1. 在数字化时代，为什么传统沟通模式被逐渐取代？请列举至少两个原因。
2. 组织中为什么会出现“小道消息”？如何管理数字化时代的“小道消息”？
3. 如何利用互联网、大数据和人工智能等技术促进组织的沟通协作？提供一个实际案例并加以说明。
4. 请结合实际案例列举至少两个数字化时代的沟通可能带来的挑战，以及思考组织应对这些挑战的措施。

参考文献

[1] 蒂瓦纳．平台生态系统：架构策划、治理与策略 [M]. 侯赟慧，赵驰，译．北京：北京大学出版社，2018.
[2] 白淑英．网络技术对人类沟通方式的影响 [J]. 学术交流，2001（1）：93-96.
[3] 陈春花，曹洲涛，宋一晓，等．组织行为学 [M]. 4 版．北京：机械工业出版社，2020.
[4] 陈春花，曹洲涛．管理沟通 [M]. 3 版．广州：华南理工大学出版社，2020.
[5] 洪钊峰，赵冬妹，李海东．虚拟团队沟通的影响因素及分析 [J]. 科技与管理，2003，5（1）：57-59.
[6] 宋小康，朱庆华，赵宇翔．社会化媒体中表情包使用对信息交流效果的实证研究：基于言语行为理论 [J]. 情报科学，2019，37（5）：121-128.
[7] 肖楠．微信朋友圈对领导力的影响研究 [J]. 经济研究导刊，2022（32）：107-113.
[8] 肖伟，赵嵩正．虚拟团队沟通行为分析与媒体选择策略 [J]. 科研管理，2005，26（6）：56-60.

[9] 严进．组织行为学 [M]. 北京：北京大学出版社，2009.
[10] 赵昌文，等．平台经济的发展与规制研究 [M]. 北京：中国发展出版社，2019.
[11] 周登峰．如何消除虚拟团队的沟通障碍 [J]. 浙江经济，2006（14）：59-60.
[12] ADNER R, KAPOOR R. Value creation in innovation ecosystems: how the structure of technological interdependence affects firm performance in new technology generations [J]. Strategy management journal, 2010, 31(3): 306-333.
[13] BANA S H, BENZELL S G, SOLARES R R. Ranking how national economies adapt to remote work[J]. MIT sloan management review, 2020, 61(4): 1-5.
[14] BOUDREAU K. Open platform strategies and innovation: granting access vs developing control[J]. Management science. 2010, 56(10): 1849-1872.
[15] BRODSKY A. Virtual surface acting in workplace interactions: choosing the best technology to fit the task[J]. Journal of applied psychology, 2021, 106(5): 714-733.
[16] BUTTS M M, BECKER W J, BOSWELL W R. Hot buttons and time sinks: the effects of electronic communication during nonwork time on emotions and work-nonwork conflict[J]. Academy of management journal, 2015, 58(3): 763-788.
[17] BYRON K. Carrying too heavy a load? the communication and miscommunication of emotion by email[J]. Academy of management review, 2008, 33(2): 309–327.
[18] CHESHIN A, RAFAELI A, BOS N. Anger and happiness in virtual teams: emotional influences of text and behavior on others' affect in the absence of non-verbal cues[J]. Organizational behavior and human decision processes, 2011, 116(1): 2-16.
[19] CRAMTON C D. The mutual knowledge problem and its consequences for dispersed collaboration[J]. Organization science, 2001, 12(3): 346-371.
[20] CRISP C B, JARVENPAA S L. Swift trust in global virtual teams: trusting beliefs and normative actions[J]. Journal of personnel psychology, 2013, 12(1): 45-56.
[21] DOUGHERTY D, DUNNE D. Organizing ecologies of complex innovation[J]. Organization science, 2011, 22(5): 1214-1223.
[22] ELLISON N B, GIBBS J L, WEBER M S. The use of enterprise social network sites for knowledge sharing in distributed organizations: the role of organizational affordances [J]. American behavioral scientist, 2015, 59(1): 103-123.
[23] GAJENDRAN R S, HARRISON D A. The good, the bad, and the unknown about telecommuting: meta-analysis of psychological mediators and individual consequences [J]. Journal of applied psychology, 2007, 92(6): 1524-1541.
[24] GAJENDRAN R S, JOSHI A. Innovation in globally distributed teams: the role of LMX, communication frequency, and member influence on team decisions[J]. Journal of applied psychology, 2012, 97(6): 1252-1261.
[25] GIBBS J L, EISENBERG J, ROZAIDI N A, et al. The "megapozitiv" role of enterprise social media in enabling cross-boundary communication in a distributed Russian organization[J]. American behavioral scientist, 2015, 59(1): 75-102.

[26] GIBSON C B, GIBBS J L. Unpacking the concept of virtuality: the effects of geographic dispersion, electronic dependence, dynamic structure, and national diversity on team innovation [J]. Administrative science quarterly, 2006, 51(3): 451-495.
[27] GILSON L L, MAYNARD M T, YOUNG N C J, et al. Virtual teams research: 10 years, 10 themes, and 10 opportunities[J]. Journal of management, 2015, 41(5): 1313-1337.
[28] GOLDEN T D, VEIGA J F. The impact of superior–subordinate relationships on the commitment, job satisfaction, and performance of virtual workers[J]. The leadership quarterly, 2008, 19(1): 77-88.
[29] HOCH J E, KOZLOWSKI S W J. Leading virtual teams: hierarchical leadership, structural supports, and shared team leadership[J]. Journal of applied psychology, 2014, 99(3): 390-403.
[30] KANAWATTANACHAI P, YOO Y. The impact of knowledge coordination on virtual team performance over time[J]. MIS quarterly, 2007, 31(4): 783-808.
[31] KIRKMAN B L, MATHIEU J E. The dimensions and antecedents of team virtuality[J]. Journal of management, 2005, 31(5): 700-718.
[32] WEISS M, SALM L J, MUETHEL M, et al. Team personal-life inclusion in socially-versus task-oriented countries: a cross-cultural study of Chinese versus German teams[J]. Journal of international business studies, 2018, 49(7): 919-928.
[33] MCALLISTER D J. Affect- and cognition-based trust as foundations for interpersonal cooperation in organizations[J]. Academy of management journal, 1995, 38(1):24-59.
[34] RICE D J, DAVIDSON B D, DANNENHOFFER J F, et al. Improving the effectiveness of virtual teams by adapting team processes[J]. Computer supported cooperative work, 2007, 16(6): 567-594.
[35] SEWELL G, TASKIN L. Out of sight, out of mind in a new world of work? autonomy, control and spatiotemporal scaling in telework[J]. Organization studies, 2015, 36(11): 1507-1529.
[36] THATCHER S M B, ZHU X M. Changing identities in a changing workplace: identification, identity enactment, self-verification, and telecommuting[J]. Academy of management review, 2006, 31(4): 1076-1088.
[37] TZABBAR D, VESTAL A. Bridging the social chasm in geographically distributed R&D teams: the moderating effects of relational strength and status asymmetry on the novelty of team innovation[J]. Organization science, 2015, 26(3): 811-829.

第 6 章
CHAPTER 6

数字化时代的团队

无论是过去的时代还是如今的数字化时代，孤军奋战貌似都不是明智之选。来自不同地方，拥有不同文化、不同知识，甚至是不同肤色的人们为了一个共同的目标而努力，这就是团队的魅力。时代飞速发展，个体很难独自掌握全面的知识技术，团队合作可以更好地整合知识，提高工作效率。数字化时代带来了不同的通信、协作技术，沟通全世界的同时，也使得整体竞争力度加大。在这一背景下，团队结构、管理和运作等发生了什么变化？

本章将结合数字化时代的特点和组织管理的团队知识框架，介绍数字化时代下诞生的新型团队及其运作方式。

§ 学习目标

➢ 学完本章，你应该做到：

1. 了解传统群体与团队的概念特点。
2. 掌握虚拟团队的结构和运作模式。
3. 理解数字化时代下临时团队和敏捷团队的变化。
4. 掌握多团队成员身份的定义及其影响机制。
5. 掌握多团队系统的构成及其利弊。

§ 引例

数字化时代下飞书团队协作模式的演变

随着数字技术的不断进步，团队协作模式经历了翻天覆地的变化。影视飓风 MediaStorm 成立于 2015 年，是一家集视频教学、器材评测、优质原创短片制作、商业广告摄制以及影视资源分享为一体的专业影视公司。2019—2023年连续五年被评为“BiliBili百大UP主”，截至2023年B站平台粉丝数超850万。

2019年，影视飓风迎来了飞速发展的黄金时期，团队成长到20多人的规模。高质、丰富且持续的视频内容创作需求以肉眼可见的速度上升，而此时，大家依然使用个人社交软件和一些传统的办公应用进行内部沟通交流，工具的割裂带来巨大的信息浪费，大量时间花费在处理基础事务上，甚至于整个公司处于一个非常混乱的状态，组织管理无从下手。

这时候，影视飓风创始人Tim被同为UP主的好友“备胎说车”强势安利了飞书，Tim一下子就被它先进的协同办公理念及强大的功能震撼住了，于是立马决定全员迁移飞书办公。

对于自媒体而言，爆款才是真正有价值内容的外在化。过去，影视飓风平均需要6～7个月才会出现一期播放量达百万的视频，一个项目的平均流转周期超过35～40天；现在，通过飞书多维表格、OKR（objective and key result，即目标与关键成果法）等，每隔15天就会有一期超100万播放量的视频，速度相比过去提高了10倍以上，项目产出周期最快压缩到了5天，所有员工的表现也能一目了然，工作进度被轻松把控。

截至2023年，影视飓风团队已扩大到了100人，内容产能也从过去的十几二十天一个，到现在30个项目同时并行，平均一年能够上线130多期视频。团队效率的提升得益于数字化时代的协同工具，飞书让原本混乱的组织管理变得更加有序，并且串联起从策划、执行、投放到复盘全流程，带来数字化时代的新办公体验。

资料来源：飞书《“B站百大UP主”影视飓风：用飞书搭建创意库，每15天就有一款超100万播放量的爆款视频》；BiliBili影视飓风《【年终总结】一年更新100期！这一年我们是怎么做视频的？》。

6.1　群体与团队

6.1.1　群体概述

1. 群体的定义与分类

群体（group）是指两个或两个以上成员构成的集合，他们之间相互联系、相互依赖，并至少拥有一个共同的特质。人们常常根据不同的标准，将社会上的人划分为不同的群体，以便于理解和分析他们的行为和特征。例如，我们可以将人按照性别划分、按照年龄划分、按照职业划分、按照地域划分、按照种族和文化划分、按照社会阶层划分，甚至按照政治体制划分（马戎，2024）。

为了更好地区分群体，学者根据不同的学科与领域对群体进行了区分。表6-1展示了常见的群体类型。

表 6-1 常见的群体类型

分类方法	类型名称	定义	举例
群体是否有明确的规章和组织结构	正式群体	为了完成组织所规定的特定任务而组成的官方组织机构，有明确的规章制度，且成员角色、权利和义务明确	企业中的部门、科室、小组等
	非正式群体	自发的，根据群体成员的兴趣、爱好、价值观，以及共同利益而形成的群体	运动爱好者俱乐部、明星粉丝团、微信群聊等
群体成员是否认同并归属于该群体	内群体	是指成员对其有团结、信任、亲密及合作感觉的群体	民族、祖国、宗教等
	外群体	是指内群体成员以外的其他任何组合，缺乏信任，常被称为外人或外群体	对立的民族、国家或宗教等
群体成员对于该群体的心理向往程度	实属群体	是指个人实际归属的群体，拥有正式成员资格	家庭、工作单位等
	参照群体	是指个人以该群体的标准、目标和规范作为自己的行动指南和努力标准	偶像、成功人士、想要加入的企业等
群体是否真实存在	统计群体	是指为了研究和分析的需要，把具有某种特征的人在想象中组织起来的群体，实际上可能不存在	老年群体、女性群体、农民群体等
	实际群体	是指在一定空间和时间范围内存在的群体，即现实生活中实际存在的群体	学校的班级、工厂的车间、机关的科室等
群体成员的差异	同质群体	是指专业知识、技能比较相似的成员构成的群体	一个班级的同学、一个部门的同事等
	异质群体	是指专业知识和技能差异较大的成员构成的群体	不同的院系、企业产供销项目团队等

2. 群体的作用与规律

人类是社会性动物，群体中的社交互动会影响个人的行为和心理。群体可以给个人带来爱、尊重和自我实现的感受，也可以给个人带来挑战和冲突。群体对个人行为的影响主要有以下几个方面。

(1) 社会助长效应。社会助长效应（social facilitation effect）是指个体在群体中的表现效率因为受到其他群体成员的影响而提高的现象（章志光、金盛华，1996）。例如，运动员在观众的欢呼声中可能会发挥出更好的竞技水平。这是因为他人的存在会导致个体的唤醒水平提高，个体希望得到他人的认可和支持，这会增强他们工作或情感上的满足感（Zajonc，1965）。现今，已有许多国内外学者通过眼动仪技术进一步证明了观众的存在对个体的社会助长效应（Liu and Yu，2017；原敏蕙等，2023）。

(2) 社会抑制效应。与社会助长效应相反，**社会抑制效应**（social inhibition effect）是指个体在群体中的表现效率因为受到其他群体成员的影响而降低的现象（章志光、金盛华，1996）。这可能取决于任务的难度，当个体从事困难或者不熟练的任务时，有其他人出现会产生抑制作用（Zajonc，1965）。例如，求职者在面试时可能会因为过度紧张而失去自信，考生在高考时可能因为看到其他考生而影响发挥。这是因为个体对成功的渴望过高，导致他们承受了过大的压力和竞争。同时，有研究认为观众存在对表现效率的抑制作用和促进作用都属于社会助长效应（Aiello and Douthitt，2001）。

(3) 社会堕化效应。社会堕化效应（social loafing effect）是指个体在协作团队中的付出和努力因为受到其他群体成员的影响而减少的现象，通常把这一现象称为“浑水摸鱼”。例如，研究发现，在拔河比赛中，3 个人一起拉绳子的力量只有 1 个人平均力量的 1.5 ～ 2 倍。这是因为个体缺乏明确的个人责任感和动机，认为他们的付出和回报无关。然而，如果能够建立紧密的团队关系，设定有挑战性的任务，以及将整体成功作为奖励目标，就可以抑制社会堕化效应，激励个体更积极地参与团队合作，提高绩效水平。

（4）羊群效应。羊群效应（the effect of sheep flock）是指群体内个体成员的策略选择不仅受到自身收益的影响，还受到其他个体策略选择的影响，最终可能导致个体跟随模仿大多数人的行为（Boyd and Richerson，1988）。羊群效应是个体受到群体的压力，从而产生反应的集合。例如股票市场，当某只股票开始出现大幅上涨或下跌时，其他投资者往往会跟随市场趋势买入或抛售，而不是对该股票进行独立的分析和判断。当然，羊群效应并不是只有负面影响，若能够利用其中的示范学习作用和聚集协同作用，羊群效应可以为弱势群体提供支持和帮助，促进他们的成长。

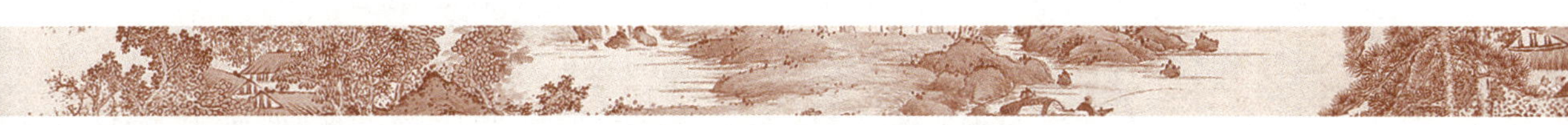

聚焦实践 6-1

社交媒体中的羊群效应

Digital 2022 年 4 月的统计报告显示，全球 58.7% 的人口使用社交媒体，平均每秒就有 10 个新用户。在数字化时代，社交媒体对人们的行为和决策产生了深远的影响。尤其是在消费和投资领域，羊群效应表现得尤为明显。

就消费者行为而言，一个众所周知的全球羊群心理现象是非同质化通证（non-fungible token，NFT）。2021 年 1—10 月，社交媒体上的主题标签“#nft”数量增加了 3 566%。NFT 销售额从 2020 年的 8 250 万美元增加到了 2021 年的 177 亿美元。当时，社交媒体上关于 NFT 的讨论越来越热烈。不仅是普通用户，还有许多著名的艺术家和名人都在宣传和购买 NFT。这种群体行为让人们产生了强烈的从众心理，许多人认为，如果这么多人都在谈论并购买 NFT，那么这一定是一个值得投资的项目。或许一开始，人们还保持着谨慎的态度，只进行小额的投资，但随着时间的推移，更多的人在社交媒体上炫耀他们的 NFT 资产，并分享其价值增长的故事，这让人们更加坚定了自己的选择。

可好景不长，市场行情发生了变化。那些曾经热衷于宣传 NFT 的人开始沉默，NFT 市场的热度逐渐消退。人们发现自己所购买的 NFT 并没有如预期那样升值，反而出现了贬值的情况。这时，人们才意识到自己陷入了羊群效应的陷阱——因为盲目跟随他人的行为，而忽视了独立分析和理性判断的重要性。

资料来源：Katya Loviana，“Digital-Based Herd Mentality on Consumers and Workers”，Center for Digital Society.

3. 群体的形成与发展

群体的形成与发展以逐渐成熟为目标，经常经历多个阶段。在某些情况下，如果没有妥善处理各个阶段的矛盾和冲突，群体可能无法进展到下一阶段，最终保持不稳定状态，无法发展和成熟。具体来说，群体的发展通常包括以下几个阶段：组成阶段、震荡期、规范期、执行任务期和解散阶段。

一开始，为了实现特定目标，组织会根据需要成立一个群体，这是组成阶段。在这个初期阶段，群体的成员通常来自不同背景，具有不同的价值观、工作习惯、能力和性格特点。在没有指定领导或权威的情况下，需要解决一系列问题，如确定领导者、明确群体目标以及制定适用于所有人的行为规范。这个时期通常伴随着矛盾和冲突，被称为震荡期。在震荡期，人们可能会竞争和辩论，每个人都在考虑自己的利益，导致群体成员之间的冲突和争执。

为了解决这些问题，群体需要找到一个大家都接受的领导和权威，并制定适用于所有成员的行为规范。震荡期结束转而进入规范期。

这种情况在新大学生宿舍行为规范的建立以及大学新生班级活动规则的制定阶段非常明显。例如，在新大学生宿舍行为规范的建立中，宿舍成员来自各种不同的背景，拥有不同的生活习惯和学习方式。在这个初期，需要解决作息时间的不协调、卫生习惯的不同等冲突问题。如果没有提出合理的解决方案，宿舍可能无法发挥其功能，最终无法成为学习、休息和生活的理想场所。

一旦群体通过对话和交流建立了大家都接受的行为规范，它就能够发展和进步。每个人按照自己的角色定位，根据群体的规范进行活动，朝向群体共同的目标，这个时期就是执行任务期。这个阶段通常伴随着凝聚力的增强和友谊的建立。

最终，当群体的任务完成时，群体进入解散阶段。

6.1.2 团队概述

1. 团队的定义

团队（team）的广泛定义是指两个或更多的员工一起工作，且他们之间至少有一定程度的任务相互依赖，同时朝着共同的目标努力。简单来看，团队与群体（group）的定义非常相似，但其实这是两种不同的集体形态。两者都在协同工作和决策制定中扮演重要角色，一般观点认为群体更为宽泛，团队是一种特殊的群体。

要区分这两者，最直接的方法就是观察成员之间的互动模式和对目标的追求程度。团队成员之间的互动更加频繁、目的性更强，他们共同承担任务的责任，并且在完成任务的过程中相互依赖。团队的目标更为明确和集中，成员共同努力实现既定目标，而群体成员可能有着不同的个人目标，他们的合作可能仅限于特定任务或活动。

尽管在不同情境下，这两个术语有时会被混用，但理解它们之间的差异对于组织和管理实践非常重要。表 6-2 详细说明了工作群体和工作团队之间的区别。

表 6-2 工作群体与工作团队的比较

比较维度	工作群体	工作团队
图示	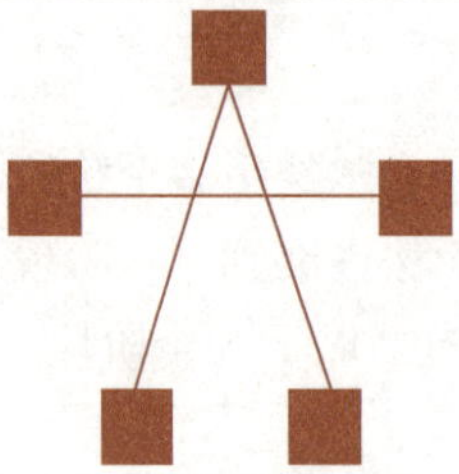	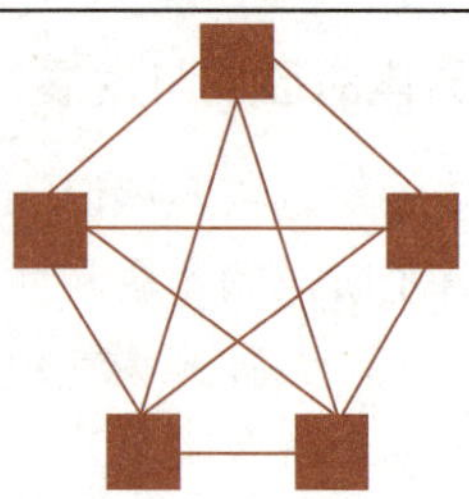

（续）

比较维度	工作群体	工作团队
目　标	信息共享	明确的团队目标
信　任	中性态度（有时消极）	相互信任
责任感	个体责任	个体责任和共同责任并存
技　能	随机性	互补性和差异性
沟　通	信息传递	良好的沟通

2. 团队互依性

互依性（interdependence）是团队的重要特征，也是团队区别于一般群体的重要因素。互依性是团队成员为了达成团队目标而相互依赖与交互的程度。互依性产生的基本背景是社会分工越来越细而团队任务的复杂性不断增加，以往能够由个体独立完成的工作越来越少，团队成员必须紧密合作，任务的完成除了自身努力外还很大程度上依赖于他人的努力与彼此间的协作质量。

汤普森（Thompson，1967）根据团队的工作流程与成员间的合作程度，将任务互依性分为三种类型：**合并式互依**（pooled interdependence）、**顺序式互依**（sequential interdependence）和**互惠式互依**（reciprocal interdependence）。合并式互依的相互依赖程度最低，员工在工作流程中与其他成员互动少，可以独自完成任务；顺序式互依是指团队中一个成员的工作产出是另一个成员的工作输入的依赖模式，成员之间的相互依赖程度较高；互惠式互依则是在工作中各成员之间相互反馈与调整，每个成员的产出都可能是其他成员的工作输入的依赖模式，互依范围最广。三种类型中，顺序式互依和互惠式互依体现了合作形态。在现代团队尤其是知识团队中，互惠式互依的比重最大，很多知识团队的任务通常都具有复杂度高、知识密集的特征，需要依赖知识员工的高度交互与协作。

6.1.3　传统团队类型

在了解了群体和团队的概念后，我们还需要了解一些传统的团队类型。传统的团队并不是指只存在于过去的团队，而是在数字化时代之前就广泛应用的团队类型。学习和掌握这些传统团队类型有助于我们后续了解数字化时代出现的新型团队并明确其特点。图 6-1 展示了本节将要介绍的三种传统团队类型。

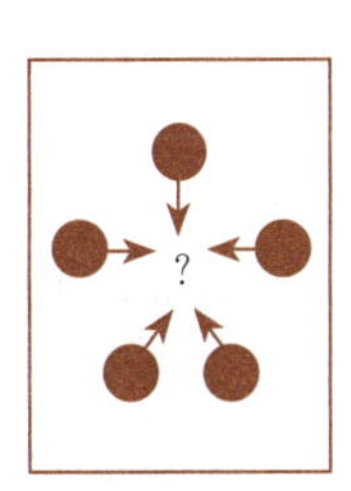

问题解决型团队

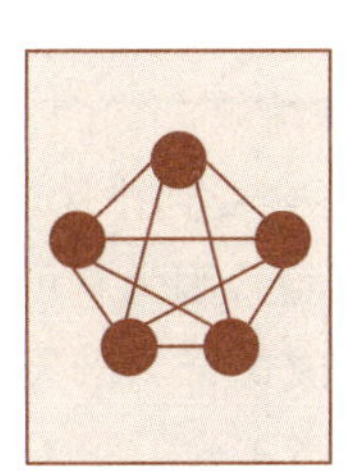

自我管理型团队

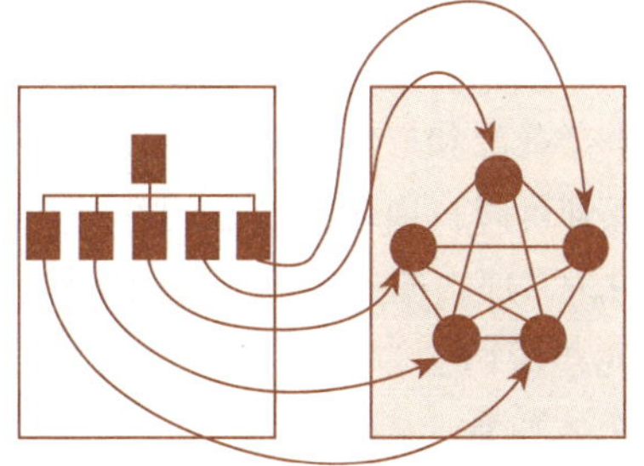

跨职能型团队

图 6-1　三种传统团队类型

1. 问题解决型团队

问题解决型团队（problem-solving team）由一群组织成员组成，他们定期聚集在一起，讨论和解决与他们的工作相关的问题，如如何提高生产效率、产品质量、工作环境等。在这样的团队中成员就如何改变工作程序和工作方法相互交流，就如何提高生产效率和产品质量等问题提出建议。成员很少有权力自行决定如何执行这些建议，但是如果给这些建议配上执行方案，就可以取得一些重要的进展。

例如汽车制造公司中，来自不同部门的员工组成问题解决型团队，他们每周会花几个小时的时间来分析和讨论如何减少生产过程中的浪费和缺陷，提高车辆的安全性和可靠性。他们会收集和分析数据，识别问题的根源，提出改进措施。通过这样的团队合作，他们不仅提高了产品质量，还节省了成本，增加了客户满意度。当然，问题的确认这一部分是由管理层来最终实施的，团队的成员没有权力来确定问题在哪里，只能提出意见。因此，问题解决型团队在调动员工参与决策过程的积极性方面略显不足。

2. 自我管理型团队

前面提到问题解决型团队的主要职责是提出建议。此外，有些组织采取了更进一步的措施，团队不仅负责解决问题，还承担了执行解决方案的责任。

自我管理型团队（self-managed work team）是一种工作团队的特殊形式，它是纵向一体化的团队，赋予了成员几乎完全的自主权，使他们能够决定如何完成任务。建立自我管理型团队需要大量的授权，但这并不意味着团队成员可以随意行事。这种团队将不同的战略单元组合在一起，自主选择成员和领导者，确定自己的运营体系和工具，并利用信息技术来制定他们认为最适合的工作方法。这种组织形式不仅确保员工拥有一定的自主权，还能够发挥监督和协作的作用。施乐公司、通用汽车、百事可乐、惠普公司是推行自我管理型团队的几个代表，据估计，大约 30% 的美国企业采用了这种团队形式。

然而，关于自我管理型团队是否真正有效的研究结果存在差异。瓦格曼（Wageman，2001）的研究发现团队型奖励机制与自我管理型团队的团队绩效之间存在显著的正相关关系，而杨和盖伊（Yang and Guy，2004）的研究并未发现团队型奖励机制与团队绩效之间的联系。后续的定性研究进一步探讨了团队型奖励机制与团队绩效之间的相互关系，并普遍认同团队型奖励机制对提升团队绩效具有积极作用（Powell and Pazos，2017），即当成员感知到物质奖励与他们的贡献成正比时，个体和团队的绩效都会提高。

另一个研究重点是自我管理型团队内部冲突对团队绩效的影响。一些研究结果表明，自我管理型团队内部的冲突可能导致绩效下降（Wu et al.，2013）。当团队成员发生分歧时，他们可能会中止合作，争夺资源和权力，这可能会降低团队绩效。然而，还有一些研究指出，如果成员在发生冲突时感到可以自由表达自己的意见，而不会受到排斥或惩罚，也就是说，如果团队氛围允许开放的讨论，那么冲突实际上对团队绩效有益，因为它可以激发创新和不同观点的交流。

此外，研究还探讨了自我管理型团队对团队成员行为的影响。结果仍然复杂多样。虽然这种团队中的个体通常比不在团队中的个体更满意工作，但有时他们的缺勤率和离职率也会增加（Park，2011）。虽然采用团队组织形式总体上提高了劳动生产效率，但关于团队自主性和团队绩效之间关系的实证研究还没有定论（Cordery et al.，2010）。

3. 跨职能型团队

跨职能型团队（cross-functional team）由来自不同领域但在组织内部层级相似的员工组成，他们的共同目标是完成特定的工作任务。如采购团队可以由工程部、财务部、生产部、材料部、物流部和采购部等人员共同组成。跨职能型团队是一种高效的工具，使不同领域的人能够交流信息、激发新思维、解决问题和协调复杂项目。跨职能型团队需要高度的内部协作，因此管理起来具有一定挑战性。这些团队在初期可能进展缓慢，成员需要学会应对多元和复杂的团队动态。建立信任和确保团队工作的流畅需要时间，尤其是在来自不同背景、具有不同经验和观点的成员之间。

多年来，许多组织都一直在使用跨职能型团队来完成任务。如今，对于大型组织而言，没有跨职能型团队几乎无法想象。所有大型汽车制造商，例如丰田、本田、日产、宝马、通用汽车、福特和克莱斯勒，都采用了这种团队形式来协调复杂的项目。传统跨职能型团队的优势在于，来自不同领域和拥有不同技能的人可以直接合作。如果团队能够充分认可成员的特殊观点，那么其效率可能会非常高。

6.1.4　团队理论

团队理论是组织行为学和管理学领域的一个重要分支，它帮助我们理解团队如何形成、如何运作以及如何取得成功。在本小节中，我们将简要概括一些重要的团队理论。

1. 塔克曼的团队发展阶段理论

团队发展阶段理论（stages of team development theory）是布鲁斯·塔克曼（Bruce Tuckman）教授基于中小型团队的研究在 1965 年首次提出的团队阶梯发展理论。塔克曼是美国俄亥俄州立大学教育心理学教授，他回顾了 50 多个关于团队发展的研究，提出了团队发展的五个阶段：形成阶段、震荡阶段、规范阶段、成熟阶段和解散阶段，如图 6-2 所示。

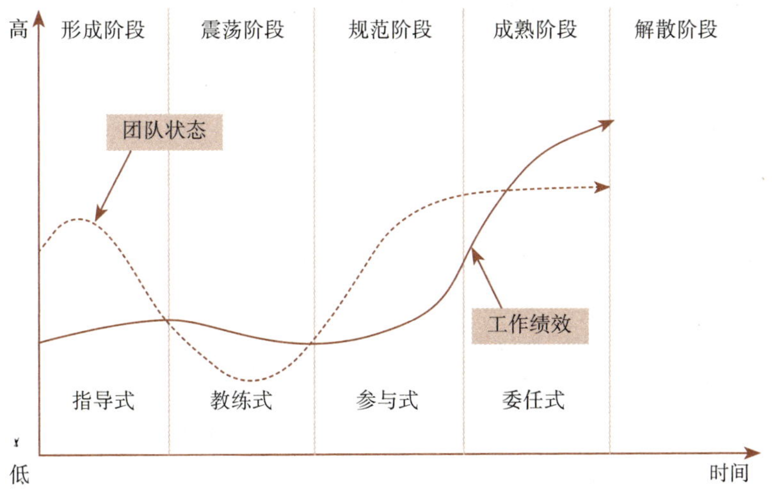

图 6-2　团队发展阶段理论

（1）形成阶段。在这个阶段，团队的成员刚刚汇聚在一起，彼此可能并不熟悉。成员通常表现得礼貌和谨慎，试图了解团队的目标和规则。领导的角色可能不太明确，团队成员主要是个体主义的。

（2）震荡阶段。在这个阶段，团队成员开始展现出更多的个性和产生意见。冲突和竞争可能出现，因为团队成员可能对团队的方向、任务分配和领导方式产生不同意见。这个阶段通常是困难的，但也为解决问题和改进提供了机会。

（3）规范阶段。在规范阶段，团队成员逐渐解决了之前的冲突，建立了更加积极的关系。他们开始形成共识，接受团队的规则和目标。领导角色明确，团队更加协调一致，任务分工也更加顺畅。

（4）成熟阶段。在成熟阶段，团队达到了最高水平的协作和绩效。成员之间的信任和合作达到顶峰，他们能够高效地完成任务，达到团队的目标。这个阶段是团队最具生产力和创造力的时期。

（5）解散阶段。在团队完成任务或项目之后，它就进入了解散阶段。成员可能会分散，或者团队可能会改变其组成。这个阶段也被称为变革阶段，因为团队成员可以回顾他们的经历，从中学到教训，并将这些教训应用到未来的项目中。

塔克曼的团队发展阶段理论有助于团队成员和领导者了解团队的动态和变化过程。通过认识到不同阶段的存在，团队可以更好地应对挑战、促进协作、提高绩效，最终取得成功。这一理论也强调了领导者应该在不同阶段扮演不同角色，以便有效地引导团队前进。

2. 团队的输入－过程－输出理论

自 20 世纪 20—30 年代霍桑实验以来，工作团队研究领域经历了显著的发展与演变。三种主要的研究学派——哈佛学派、密歇根学派和伊利诺伊学派——分别从不同的角度探讨了团队的集体行为、个体在团队中的角色以及团队决策过程。哈佛学派侧重于团队内部的互动和非正式组织，密歇根学派关注个体如何受团队环境影响并强调行动研究方法，而伊利诺伊学派则试图识别影响团队有效性的普遍属性，并着重研究团队决策制定。

随着时间的推移，这些学派的观点逐渐融合，形成了**输入－过程－输出理论**（input-process-output theory，IPO 理论），该理论提出团队的组成、任务特性和外部环境等输入因素会影响团队的互动过程，进而影响团队绩效和成员满意度等输出，如图 6-3 所示。这一理论为团队研究提供了一个统一的框架，并推动了该领域向着更为复杂和动态的研究方向发展，如团队的多级性质和在多变环境中的动态性。如今，团队研究已经超越了最初的学派界限，成了一个跨学科、多方法的综合性领域。

团队的 IPO 理论是一种系统理论，它假设团队不仅仅是变量之间的一对一关系或其成员的总和。这表明许多促成因素之间存在相互作用和反馈。输入是群体活动之前存在的条件，而过程是群体成员之间的相互作用，输出是团队或组织关注的小组活动的结果。

（1）输入。输入（input）是指任何可能直接或间接影响团队本身的先行因素，可以包括个人层面的因素、团队层面的因素和环境层面的因素。例如团队的成员、资源、技能和环境等，这些因素直接影响团队的初始条件和潜力。

（2）过程。过程（process）是调解输入因素与团队结果之间关系的操作和活动。过程包括群体规范，以及群体的决策过程、沟通水平、协调和凝聚力等。这些互动构成了团队的工作方式，影响团队内部的合作和决策。

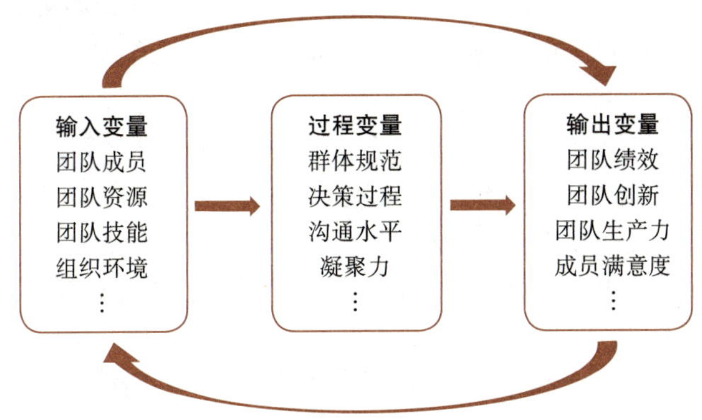

图 6-3　团队的输入 – 过程 – 输出理论

（3）输出。输出（output）是团队行动或活动的结果，即团队所实现的绩效、成果和影响。大多数情况下，这是指团队的有形产出——他们做了什么、取得了什么成就或完成了什么。团队是赢还是输，他们的产品是否具有足够的质量，以及他们是否成功地、有效地完成了他们的目标，这些都是有形产出。当然，其他结果也很重要，例如团队凝聚力的变化，团队学会为未来任务做好准备的程度，团队解决方案的独特性，以及团队是否通过实践提高了效率，等等。

IPO 理论强调了输入、过程和输出之间的相互关系和影响。团队的输入影响了团队的起点，团队的过程决定了如何处理和整合输入，最终影响了团队的输出。理解 IPO 理论可以帮助团队管理者更好地分析团队问题、制定合适的策略，并优化团队的绩效。

6.2　数字化时代的虚拟团队与其他团队

6.2.1　虚拟团队概述

1. 虚拟团队的定义

随着新时代的到来，信息通信技术（ICT）得到了广泛的应用，这为团队合作带来了新的可能性，催生出了**虚拟团队**（virtual team）。虚拟团队突破了以往“同地办公”和“同步交流”的局限，成员可以通过信息通信技术，跨越空间、时间和组织界限的障碍，相互协作，实现他们的共同目标。近年来，组织越来越多地使用虚拟团队（Taras et al.，2019）。特别是经历了全球新冠疫情后，相应的居家工作任务增加加速了这一趋势（Klonek et al.，2022）。美国 ETR（Enterprise Technology Research）2020 年的调查数据显示，2021 年全球约 34% 的员工将实现永久远程居家办公，超过 50% 的人至少加入了一个虚拟团队进行工作。

早期虚拟团队的定义旨在区分传统团队和虚拟团队，着重强调虚拟团队的特点，包括物理分散性和技术依赖性。有些专家曾将虚拟团队的主要标志定义为是否完全依赖信息通信技术进行沟通，并以此为基础进行研究。然而，近年来学者提出了一个更为统一的定义框架，强调虚拟团队的关键特征是其虚拟程度，即团队越虚拟，就越可以被视为虚拟团队。具体来说，可以参考贾文帕（Sirkka Jarvenpaa）等学者提出的跨国虚拟团队模型。他们认为，虚拟团队的特性可以从工作情境、互动模式和群体类型这三个维度来考量（详见图 6-4）。实际上，在现实企业中，几乎没有完全不依赖信息技术的传统团队，因此，将团队对信息技术的依赖程度作为是否为虚拟团队的判定标准更加合适。当然，对于团队虚拟性的判断也有其他不同的观点。柯克曼（Kirkman）和马修（Mathieu）两位学者也提出了不同的虚拟性维度，即使用虚拟工具的程度、信息价值和同步性三个维度。**使用虚拟工具的程度**（extent of reliance on virtual tool）指的是团队成员在协调和执行团队流程时依赖虚拟工具（如电子邮件、视频会议和群体决策支持系统等）的程度。依赖虚拟工具的程度越高，团队的虚拟性就越大。**信息价值**（informational value）涉及虚拟工具在沟通或数据交换中提供的信息价值。如果虚拟工具能够提供丰富且对团队有效性至关重要的信息，那么团队的虚拟性就较低；相反，如果信息价值较低，团队的虚拟性就较高。**同步性**（synchronicity）描述的是团队成员虚拟互动的时间性质，包括同步（实时）和异步（时间延迟）。异步交流由于缺乏实时互动，具有更高的虚拟性，而同步交流则因为能够模拟面对面互动，虚拟性较低。这三个维度共同定义了团队虚拟性的概念，并帮助我们理解团队在虚拟环境中的运作和协调方式。通过考虑这三个维度，我们可以更全面地评估和优化虚拟团队的工作方式和效能。

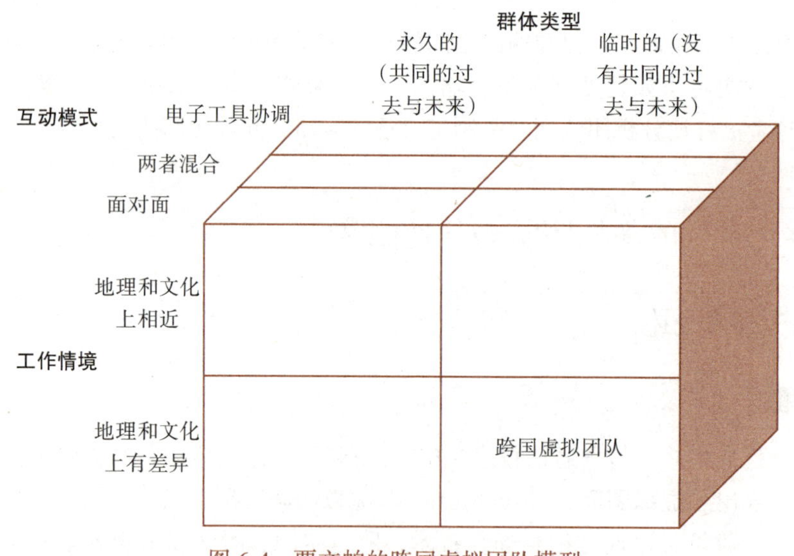

图 6-4 贾文帕的跨国虚拟团队模型

资料来源：闵庆飞，陈尚．基于“适配”的虚拟团队沟通管理研究 [M]. 北京：科学出版社，2015.

2. 虚拟团队的特征

虚拟团队作为一种工作安排，其成员在地理上分散，面对面的接触有限，团队成员通过使用信息通信技术相互依赖，进而实现共同的目标。与传统团队不同，虚拟团队具有以下特征。

（1）地理分散性。虚拟团队的成员分布在不同的地理位置，可能跨越城市、国家甚至大洲。这种分散性要求团队成员利用电子通信工具进行协作，而不是传统的面对面交流。由于地理上的分散，虚拟团队成员之间的直接接触非常有限。团队成员可能只在特定的项目阶段或年度会议中才有机会见面。因此，虚拟团队重度依赖于电子邮件、视频会议、即时通信和协作软件等电子通信工具。这些工具使得团队成员能够分享信息、协调任务并进行实时或异步的沟通。

（2）生产持续性。虚拟团队可以利用团队成员处于不同时区的优势，实现 24h 不间断的工作。这种工作模式可以缩短项目周期，提高生产力。同时，通过减少旅行和搬迁的需求，虚拟团队可以降低项目的运营成本。此外，电子通信工具的成本效益使得资源可以更有效地分配到项目的关键部分。

（3）边界范围模糊性。虚拟团队和传统团队的不同之处在于它们通常跨越不同的边界，除了时间和空间，同时也会跨越功能、组织和文化的边界。传统团队的成员通常是固定的，结构相对静态。然而，虚拟团队是由来自不同地点的个人组成的临时性组织，其结构具有明显的流动性和变化性。因此，虚拟团队常常被认为是跨边界、跨组织的，成员分布于不同单位，需要合理协调异步问题。虚拟团队的边界更像是一个“网络”，各成员企业为了共同的目标和利益组成一种松散的虚拟化网络合作关系，形成一种柔性的临时性群体组织，因此虚拟团队的边界范围具有一定的模糊性。

（4）任务导向性。虚拟团队通常是为了特定任务或计划而建立的，任务完成后可能会解散。如果下一个任务与当前任务相似，虚拟团队的领导者可以继续利用现有资源和信息，适应变化情况，延长虚拟团队的生命周期。对于复杂和具有挑战性的任务，虚拟团队需要保持成员的稳定性，以获得更持久的生命周期。例如，某虚拟团队为惠尔浦公司研制氟甲烷冰箱时，团队成员在两年内几乎没有变化。对于简单和低挑战性的任务，虚拟团队更有可能实现其目标，并具有更灵活的生命周期。

（5）团队成员互补性及流动性。虚拟团队的主要功能是将不同部门的成员集合在一起，根据任务的特点选择合适的人员，并确保这些人员具备各自的优势和资源，以实现优势互补和信息共享。在完成相对简单的任务时，虚拟团队成员可以根据任务的不同阶段调整角色，灵活适应任务进展，成员之间的流动性较高。而对于复杂任务，虚拟团队成员需要具备专业知识和技能，角色通常较为固定，流动性较低。

（6）组织结构动态性和灵活性。虚拟团队的组织结构具有动态性和灵活性的特点，可以快速响应市场需求的变化。虚拟团队是一个由市场机会推动的临时统一体，它们对外部商业环境非常敏感，能够快速聚集核心能力和资源，以占领市场。虚拟团队的成员分散在许多独立的企业中，可以根据任务的需要组建和解散，迅速适应市场的快速变化。虽然虚拟团队的成员在任务上是独立的，但整个团队具有灵活性，需要领导者具备前瞻性，随着市场供需的变化和市场状态的变化来调整虚拟团队。虚拟团队能够适应市场的变化，具有很强的市场适应性和灵活性，这为企业带来了优势和竞争力。

3. 虚拟团队的类型

学者通过分析虚拟团队成员在组织、空间和时间三个维度的相似性，提出了一种将虚拟团队按照工作情境进行分类的方法。他们认为，团队成员可能来自同一组织或不同组织，共享内部资源或与外部顾问及合作伙伴协作；他们可能在同一地点集中工作，也可能分散在不同地点通过远程方式合作；此外，团队成员的交流和协作可能同步进行，也可能异步进行。这种分类将虚拟团队分为六种类型，从最传统的集中式工作模式到最分散的虚拟网络工作模式形成了一个连续的谱系，为理解和管理不同虚拟团队提供了清晰的框架。虚拟团队的类型如表 6-3 所示。

表 6-3 虚拟团队的类型

类型	时间	空间	组织
一	不同	不同	不同
二	不同	不同	相同
三	不同	相同	不同
四	相同	不同	不同
五	不同	相同	相同
六	相同	不同	相同

资料来源：闵庆飞，陈尚．基于“适配”的虚拟团队沟通管理研究 [M]. 北京：科学出版社，2015.

聚焦实践 6-2

跨越山海的代码：GitLab 的远程工作革命

在数字化迅速发展的时代有这样一家公司，它的故事不仅仅是关于代码和软件的更新，更是关于人、文化和协作的革新。这家公司就是 GitLab，一个全球性的软件开发工具提供商，它的成功标志着一场跨越山海的远程工作革命。

1. 起源：代码与梦想的碰撞

故事始于乌克兰的 Dmitriy Zaporozhets 和荷兰的 Sid Sijbrandij 的一次决定。他们共同创立了 GitLab，一家开源的协作软件开发应用程序公司。由于地理位置的分散，他们和早期员工——一位居住在塞尔维亚的程序员，不得不以远程的方式合作。这种工作模式很快证明了它的效率和可行性。

2. 成长：无边界的团队

随着公司的成长，GitLab 吸引了来自世界各地的人才。没有实体办公室的限制，只要有网络连接，团队成员就可以在任何地方工作。这种模式不仅让公司招募到了全球的顶尖人才，还让员工享受到了工作与生活的平衡。

截至 2023 年 3 月，超过 3 000 人为 GitLab 做出了贡献。GitLab 团队由 2 000 多名团队成员和他们的 370 多只宠物组成，团队成员分布在约 60 个国家和地区。

3. 文化：共识与价值观

GitLab 的成功不仅仅在于技术，更在于它的文化。公司强调结果和迭代的价值观，并通过一个详尽的员工手册来确保这些价值观在团队中得到贯彻。这本手册成了团队成员共同遵守的指南。

4. 透明：开放的信息共享

GitLab 坚持透明度原则，公开分享公司信息，包括产品路线图和内部流程。这种开放的态度不仅建立了内部的信任，也赢得了外部社区的尊重和支持。

5. 管理：自我驱动与团队合作

GitLab 的管理哲学鼓励员工自我管理，同时也强调团队合作的重要性。公司通过定期的团队会议和非正式交流来增强团队的凝聚力，并通过“TeamOps”模型来提高决策和执行的效率。

6. 未来：技术的赋能

GitLab 相信，技术赋能的分散团队是知识型企业未来的团队工作模式。公司通过远程工作模式，成功地聘请了全球人才，并提供了灵活有效的团队合作，推动了企业不断向前发展。

7. 成就：数字与增长

截至 2022 年 10 月 31 日，GitLab 的收入达到了 1.13 亿美元，同比增长 69%。这个数字不仅代表了公司的经济成就，更是其远程工作模式成功的有力证明。

资料来源：《哈佛商业评论》，“GitLab CEO：全员远程办公是如何实现的？”。

6.2.2 虚拟团队的优势与挑战

在当今全球化和技术驱动的商业环境中，虚拟团队已成为组织运作的一个重要组成部分。随着互联网和通信技术的飞速发展，越来越多的企业开始利用虚拟团队来应对快速变化的市场需求、促进创新和提高运营效率。

虚拟团队提供了一种灵活、高效且成本有效的工作模式，使得组织能够超越传统办公环境的限制，实现全球范围内的资源整合和知识共享。然而，尽管虚拟团队带来了许多明显的优势，如成本效率、灵活的工作模式和文化多样性，但是它们也面临着一系列挑战。沟通障碍、技术挑战、团队凝聚力的缺乏以及文化差异的管理等问题，都可能影响虚拟团队的效率和效果。虚拟团队的优势与挑战如图 6-5 所示。

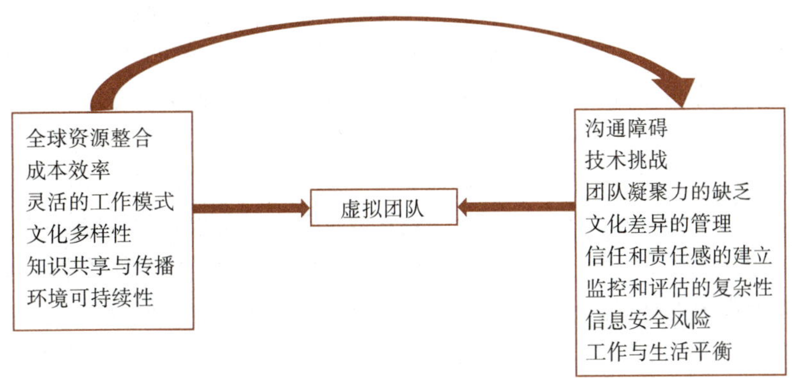

图 6-5 虚拟团队的优势与挑战

1. 优势

虚拟团队是一种矩阵式、扁平化的组织形式，其组成特点决定了它具有传统团队所没有的独特优势。

（1）全球资源整合。虚拟团队能够跨越地理界限，整合全球范围内的人才和专业知识，为组织带来更广泛的视角和创新能力。这种跨界合作有助于解决复杂的全球性问题，并提高团队的整体竞争力。

（2）成本效率。通过减少传统办公空间和商务旅行的需求，虚拟团队可以降低组织的运营成本。此外，通过电子通信工具进行协作，还能节省时间和资源，提高工作效率。

（3）灵活的工作模式。虚拟团队的工作模式具有高度的灵活性，可以根据项目需求和市场变化快速调整团队规模和结构。这种敏捷性使得组织能够迅速响应外部环境的变化，抓住新的商业机会。这种组织形式的灵活性和变动性非常出色，它允许虚拟团队根据任务的不同阶段随时调整人员配置，能够确保任务所需的多样化技能和资源得到满足（Bhat et al., 2017）。

（4）文化多样性。虚拟团队通常由来自不同文化背景的成员组成，这种多样性促进了创新思维的产生和创意的碰撞。理解和尊重多元文化有助于提高团队的创造力和解决问题的能力。

（5）知识共享与传播。虚拟团队通过在线平台和协作工具，实现了知识的快速共享和传播。成员可以轻松访问和更新项目文档、研究资料和其他关键信息，从而提高团队的学习和适应能力。

（6）环境可持续性。虚拟团队降低了对物理办公空间的依赖和商务旅行的频率，有助于减少组织的碳足迹。这种工作方式贯彻了可持续发展的理念，同时也提高了公众对环境保护的认识。

2. 挑战

部分特征给虚拟团队带来优势的同时，也带来了许多管理问题。这些问题体现在团队成员完成任务的方方面面，直接影响着虚拟团队的优势发挥。

（1）沟通障碍。尽管虚拟团队降低了成本，但与面对面沟通相比，传递的信息相对较少，缺乏丰富的情境信息。这可能导致信息不足和交流减少，工作方式更机械，成员的社交满足感降低。沟通作为团队中不可或缺的过程，扮演着控制、激励、情感表达与信息传递等重要职能，是影响团队效能的关键因素。此外，时区差异也可能影响团队成员之间的实时交流。当虚拟团队的成员因所在时区或时间偏好不同而无法保证办公时间的一致性时，这可能导致工作时间安排的冲突和工作节奏的不明确，从而引发团队成员的紧张和不满。这种情况可能导致团队凝聚力下降，甚至低于传统面对面团队。

（2）技术挑战。虚拟团队在形式上对原有的沟通方式构成了挑战，成员之间的沟通几乎完全依赖通信工具。虚拟团队的高度技术依赖性要求所有成员都必须熟练掌握各种在线协作工具。技术问题、软件不兼容或网络连接不稳定都可能影响团队的工作效率和协作流畅性。

（3）团队凝聚力的缺乏。由于缺乏面对面的互动，虚拟团队可能难以建立强烈的团队归属感和凝聚力。这可能导致团队成员感到孤立，影响他们的工作动力和团队的整体表现。

（4）文化差异的管理。虚拟团队需要管理和协调来自不同文化背景的成员。文化差异可能导致工作习惯、沟通风格和决策过程的冲突，需要团队领导者和成员具备跨文化交流的能力。

（5）信任和责任感的建立。在虚拟环境中，建立信任和责任感可能更加困难。团队成员需要通过持续的沟通和共同目标的明确来培养信任，同时需要有效的激励机制来确保每个成员都对团队目标负责。在虚拟团队中，高质量的沟通有助于促进团队成员之间的任务合作和人际信任，使整个团队运作更加顺畅，从而增强团队的凝聚力。解决这一问题需要培养有效的虚拟沟通技能。

（6）监控和评估的复杂性。虚拟团队的工作性质使得对成员的工作表现和贡献进行监控和评估变得更加复杂。领导者需要采用有效的绩效管理工具和策略，以确保团队目标的实现。

（7）信息安全风险。在虚拟团队中，敏感数据和信息的保护尤为重要。组织需要确保采取适当的安全措施，如加密通信、访问控制和数据备份，以防止数据泄露和网络攻击。

（8）工作与生活平衡。虚拟团队成员可能难以在工作和个人生活之间划清界限，尤其是在家庭办公环境中。这可能导致工作时间的延长和生活压力的增加，影响成员的工作满意度和生活质量。

6.2.3 虚拟团队管理

1. 虚拟团队的构建

构建虚拟团队是一个复杂的过程，它需要协调各种关系，并依次完成一系列程序。具体来说，虚拟团队的构建可以分为以下几个关键步骤。

第一步，工作任务分析。在构建虚拟团队之前，首先需要进行工作任务分析。这包括两个关键方面：首先，深入了解工作的需求和特点，明确每个角色所需的能力和技能；其次，需要熟悉整个工作流程，明确对每个角色的具体要求。工作任务分析是构建虚拟团队的基础，对整个过程起着关键作用。

第二步，人力资源计划。人力资源计划是根据工作任务分析的结果，确定未来一段时间组织所需成员的数量和质量的过程。此外，还需要估算招募和结集这些人才的成本，以制订详细的人力资源计划。

第三步，集合人才信息。能否构建虚拟团队依赖于能否在宏观层面上搜索人才资源信息，以实现最佳的人才配置。人才资源信息搜索涵盖多个方面，但主要包括两个要点：一是虚拟团队成员的个人特征，包括文化背景、能力、性格和专业知识等；二是虚拟团队成员与工作任务的适配性，即他们的个人优势能否与虚拟团队的任务相契合。这些因素将影响虚拟团队的整合程度和效率以及发展潜力。

第四步，建立契约式的人才网络策略联盟。一旦完成上述三个步骤的工作，虚拟团队将进入实质性的构建阶段。在这一阶段，领导者需要及时联系相关人才，展开双方的直接交流和谈判，以更深入地了解彼此的信息。这有助于双方制定相关合约，促进虚拟团队的构建。

2. 虚拟团队的管理

虚拟团队构建完成后，还需要对它进行适当的管理，以便达到组织预期的目标。虚拟团队的管理包括三个方面，即人员、目标和联系。首先，人员是虚拟团队的核心，存在于所有的团队和阶层中，人员是否符合要求是虚拟团队能否成功的关键。其次，目标是所有人员的共同利益所在，也是集合虚拟团队成员的一条纽带，对虚拟团队而言，完成具有共同愿景的任务便是它真正的目标。最后，联系是指人员之间沟通和交流的桥梁与互动关系，它可以有效地增进成员间彼此的感情，正是这种联系使得虚拟团队能够展现出它的显著优势。传统团队和虚拟团队最大的差异也在于联系的本质和变化。与传统的组织形式相比，虚拟团队沟通往往比较困难，这是因为成员来自不同国度，具有不同的文化背景，成员之间及成员和组织之间存在着时空的距离，虚拟团队的内部结构较为松散；沟通往往不是直接的，一般而言，主要是通过以计算机为媒介的方式来进行。因此，如何协调不同文化背景的成员，缩短沟通的时空距离，创造便捷的沟通方式，就成为虚拟团队管理的关键。在虚拟团队管理过程中，需要采取合适的策略，具体包括以下几个方面。

（1）明确目标。确立一个明确的目标对于任何类型的组织都极为重要，尤其对虚拟团队而言更为关键。确立明确的目标应经过以下几个步骤：首先，确立一个团队长期的总目标；其次，将团队长期的总目标细分成多个短期的子目标，有了这些短期的子目标，才能使团队成员明确具体的工作任务和要求；再次，在目标具体实施的过程中及时检查与反馈；最后，将成员的个人目标与团队总目标有机地结合在一起，从而减少不必要的冲突。

（2）有效沟通。一要创造沟通的机会，组织成员进行定期的交流，尤其是需要成员彼此合作来共同完成某一任务时，应尽可能多地使用电话、传真、电子信箱等交流工具，增加成员间的沟通频率。二要提高沟通质量，使彼此传递的信息及时、准确。三要努力营造团队成员间交流的软环境，在相互沟通、理解、协调的基础上求同存异，以避免交流渠道的不畅。

（3）彼此信任。从某种意义上讲，加强彼此的信任是虚拟团队管理的核心问题，因为信任是建立团队和维系团队运行的有效保证。团队成员间的彼此信任能够保证任务高效且及时地完成，提高虚拟团队的绩效。

（4）柔性管理。柔性管理方式非常适用于虚拟团队的管理，它主张管理的灵活性，以管理的灵活性来激发人的主观能动性，以适应全球背景下的激烈竞争。这种管理方式以“人性化”为标志，强调跳跃与变化、速度与反应、灵敏与弹性，它注重平等和尊重、创造和直觉、主动和企业精神、远见和价值控制，它依据共享、虚拟整合、竞争性合作、差异性互补、虚拟实践社团等，可以有效地使成员与组织和任务相适配，有效地消除虚拟团队中的不利影响。

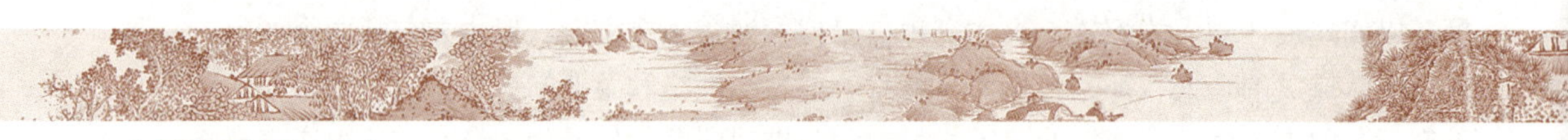

聚焦实践 6-3

居家办公使现实团队表现为虚拟团队：“混合式团队”领导的挑战与应对

随着信息技术的发展，虚拟团队应运而生且越来越普遍。虚拟团队指的是不同地域空间的个人通过信息技术联系、合作以实现共同目标的团队。与现实团队不同，虚拟团队不需要团队成员之间密切地面对面接触，团队成员可以跨时间、跨地区甚至跨组织地工作。

近年来，许多企业常常要求员工居家办公。这就产生了一种新现象：一个现实团队，在正常时间大家一起去单位现场办公；遇到特殊情况或极端天气，大家居家办公，在居家办公期间现实团队表现为虚拟团队的形式。这种情况下，同一团队不同时间表现为不同的团队形式。另外一种情况是，同一团队同一时间表现为不同的团队形式：一部分员工到现场办公，另一部分居家办公，形成现实、虚拟结合的“混合式团队”。比如董事会团队，开董事会时，可以到现场的就在现场开会，不能到现场的就线上参会。又如单位开会、学生上课等，常常是线上线下混合，形成新形式的现实、虚拟结合的混合式团队。它是一个连续体，一端是纯现实团队，一端是纯虚拟团队，有的以现实团队为主，有的以虚拟团队为主，中间有很多种组合。这里所指的混合式团队，不是指一般组织中的功能性团队、自我管理团队、跨职能团队等不同形式的团队的混合，也不是指一般组织中既有现实团队又有虚拟团队的这种“混合”。

混合式团队现在很普遍，未来会更普遍，现在有些企业已经开始永久居家办公。如何领导这种新形式的混合式团队是一个迫切需要探讨的课题。

混合式团队包含了虚拟团队，虚拟团队面临的挑战当然也是混合式团队面临的挑战，但混合式团队还面临特殊的挑战，那就是选择性知觉造成的不公平感加剧。调研发现，虚拟团队的成员和现实团队的成员都担忧不公平。相比现实团队的成员，虚拟团队的成员对自己的业务、考核和发展机会有更多的担忧和顾虑。感觉不到领导的关注及社会化的减弱，更进一步加深了他们对不公平的担忧。实践中，对于线上线下混合式会议，现实团队的成员常常有更多的话语权，而虚拟团队的成员在线上的声音容易被忽略，不容易听清现场的真实情况，看不到现场其他成员的表情，无法体会高情境文化背景下现场和线上成员那种微妙、只可意会不可言传的身体语言。而现实团队的成员又觉得自己承担了更多应该共同承担的职责，也觉得不公平。这就极容易放大两种团队形式的弱点。

领导混合式团队，其难度超过领导现实团队与虚拟团队之和，不能只是两种领导方式的简单叠加，需要新的思路。总体原则是避免两种团队相互弱化和内耗，努力使虚拟团队与现实团队互相促进、互相增益。

混合式团队领导者的重要职能是引领方向，要用愿景、使命和目标来引领，要描绘未来的潜力和创新。这些内容对成员是新颖的、独特的、有吸引力的。另外在确定愿景、使命和目标时，应该公平对待不同团队的成员，让他们都有参与愿景、使命和目标确立的机会。

混合式团队的领导者要尽可能多用非职位权力，少用职位权力，多些支持行为，少些监督行为。不论是虚拟团队还是现实团队，其核心要素都是人，其重要内容是目标、联系、协调、信任和公平，其中公平问题必须引起重视。这对整个混合式团队的管理提出了极大的挑战，对包容性提出了极高的要求。

资料来源：《北京日报》，郝旭光，《居家办公使现实团队表现为虚拟团队的形式：“混合式团队”领导的挑战与应对》。

6.2.4 临时团队

1. 临时团队的定义

临时团队（temporary teams）是指在一定时期内，通常是组织为了完成特定的项目、任务或解决紧急问题而组建的团队。这些团队通常由来自不同背景、具有不同技能和专业知识的人员组成，他们在一个有限的时间框架内共同工作。

2. 临时团队的特征

相较于传统团队，临时团队的成员通常由来自不同部门、具有不同专业背景和技能的人员组成，成员可能是基于特定项目需求而被选拔的；团队运作周期较短，往往围绕特定任务或项目展开，一旦任务完成，团队可能立即解散；同时，临时团队的目标通常非常明确且具体，团队的成立和解散往往与项目的开始和结束同步，即目标导向。因为这些特征，团队成员间的相互了解和信任可能需要在短时间内建立，团队协作可能更多依赖于明确的任务分配和角色定义。

基于这些特征，想要管理和领导临时团队，可能需要更为灵活和适应性强的领导方式，领导者需要快速建立权威并促进成员间的协作。首先要明确目标和期望，确保所有团队成员都理解团队的目标和他们的个人责任，这有助于提高团队的效率和凝聚力。其次是建立沟通渠道、建立快速信任。由于团队成员可能来自不同的背景和部门，建立有效的沟通机制、快速建立信任对于确保信息流通和协作至关重要。金（Kim）等（2023）学者通过研究医院由不同团队成员（如主治医师、护士和住院医师）组成的临时团队发现，团队熟悉度（团队成员之间共同完成任务的经验）有助于临时团队的运作。这说明临时团队面临的主要问题就是团队如何快速在成员间建立信任。

由于缺乏长期稳定性，成员可能频繁变动，团队结构和动态可能不断变化。想要在短时间内建立成员间的相互了解和信任，在无法控制团队熟悉度的情况下可能更多依赖于明确的任务分配和角色定义。

聚焦实践 6-4

火神山医院 10 天建成

2020 年 1 月 23 日下午，武汉市城建局紧急召集中建三局等单位举行专题会议，要求参照 2003 年抗击“非典”期间北京小汤山医院模式，在武汉职工疗养院建设一座专门医院——武汉蔡甸火神山医院，集中收治新冠患者。医院预计可容纳 1 000 张床位，由中建三局牵头，武汉建工、武汉市政、汉阳市政 3 家企业参与建设。

1 月 23 日 13 时 06 分，国机集团中国中元公司收到了武汉市城乡建设局的求助函。76min 后，修订完善的小汤山医院图纸送达武汉。同时，以黄锡璆为组长的技术专家组在京组建，小汤山医院曾经的设计团队时隔 17 年再次聚集在一起。2020 年 1 月 23 日下午，中信建筑设计研究总院（简称“中信设计”）接到武汉火神山医院的紧急设计任务，迅速组建起 60 余人的项目组，当晚即投入设计工作。中信设计在接到任务 5h 内完成场地平整设计图，为连夜开工争取到了时间；24h 内完成方案设计图，获武汉市政府认可；经 60h 连续奋战，至 1 月 26 日凌晨交付全部施工图。

火神山医院从设计、建设到后面的运行都穿插着临时团队的身影，它涉及了数千名来自不同企业、不同地区、不同行业的工人、工程师、医护人员等，他们在党中央和国务院的领导下，以及军队和地方政府的支持下，形成了一个高效、专业、协作的临时团队。

仅用10天时间，武汉火神山医院就拔地而起，雷神山医院也在短期内迅速建成。“火雷速度”，凝结着广大建设者的心血与汗水，彰显了生命至上的价值理念。

资料来源：新华网，《“火神”战瘟神：火神山医院10天落成记》。

6.2.5 敏捷团队

1. 敏捷团队的定义

敏捷团队（agile teams）是一种新型的工作团队模式，起源于敏捷软件开发的方法和实践。这种团队模式强调适应性、协作和快速响应变化的能力。敏捷团队的概念扩展自传统的敏捷开发方法，如Scrum和看板管理，这些方法最初是为了提高软件开发项目的灵活性和效率而设计的。

2001年发布的《敏捷宣言》强调个体和互动高于流程和工具，工作的软件高于详尽的文档，客户合作高于合同谈判，以及响应变化高于遵循计划。随着时间的推移，敏捷的概念已经被应用到更广泛的业务和组织环境中。

敏捷团队与传统团队的主要区别在于工作方式和团队结构不同。传统团队可能更侧重于遵循既定的流程和计划，而敏捷团队则强调适应性和灵活性，能够迅速响应变化。传统团队的成员角色可能更加固定和专业化，而敏捷团队的成员通常具有跨职能的技能，能够承担多种任务。敏捷团队的成员更可能参与决策过程，并且团队的工作成果通常是逐步交付的，而不是在项目结束时一次性交付。此外，敏捷团队更倾向于与客户紧密合作，而传统团队可能在项目开始和结束时才与客户进行交流。

2. 敏捷团队的特点

（1）自组织和自管理。敏捷团队成员具有高度的自主性，他们能够自我组织工作，决定最佳的工作方法和任务分配。团队成员共同承担责任，管理项目进度，并相互协作以达成目标。

（2）跨职能特性。团队成员具备多种技能和专业知识，能够涵盖项目所需的各个方面。这种多样性使得团队能够从不同角度解决问题，促进创新，并减少对外部专家的依赖。

（3）迭代和增量开发。敏捷团队采用短周期的迭代开发模式，每个迭代（通常为1～4周）结束时都能产出可交付的产品增量。这种逐步推进的方法允许团队及早发现问题并进行调整，同时为客户提供持续的价值。

（4）客户合作。敏捷团队强调与客户的紧密合作，通过频繁的沟通和反馈确保产品方向与客户需求保持一致。客户参与到开发过程中，提供反馈并帮助团队理解市场和客户需求。

（5）适应性和灵活性。敏捷团队能够快速适应市场环境、技术进步以及客户需求的变化，并且迅速调整战略和计划，以满足新的需求。

（6）持续改进。敏捷团队鼓励持续学习和改进。敏捷团队会定期召开回顾会议，评估过去的工作，识别改进点，并在下一个迭代周期中实施这些改进。

3. 敏捷团队管理

拉文德兰（Raveendran）等（2022）学者发现在敏捷团队中，自我选择的劳动分工方式可能特别有效。由于团队成员具有高度的专业技能和自主性，他们可以根据个人专长和任务需求自行选择最适合的工作。这种方式可以提高团队成员的动机和工作满意度，同时也可能因为更好地匹配个人技能与任务需求而提高整体绩效。然而，这种自我选择的分工方式也需要团队成员具备良好的沟通和协调能力，以避免资源分配不均或任务执行效率低下的问题。

敏捷团队的成功很大程度上依赖于团队成员的自我管理能力和团队内部的协作精神。通过有效的沟通、明确的目标和共同的责任感，敏捷团队能够灵活地适应不断变化的工作环境，创造出高质量的产品和服务。

敏捷团队的这些特点和实践有助于创建一个灵活、高效和创新的工作环境，使团队能够更好地适应不断变化的业务需求和市场条件。通过敏捷方法，组织能够更快地交付价值，提高客户满意度，并增强竞争力。

聚焦实践 6-5

打造敏捷“绿洲”

魏冬的智能驾驶业务集团面临着前所未有的内部和外部双重挑战。公司的核心项目——智能驾驶，需要软件部门和硬件部门的紧密协作，但沟通不畅和效率低下的问题像一堵墙，阻挡了团队前进的步伐。

公司的智能驾驶项目团队原本由一个 9 人的敏捷小分队组成，他们曾是公司敏捷实践的先锋。然而，随着项目的扩大，这个小分队已经无法适应多团队协作，更别提百人规模的大团队了。硬件团队和软件团队分散在不同的部门，他们在自治性、流程、沟通、需求受理和优先级方面存在着巨大的差异。更糟糕的是，硬件的质量问题导致交付时间延长，甚至有些车厂因此倒闭。

为了解决这些问题，公司决定采取一系列敏捷实践。首先，他们根据服务环节调整了组织架构，形成了部落，并设定了部落长，将硬件团队纳入敏捷部落，以降低沟通成本。接着，他们组建了一个 30 人的敏捷小组，成员包括首席技术官（CTO）、敏捷专家（scrum master）、产品负责人（product owner）、架构师、算法工程师、开发人员和测试人员等。

在部落推行过程中，领导层给予了大力支持，形成了统一的意见，并采取了一系列措施。他们规范了协作模式、职权和标准机制，明确了需求受理的优先级、交付时间、质量要求和依赖关系。部落长负责整体资源的分配和整合，关键决策，确保需求交付的速度和质量。每个团队都有一个产品负责人来负责管理需求、进度和问题。

此外，公司还将管理思想工具化，利用 Jira、Confluence、Git、Maven 和自研集成工具等提高了研发效能和产品质量。他们优化了效能度量和绩效管理，将它们与员工发展计划相结合，让团队清晰了解了目标和任务。以客户需求响应时间和需求处理时间等为度量指标，通过“以客户为中心的工具平台”来考核员工的 KPI。

另外，公司将员工意识和管理与人才引入及人才培养计划相结合，对员工的素质、沟通能力和价值观提出了要求。这些措施带来了显著的成效：产品交付时间缩短了 37%，产品质量提升了超过 50%。

总结这一切，公司意识到，要实现共同的事业，就需要打造一个敏捷的“绿洲”。这正是敏捷原则第五条所强调的：“激发个体的斗志，以他们为核心搭建项目。提供所需的环境和支援，辅以信任，从而达成目标。”

资料来源：《2022 中国企业敏捷实践白皮书》，分享者：魏冬。

6.3 多团队成员身份

6.3.1 多团队成员身份的概念和特点

1. 多团队成员身份的定义

研究估计，美国和欧洲 65% ～ 95% 的知识工作者都是多个项目团队的成员。在许多企业中，员工或领导同时在 5 个、10 个、12 个或更多团队中工作的情况非常普遍。奥莱利（O’leary）等（2011）学者将这种情况称为**多团队成员身份**（multiple team membership，MTM），即在给定的时间内，个人同时是两个或多个团队的成员。

在早期，已有学者在项目管理领域研究了多项目工作，调查发现很多员工通常加入 5 个、10 个、12 个甚至更多项目中进行工作（Viktorsson et al.，2006）。随着数字化时代的到来和经济的快速发展，多项目团队工作基本上已经成为人们的常态，这是由于技术的支持、市场的需求等多因素导致的。

在提出 MTM 这一概念的同时，O’leary 等学者也通过注意力理论和社会网络理论构建了 MTM 的模型。该模型从团队数量和团队多样性两个基本要素出发，描绘了随着这两个变量的增加，MTM 是如何影响个人和团队两个层面的生产力和学习的，MTM 的理论框架如图 6-6 所示。

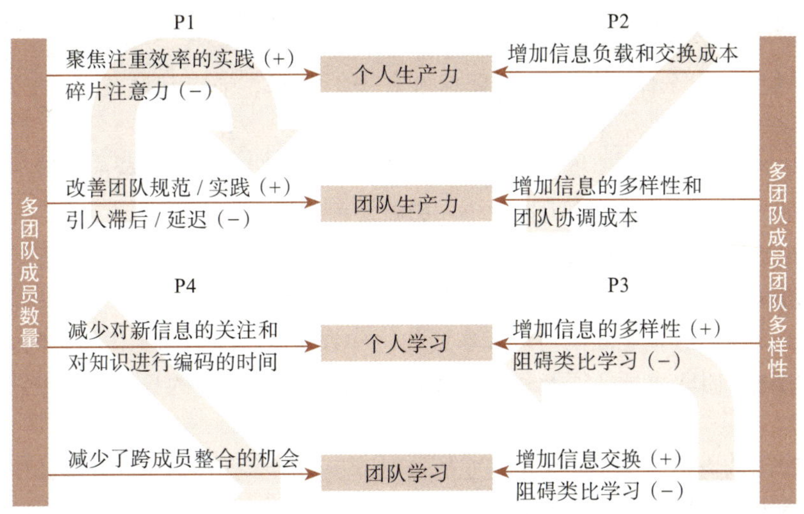

图 6-6 MTM 的理论框架

资料来源：O’LEARY M B, MORTENSEN M, WOOLLEY A W. Multiple team membership: a theoretical model of its effects on productivity and learning for individuals and teams[J]. Academy of management review, 2011, 36(3): 461-478.

2. 团队数量

数量这个要素在不同个体和团队层面的内涵是不同的。在个体层面，数量指的是一个员工在特定时间段内同时参与的团队数量，这个定义简洁明了，也具有直接客观的可衡量性。在团队层面，数量被定义为目标团队的成员同时参与的其他团队数量，这些其他团队是互不重叠的，反映了团队在正式制度下通过员工建立的外部联系数量。

（1）对生产力的影响。根据 MTM 模型，团队数量与生产力之间呈现倒 U 形曲线关系。随着个人加入的团队数量提高，生产力会逐渐提升，直至达到最优项目团队数量。在此过程中，逐步增加的团队数量会产生时间压力，导致员工倾向于更有效率的工作方式，提高整体任务的周转率。此时，员工会更仔细地思考如何利用每个团队可用的时间，并使个人在工作时更加专注。在团队层面，团队数量的提高促使团队采用更有效的集体工作方式，但也减少了团队集体工作的机会。然而，随着团队数量的进一步增加，个体的注意力分散加剧，再次投入到另一个项目工作的难度升高。

在团队层面，团队成员将时间分配给多个团队，导致成员在每个团队中工作的时间不到100%，而且他们的空余时间不太可能保持一致。团队集体工作所需的等待时间最终抵消了更好的团队合作方式带来的生产力收益，导致生产力下降。

（2）对学习的影响。在保持团队多样性不变的前提下，MTM 模型推断，团队数量的增加会减少员工个体和团队的学习。这主要是因为两个机制：首先，随着团队数量的增加，员工的时间被压缩，导致其关注和整合新信息的时间减少；其次，员工及其团队都把注意力集中于优先处理关键紧急的任务，专注于如何更有效地工作。时间压力的增加限制了人们的探索性思维和检索知识的能力，损害个体学习。

在团队层面，当团队成员面临较高的时间压力时，投入到本团队的时间就会减少，团队难以进行知识整合和技能开发，损害团队学习。

3. 团队多样性

团队多样性是指个体加入的各个团队在任务、技术、地点和队友等构成方面的差异程度。

（1）对生产力的影响。根据 MTM 模型推测，在保持团队数量不变的前提下，团队多样性的增加会对个体和团队的生产力造成负向影响。面对较高的多样性，个体必须管理更多的信息，需要花费更多的时间和精力来适应不同的团队环境、团队任务、角色等。在这些团队之间不停地转换角色会扰乱员工正常的工作节奏，损害生产力。

团队层面来说，成员之间的协调成本增加，导致团队适应共同工作的时间增加。同时，团队多样性增加了团队成员必须管理的信息的复杂性，并且成员的日程安排难以调整，损害生产力。

（2）对学习的影响。在团队数量不变的情况下，团队多样性对个人和团队层面的学习有益，但这种益处是不断减少的。模型认为保持团队数量不变，接触更多样的团队可以减少视野狭隘的可能性，并提高发现更好的想法和方法的可能性。随着成员多样性的增加，员工可以获得更多样化的投入，从而获得更多的学习机会。适度的多样性虽然可以帮助学习，但类比学习的研究表明，当环境差异太大时，个体很难进行知识转移。因此，团队之间的高度多样性最终会阻碍学习。即团队和学习之间的关系是积极的，但它很可能达到饱和点（Kenis and Knoke，2002）。

在团队层面，团队多样性会增加团队投入的多样性从而增强团队认知，并最终增强团队学习。然而，与个人层面一致，团队学习也存在饱和点，高于饱和点时，增加团队多样性只会使员工从其他团队获得的信息无法适用于本团队的环境（Kenis and Knoke，2002）。

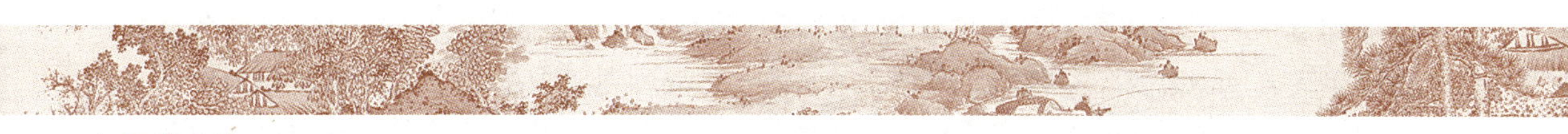

聚焦实践 6-6

多团队成员身份成为工作常态

2023 年 12 月 10 日，一条微博冲上了热搜。

女子离职花 3 小时退 600 余个工作群 # 四川南充，一名女子晒出离职后一口气退出 600 多个工作群的视频引发关注。据当事人唐女士介绍，自己从事了两年的商场地产设计工作，每个商场有数百个店铺，需要逐个审核每个店铺的设计图纸，因此累积了 600 多个群。每天要随时回复信息，“24 小时待命”，去露营都要带着笔记本电脑，神经一直紧绷着。离职后她花了 3 小时才退完所有群，退完她轻松了很多，我们也直观地体会到了职场的不易。

数字化时代不仅为人们带来了工作和生活上的便利，同时也带来了过度的沟通和信息过载。唐女士的经历揭示了即使是在专业领域内，也可能因为工作性质和团队协作的需求，需要参与大量的工作群和沟通活动。这一现状不是个例，后续对微博网友的调查统计发现，超过 2/3 的微博网友有 5 个以上的工作群，如图 6-7 所示。

#你现在手机里有多少个工作群#?	
5个以内	463
5～10个	417
10～20个	523

图 6-7　微博用户投票

如何更好地管理自己的多团队身份，如何管理员工的多团队压力，已经成为管理者面临的实际问题。

资料来源：新浪微博 @ 白鹿视频；新浪微博 @ 新闻晨报。

6.3.2　多团队成员身份的管理

如何管理好多团队成员身份，并使其有助于工作实践？本节将通过梳理过去十几年间有关于多团队成员身份的实证研究，来探讨那些决定多团队成员身份与生产力和学习关系的因素。

1. 团队数量的研究

团队数量是 MTM 中较为重要，也是比较方便测量的维度。因此，有关于团队数量的研究层出不穷，下面简要地梳理相关文献，提取出具有代表性的研究。

（1）对生产力的影响。关于团队数量个人层面的研究都早已证实了 MTM 模型提出的倒 U 形关系。陈（Chan）（2014）通过对工程项目团队的调查，证实了团队数量和创新绩效的倒 U 形关系，同时发现个人的情绪技能和认知技能能调节这一关系，即员工的这两种技能越高，团队数量带来的收益越高。同年，普鲁特（Pluut）等（2014）学者发现，随着团队分配时间碎片化的增加，员工会面临更多的工作需求从而增加工作压力，但也会获得更多的工作资源从而提高其工作投入。布雷克（Van de Brake）等（2020）学者通过研究发现，在短时间内，团队数量的增加会导致员工的绩效下降，但是从长期来看，更多的团队数量往往代表着员工更高的绩效。同时，他们也发现，若员工的工作期限较短，则 MTM 可能产生负面影响，若员工的工作期限较长，则会产生正面影响。伯杰（Berger）和布鲁赫（Bruch）（2021）则发现员工自身的多时性取向［即个体对于同时从事两项或更多任务的偏好程度，并认为这种偏好是最好的工作方式（Bluedorn et al.，1999）］决定了 MTM 团队数量对员工绩效的影响。科利切夫（Colicev）等（2023）学者通过调查公司 20 个月的项目报告发现，员工的专业经验、项目的相似度和员工之间的熟悉度都能正向调节这一倒 U 形关系。当然，国内的学者如万文海等（2022）也通过工作需求 – 资源模型证实了 MTM 会通过影响专业知识的学习和角色过载进而影响员工的创造力，而正念可以调节这一关系，为该领域提供了中国的研究背景。

团队层面的数量研究结果目前还未达成一致，研究结论不同可能是因为统计方法不同，也可能是因为样本数据段的问题。最早的研究出自卡明斯（Cummings）和哈斯（Haas）（2012）两名学者，他们通过计算每个团队成员个体的 MTM 数量平均值来衡量该团队的 MTM 数量。结果却发现团队层面的 MTM 团队数量与团队绩效关系为正，而不是模型预测的倒 U 形关系。与之相反，后续的许多研究反而发现团队层面的 MTM 团队数量与团队绩效关系为负（Crawford et al.，2019）。当然，也有学者成功证实了模型提出的倒 U 形关系。如贝尔托洛蒂（Bertolotti）等（2015）的研究发现，MTM 团队数量与团队绩效关系为倒 U 形，同时受到团队外部建议接收和团队即时消息使用的调节。同样地，伯杰（Berger）等（2022）通过统计员工过去 6 个月加入的项目数量来衡量 MTM，结果发现整个企业的 MTM 团队数量平均值与企业生产力呈现倒 U 形曲线关系。这些不同的结果表明，未来或许需要学者进行更细致的研究，通过不同的研究方法或者衡量手段，更深入地研究团队层面的关系。

（2）对学习的影响。有关于团队数量对个人的学习影响这一维度的研究较少，可能是因为过去的研究虽然不是 MTM 的领域，但关于时间压力或者工作切换对于员工学习的负面影响结果已经较为明朗。团队层面的研究，如陈（Chan）等（2021）通过对员工参与的组织内和组织间 MTM 进行区分，发现组织间的 MTM 对团队的外部学习有积极影响。这与模型的观点并不违背，模型认为同质的团队不会给员工带来益处，而组织间的团队自身就具备异质知识的属性，且该研究只研究了外部团队学习，而没有研究内部团队学习。

2. 团队多样性的研究

团队多样性的研究在这十几年来较少，主要原因在于团队间的多样性难以衡量，不只是数据收集存在困难，如何把各类差异聚合也是学者研究碰到的难题。

（1）对生产力的影响。段光和庞长伟（2018）通过改编团队多样性量表，发现团队间氛围多样性会造成员工身份冲突，进而抑制员工综合创新。布雷克（Van de Brake）和伯杰（Berger）两位学者（2023）通过自开发 MTM 角色分离量表，证明了 MTM 角色分离与焦点团队中多团队成员的角色模糊正相关，进而损害整个焦点团队的绩效。

（2）对学习的影响。莫（Mo）和威尔曼（Wellman）两位学者（2016）通过 Blau 异质指数衡量团队多样性，发现 MTM 团队多样性对个人和团队学习有积极影响。段光和庞长伟（2018）同样发现团队间知识多样性会促进员工学习。而陈（Chan）等学者（2021）则采用 Teachman 的品种指数衡量多样性，最终也证实了成员多样性对个人学习有积极的影响。

6.4　多团队系统

6.4.1　多团队系统的概念和特点

1. 多团队系统的定义

多团队系统（multiteam system，MTS）是指两个及两个以上团队基于共同目标相互合作的现象。MTS 与子团队之间存在包含与被包含的关系（见图 6-8）。MTS 是一种新兴的组织形式，越来越多地出现在复杂、动态和不确定的环境中，如军事、医疗、救援和科研等领域。

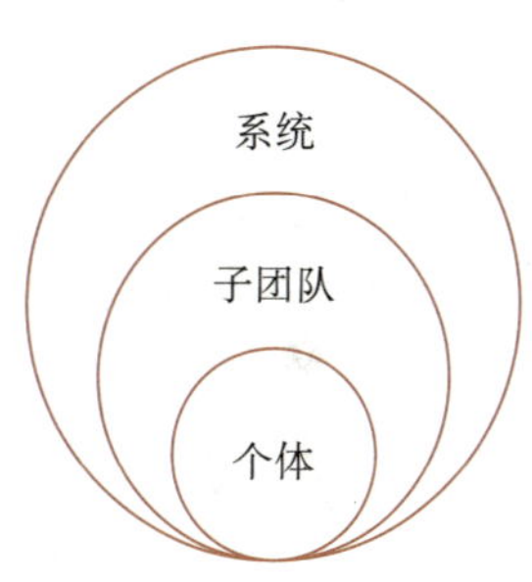

图 6-8　MTS 跨层级协作

构成 MTS 的团队被称为子团队。子团队拥有独特的技能、资源、信息和团队目标［即近端目标（proximal goal）］，同时也至少分享一个共同的项目大目标［即远端目标（distal goal）］，各子团队总体上服从大目标，但是也要做好小团队的任务。在这一过程中，各子团队至少与系统中其他一个团队在输入、过程及结果上互依。

2. 多团队系统的特征

MTS 具有构成多样性、目标层级性与高度互依性三个特征。

构成多样性（compositional diversity）是指 MTS 所包含的团队之间通常是异质的，各团队在文化、氛围、规范、领导结构及价值观方面可能存在差异。与传统团队研究不同，MTS 关注的焦点在于团队集体价值观差异对系统效能的影响。例如，Lanaj（2018）等学者通过情景模拟和问卷调查对 92 个 MTS 进行了研究，发现 MTS 中领导团队与它领导下的子团队集体风险偏好越不一致，成员的冒进行为越少，团队绩效越高。在现实情境中，个人价值观通常受到团队的影响和塑造，探讨团队间价值观差异更能突出 MTS 系统观特点。

目标层级性（goal hierarchy）是指 MTS 成员致力于完成共享项目大目标（远端目标）的

同时，各个子团队也要追求各自的团队小目标（近端目标）。层级性是 MTS 最为明显和根本的属性。MTS 包含个体 – 子团队 – 系统三个层次，其层级性更为复杂。同时，目标层级性决定了团队间的利益趋向的差异，使得现实中 MTS 管理工作面临巨大挑战。一方面，弱化近端目标会“丧失”每个团队的独特性；另一方面，弱化远端目标又会降低 MTS 的凝聚力。

高度互依性（interdependence）是 MTS 正常乃至高效运行的必要条件。现实情境中，团队间通常在输入、过程以及结果三方面互相依赖。在 MTS 中，输入是指不同子团队具有的人力、信息、技术、物质等资源。在面临复杂任务时（如紧急救援），各个子团队可以共享这些资源，例如急救设施和物资。过程是指在完成 MTS 任务过程中，子团队间相互合作的程度。这一过程需要子团队完成计划制订、任务分配、关键信息沟通等一系列工作。结果是指子团队取得的成果取决于其他子团队的任务完成情况。子团队需要协同努力来实现一个或多个共享的上级目标，只有各个子团队完成各自的目标，系统级的目标才能达成。

下面以重大交通事故为例进一步阐明 MTS 的三个特征，如图 6-9 所示，应对交通事故的部门主要包含应急指挥中心（承担领导和协调职能）、急救部门、消防救援部门和公安部门。各团队在专业知识技能、行动规范、领导结构等方面具有差异（构成多样性）；各部门间高度互依，比如急救部门依靠消防救援部门解救被困人员之后才能实施抢救，消防救援部门依托公安部门进行交通管制后方能展开工作，而三个下属部门的联动需要应急指挥中心不断协调和指挥（高度互依性）。虽然各部门拥有各自的职能范围和团队目标，但它们共同的项目大目标是控制事态并挽救生命（目标层级性）。

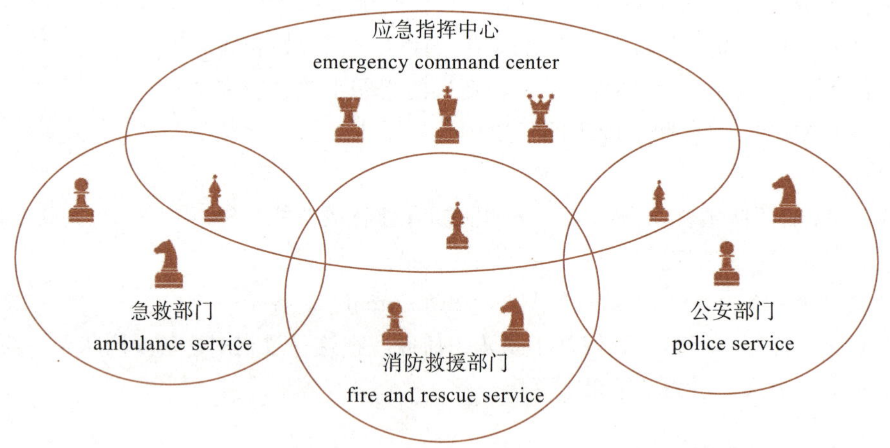

图 6-9　交通事故情境中应急管理的多团队结构

6.4.2　多团队系统的设计与运作

1. 多团队系统的结构设计

MTS 作为应对复杂任务的一种有效组织形式，其成功运作依赖于科学的结构设计和高效的协调机制。在 MTS 中，各子团队既要具备独立完成任务的能力，又要通过横向和垂直协调机制，与其他子团队紧密协作，以实现系统的整体目标。

子团队构成与分工。每个子团队应具备特定的技能和资源，以有效承担其任务。例如，在应急救援场景中，一个子团队可能专注于医疗救援，另一个则提供后勤支持。这样，系统可以充分利用各子团队的专长，实现更高效的资源配置和任务执行。

横向协调机制（horizontal coordination mechanism）。子团队之间需要频繁协作，因此横向协调机制至关重要。它包括信息共享平台、跨团队沟通渠道以及协调会议等，以确保各子团队能够同步进展，共享关键信息和资源（Zaccaro et al.，2012）。

垂直协调机制（vertical coordination mechanism）。除了横向协调机制，垂直协调机制也同样重要。它通过设立一个专门的**整合团队**（integration team），负责系统层面的战略制定和决策协调，从而确保子团队的行动能够统一到系统的整体目标之下（DeChurch and Marks，2006）。

动态调节机制（dynamic adjustment mechanism）。MTS 需要具备灵活的调节机制，以应对任务环境的变化和突发事件。这可以通过灵活的任务分配、实时的信息更新和迅速的决策反馈来实现，从而确保系统能够快速适应变化，提高整体响应能力。

2. 多团队系统的运作与管理

如此复杂的团队系统，如何运作和管理是令管理者头疼的问题。不同的现实情境需要的管理方式也不尽相同，但有些是 MTS 的管理者都需要面对的。

角色与职责的明确划分。每个子团队及其成员的角色和职责需要明确界定，以避免任务重叠和资源浪费。同时，各子团队之间的职责分工也应清晰，以促进协作和减少冲突。

跨团队培训与发展。为了提升各子团队之间的协作效能，可以开展跨团队的培训和发展活动，如角色轮换、联合演练等。这有助于成员了解其他团队的工作流程和挑战，从而提升系统的整体协作水平（Cannon-Bowers et al.，1998）。

持续的沟通与反馈。MTS 需要保持持续的沟通和反馈，以及时发现和解决问题。这包括开展定期的进度汇报会、问题讨论会以及反馈评估等，以确保各子团队的行动始终与整体系统目标保持一致。

信任与协作的构建。信任是 MTS 中各子团队有效协作的基础。管理者应采取措施，通过透明的沟通、明确的目标和奖励机制，建立并维护子团队之间的信任关系（Jarvenpaa and Leidner，1999）。例如，定期的团队建设活动和跨团队社交活动可以增强成员之间的了解和信任，促进更有效的协作。

领导与决策的分层管理。在 MTS 中，领导与决策的分层管理尤为重要。整合团队应扮演战略领导角色，负责制定系统的整体目标和方向，而各子团队的领导者则负责执行战术层面的决策。这样的分层管理能够确保系统的整体协调与一致，同时保留各子团队的灵活性和自主性。

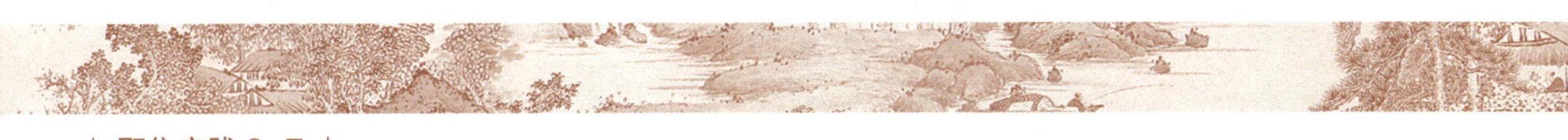

聚焦实践 6-7

守护之网：2010 年温哥华冬奥会的多团队系统协同

2010 年，加拿大温哥华举办了备受瞩目的冬季奥运会和残奥会。这场国际盛事不仅展示了运动员的卓越才能，也是对加拿大安全保障能力的一次大考。为了确保活动的顺利进行，加拿大成立了一个特别的组织——安全集成单位（Integrated Security Unit，ISU），它是一个典型的多团队系统（MTS），在这一历史性时刻发挥了至关重要的作用。

在一个寒冷的冬日，温哥华和惠斯勒的街道上，来自世界各地的运动员、官员和观众正汇聚一堂，共同见证这一体育盛事。而在这份喜悦与和平背后，一个由多个部门和机构组成的 ISU 正在紧张而有序地工作着，确保每一个人的安全。

1. 构成多样性

ISU 由加拿大皇家骑警（RCMP）、温哥华市警察局、西温哥华市警察局、加拿大军队以及不列颠哥伦比亚省的省级政府组成。虽然每个团队都有自己独特的文化、操作规范和专业技能，但他们共同的目标是确保奥运会的安全。

2. 目标层级性

ISU 的远端目标是为奥运会提供全面的安全保障，而每个子团队也有自己的近端目标。例如，RCMP 负责整体的安全管理，市警察局负责场馆周围的安全，而军队则负责提供后勤和空中支援。所有这些目标都围绕着同一个核心——确保奥运会的安全和顺利进行。

3. 高度互依性

在 ISU 中，团队之间的互依性表现得尤为明显。例如，当一个场馆需要额外的安全支持时，RCMP 的指挥中心会协调军队或其他警察力量进行支援。这种资源共享和协调合作是 ISU 能够有效运作的关键。

4. 协调机制

ISU 的协调机制是它成功的关键。通过定期的会议和实时的通信系统，各团队能够及时分享信息，协调行动。技术在这里发挥了重要作用，无论是高级的监控系统还是简单的无线电通信，都是确保团队间无缝对接的工具。

在奥运会期间的一个晚上，一个突发事件考验了 ISU 的协调能力。一个场馆报告了可疑行为，RCMP 的指挥中心迅速响应，通过通信系统通知了附近的军队和市警察局。几分钟内，一支由多个团队组成的快速反应小组就位，有效地处理了这一情况，确保了所有人的安全。

随着奥运会的圆满结束，ISU 的成员松了一口气，他们知道，这次成功的安全保障是团队间无间合作的结果。他们证明了在构成多样性、目标层级性和高度互依性的基础上，通过有效的协调机制，即使是最复杂的安全挑战也能够被克服。

ISU 的案例展示了 MTS 在现实世界中的应用。它证明了在多样化的团队间建立共同的目标、有效的协调机制和资源共享是实现大型活动安全保障的关键。通过这一案例，我们可以看到，无论是在体育赛事、国际会议还是其他大型活动中，MTS 都是一种有效的组织形式，能够应对复杂多变的环境和挑战。

资料来源：Zaccaro S J，Marks M A, DeChurch L A. “Multiteam Systems: An Introduction”, 2012.

6.4.3 多团队系统的双刃剑效应

为了更明确地了解 MTS 运作的过程及结果，学者从资源保存、社会网络以及社会认同理论出发，深入探讨了 MTS 对个体精力及创造力、子团队间关系、子团队生产力以及系统绩效的双刃剑效应。

基于资源保存理论，学者研究了资源利用与分配对 MTS 过程及结果的影响。资源保存理论关注 MTS 对个体精力、绩效水平、子团队间学习以及系统绩效提升的负面效应。奎佩斯（Cuijpers）等（2016）学者使用实时计算机进行模拟实验，发现在 MTS 中，各子团队拥有独特的能力、丰富的资源，子团队之间通过拓展信息共享渠道，可以获取、利用丰富的异质资源，进而提升子团队生产力，促进系统绩效。而珀克（Porck）等（2019）学者通过一个团队合作课程，要求被试全年参加了一系列高度互动的团队和计算机模拟比赛，结果发现大量的异质资源也会引起精力耗竭。

社会网络理论下，MTS 中不同子团队作为网络节点在系统中处于不同位置，通过直接或间接的方式进行联结，创造了一张复杂的关系网。各子团队之间位置、关系的不同形成了异质性网络结构。例如戴维森（Davison）等（2012）学者的研究调查了使用 233 个通信系统的多团队系统中的协调行动，这些系统由 3 个高度专业化的 6 人团队组成，这些团队同时参与了一项“实验室式”和“野外式”的练习。最后发现当子团队处于关键网络位置时，可以与其他子团队建立紧密关系，有利于资源的整合。但谢勒（Scheerer）（2017）表明维护联结关系需要付出一定时间、精力，对子团队的管控能力也提出了较高要求。当子团队处于“边缘位置”时，虽然减少了精力耗竭，却难以通过子团队间的协作获得发展所需的多样化专业知识及技能。

基于社会认同理论，MTS 中存在个体、子团队和系统三种不同层级的身份。在 MTS 主题下，如何平衡多个身份之间的关系成为社会身份研究的重点。一方面，冈萨雷斯（González）和布朗（Brown）（2006）通过两个实验涉及不同规模和 / 或地位的群体，让他们共同完成一项合作任务，最后发现强调“子团队身份”可以保持身份的独特性，子团队间通过群体比较，能够凸显优越感。另一方面，比讷费尔德（Bienefeld）和格罗特（Grote）（2014）通过观察 84 名驾驶舱和机组人员的领导力（他们在飞行中紧急情况的标准化模拟中以 6 人 MTS 机组人员的形式进行协作），最后发现强调“系统身份”可以减少不同子团队间的差异与冲突，将“他们”变为“我们”，加强各子团队间的联结，进而提升 MTS 绩效。

总的来说，MTS 的优势在于能够整合多元的知识、技能和资源，应对高难度的任务。然而，MTS 也面临着诸多挑战，如沟通障碍、目标冲突、角色模糊等。这些挑战可能导致 MTS 的效能降低，甚至引发团队间的竞争和对抗。因此，如何提高 MTS 的协作水平，是管理者和研究者都需要考虑的问题。

本章小结

在数字化时代的浪潮中，团队的工作模式和协作方式正在发生着翻天覆地的变化。团队成员不再受限于物理空间，远程协作和虚拟办公室成为新常态。技术的进步使得团队能够实时共享信息、协同工作，无论成员身处何地。同时，环境的快速变化要求团队根据项目需求，灵活地调配资源和人才，确保项目的高效执行；或通过快速迭代和适应性，迅速适应变化，持续改进工作流程，以满足不断变化的市场需求。

随着技术的不断进步和市场环境的变化，团队将面临更多的机遇和挑战。团队需要更加灵活和敏捷，以适应快速变化的工作环境。同时，团队成员和领导者也需要不断提升自己的技能和能力，以满足数字化时代对团队的新要求。

关键术语

群体团队　群体效应　团队理论　虚拟团队
临时团队　敏捷团队　多团队成员身份　多团队系统

复习思考题

1. 请结合文献中提到的虚拟团队的不同维度，详细描述你所了解的一个团队的虚拟性特点。请具体说明该团队在这些维度上的表现，并讨论这些特点如何影响团队的沟通、协作和绩效。
2. 请列出并详细讨论管理虚拟团队时的几个关键策略。同时结合实际案例，分析这些策略在不同情况下的应用效果及其可能遇到的挑战和解决方法。
3. 请详细描述敏捷团队和临时团队的主要特点，包括它们的结构、工作方式和管理模式。随后，进行详细的对比分析，探讨两种团队在不同工作环境中的优缺点。
4. 请列出并详细解释多团队成员身份的主要衡量维度。然后，讨论这些维度对个体和团队绩效的影响，结合具体研究或案例，分析在实际管理中如何优化多团队成员的身份配置，以提高整体效率和效果。
5. 在现代工作环境中，混合式团队（即线上线下结合的团队）越来越普遍。请详细描述这种团队管理所面临的特殊挑战，包括但不限于信任问题、沟通障碍、过程管理难题等。结合实际案例，提出相应的应对策略，并讨论这些策略的实施效果及其可能的改进方向。

参考文献

[1] 段光，庞长伟. 多团队成员身份情境下团队间多样性对员工综合创新的影响机制研究 [J]. 管理学报，2018，15（9）：1285-1294.
[2] 马戎. 个体与群体：人类社会的认知与互动模式 [J]. 中南民族大学学报（人文社会科学版），2024，44（2）：96-105，185-186.
[3] 闵庆飞，陈尚. 基于“适配”的虚拟团队沟通管理研究 [M]. 北京：科学出版社，2015.
[4] 万文海，刘夏怡，姜绍静. 工作要求：资源模型视角下多团队成员身份对员工创造力的影响研究 [J]. 管理学报，2022，19（5）：687-695.
[5] 原敏蕙，莫裔婷，于瑞峰. 虚拟团队中的社会助长及其眼动研究 [J]. 人类工效学，2023，29（5）：10-14.
[6] 章志光，金盛华. 社会心理学 [M]. 北京：人民教育出版社，1996.
[7] AIELLO J R, DOUTHITT E A. Social facilitation from Triplett to electronic performance monitoring [J]. Group dynamics: theory, research, and practice, 2001, 5(3): 163-180.

[8] BERGER S, BRUCH H. Role strain and role accumulation across multiple teams: the moderating role of employees' polychronic orientation[J]. Journal of organizational behavior, 2021, 42(7): 835-850.
[9] BERGER S, VAN DE BRAKE H J, BRUCH H. Resource leverage, resource depletion: a multilevel perspective on multiple team membership [J]. Journal of applied psychology, 2022, 107(2): 298-309.
[10] BERTOLOTTI F, MATTARELLI E, VIGNOLI M, et al. Exploring the relationship between multiple team membership and team performance: the role of social networks and collaborative technology[J]. Research policy, 2015, 44(4): 911-924.
[11] BIENEFELD N, GROTE G. Shared leadership in multiteam systems: how cockpit and cabin crews lead each other to safety[J]. Human factors, 2014, 56(2): 270-286.
[12] BLAY T, FROESE F J, TARAS V, et al. Convergence of collaborative behavior in virtual teams: the role of external crises and implications for performance[J]. Journal of applied psychology, 2024, 109(4): 469-489.
[13] BOYD R, RICHERSON P J. Culture and the evolutionary process[M]. Chicago: University of Chicago press, 1988.
[14] CANNON-BOWERS J A, SALAS E, BLICKENSDERFER E, et al. The impact of cross-training and workload on team functioning: a replication and extension of initial findings[J]. Human factors, 1998, 40(1): 92-101.
[15] CHAN K Y. Multiple project team membership and performance: empirical evidence from engineering project teams[J]. South African journal of economic and management sciences, 2014, 17(1): 76-90.
[16] CHAN K Y, OERLEMANS L, MESLEC N. The impact of multiple project team membership on individual and team learning: a micro-meso multi-level empirical study[J]. International journal of project management, 2021, 39(3): 308-320.
[17] CHEN G, SMITH T A, KIRKMAN B L, et al. Multiple team membership and empowerment spillover effects: can empowerment processes cross team boundaries?[J]. Journal of applied psychology, 2019, 104(3): 321-340.
[18] CHEN H, JIAO J, YANG N, et al. How identity conflict and identity synergy influence innovative performance of employees with multiple team membership[J]. Psychological reports, 2021, 124(2): 792-808.
[19] COLICEV A, HAKKARAINEN T, PEDERSEN T. Multi-project work and project performance: friends or foes?[J]. Strategic management journal, 2023, 44(2): 610-636.
[20] CORDERY J L, MORRISON D, WRIGHT B M, et al. The impact of autonomy and task uncertainty on team performance: a longitudinal field study[J]. Journal of organizational behavior, 2010, 31(2 - 3): 240-258.
[21] CRAWFORD E R, REEVES C J, STEWART G L, et al. To link or not to link? multiple team membership and unit performance[J]. Journal of applied psychology,

2019, 104(3): 341-356.

[22] CUIJPERS M, UITDEWILLIGEN S, GUENTER H. Effects of dual identification and interteam conflict on multiteam system performance[J]. Journal of occupational and organizational psychology, 2016, 89(1): 141-171.

[23] CUMMINGS J N, HAAS M R. So many teams, so little time: time allocation matters in geographically dispersed teams[J]. Journal of organizational behavior, 2012, 33(3): 316-341.

[24] DAVISON R B, HOLLENBECK J R, BARNES C M, et al. Coordinated action in multiteam systems[J]. Journal of applied psychology, 2012, 97(4): 808-824.

[25] GONZÁLEZ R, BROWN R. Dual identities in intergroup contact: group status and size moderate the generalization of positive attitude change[J]. Journal of experimental social psychology, 2006, 42(6): 753-767.

[26] KENIS P, KNOKE D. How organizational field networks shape interorganizational tie-formation rates[J]. Academy of management review, 2002, 27(2): 275-293.

[27] KIM S H, SONG H, VALENTINE M A. Learning in temporary teams: the varying effects of partner exposure by team member role[J]. Organization science, 2023, 34(1): 433-455.

[28] KIRKMAN B L, MATHIEU J E. The dimensions and antecedents of team virtuality[J]. Journal of management, 2005, 31(5): 700-718.

[29] KLONEK F E, KANSE L, WEE S, et al. Did the COVID-19 lock-down make us better at working in virtual teams?[J]. Small group research, 2022, 53(2): 185-206.

[30] LANAJ K, FOULK T A, HOLLENBECK J R. The benefits of not seeing eye to eye with leadership: divergence in risk preferences impacts multiteam system behavior and performance[J]. Academy of management journal, 2018, 61(4): 1554-1582.

[31] MO G Y, WELLMAN B. The effects of multiple team membership on networking online and offline: using multilevel multiple membership modeling[J]. Information, communication & society, 2016, 19(9): 1250-1266.

[32] O'LEARY M B, MORTENSEN M, WOOLLEY A W. Multiple team membership: a theoretical model of its effects on productivity and learning for individuals and teams[J]. Academy of management review, 2011, 36(3): 461-478.

[33] PLUUT H, FLESTEA A M, CURŞEU P L. Multiple team membership: a demand or resource for employees?[J]. Group dynamics: theory, research, and practice, 2014, 18(4): 333-348.

[34] PORCK J P, MATTA F K, HOLLENBECK J R, et al. Social identification in multiteam systems: the role of depletion and task complexity[J]. Academy of management journal, 2019, 62(4): 1137-1162.

[35] POWELL A W, PAZOS P. Building high-performing autonomous teams in complex manufacturing settings: a naturalistic research approach[J]. Engineering management

journal, 2017, 29(3): 206-219.

[36] PURANAM P, ALEXY O, REITZIG M. What's "new" about new forms of organizing?[J]. Academy of management review, 2014, 39(2): 162-180.

[37] RAVEENDRAN M, PURANAM P, WARGLIEN M. Division of labor through self-selection [J]. Organization science, 2022, 33(2): 810-830.

[38] TARAS V, BAACK D, CAPRAR D, et al. Diverse effects of diversity: disaggregating effects of diversity in global virtual teams[J]. Journal of international management, 2019, 25(4): 100689.

[39] VAN DE BRAKE H J, BERGER S. Can I leave my hat on? a cross-level study of multiple team membership role separation[J]. Personnel psychology, 2023, 76(1): 221-248.

[40] VAN DE BRAKE H J, WALTER F, RINK F A, et al. Benefits and disadvantages of individuals' multiple team membership: the moderating role of organizational tenure [J]. Journal of management studies, 2020, 57(8): 1502-1530.

[41] WAGEMAN R. How leaders foster self-managing team effectiveness: design choices versus hands-on coaching[J]. Organization science, 2001, 12(5): 559-577.

[42] YANG S B, GUY M E. Self-managed work teams: who uses them? what makes them successful?[J]. Public performance & management review, 2004, 27(3): 60-79.

[43] ZACCARO S J, MARKS M A, DECHURCH L A. Multiteam systems: an introduction [M] //ZACCARO S J, MARKS M A, DECHURCH L A. Multiteam systems: an organization form for dynamic and complex environments. New York: Routledge, 2012: 3-32.

[44] ZAJONC R B. Social facilitation: a solution is suggested for an old unresolved social psychological problem[J]. Science, 1965, 149(3681): 269-274.

第 7 章
CHAPTER 7

数字化领导力

领导力是一个非常复杂且多维的概念。古今中外涌现了许多优秀的领导者。领导力本身的神秘也吸引了大量学者对它进行广泛的研究，本尼斯（W.Bennis）指出，“领导力是社会科学中研究最多、理解最少的话题，从来没有这么多人付出这么多，却得到这么少”。在当今快节奏、日益全球化的世界中，领导情境越趋复杂，不仅包括传统的面对面领导，而且包括数字化背景下的领导等。这也使得当前对领导力的理解与探讨比以往任何时候都更加重要。

想要理解数字化背景下的领导力，必须先理解什么是领导力、传统领导力的发展历程是怎样的。然后，本章将探讨算法管理在数字化时代的应用和变革，介绍算法管理的基本概念和维度。希望通过对这一章的学习，读者能够深入理解算法管理的概念，并在实践中灵活运用，为企业的发展做出贡献。

§ 学习目标

➢ 学完本章，你应该做到：

1. 理解领导力的概念，认识数字化领导力在数字化背景下的重要性。
2. 了解 RPA、大模型、数字员工等新型领导对象。
3. 认识领导对象从“碳基人”到“硅基人”的转变及其对领导力的影响。
4. 分析数字员工、算法管理在企业中的应用及其对领导力的挑战。
5. 通过数字化领导力的案例学习，掌握如何有效地使用算法进行“碳基”员工与“硅基”员工的管理，提高解决实际问题的能力。

§ 引例

张瑞敏管理理念的变迁

张瑞敏作为海尔的创始人和领导者，他的管理理念随着时代的变迁经历了显著的发展和演变。

在传统管理时代，张瑞敏强调了以质量为本、用户为中心的名牌战略，倡导了“日事日毕、日清日高”的 OEC 管理模式。他认为企业的本质在于人，因此提倡以人为本的管理，激发员工的活力和创造力。

进入数字化时代，张瑞敏的管理理念进一步发展为“人单合一”模式，如表 7-1 所示。这一模式的核心是将员工（“人”）与用户价值（“单”）合一，推动海尔从传统制造企业向平台网络组织全面转型。在这一模式下，员工不再是被动执行者，而是拥有“三权”(现场决策权、用人权和分配权）的创业者和动态合伙人。他强调“人的价值第一”，认为在物联网时代，每个人都应该成为自己的 CEO，体现自己的价值，每个人都应该创新。

表 7-1　张瑞敏管理理念的变迁

时代背景	管理理念	核心内容与特点
改革开放初期	传统管理理念	• 面对濒临倒闭的工厂，张瑞敏制定了海尔第一个发展战略——名牌战略，开始海尔的现代管理之路
20 世纪 90 年代	OEC 管理模式	• 融合西方科学管理思想与中国传统文化，提出“日事日毕、日清日高”的管理理念
21 世纪初	“人单合一”模式	• 包含六大要素：企业宗旨、管理模式、组织架构、驱动力、财务体系、物联网，强调自组织和用户付薪 • “人单合一”模式打破了传统科层制，推动海尔向平台网络组织转型，实现员工与用户价值的合一

张瑞敏管理理念的演进不仅反映了其个人思想的成熟与深化，更映射出随着时代变迁，社会对企业领导者在领导力方面的新期待和新要求。

资料来源：海尔官网。

7.1　传统领导力

7.1.1　什么是领导力

尤克尔（Yukl）在他的著作《组织领导学》(*Leadership in organizations*）中写道：“领导力是推动他人理解并同意何时需要以及如何有效完成任务的过程，同时也是促进个人和集体努力实现共同目标的过程。”换句话说，领导力是影响团队以达成共同愿景或目标的能力。组织是否需要领导力？领导力对组织的重要性体现在哪里？

根据 Hambrick 和 Mason（1984）提出的高阶梯队理论（upper echelon theory)，组织中

关键人物的认知和价值观直接影响组织的战略、行为以及绩效结果等方面。也就是说，领导者的认知和价值观直接影响着组织的战略取向、行为方式以及绩效成果。例如，如果领导者注重诚信和责任感，那么组织内部的员工也会更加关注诚信和责任感。这种诚信和负责的组织文化将直接影响组织的运作方式和绩效表现。

7.1.2 传统领导力理论的发展

1. 特质理论

特质理论的研究始于伟人理论。伟人理论的核心信念是，领导者是天生的，而不是后天培养的。换言之，只有极少数非常罕见的人拥有成为有效领导者并通过神圣设计实现伟大事业的独特特征。例子经常来自知名的历史人物，如尤利乌斯·恺撒、圣雄甘地、亚伯拉罕·林肯和拿破仑·波拿巴。人们认为，这些人天生就是领导者，具有天生的领导力特征，这使他们能够在塑造历史的同时领导个人。

伟人理论致力于寻找将领导者与非领导者区分开来的可遗传属性，并解释个人作为领导者的有效性。研究者认为，领导的特质是遗传所得，天生没有这种特质的人无法成为领导者。因此研究者做了大量的研究，以确定哪些特质能够将领导者与其他人区分开来。

伟人理论随后演变为特质理论。特质理论认为领导者具有特定的个人特质或性格，如智慧、勇气和自信等品质，使他们成为领导者而非普通人。这些非凡的品质被视为成功领导的关键因素，因而具备这些特质的领导者能够取得在事业或其他方面的成功。

特质理论认为，领导者可以是天生的，也可以是后天培养的。换句话说，成功领导者的特质可以通过训练和实践来继承或获得。特质理论相关研究的目的是确定一个有效领导者的正确特征组合，重点是研究领导者的心理、社会和身体特征。随后的研究证实，个人特征比如人口统计学（如性别、年龄、教育程度）、任务能力（如智力、责任心）或人际属性（如随和、外向）可以预测领导效能。

2. 行为理论

对领导者特质范式的批评促使学者摆脱领导者特质的思维枷锁，学者对领导者行为如何预示效果的考虑，逐渐演变为领导者的行为理论。行为理论更加强调领导者的实际行为，而不是他们的特质或特征，更关注管理者在工作中实际做了什么、采用什么样的管理方式，等等。

关于行为理论，较为著名的是密西根大学和俄亥俄州立大学的研究，密西根大学将领导行为特征划分为员工导向（employee orientation）和生产导向（production orientation）；俄亥俄州立大学将领导行为特征划分为关怀维度（consideration structure）和结构维度（initiating structure）。

不难看出，两个大学的研究核心都可以归纳为：领导更关心员工还是更关心生产。基于领导对员工的关心程度与对生产的关心程度，布莱克（Blake）和莫顿（Mouton）在其著作《管理方格》中提出了管理方格理论，对领导者的行为理论进行了细化（见图 7-1）。

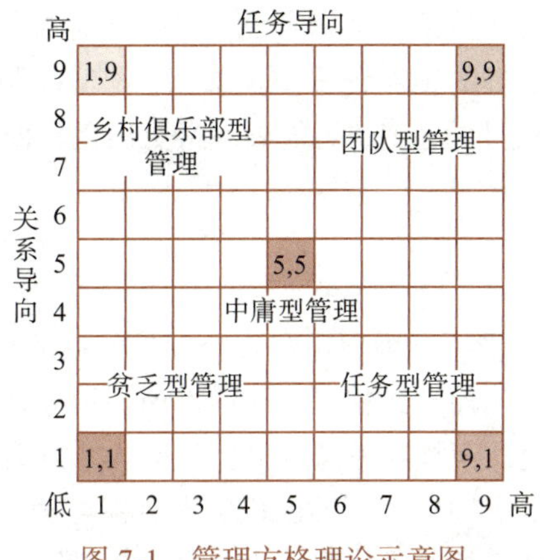

图 7-1　管理方格理论示意图

3. 权变理论

随着对领导特质以及领导行为研究的深入，学者也逐渐发现，在不同的情境下，领导者所需要的领导特质以及领导行为都是不同的。因此，权变理论应运而生。这一理论强调，领导者需要根据情境的不同，灵活地运用自身的权力资源和技能，同时适应社会和组织环境的特点，积极调整自己的领导方式和风格。

权变理论对于理解领导者如何应对不同的情境、有效地发挥领导作用具有重要意义。同时，该理论也警示领导者不能固守一成不变的领导方式或风格，而需要随时适应新的环境和任务要求，以保持有效的领导力量。其中，比较著名的是费德勒提出的费德勒权变模型。

费德勒于 1967 年提出权变模型（见图 7-2），该模型指出，没有一种领导风格是最好的，相反，领导者的有效性取决于两个因素——“领导风格”和“情境偏好”（后来被称为“情境控制”）。

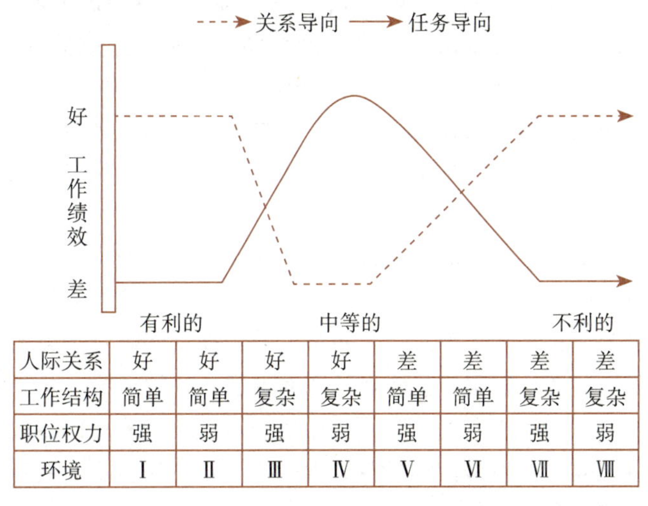

人际关系	好	好	好	好	差	差	差	差
工作结构	简单	简单	复杂	复杂	简单	简单	复杂	复杂
职位权力	强	弱	强	弱	强	弱	强	弱
环境	Ⅰ	Ⅱ	Ⅲ	Ⅳ	Ⅴ	Ⅵ	Ⅶ	Ⅷ

图 7-2　费德勒权变模型示意图

根据费德勒的权变模型，没有一种单一的最佳领导风格，领导者的成功与否取决于他们的领导风格是否适应特定的工作情境。举例来说，任务导向的领导者在高控制情境（如结构化任务、强大的领导地位、良好的领导者 - 成员关系）和低控制情境（如非结构化任务、弱领导地位、不良的领导者 - 成员关系）中可能表现得更出色，而关系导向的领导者可能在中等控制情境中表现最佳。

4. 新特质理论

特质理论在发展过程中曾受到行为理论和权变理论的挑战，其核心地位一度面临威胁，但是学者并未放弃对领导特质的探索，相反，他们推动了领导特质研究的深入，并由此衍生出了新特质理论。这一新理论认为领导力涵盖了变革型、魅力型、伦理型等多种风格。

（1）变革型领导。伯恩斯（1978）提出了变革型领导力（transformational leadership）的概念，认为领导者应通过转变核心价值观、人际关系和组织文化，激励下属团结协作，超越个人利益共同追求更高的组织目标。这种领导方式强调赋予追随者权力、回应其需求，培养他们成为未来的领导者。

变革型领导被视为一种全新的自上而下的领导模式。变革型领导通过鼓舞和激励追随者取得超出预期的成果，并通过关注个体需求促进其成长。变革型领导者的人格魅力能够激发下属，他们对下属的影响力取决于激励力度，从而推动下属更加自觉地为实现组织的共同目标而努力。

学者普遍认为，变革型领导具有多维结构。被广泛接受的观点认为，变革型领导包括四个子维度：领导魅力、感召力、智力激发和个性化关怀。

领导魅力（idealized influence）。领导魅力体现在以下三个方面：一是领导者具备远见和使命感；二是领导者能够赢得追随者的尊重和信任；三是领导者能够获得追随者强烈的认同。领导魅力能够激励追随者付出额外努力，实现最佳的发展和绩效水平。

感召力（inspirational motivation）。领导者通过激励性的言辞提升团队的乐观主义倾向和热情，并且流畅自信地传达可实现的未来愿景，激发追随者实现更高绩效和发展水平的动力。

智力激发（intellectual stimulation）。变革型领导者鼓励团队成员以创新视角审视问题，培养创新思维，强调对现有假设的批判性反思与再评估。在解决问题时，他们不仅依赖直觉，也借助于系统的逻辑分析。通过智力激发，领导者鼓励追随者运用自己的创意来寻找解决方案。在变革型领导的激励下，追随者成长为更专业的问题解决者，无论是在分析问题还是制定解决策略上，都展现出更多的创造力。

个性化关怀（individualized consideration）。变革型领导者致力于关注并满足追随者的个性化需求和能力提升。他们识别并理解每位追随者的个性化需求，提供针对性的支持。这种个性化的援助不仅满足了工作上的要求，更重要的是，还增强了追随者的自信，促进了个人成长。领导者提供的这种关怀着眼于追随者的全面发展，超越了单一业绩目标。

李超平和时勘（2005）编制了适合我国国情的变革型领导问卷（Transformational Leadership Questionnaire，TLQ）。431 份有效问卷的探索性因素分析结果显示，变革型领导包括德行垂范、愿景激励、领导魅力和个性化关怀四个维度。

德行垂范：是指领导者的乐于奉献、以身作则、牺牲自我利益、言行一致、说到做到、严格要求自己等特质。

愿景激励：是指领导者向员工描述未来，让员工了解单位 / 部门的前景，指明奋斗目标和发展方向，解释工作意义的程度。

领导魅力：是指领导者业务能力过硬、思想开明、具有较强的创新意识、具有较强的事业心、在工作上非常投入、能用高标准来要求自己等特质。

个性化关怀：是指领导者在领导过程中考虑员工的个性化需求，为员工创造成长环境，关心员工发展、家庭和生活的程度。

（2）魅力型领导。罗伯特・豪斯（1977）首次提出魅力型领导（charismatic leadership）的概念，强调领导者具有强大的感染力，能激发下属接受其价值观，追随并拥护领导者。在魅力型领导下，员工会模仿领导者的行为，并且对组织目标的实现拥有强烈的使命感。魅力型领导者能通过行为示范、设定目标、信任员工等方式持续影响下属。

在此基础上，学者将魅力型领导的内涵不断完善。J. A. Conger 和 R. N. Kanungo（1988）强调魅力型领导是建立在下属与领导的互动基础之上的，下属观察领导者的行为，随后创造出对领导的认知，魅力是下属对领导者行为感知的归因。随后，Shamir 等（1993）对魅力型领导理论进行了深入的研究，指出魅力型领导通过影响追随者的自我认知并产生感染力，肯定了集体认同感的作用。

（3）伦理型领导。领导者的不道德和不专业行为日益突出，对公共和私营组织产生了深远的影响，因此学界对于伦理型领导（ethical leadership）的讨论也越发激烈。伦理型领导也称道德型领导，伦理型领导可以被定义为“通过个人行为和人际关系展示规范行为，借助双向沟通和决策向追随者传递这种行为准则”（Brown，Treviño，and Harrison，2005）。伦理型领导的解释模型如图 7-3 所示。

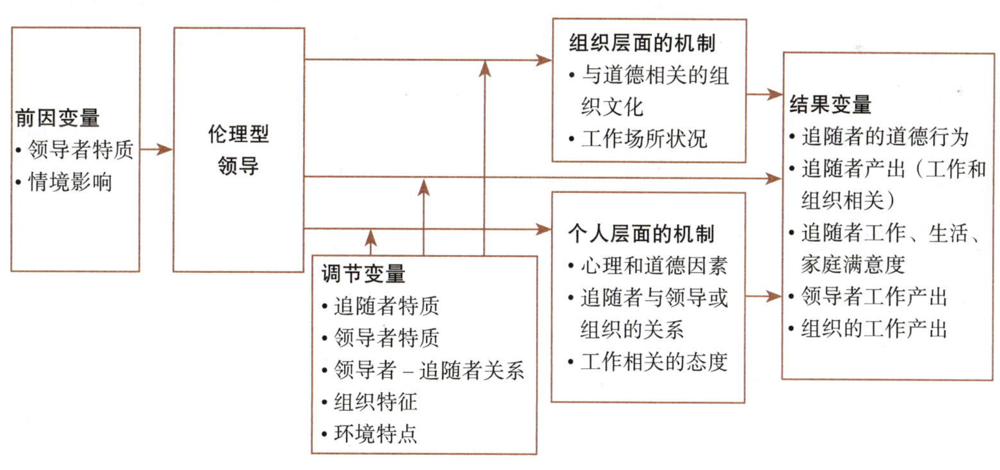

图 7-3 伦理型领导的解释模型

资料来源：KO C, MA JH, BARTNIK R, et al. Ethical leadership: an integrative review and future research agenda [J]. Ethics & behavior, 2018, 28(2): 104-132.

基于中国儒家思想“修己安人”的概念框架，朱伟春和郑晓明等（2019）开发了中国伦理型领导的测量工具——中国伦理型领导量表（Ethical Leadership Measure，ELM）。中国伦理型领导的结构含有“道德人”（moral person）和“道德管理者”（moral manager）两个构面。

“道德人”包含道德特征（moral characteristic）与道德认知（moral cognition）两个维度；“道德管理者”包含道德榜样（moral role modeling）与道德氛围（moral atmosphere creation）两个维度。他们的研究表明，他们所开发的中国伦理型领导量表对下属的工作满意度、组织承诺、组织公民行为、工作绩效以及与伦理相关的结果变量（比如，道德关注）有着显著的正向预测作用。

7.1.3 数字化对传统领导力的挑战

1. 数字化技术对传统领导力的挑战

近些年，智能技术（smart technology）、人工智能（artificial intelligence）、机器人技术（robotic）和算法（algorithm）（简称 STARA）等新兴技术的迅猛发展为工作和生活带来了翻天覆地的变化。大数据无孔不入，智能化无处不在，小到微信支付，大到 5G 支持的物联网和数字孪生，数字化转型的浪潮从根本上改变了社会的运转效率。我们已经成为数字化时代的原始居民，正在主动或被动地推动着时代的进步。

数字化技术对组织管理活动的影响已经从构想走向现实。麦肯锡全球研究所（MGI）在 2022 年对全球 AI 的调研报告中指出，2022 年有 50% 的公司部署了 AI，远高于 2017 年的 20%。企业对 AI 的资本投入也随 AI 使用率的提升而大幅增长。2017 年约有 40% 的公司对 AI 投入了超过 5% 的总预算，而 2022 年已有超过一半的公司有此投入比例。

随着数字化技术在人力资源管理领域的深入应用，传统领导力面临着前所未有的挑战。领导必须适应由 STARA 技术推动的工作模式变革和组织结构调整。随着远程办公和虚拟团队的兴起，领导者面临着新的挑战和机遇。他们需要重新思考管理方式，因为无法再依赖面对面的直接交流和观察来进行管理。在全球化虚拟团队的背景下，领导者需要更加注重沟通和协作技巧，以有效地促进团队合作和绩效表现。同时，他们也需要更加关注员工的福祉和工作动力，因为远程办公和虚拟团队可能会增加员工的孤立感和工作压力。

2. 数字化时代对传统领导力的挑战

数字化已来，领导者若故步自封不做改变，将不可避免地被时代洪流无情淘汰。那么传统领导力在数字化浪潮下究竟面临哪些挑战？

首先，数字化时代更加强调数字化变革或转型要求。领导者是否已准备好推动企业的数字化转型，以应对提质增效的要求？随着 STARA 等技术的不断发展，领导者将如何整合这些技术以优化组织运作？他们是否具备足够的洞察力、数字化思维，去发现数字化带来的机遇，并将之转化为组织的竞争优势？在实现数字化转型的过程中，领导者又将如何保持自身的学习能力和适应能力，以确保在不断变化的商业环境中保持领先？

其次，传统领导力面临数字化管理工具使用或职能替代的挑战。传统的管理工具虽然在人际沟通和组织协调中发挥了重要作用，但它们依赖于物理空间和直接的人际互动，在数字化时代，它们的局限性日渐凸显。纸质文档、线下会议和层级制度等都受到了物理空间的限制，难以适应快速变化和高度分散的工作环境。与之相比，数字化的管理工具——尤其是算法管理——对领导管理的赋能，不仅极大地扩展了领导者的影响范围，也显著提升了管理效率。

算法管理利用数据分析、人工智能和机器学习技术，能够自动化处理大量的信息，并在此基础上进行决策支持。这种管理工具可以实时监控业务流程，预测市场趋势，甚至在一定程度上预见和解决问题，从而为领导者提供强有力的决策辅助。在领导与算法协作的环境中，领导者不仅要理解并指导人类员工，还要懂得如何与机器人及智能系统协同工作。无论是有选择性地收集和使用决策数据，还是权衡数据与人情，都需要领导者不停地学习、试错和迭代。有时，一些传统领导者的职能如对员工行为的监督和评价等被算法或AI替代，需要领导者强调自身区别于算法或AI的能力。比如许多平台企业实施了算法管理，将外卖骑手管理、网约车司机管理、家政管理、养车管理、二手车交易管理的工作交给了算法。这种情况下管理者如何开展新的管理？实施人性化的管理对象关怀变得非常重要。

最后，新的追随者类型对传统领导力提出了挑战。传统意义上，领导者的对象主要是人类员工。然而，随着机器人和人工智能的出现，领导者的对象范围正在发生改变。他们需要与机器人合作，理解机器人的工作方式和需求。同时，传统领导者也需要学会在人机合作的环境中建立有效的沟通和合作方式。这对于传统领导者来说是一个全新的挑战，需要他们具备与技术交互的能力和智慧。

具身会话代理（embodied conversational agent，ECA）和生成式预训练变换器（generative pre-trained transformer，GPT）的出现代表着新的追随者类型，这使得工作场景更加复杂（见表7-2）。管理的对象既有人，还有机器人。管理者和管理对象之间、管理对象相互之间如何影响？是否影响团队的领导风格和方式？这些都是值得深入探讨的问题。在这个新的环境下，有些传统的领导方式可能不再适用，领导者需要具备新的技能和策略来应对这些变化。

表7-2　领导者－追随者协同角色矩阵

		领导者	
		人类	机器
追随者	人类	H-H （传统领导）	R-H （人机交互）
	机器	H-R （人机交互）	R-R （自动化 / 智能化管理）

注：H = 人类，R = 机器。

资料来源：TSAI C Y, MARSHALL J D, CHOUDHURY A, et al. Human-robot collaboration: a multilevel and integrated leadership framework[J]. The leadership quarterly, 2022.

在面对领导场景的改变、职能的变化和对象的转变时，传统领导者必须意识到他们所面临的挑战，并主动进行相应的改变。他们需要不断学习和适应新的技能和知识，以更好地应对日益复杂和多样化的工作环境。只有通过积极地转变和创新，传统领导者才能在这个快速变化的时代中保持竞争力并引领组织走向成功。

此外，领导者如何将传统领导力与数字化管理工具相结合，创造出新的领导模式，应对当前挑战，引领组织走向未来？这些问题的答案将决定一个组织在数字化浪潮中能否立于不败之地。

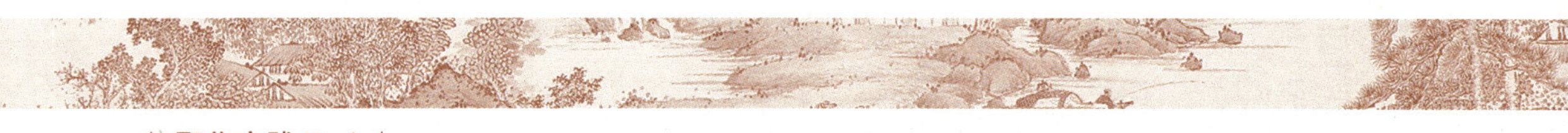

聚焦实践 7-1

探秘亚马逊：算法管理下的物流革命

算法赋能亚马逊物流，从购买前的需求预测，到路线规划和优化以及预测道路意外状况……亚马逊物流的每一个环节都嵌入了算法技术。

谈到算法在物流的作用，亚马逊负责“最后一英里”配送的规划技术副总裁 Scot Hamilton 指出：“尽管算法看不到也感觉不到，但它就像氧气一样至关重要。当你没有意识到它的存在时，这意味着它正在完美地工作。”

1. 购买前：预测需求、优化库存、协调发货

在客户点击购买商品之前，亚马逊的供应链优化技术 SCOT 就已经开始工作了。

10 多年前，亚马逊首次将深度学习模型引入 SCOT，需求预测的准确率在短短两年内跃升了 15 倍。如今，SCOT 利用深度学习模型和海量数据集，每天预测 4 亿多种产品的需求和销量，来决定在哪些仓库存放多少数量的产品，并协调全球数百万卖家发货。

2020 年，亚马逊引入 Transformer 框架，该模型能更准确地预测客户会喜欢什么、购买什么，该技术有助于进一步改善对产品上架的规划。

2. 打包：搬运货物、协助员工

客户下单之后就进到了物流环节，亚马逊拥有全球最大的移动工业机器人车队，部署超 75 万台机器人。只要客户点击亚马逊网站上的“立即购买”按钮，履约中心的中央规划算法就会派出机器人“Sequoia”滑到存储货物的下方，将它们从地板上抬起，然后送到亚马逊员工的手中。

Sequoia 可以将识别和存储库存的速度提高 75%，同时将仓库处理订单的时间缩短 25%。一旦一个机器人学会了如何更高效地导航，整个车队也会获得同样的能力。

3. 运输：预测道路意外状况

投递站是包裹送达客户的最后一站。亚马逊介绍称，仅马萨诸塞州的一个投递站每天就会收到多达 65 000 个包裹，而在节假日期间，这个数字会增长到 100 000 个以上。

Hamilton 指出，总是会发生意想不到的事情，比如装载商品的卡车可能会提前到达车站，或者可能出现恶劣天气、路上堵车，等等。而算法在这一环节发挥的作用，正是帮助预测道路意外状况。

4. 派送：智能规划路线

“最后一公里”派送，算法也发挥着重要作用。

不同的客户每天订购不同的商品，因此路线规划和优化是亚马逊需要解决的最棘手的问题之一，为了解决这一问题，该公司使用 20 多个机器学习模型在幕后协同工作。

资料来源：华尔街见闻。

7.2　数字化时代领导力的变革

在第四次工业革命的浪潮中，数字化技术无疑是一种强大的推动力量。数字化转型作为第四次工业革命中的重要一环，大力推动了组织的变革，其特点是利用人工智能和物联网等新技术对流程、商业模式和组织结构进行全面变革。

企业想要统一数字化转型步调，一个合格的数字化领导是不可或缺的，那么数字化领导需要具备哪些素质？由于这是一个全新的领域，研究者的立场和注重点不一样，对数字化领导力的认知也存在差异，表现为三种观点：数字化转型领导力（侧重于促进数字化转型的领导能力）、数字活动领导力（侧重于管理员工数字化活动的领导力）、数字化时代领导力（侧重于数字化时代对领导能力的新要求）。

7.2.1　数字化转型

由于数字技术的快速发展，一个以高度不确定性和破坏性为特征的新时代来临了。在工作环境中，先进信息通信技术（ICT）的发展，5G 网络、物联网（IoT）、人工智能和机器学习（AI/ML）、增强现实和虚拟现实（AR/VR）以及区块链等新兴技术的推动，加速了组织的数字化进程。由于数据发展速度的指数性增长，数字化转型的步伐预计在未来会加快，这对许多企业和行业的生存提出了挑战。数字化转型不仅仅是技术的革新，更是一场文化和组织方式的变革。

数字化转型是当今商业领域中最热门的话题之一。Verhoef 将它定义为企业利用数字技术发展数字化商业模式，以创造和获取更多价值的过程（Verhoef et al.，2021）。从数字技术视角，数字化转型是使组织向为大数据、大数据分析、云、移动通信技术和社交媒体平台提供商品和服务的组织转变。数字化转型的特点是速度快（velocity）和具有整体性（holistic nature）(Hartl and Hess，2017）。

数字化转型的关键是领导者，领导者只有先改变自己，才能改变组织。领导者首先应该修正自身认知，明确定义数字化变革的方向和投资策略，以带领团队快速准确更换数字化人才。领导者其次应该修正自身行为，例如：①追随新兴技术的潮流；②确定数字化变革的方向和投资策略；③带领团队快速准确换人。与数字技术的快速发展相对应，数字化转型的步伐将更加迅速，这对许多企业和行业的生存提出了挑战。

然而，数字化转型并非一蹴而就的。人是数字化转型的关键。德勤在 2017 年出具的报告表明，许多数字化转型过程的失败主要是由于缺乏领导技能，而不是缺乏关于数字技术的知识。在这个数字化时代，如何把握好新兴信息技术带来的机遇是当今企业面临的巨大挑战之一。但不容忽视的是，技术始终只是工具，而人才是真正赋予它活力和价值的源泉。只有通过人的智慧和创造力，技术才能得到充分发挥，助推组织在数字化时代取得成功。这也就要求推动转型者具备特定的能力来引领和推动变革的成功实施，而这种特定的能力就是数字化领导力。

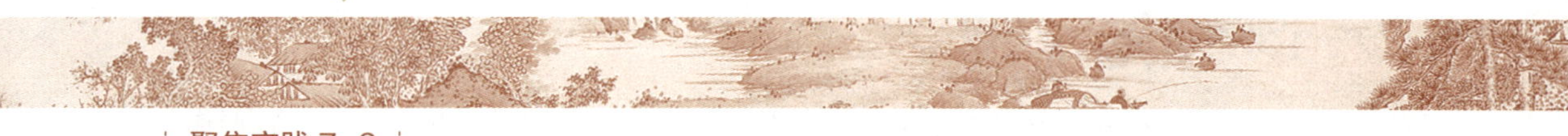

聚焦实践 7-2

数字化转型的根本是人的转型

三一重工的董事长梁稳根提出“三个3”：5年之内，从1 700亿产值做到3 000亿产值；5年之内，30 000名蓝领工人精简到3 000人；5年之内，5 000名工程师增加到30 000名。未来，三一重工就是基于数据驱动的科技企业。

1. 从学习开始

为了实现这个愿景，“一把手”做的第一件事情就是学习。梁稳根对数字化转型的理论学习极为关注，每天下班之后花1h运动、1h加班、1.5h学习。他看了好的文章、好的书籍后会让高管团队一同学习，学习完后必须分享，每个人写300～500字心得，写数字化日记。为了防止高管团队外包让秘书写学习心得，梁稳根要求高管必须脱稿发言并对他们进行排名。每周的高管午餐会上，30个高管会回顾当前数字化转型项目的问题，周六扩大到80多个高管讨论数字化转型的问题，月例会让更多人参加。

2. 重构组织

数字化转型是生产关系的转变，不只是技术的采纳。数字化转型不只是建设无人工厂，采用机器人、机械手，而是生产关系的改变，必须伴随组织架构的调整。三一重工成立了智能制造研究院，通过总部的智能制造研究院，给各个事业部智能研究所研究中心赋能，打造平台型数字化架构。

很多企业数字化转型进行一段时间后，就会发现工业互联网其实是非常复杂的体系，机器、设备、流程等方方面面都缺乏统一的标准、高度个性化，要求团队下沉。因此，每一个事业部、每一个工厂都需要有自己的数字化转型团队。

3. 人的转型

有一家转型非常成功的企业给研发工程师做了“721”的部署：在没有增加新人的情况下，安排10%的工程师专门做数字化转型，学习新技术，学习人工智能，20%作为种子用户，剩下70%仍做原来的工种。用人的变化来推动数字化转型。

资料来源：吴越舟，《三一重工的数字化转型经验和启示》。

7.2.2 数字化转型领导力

1. 数字化转型领导力的概念

数字化转型领导力聚焦于推动企业进行数字化转型的能力。Eberl和Drew（2021）将**数字化转型领导力**（digital leadership）定义为组织和个人层面领导者的技能、能力和领导风格，以实现以客户为中心的数字化使能的商业模式。

数字化转型领导力不仅要求领导者懂得如何领导员工，而且要求领导者能够利用数字、市场、业务（例如产品和客户理解）以及战略领导力技能（推动行动、战略思维和创造商业价值的个人和人际技能）来领导拥有数字技能的员工和数字技能较为匮乏的员工，以数字化的方式改造公司（Husing，2015）。

2. 数字化转型领导力的维度

Gilli（2023）的研究分析了239个针对数字转型专家的招聘广告，总结出了在组织内部管理数字化转型时，最常要求的五种能力。它们分别是协作、战略思维、团队领导、客户导向和沟通技巧。

（1）协作。协作（collaboration）是指在不同团队和部门之间建立合作关系，共同推进数字化转型的各项计划和项目。协作要求领导者在推动协作时，展现出能够整合各方资源和专长的能力，以促进跨职能团队的合作，确保团队成员之间有效沟通和协调。此外，协作的范围还应当扩展到组织外部，与技术供应商、客户以及行业专家等外部合作伙伴建立起互利共赢的合作关系。通过这种内外结合的协作方式，数字化领导者能够汇聚更广泛的视角和创意，共同应对转型过程中的挑战，推动组织在数字化浪潮中不断创新和进步。

（2）战略思维。在数字化时代，**战略思维**（strategic thinking）成为领导者不可或缺的能力。它要求领导者不仅要对组织的未来方向和目标有清晰的认识，而且要能够制订和实施相应的长期计划。数字化领导者必须能够深刻理解如何将数字化转型融入组织整体战略，并且制订出实现这些目标的具体实施方案。这不仅涉及对现有业务流程和模式的优化，还包括对新兴市场趋势的敏锐洞察，以及对行业变化的前瞻性预见和适应。识别和把握数字化带来的机遇，同时灵活调整策略以应对不断变化的挑战，是领导者确保组织在激烈的市场竞争中保持领先的必备能力。

（3）团队领导。团队领导技能（team leadership skill）是指领导者在指导和激励团队以实现数字化转型目标方面的能力。这不仅要求数字化领导者确立清晰的团队愿景、设定具体可实现的目标、合理分配任务，而且还需要确保每位团队成员都能够对团队目标保持一致的认识和做出坚定的承诺。与此同时，识别和解决团队内部可能出现的冲突，以及促进团队成员之间的协作和交流，也是数字化领导者需要掌握的能力。数字化领导者需要运用有效的激励策略，激发团队成员的积极性和创造力，展现出对团队成员的关怀和支持，通过建立信任和尊重的文化氛围，鼓励团队成员在变革过程中积极参与和贡献自己的才智。

（4）客户导向。客户导向（customer orientation）要求领导者始终将客户的需求和期望放在首位，确保数字化转型的每一步都能够围绕提升客户体验而展开。数字化领导者必须具备敏锐的市场感知能力，深入洞察市场动态，理解客户的深层需求，捕捉到客户行为的变化趋势，并将这些信息融入产品设计改进、服务流程优化以及客户交互体验提升中。做到以客户为中心，在必要时快速调整策略以满足客户的期望，领导者便能够引导组织开发出真正满足市场需求的解决方案，从而在竞争中获得优势。此外，客户导向还要求领导者在数字化转型的过程中，持续与客户建立和维护稳固的关系，包括但不限于：及时响应客户的反馈，主动与客户沟通，并确保在整个数字化转型过程中维护客户的信任和满意度。

（5）沟通技巧。沟通技巧（communication skill）要求领导者不仅要有倾听与表达的能力，还要有激励人心的能力。沟通技巧需要领导者真实地倾听团队及利益相关者的反馈和建议，清晰地解释复杂的技术概念并传达数字化转型的进展情况。同时，沟通技巧还涉及激励和动员团队的能力。艺术性的沟通能够保障在数字化转型的过程中，团队成员和利益相关者的思想和行动都能够同步且同向，展现出无穷的热情和干劲。

3. 数字化转型领导力的相关研究

在数字化转型领导力的研究中，理论研究都集中于探讨数字化转型领导力的特质和维度，实证研究则关注数字化转型领导力的有效性。

（1）领导特质。数字化转型涉及组织结构、文化变革和工作流程优化等多个层面，因此过程十分复杂。成功的数字化转型不仅需要先进的技术支持，更需要有能力引领和推动变革的合格领导者。Philip（2023）通过德尔菲法，邀请了 18 名专家进行访谈，总结出了管理数字化转型所必需的六种领导能力，它们分别是富有远见的思维（visionary thinking）、敏捷性（agility）、理解数据的价值（understanding the value of data）、数据驱动的决策（data-driven decision-making）、战略知识（knowledge of strategy）和接受变化（accepting change）。

Eberl 和 Drews（2021）的一篇文献综述发现，数字化时代领导者最常被提及的特质包括富有远见（visionary）、精通数字（digitally savvy）、高度协作（highly collaborative）、适应性（adaptable）和激励（motivating）。

（2）领导力的有效性。显而易见，领导仅仅依靠某些人格特质并不能保证成功。早期领导力的研究指出，领导特质只是领导成功的必要但不充分的先决条件。在推动数字化转型的行为方面，Leso（2023）通过构建促进创新文化（promoting an innovative culture）、培养数字化和创业意识（cultivating a digital and entrepreneurial awareness）、培养实验环境（nurturing an experimental environment）、鼓励敏捷结构（encouraging an agile structure）、设定文化一致性（setting a cultural alignment）、领导转型（leading to transformation）的六构念模型，探索、提出和讨论了文化、组织和领导应该如何促进中小企业的数字化转型。

在实证研究方面，AlNuaimi 等（2022）基于中小型企业，通过借鉴制度理论与新制度理论，开发并检验了一个以数字化战略为调节变量，分析数字化变革型领导和组织敏捷性对数字化转型影响的模型。研究结果提供了对变革型领导和组织敏捷性对数字化转型的影响以及数字化战略作用的进一步理解。

该研究将数字化转型领导力与变革型领导力进行了类比，通过改编传统变革型领导问卷，发现数字化变革型领导和组织敏捷性正向影响数字化转型，数字化变革型领导影响组织敏捷性，同时组织敏捷性在数字化变革型领导与数字化转型之间起中介作用。

7.2.3 数字活动领导力

1. 数字活动领导力的概念

数字活动领导力聚焦于对数字活动（而非传统活动）的管理，侧重于捕捉和描述数字化引发的领导力感知变化。数字活动领导力被定义为领导者处理员工在线活动的能力，涉及产品描述、客户查询、活动营销、问题解决和决策（Meier，2017）。

2. 数字活动领导力的维度

Meier 等（2017）通过德尔菲法，在理论上推导出了构成数字活动领导力的四个核心范畴：协作性（collaborative）、社会性与整体性（social and integer）、激励性与开放性（inspiring and open）、抗压能力培养（resilience fostering）。

（1）协作性。在数字化时代，企业和行业的边界变得日益模糊，多团队、跨职能团队、跨部门团队的出现使得协作的重要性更加凸显。企业社交平台网络的虚拟性使等级头衔在线上沟通环境中不再具有强制性的权力，领导的角色也随之改变，领导者不再是独裁者，而更倾向于为团队提供解决问题的方向，充当导师或教练的角色。权力趋于平衡，也促使员工积极参与到团队决策中来。线上社交网络带来了领导权力的变化，协作变得越发重要，领导者需要适应新的角色并推动团队的互动和学习。

（2）社会性与整体性。数字化时代下，由于环境快速变化，组织形式和工作方式也发生了巨大变化，这使得社交能力越发重要。项目的组织形式日益繁杂，同一个领导可能会带领多个项目，而每个项目都存在不同背景的团队成员。领导和成员之间很可能是陌生人，他们需要在不同的项目中高效完成任务，这要求领导者具备良好的沟通和合作能力，能够做好工作协调。通过互联网进行数字化连接，一个成员可以同时参与多个项目组的工作，通过虚拟沟通、数字化看板、线上文件传输等工具，成员可以在网络虚拟的场景下开展协同工作，这超越了物理的边界，提升了效率，降低了通勤、场地租用等费用。整体性强调领导在整个团队中的角色和影响。在复杂的数字化环境中，单个人无法全面了解整个项目，这要求领导能够思考全局，提供必要的信息和资源，为整体目标做出贡献。

（3）激励性与开放性。随着数字化的发展，员工的需求变得越来越多样化，如何满足员工多样化的需求成了领导者需要思考的问题。为了激励员工，领导者需要让员工感受到工作的意义，制定有吸引力的愿景，并鼓励员工积极工作，引导员工对工作产生认同，进而认识到工作的意义与价值。一些公司如腾讯、阿里巴巴、海信等都建立了比较成熟的共享服务中心（shared service center，SSC），致力于提升员工体验，通过 app 实现生日祝福、通勤打卡、食堂选菜、出差审批、出国探亲或旅行申请等，减少了员工线下盖章、审批等流程，充分利用了互联网的连接属性。从独裁到协作，团队的参与在帮助领导完善决策的同时，难免会产生争执。这就需要领导具备开放性。开放性体现在建立透明的沟通机制和反馈渠道，接受团队成员的反馈和建议；同时也包括接纳批评和新想法，持续改进和创新。开放的反馈文化能够增强领导与团队成员之间的信任和合作，提高组织的敏捷性和创新能力。

（4）抗压能力培养。数字化时代下，由于工作要求的多样性，具备多样能力的员工，自信心也相应增强。然而，即便员工拥有多样的能力，也难以时刻满足动态的工作要求。因此，建立“试错文化”至关重要。犯错不再被视为能力不足，而是被看作成功道路上的试验。Kelley（2009）曾这样表达：“失败越多，成功越快。”挫折让人沮丧，然而，宽容、包容、容错的环境和氛围赋予人希望，试错和迭代的过程可能促进创新和成功。这种适度的挑战需要员工具备抗压能力而非玻璃心。创立苹果的乔布斯也曾多次被赶出苹果，但是，乔布斯能够正视挫折，最终回到苹果，重塑了新的辉煌。“试错文化”不仅对于企业层面的创新有重要意义，对于社会层面的创新也很重要，因为技术创新是社会创新的一个缩影。

3. 数字活动领导力的相关研究

在这一框架下，数字活动领导力常以一个数字化平台为依附，将业务流程标准化、自动化，促进 IT 基础设施的整合，从而提高可靠性，降低运营成本，保证质量。数字化平台是“一整套电子商务流程和技术应用的集成，以及支持这些流程的数据”（Weill and Ross, 2009），数字化平台能够推动企业内部信息与知识的共享，使企业与客户之间的交互变得更加清晰、便捷，从而提高企业绩效，创造价值。

Benitez（2022）指出，数字活动领导力包括商业技能（business skill）与领导技能（leadership skill），是数字化能力、营销能力、业务能力和战略能力的组合。通过混合研究方法，Benitez（2022）对 10 家企业进行了定性分析，并对 117 家欧洲企业进行了实证检验，证明了数字活动领导力通过影响企业数字能力进而影响企业创新绩效。

7.2.4 数字化时代领导力

数字化时代下依然有领导者，也有追随者，这些角色在多大程度上发生了变化？传统的领导模式在多大程度上可以推广到虚拟情境中？传统领导理论在数字化时代的通用程度有多大？

与传统领导情境不同，数字化对整个团队进行了赋能，无论是数字化的时代背景、数字化企业办公平台的出现，还是基于数字化的团队构建、数字化团队成员的加入。

1. 数字化时代领导力的概念

数字技术在工作场所的应用为领导情境带来了历史性的变革，这种变革不仅是技术创新的结果，更是领导力观念和方法的转变。工作场所数字化的本质在于新技术的加入，新技术的应用改变了工作和组织的情境，而情境的改变也对领导力提出了新的要求。数字化时代领导力就聚焦于数字化时代对领导力的新要求。

Dasgupta（2011）指出，领导和技术是一种递推关系，二者既会对另一方产生影响，也会被对方影响，领导和技术双方都在进行改造以及被改造。Avolio（2014）在文章中强调 IT 技术对领导力的作用，将电子领导力（e-leadership）定义为“以先进信息技术为基础，嵌入近端或远端情境中的社会影响过程，能够影响态度、情感、思维、行为和绩效”。从定义中不难看出，电子领导力旨在关注领导对先进信息技术的使用，进而对员工、领导、领导 - 员工关系、团队、组织等产生影响。

2. 数字化时代领导力的维度

Roman（2019）从胜任力的角度定义了电子领导力，提出了六个胜任力维度模型（six e-competency model，SEC 模型）。这六个维度包括电子沟通（e-communication）、电子社交技能（e-social skill）、电子变革技能（e-change skill）、电子团队技能（e-team skill）、电子技术敏锐性（e-tech savvy）和电子可信性（e-trust worthiness）。

（1）电子沟通。这是指领导者需要清晰和有组织地通过信息沟通工具进行沟通，避免产生错误的沟通或误解，同时避免过度沟通影响绩效。由于竞争环境的快速变化，领导者不得不频繁使用媒体宣布重要的决定，这就需要领导者选择适当的媒介进行沟通。例如，快速单向沟通可采用简单的文字指令，但是决策的制定以及复杂任务的发布则需要更丰富的媒介，如线上会议、云文档等。

（2）电子社交技能。这是指领导者创建积极的工作环境，并通过多种虚拟沟通方式促进沟通与协作的能力。在虚拟沟通环境中，建立团队感至关重要，领导者需要运用多样化的沟通工具以满足追随者的偏好，从而增强团队之间的社会联系。Byron（2008）指出，电子媒介在组织环境中强化了非正式的沟通和关系。因此，领导者需要具备丰富的沟通技能来适应追随者的偏好，以增强团队成员之间的联系和合作。就如 Byron 所述，电子社交能力差的领导，他的追随者更容易被孤立、弱化，并且感受到更强的孤独感。

（3）电子变革技能。这是指领导者通过信息沟通工具有效地管理变革举措的能力。在数字化背景下，电子变革技能既涉及信息技术的更新，也包括线上环境的重构。前者侧重于团队中新技术的加入或更迭，后者侧重于新技术对以往团队形式、旧技术的颠覆。

信息技术的更迭。随着技术的发展和进步，组织可能需要对现有的信息技术进行改变和升级。这包括引入新的软件、硬件设备，或者对现有系统进行改进。在这种情况下，电子变革技能涉及对技术更迭的规划、实施和监控，领导者需要有效管理技术更迭期间的变化，确保信息技术广泛应用于组织中，最大限度地实现预期效益。

信息技术的颠覆。随着数字化时代的到来，越来越多的组织开始转向在线环境，通过互联网和其他技术平台来进行业务活动。在这种情况下，电子变革技能涉及对组织结构和流程进行重新设计和调整，以适应在线环境的需求和变化。通过在线环境进行的组织重组可能涉及虚拟团队的建立、远程工作的管理、数字化流程的优化等方面。

（4）电子团队技能。这是指领导者在虚拟环境中构建、激励和问责团队的能力。在虚拟沟通环境中，找到让团队成员承担责任的方法至关重要。绩效评估是较为通用的方法，确保团队成员理解并认可绩效奖惩和晋升机制是确保成员在虚拟环境中承担责任的关键。

（5）电子技术敏锐性。这是指领导者需要精通电子技术，并关注信息与通信技术的发展和安全问题。电子技术敏锐性的基础是对各种技术有基本的认识，无论是通过自学还是集中培训。缺乏技术敏锐性可能导致一些较为复杂、前沿、关键的技术被忽视或未被充分应用。技术并不应完全甩给技术专家负责，领导者也应确保组织中技术的更新和广泛应用。

（6）电子可信性。这是指领导者通过信息与通信技术的使用，增强下属对其诚实、一致和公平的感知，以建立信任感。在虚拟团队中，领导者需要借助各种数字化工具，如在线会议、电子邮件、即时消息等，与团队成员进行沟通和协作。虽然在虚拟环境中构建诚实、一致和公平的感知是困难的，但也不是完全无法做到，这些感知可以通过有效的电子领导力来实现。

3. 数字化时代领导力的相关研究

（1）信任空洞。虚拟沟通环境中的“信任空洞”需要有效的电子领导力。为了建立信任而非耗尽信任，领导实践要从企业中心转移到社交中心。

Zaccaro 与 Bader（2003）提出，信任的发展历经计算信任、知识信任和身份信任三个阶段。领导者可以通过各种方式来弥补前期的“信任空洞”，例如，通过使用电子邮件和电子公告来报告团队成员的日常事务，建立任务规范和标准操作程序，提供明确的任务角色和期望，提供反馈，保留团队行动的电子记录，等等。

领导者可以通过鼓励社会 / 个人信息的交换，传达清晰而有意义的团队行动目标，维持积极主动的个人形象，培养团队的集体认同感，促进密集、支持性的互动，弥补后期的“信任空洞”，修复破裂的信任关系，等等。

(2) 友善领导。许多学者认为，数字化时代下的领导力大体上趋于友善、以人为本，领导与员工的关系不再是对立的，传统的命令 - 控制、威权领导模式正在让位于具有协商和审议风格的领导模式。

Aránega（2023）通过实证检验，构建了完整的理论框架。该学者通过对 119 名科技领域的中层管理者进行调查，提出了友善领导（kinder leadership）这一新的概念，并识别出了 7 个数字化时代对领导力的要求，即团队协作（teamwork）、激励（motivation）、创造力（creativity）、影响力（influence）、工作满意度（job satisfaction）、风险承担（risk taking）、关心他人（concern of others）。

Wilson 与 Proctor-Thomson（2013）认为，领导风格的改善应该以解决问题为导向，对团队成员更友善或者更温和，并寻求突出和发展员工主要能力的领导风格更加有效。Lawton-Misra 和 Pretorius（2021）指出，受新冠疫情的影响，以关心、同理心和同情心为核心的以人为本的领导力越发重要，除了构建正式的领导 - 员工关系之外，也要发展非正式关系。Rehbock 等（2022）也指出，应该抛弃“有毒的”领导风格，追求以人为本的，谦逊、温柔的领导风格。

7.2.5 平台型领导

郝旭光（2016）提出了平台型领导。平台型领导倡导领导者与追随者之间的双向学习和共同成就，体现了领导者与追随者之间的合作与互补关系。

1. 平台型领导的概念

这里使用一个 T 形图表示组织中追随者与领导者的知识水平，图 7-4 概念化了三类团队，其中一般知识为 T 的横线，专业知识为 T 的竖线，加粗的是领导者，未加粗的是追随者。

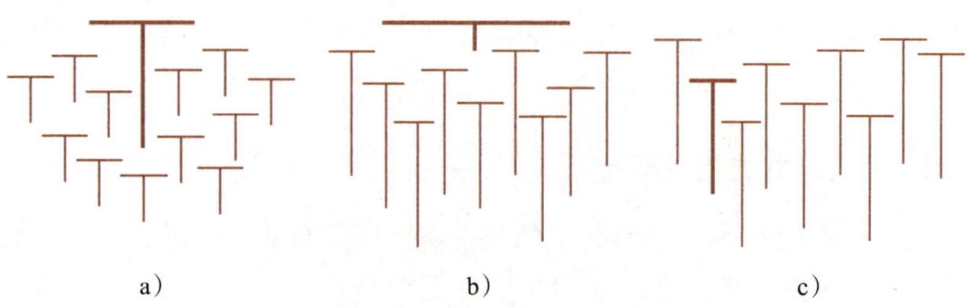

图 7-4 领导者与追随者的一般知识与专业知识

在传统组织中，如图 7-4a 所示，领导者在各方面的知识都遥遥领先于追随者。此时，领导者可以自己充当“教练”的角色，所以当追随者有困惑时，第一反应是向领导者求助。如图 7-4b 所示，随着组织的演变，领导者需要在组织发展、大局观等方面下更多功夫，而下属只需要将部门业务做到极致即可，所以领导者的一般知识要高于追随者，而专业知识则相反。此时，追随者遇到问题，第一反应是追随者之间互相学习。

数字化时代的到来，以及知识型员工的崛起，使组织越发趋于去中心化，并且数字技术、互联网打破了知识与信息的垄断，未来可能不再存在真正意义上的发号施令的“领导”，“领导”更像是组织的一种符号与象征。领导与下属在一般知识和专业知识方面的差距越发趋于平衡，如图 7-4c 所示。因此，在这样的情况下，领导者不再拥有绝对的信息优势，同样需要从追随者身上学习。领导者利用自己的职权帮助下属获取工作资源，同时随着代际沟通的出现，追随者也可以利用自己的长处比如更广泛的信息获取渠道、数字工具的有效配置等帮助领导者弥补知识的不足。此时，领导者与追随者之间的帮助不再是单向的，而是双向的，是共同成就的。这种领导者与追随者共同成就的领导模式就是平台型领导。

郝旭光（2016）指出，平台型领导是一种新的领导模式。其本质在于领导与下属互相成全、一起成长、共同提高，这也是平台型领导与其他领导模型理论的本质区别。

相较于其他传统领导观发展出的领导理论，平台型领导在三个方面呈现出“新”特点：首先，强调领导与下属互相成全、一起成长、共同提高；其次，强调领导、下属借助平台不断自我成长，促进平台持续做大，形成良性互动；最后，组织范围没有止境，领导可以通过提高下属素质、提升自身素质、积小胜为大胜等手段进一步拓展组织边界。

2. 平台型领导的维度

组织的“去中心化”和“去领导化”趋势以及知识型员工的崛起促使领导者必须真正重视与下属间的平等与共享关系。郝旭光（2016）根据经验提出了平台型领导的四维构念，即关注领导者和下属的成长，打造并不断扩大事业平台，塑造相互成全的互动关系，以及互动过程的动态优化。

基于扎根理论方法，郝旭光（2021）对平台型领导进行了系统性构建，发现平台型领导由包容、个人魅力、变革规划、平台搭建、平台优化和共同成长六个维度构成。

包容：平台型领导在与他人共事时有着开阔的心胸，能容纳他人的过失、差异和反对意见，同时能够与他人共享信息、资源和成就。

个人魅力：平台型领导通过积极乐观、随和厚道、锲而不舍、专业果断和周全正直等特质吸引下属追随。

变革规划：平台型领导能在动态环境中掌握方向，制定正确的战略以确保组织目标的达成。

平台搭建：平台型领导以人为本，通过互信文化、利益驱动的制度和资源保障构建起可供下属施展才华、共同成长的平台。

平台优化：平台型领导致力于扩大平台规模，通过成就导向、组织学习、创新培育、情感导向和跨部门协作不断优化平台。

共同成长：平台型领导注重下属和自身发展，通过关注下属成长、自我成长、充分授权和塑造互动关系，推动双方相互成全、共同成长。

平台型领导是一种适应知识经济时代的新型领导模式，着重考虑了组织环境的动态化和知识型员工的崛起。其核心特征在于领导者通过构建共同的事业平台，推动下属、领导者和整个组织共同成长。平台型领导体现了数字化时代下领导者与追随者互相成就的趋势，并推动自下而上的领导理论进行了进一步发展。

3. 平台型领导的相关研究

平台型领导是一种以“平台赋能”和“共同成长”为核心特征的新时代特色领导模式，现在已有研究证明了它对个人以及企业都有显著的促进作用。

（1）平台型领导对个人的作用。马增林等（2023）基于社会信息加工理论，构建了数字信息环境下平台型领导对员工主动变革行为的激发路径模型。通过对北京、上海等地9家互联网公司的270份两阶段追踪调查数据进行实证分析，发现：平台型领导对员工主动变革行为具有显著的正向影响，组织支持感在两者之间起部分中介作用。

熊立等（2023）基于沉浸理论视角，构建了一个平台型领导赋能知识型员工适应性成长的过程模型。通过对236份中国知识型团队的问卷配对数据（研究1）和41份质性访谈数据（研究2）的整理分析，发现：平台型领导让知识型员工感知到“挑战－技能平衡”和“目标和反馈清晰”，从而正向提升其工作沉浸感；工作沉浸感正向影响知识型员工的即兴能力和情感承诺，此二者分别提高了员工的任务适应性绩效（压力和应急处理、创新解决问题和持续学习）和人际适应性绩效（人际和文化适应）。

（2）平台型领导对企业的作用。贾建林等（2024）通过对粤港澳大湾区322家科创企业的问卷调查，探究了平台型领导驱动科创企业战略创业的逻辑机制。研究表明：平台型领导对科创企业战略创业具有显著促进作用，有利于组织容错动态性的形成，进而正向影响科创企业战略创业。

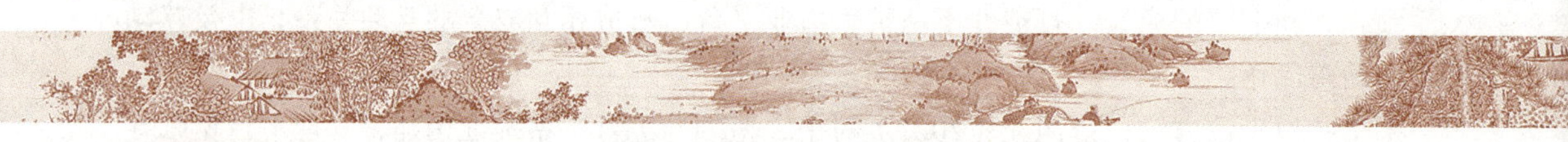

聚焦实践 7-3

数字化转型需要“一把手”把舵

数字化转型中，“一把手”的决心对转型的成功与否至关重要。

在数字化转型中，三一重工投资百亿元，美的集团一年投资几十亿元甚至上百亿元，这样大手笔的投资，如果“一把手”对数字化转型没有足够的认知，下不了这个决心，那么这也是无从发生的。

2018年前，梁稳根放出豪言壮语：“数字化转型，三一重工要么翻身，要么翻船！”美的集团开展“632”数字化项目时，“逢山开路，遇水搭桥”的决心也是来自“一把手”，下这个决心必须对数字化转型有非常深刻的了解。

只下决心还不够，数字化转型成功的企业会形成新的蓝图、新的愿景。比如，碧桂园希望做成科技型企业，用广东最好的机器人团队打造未来“无人工地”；新希望集团提出“五新”概念，即新机制、新青年、新科技、新赛道、新责任。

凡是做转型做得好的企业，一定会从新的使命，新的愿景开始。现在，所有人都认识到数字化转型的结果：所有企业都会变成科技企业。

“一把手”所下的决心，一定是从学习开始，然后是组织转型、人的转型、文化转型，而数字化转型的根本是人的转型。“一把手”要认识到数字化转型是一项马拉松工程。从学习开始，一切变革从人开始，人的改变，从理念的飞跃开始。有了这个理念才会有决心，才敢大手笔投入，才会有新的使命，才会有新的愿景。

学习触发了认知的改变、愿景和蓝图的改变、路径的制定。“一把手”的核心转型行为就是打造学习型组织，重构组织，改变人。

首先是领导自己学习，然后是高管团队学习，再到中层低层接受培训、全员学习。学习型组织形成之后再进行人的转型和机构调整，引入新人、提升老人、人力资源部出面组织考试和考核、董办跟踪，调整原有机构的结构，成立流程再造办公室、再造团队，先优化流程，在顺畅的流程上再进行数字化。

资料来源：毛基业，《一把手的数字化转型领导力》。

7.3 数字化时代领导对象的变革

随着数字化时代的不断发展，领导者正面临着领导对象的变革。在过去，领导者主要与人力资源和团队进行交互和沟通，但现在，随着技术的进步，新的领导对象逐渐出现。

本节将探讨数字化时代的领导对象变革，重点介绍机器人流程自动化（robotic process automation，RPA）、会话代理（conversational agent，CA）、具身会话代理（embodied conversational agent，ECA）及其应用。

7.3.1 从“碳基员工”到“硅基员工”

在当今数字化时代，随着重复性、枯燥工作逐渐被数字员工所替代，企业的运作方式发生了深刻的变革。然而，这一变革不仅对工作内容和流程产生了影响，也给传统的领导模式带来了前所未有的挑战。过去，领导者通常面对的是“碳基员工”，即传统人类员工，而现在，随着数字员工的出现，领导对象逐渐演变成了“碳基员工”与“硅基员工”(或称“数字员工”，即以芯片材料硅为特征的劳动力）的组合体。

这种新型领导对象的出现对传统的管理模式提出了全新的要求和挑战。传统的管理往往强调对人的指导和控制，但如今，领导者需要同时管理和引导“碳基员工”和“硅基员工”。“硅基员工”具备高度自动化和智能化的特点，他们更加依赖数据和算法进行决策和执行任务，传统的领导模式往往无法直接应用在他们身上。

领导对象变革的挑战迫使领导者转变思维方式和管理方法，完成从传统领导力到数字化领导力的转型。然而，领导者不仅需要思考如何领导数字员工，也要思考如何领导传统员工。为传统员工培养新技能，用科技赋能组织的每一个人，把RPA、AI等新技术融入公司日常业务场景，优化、简化业务流程，提高工作效率，做到降本增效提质，也是数字员工对传统领导者提出的巨大挑战。

7.3.2 机器人流程自动化

1. RPA 的定义

电气电子工程师学会（IEEE）将 RPA 定义为“一种预先配置的软件，通过使用业务规则和预定义的活动编排，在一个或多个不相关的软件系统中完成流程、活动、事务和任务的组合的自主执行，在无人管理的条件下交付结果或服务”。这些预先配置的软件再现了人类所做的工作，它们被称为机器人（robot）或软件机器人（software robot）。从领导的角度看，RPA 作为辅助培养数字化思维的一种手段，有利于更加科学地搜集信息、进行科学决策，同时也能够将领导者从烦琐的事务中解放出来。RPA 的应用范围在逐步扩大，它不仅可以帮助领导者，也可以帮助员工，比如在员工薪酬和福利的自动推送以及员工的差旅报销方面大展拳脚。

2. RPA 的种类

有人值守 RPA（attended RPA）与无人值守 RPA（unattended RPA），是 RPA 的两种主要类型。

（1）有人值守 RPA。“有人值守”，即需要人工干预。有人值守的自动化机器人通常需要员工或管理员的命令或输入才能执行任务，这类软件机器人通常会在特定部门或员工的工作站上工作，访问权限仅限于特定部门或工作站的员工。

例如，机器人可以代替人类执行某些简单、重复的操作：像人类一样，读取程序窗口中的内容，找到包含有用数据的字段，将数据复制到另一个窗口，开始一段业务，等等。机器人还可以自动对它处理的数据进行检查，额外保障企业业务流程的合规性。在此过程中，如有必要，终端前的人员可以从机器人手里接过控制权，来处理部分需要人为做出决定的项目。

这种 RPA 从行为上更像是人类的软件助理，在遵守业务逻辑的前提下执行工作的同时也与终端进行交互，被称作“有人值守 RPA”或者机器人桌面自动化（robotic desktop automation，RDA）。

举个例子，在销售场景中，有人值守 RPA 可以协助销售人员准备销售方案或者处理订单，如图 7-5 所示。

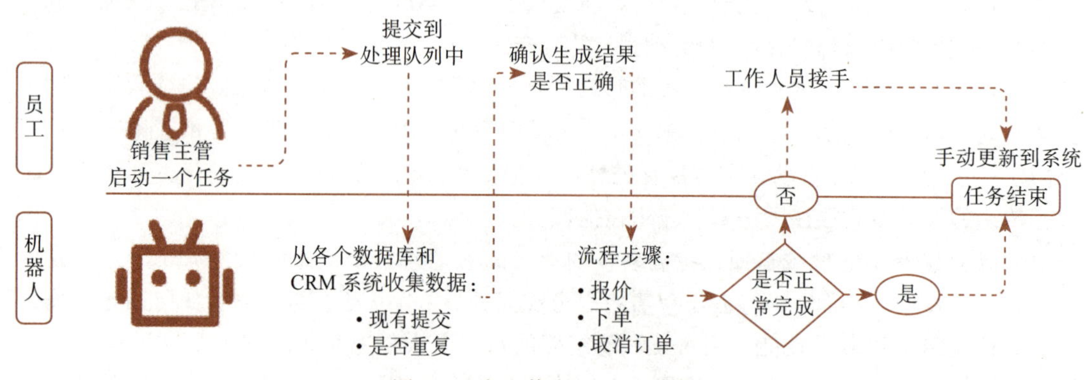

图 7-5　有人值守 RPA 示意图

资料来源：RPA 中国。

（2）无人值守 RPA。“无人值守”，即无须人为干预，或者至少在给定场景或背景下尽可能少地人为干预。无人值守 RPA 由自动化机器人自行触发，并且以批处理模式连续完成相关工作，机器人可以全天候地执行操作。它们可以使用应用程序检索信息，对这些信息进行处理以生成新数据，然后通过其用户界面（UI）或应用程序接口（API）将新数据注入其他应用程序中。管理员可在集中式集线器中实时查看、分析和部署调度、报告、审计、监视和修改功能。

但是，独立的机器人仍需要人类的监督，因为有必要监视过程的执行以确保过程成功。当发生异常或出现问题时，工程师必须确定原因，纠正错误，然后重新启动机器人，以便该过程继续进行。

举个例子，还是上面提到的销售场景，无人值守 RPA 可以分析 Excel 表格、检索有效信息，并将信息导入企业的 ERP 系统，如图 7-6 所示。

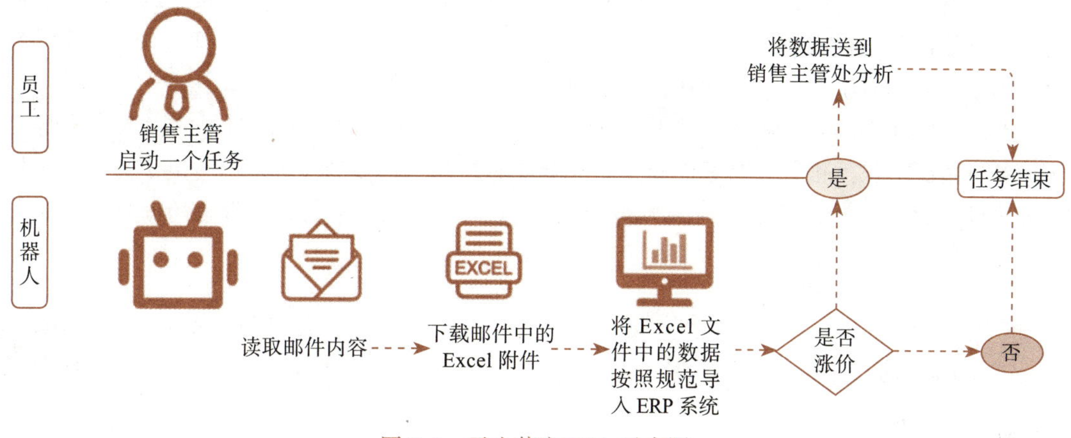

图 7-6　无人值守 RPA 示意图

资料来源：RPA 中国。

3. RPA 的优缺点

致力于提供 RPA 解决方案的公司 Blue Prism 认为，RPA 的目的是“把机器人从人身上拿出来”，通过让它们处理重复性和基于规则的任务和工作（Lacity and Willcocks，2016），来解放组织及其员工。显而易见，RPA 机器人通常比员工效率更高，成本更低，并且能够提供一致性、标准化的产出。

RPA 是一种自动化技术，它可以通过软件机器人模拟和执行重复性、规则性的任务释放人力资源，提高工作效率和准确性。它可以完成诸如数据录入、文件处理等烦琐的工作，使领导者能够将更多的时间和精力投入到战略指导和创新方面。RPA 过程的一个例子是机器人自动从一个系统中检索信息，并将相同的信息输入到另一个系统或激活另一个系统的功能。

RPA 帮助企业提高了流程的效率和服务的有效性。首先，RPA 通过替代员工，减少了高频任务的成本和处理时间。一个 RPA 软件的运行成本大约是雇用一个人的 1/9，RPA 机器人可以每天工作 24h，每周工作 7 天。其次，RPA 提高了业务流程的准确性。只要 RPA 工具的编程程序得当，就不用担心它会犯人类可能犯的错误。最后，RPA 提供了灵活性和可扩展性。RPA 可以胜任不同的工作，并且执行完某个进程后，RPA 可以通过程序的调度，无缝衔接另一件任务（Deloitte，2017）。

RPA 提高了服务质量，使生产更快、更便宜、更一致。机器人将简单、枯燥和重复性的任务从员工手中夺走，员工拥有更多的时间处理复杂和具有挑战性的任务。但是，流程的自动化也会引发员工对未来的不确定以及使员工产生被机器人替代的恐惧，因为技术不仅可以处理冗余的工作，也会处理冗余的员工（Ågnes，2022）。

RPA 是自动化执行被准确定义的重复性任务的工具，因此组织在判断是否应该应用 RPA 时，应该考虑以下三个问题。一是任务的定义是否准确。机器人目前仍然需要精确的指令才能成功地完成任务，边界模糊的任务通常不是流程自动化的候选者。二是任务是否具有大批量、重复性的特征。与那些出现频率低、需要创造性思维的工作相比，枯燥、重复并且无法创造更多价值的任务更适合被流程自动化，RPA 能够最大限度地解放员工的生产力和创造力。三是任务是否成熟。成熟任务的结果更容易被预测，且成本较为明确。RPA 由于没有自主思维能力，对于难以预测的任务，它的应用还不够完善。

Ågnes（2022）在对挪威三家引入 RPA 的银行进行访谈时发现，RPA 的引入并未导致任何裁员情况。虽然银行在与新的商业伙伴合作后接收了更多的任务，但它决定开发一个机器人来处理这些任务，而不是雇用大约 15 名新员工。因此，机器人化带来的额外价值是节省了雇用新员工的成本，而不是节约了解聘老员工的成本。

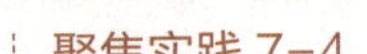
聚焦实践 7-4

Cobmax 利用 RPA 消除增长障碍

2016 年，位于巴西 São José Do Rio Preto 的电话营销、销售和客户服务提供商 Cobmax 销售中心面临着意想不到的困境。

Cobmax 刚刚赢得了一份重要合同——为巴西最大的电信公司之一处理客户来电。这家年轻公司的发展机会是巨大的，但是它很快就发现，该公司过时的手动管理系统威胁着公司的发展。

Cobmax 成立于 2008 年，之后迅速发展。到 2016 年，它有大约 200 名销售人员在其客户服务中心工作。随着新合同的不断签订，销售电话的数量迅速增加。对于每个电话，销售人员都必须将客户信息输入 Cobmax 的客户关系管理（CRM）系统。然后，该公司必须将这些信息传输到每个客户的 CRM 系统中。

近 50 名员工在后台全职工作，将信息从一个 CRM 剪切并粘贴到另一个 CRM 中。这就是后台团队的用武之地。然而，随着通话次数的增加，他们无法及时跟上工作进展。

“我们知道必须尽快采取行动，”Cobmax 的创新经理 Alexandre Voltan 说道，“尽管我们尽了最大努力，但成本和错误仍在增加。如果我们想继续发展，就必须精简我们的后台系统。”

考虑到这一点，Cobmax 管理层向 IBM 寻求帮助来解决该问题。几天之内，IBM 团队就与该公司会面，审查问题和解决方案，包括使用 IBM 的 RPA。

很快，Cobmax 就发现了 RPA 的好处。这些机器人为公司节省了大量时间，使后台操作减少了 50%。员工利用节省下来的时间学习新技能，并以其他方式为 Cobmax 做出贡献。有些人转行做了销售或客户支持，其他人则有机会利用自己所受的教育，晋升到市场营销和信息技术等战略领域。

Cobmax 的客户也从中受益匪浅。客户报告中的错误明显减少；将更多的人员调到销售中心后，员工可以以更快的速度处理更多的来电，这也提高了客户满意度。“例如，客户报告过去需要两到三天才能完成，”Voltan 说，“我们现在一天内就能完成这些报告。因此，与过去相比，我们的交付速度更快了，可预测性更高了，客户的头痛问题也更少了。”

资料来源：IBM 官网。

7.3.3 大语言模型

随着 AI 绘画和 ChatGPT 等技术的崛起，人工智能生成内容（AI generated content，AIGC）受到了国内外的广泛关注。AIGC 的快速发展离不开 AI 大模型作为底层技术的支持。

主流的 AI 大模型包括大型语言模型和大型视觉模型等，其发展经历了机器学习模型、深度学习模型、预训练模型、大规模预训练模型和超大规模预训练模型五个阶段。其中大规模预训练模型和超大规模预训练模型在工业领域得到了广泛应用，其参数量已经突破了万亿级。由于企业应用更多的是大规模预训练语言模型（以下简称“大语言模型”），因此本节重点介绍该模型。

大语言模型（large language model，LLM）指的是参数量达到 10 亿甚至更高的大型预训练语言模型。在大规模文本语料库和自监督预训练技术的加持下，LLM 展现出了强大的通用语言表示能力，并在解决复杂任务时展现出了卓越的性能。

目前应用较广的大语言模型主要有三个系列，分别是 Peters 等提出的嵌入语言模型（embeddings from language model，ELMo）、Open AI 公司提出的 GPT 系列模型以及谷歌公司提出的 BERT 系列模型。此外，研究者还在这些模型的基础上提出了混合改进模型，比如 Dong 等于 2019 年提出了统一语言模型（unified language model，UniLM），该模型尝试了在一个模型中对三种语言模型进行优化。

张钹院士在演讲中指出，生成式大模型包括三大能力和一个缺点，三大能力即强大的语言生成能力、强大的迁移或者推广能力以及强大的交互能力，一大缺点为导致幻觉。强大的语言生成能力体现在它能够在开放的范围内，流畅地产生出多样化且逻辑自洽的语言表达；强大的迁移或者推广能力体现在仅提供少量样本，大模型就能将知识迁移到不同的领域；强大的交互能力体现在机器可以与外部工具和环境（尤其是数字环境）交互，发挥问题求解能力。幻觉体现在它有时会生成看似合理，但实际是编造的或无意义的答案，在许多现实场景中，其性能比人类差。

总的来说，大语言模型是人工智能领域的一个重要发展方向，但目前的科研速度领先于应用速度，研究者及企业应更加关注大模型的优化与落地，将产学研结合，实现产业的健康发展。

7.3.4 数字员工

在快速变化的数字化时代，劳动力模式也在快速演变。区别于全职员工、外包员工及兼职灵活员工这三大传统用工模式，数字员工作为第四种企业用工模式，打破了人与机器的边界，以数字化技术赋予企业用工“新活力”，已开始成为许多企业的用工“新常态”。数字员工的理念正进一步被各行业广泛接受，数字员工未来有望进入快速增长期。

本书3.3.3节已经列举了八位企业自研或者与技术供应商联合开发的数字员工。这些已上线的产品中，中国移动咪咕的虚拟偶像尤子希和新华社AI合成主播新小浩被称为“数字人”；而万科的崔筱盼、招商局集团的“招小影”、浦发银行的“小浦”、桂林银行的“小漓”以及中金财富的“Jinn”则被称作“数字员工”。“数字人”与“数字员工”的区别在于：数字人更多地用于娱乐、直播以及虚拟助手等领域，数字员工则结合更多元的技术、程序和软件应用于房地产、金融等领域的具体业务场景中。尽管二者有所区别，但是也互有交叉，并无明确界限，商界与学界也暂时没有明确的定义，因此这里不做具体区分，统一使用“数字员工”代指。

1. 会话代理

商家通过实时聊天界面与客户沟通已成为电子商务环境下提供实时客户服务的一种越来越流行的手段。客户使用这些聊天服务来获取信息（例如，产品细节）或请求协助（例如，解决技术问题）。聊天服务的即时性使客户服务转变为双向交流，对客户信任、满意度和重购以及口碑有显著影响。

最近，在人工智能（AI）技术的推动下，人类的聊天服务代理经常被诸如聊天机器人（chatbot）之类的**会话代理**（conversational agent，CA）所取代，旨在通过自然语言与人类用户进行交流。

CA是一种人工智能技术，它能够模拟人类的对话场景，与人进行自然语言交流。通过CA，领导者可以与团队成员、客户或合作伙伴进行实时沟通和协作，解决问题、提供支持和指导，从而促进信息的流动和知识的共享。

CA的出现平衡了传统线上沟通中存在的服务质量与服务效率之间的矛盾。IBM指出：除了节约成本之外，CA还减少了响应时间，并能处理高达80%的常规问题，为不同的工作释放真人代理，大大优化了企业在客户支持方面的资源配置，并且CA可以24/7（7天24h）工作提供快速、方便和具有成本效益的解决方案，以提供客户支持。

2. 具身会话代理

（1）ECA的概念与优势。最近的数字进步催生了大量的聊天机器人、CA。其中有一部分CA是具象化的，这些CA拥有一张虚拟的脸，甚至是一幅完整的躯体，这些有血有肉的CA就是**具身会话代理**（embodied conversational agent，ECA）。而那些与人类最相似的ECA被称为虚拟人（virtual human）或数字人（digital human），当数字人被应用于工作场景，便成了数字员工。

ECA是CA的进一步发展，它拥有物理化的形象和表情，能够更加真实地模拟人类的沟通和表达方式。ECA 不仅能够进行语言交流，还能通过面部表情、手势和动作等非语言方式传达信息和情感，从而更好地与人建立连接和互动。

与仅基于文本或语音的 CA 相比，ECA 的设计需要付出更多的努力，以提供更复杂的支持功能，如情感建模。设计 ECA 所付出的额外努力不会白费，以往研究表明，在对话时，语言特征与非语言特征的结合，有利于提高沟通有效性与关系发展的有效性。从纯文本或是纯语音 CA 到 ECA 的飞跃带来了更高的用户期望，因为用户可能会将 ECA 视为社会实体并进行相应的交互。此外，在某些情况下，用户可能更喜欢与 ECA 而不是人类进行交互。

同时，ECA 具有更好的与人建立融洽关系的潜力，并且能够提供更高的交互效率。Shamekhi（2018）的研究发现，在群体决策环境中，与仅有语音的代理人相比，ECA 获得了更高的融洽度评分。

（2）ECA 的应用。数字员工，也就是 ECA，最初主要应用于电子游戏和电影行业。它们最近被广泛应用于教育、医疗保健和商业领域。

在教育领域，ECA 逐步参与到在线课程或私人课程中，与学生形成了高质量的关系，进而影响了学习投入和学业成绩（Roorda，2011）。研究证明了使用 ECA 在 VR 中进行教学与真实教师在真实课堂中进行教学会导致相同的学生表现、参与度和动机。

在医疗保健领域，由于 ECA 的共情能力与匿名性，与真人咨询师相比，精神疾病患者倾向于对 ECA 表露更多的症状与个人信息（Lucas，2017）。Lisetti（2017）在对医疗领域的 ECA 进行研究后发现，与仅有文本的咨询师相比，有面孔的共情虚拟咨询师被认为更值得信赖，更具有社交性、愉悦性、有用性、安全性，并且人们对它的未来使用意向更高。

在商业领域，ECA 已在零售、银行和房地产等场景投入使用。ECA 被用于完成客户服务任务，包括帮助人们查找信息，提出关于产品或服务的决策建议，或解决常见问题。能够与客户建立信任和温暖感的 ECA 已经被证明可以提高客户的在线购买意愿、对购买体验的满意度和公司忠诚度。Alotaibi（2012）的研究发现，ECA 在购物网站上获得的信任度显著高于仅基于语音和仅基于文本的代理商。总的来说，文献表明，客户对 ECA 的态度比仅有文本或语音的 CA 更积极。

在特征方面，ECA 最常表现为人类（92%）、女性（53%）、成人（74%）和白色“皮肤”的人（67%）（Loveys et al.，2020）。ECA 致力于通过模仿人类（拟人化）的自然外观和行为来增加客户的接受度，但也应注意避免产生“恐怖谷”效应。依据 Mori 提出的“恐怖谷”理论，我们可以了解到这样一种现象，即人们对数字员工的亲和力首先随着其拟人性的增加而增加，之后急剧下降，直到数字员工几乎与真实人类相近。

（3）ECA 与生成式 AI 之间的区别与联系。得益于技术的发展，生成式 AI（generative AI）的加入可以为 ECA 提供更丰富、更真实的交互体验。生成式 AI 所生成的文本可用于生成 ECA 中的会话语言，从而帮助 ECA 更加自然地进行对话。此外，生成式 AI 也可以用来为 ECA 生成视觉内容，例如人脸或角色形象。

虽然二者在功能上有所重叠，但它们并非毫无区别。生成式 AI 是指能够生成新的内容、图像、音频或文本等的人工智能系统。这些系统通常基于深度学习模型，能够从学习到的数据中生成新的、与原始数据类似的内容。生成式 AI 在文本生成、图像生成、音乐创作等领域有着广泛的应用。近来备受关注的 GPT 就是生成式 AI 的一种，其主要用途是生成自然语言文本。GPT 模型通过大规模的文本数据训练，能够理解并生成与人类语言相似的文本。

而 ECA 是指具有肉体化形象和语言交互能力的 CA 系统。ECA 可以通过视觉形象（例如虚拟人物或机器人）、语音或文字与人类进行交互，通常涉及情感识别、自然语言理解和生成等技术。

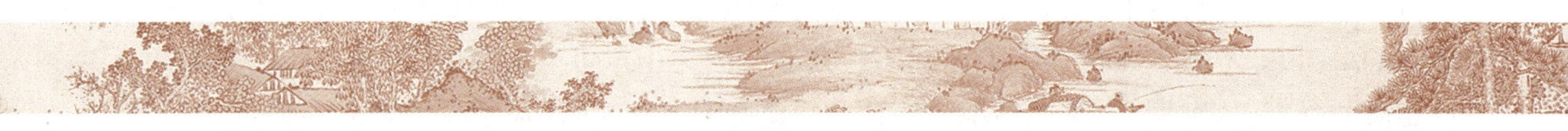

聚焦实践 7-5

招商局首个数字员工“招小影”正式入职

适逢招商局 150 周年华诞，一群可爱的招商人将“招商传承”与“数字秘籍”结合，创造出了集团首个数字员工“招小影”（见图 7-7）。她身怀绝技，具备丰富多样的工作技能和坚定不移的招商信仰，正式加入百年招商局与大家共成长。在数字时空中不断蜕变新生的她，将与全体招商人共同奋斗，奋楫驭舟，扬帆远航，开启下个百年征程。

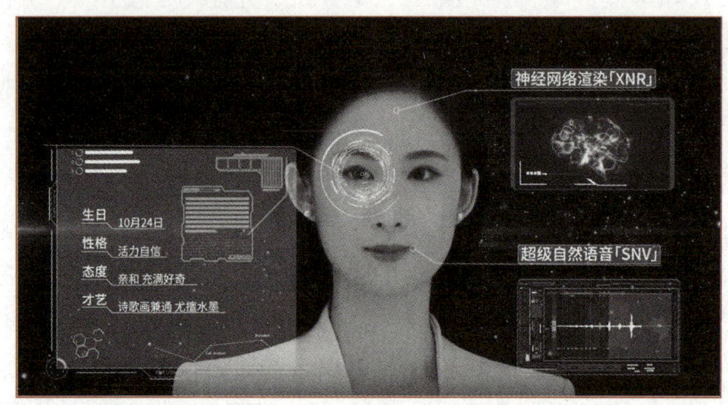

图 7-7 数字员工“招小影”

“招小影”利用最新的神经网络渲染和多模态人工智能技术，具备了与真人无异的样貌和神态。“招小影”除了有一个好看的形象之外，还身怀十八般武艺，并如影随形般常伴每个招商人左右。不仅如此，以“数据洪流”和“超级智能”驱动的“招小影”还具备自我学习和进化的能力，让集团员工每天都能体验到更精确的帮助。

“招小影”强大的技能树兼具深度、广度与精度。她既有工作汇总、信息通知等通用技能，又具备专业领域知识和业务自动处理等能力。

文化宣传：借助多样化的艺术表现手法，结合亲切温婉的形象，“招小影”讲好招商局创新故事，传递招商局文化力量，让招商文化跨越时空、焕发新生。

工作汇总：待办服务让用户事事有着落，语音与文字让用户轻松应对信息传递，差旅服务让用户差旅全程无忧，百问百答让用户从生活到工作都有秘书相伴。

知识管理：拥有招商海量数据与知识的全能秘书，无时无刻全天候为用户排忧解难，并且不断学习与成长，融合场景，聚合内外新闻，社区与多渠道资源内容，帮用户“招闻天下”。

业影融合：与业务场景深度融合，定制领域专业技能，快速成长为业务专家。目前，“招小影”已在产权登记、数据采集、快报编制等场景勤勉工作。

“招小影”的亮相是招商局积极响应“创新是第一动力”号召，拥抱创新的缩影，也是数字化转型大潮中的一抹亮色，集中体现了招商局“时间就是金钱，效率就是生命”的新时代信条。未来，招商局还将继续在数字化技术探索与产业创新赋能方面坚实迈进，勇攀高峰，逐梦向前。

资料来源：招商局集团官网。

7.3.5 数字员工对领导力的挑战

1. 造人

（1）新技术带来新挑战。数字员工所应用的技术本身就是对传统模式的挑战。如何为RPA编程，如何设置CA的对话模板，以及数字员工的形象选择、建模、绑定、模型训练、内容渲染，这些都是对领导者数字能力的挑战。如何将数字员工与企业业务有效地连接并实现本土化，是领导者需要着重思考的问题。

（2）如愿以偿还是背道而驰？艾媒咨询在2023年的报告中指出，推动企业进行数字化转型的最核心因素是成本负担上升（见图7-8）。数字员工由于扮演着为企业降本增效的角色，应运而生。

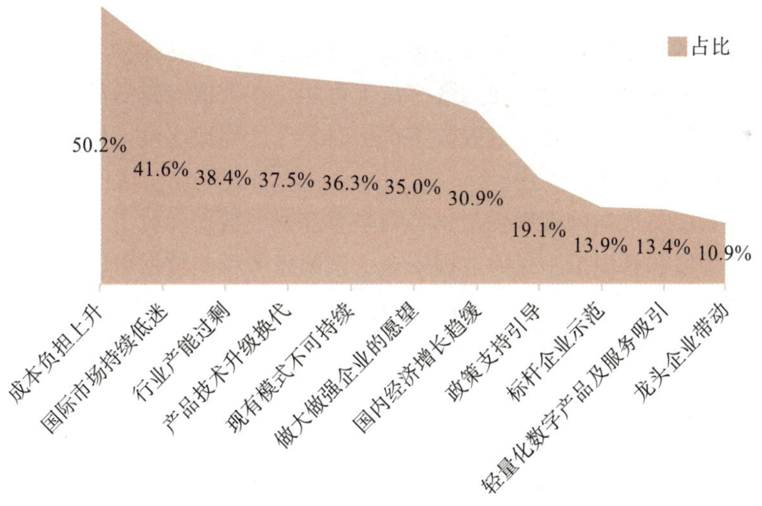

图7-8 2023年中国企业开展数字化转型的核心驱动因素

资料来源：艾媒咨询，《2023年中国AI数字人产业研究报告》，2023。

企业若想躬身入局，必须在成本与收益之间做出权衡。数字员工是否能够带来净收益仍有待观察。从角色创意、原画、建模到数据训练、学习再到业务整合，这些环节都需要大量的资金投入。场景越复杂、定制化程度越高，成本需求越高。

艾媒咨询的数据指出，超过五成企业对定制化AI数字员工产品的价格的接受范围在11万～20万元（见图7-9）。然而，在市场激烈竞争和企业数字化转型的背景下，企业对数字员工产品功能的多元化和智能化提出了更高的要求。因此，许多企业更倾向于定制高复杂度、高个性化的数字员工产品，这也导致数字员工的成本不断上升。

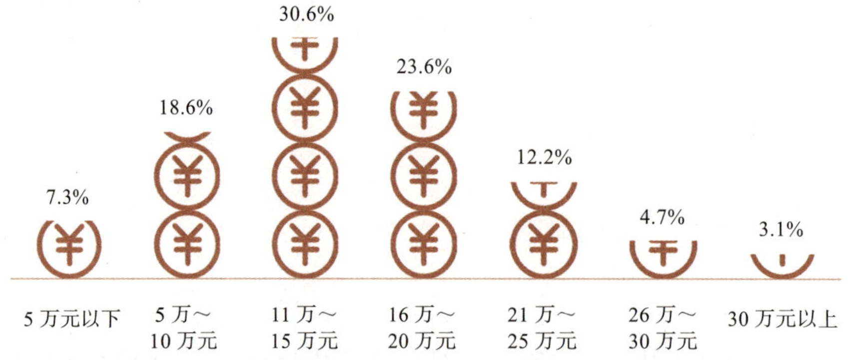

图 7-9 2023 年中国企业对定制化 AI 数字员工产品价格接受度

资料来源：艾媒咨询，《2023 年中国 AI 数字人产业研究报告》，2023。

此外，应用数字员工的前提是企业平台的数字化，而企业业务流程、管理过程数字化也需要耗费不少的成本。因此，数字员工收益与成本的权衡成为企业管理者面临的重要问题。

2. 培养人

（1）数据训练的隐私问题。隐私问题涉及数据安全性和隐私保护。

数据安全性：在处理数据时，使用数字员工可能存在数据泄露的风险，因此需要加强数据安全管理和技术防范。领导者在设置数字员工时须考虑到数字员工的互动性，包括回答内容的范围以及信息获取权限的设定。

隐私保护：数字员工在处理敏感信息特别是企业财务数据和员工个人信息时，领导者须采取有效的技术手段和管理措施保障数据安全，审慎思考哪些数据可以收集、是否需要告知以及数据如何使用。

保障每一条数据的安全与隐私、避免失误，是应用数字员工过程中领导者面临的重大挑战。

（2）精挑细选还是来者不拒？训练数字员工所需的数据需要经过精挑细选，如果接受所有可使用的数据，数字员工就会失去个性化，丧失专业化，甚至可能进行负向训练。同时，管理者在处理大数据时也需要具备筛选与训练数据的基本技能与常识。

3. 用人

（1）激发场景应用的想象力。数字员工可应用于教育辅导、政务引导、产品体验、营销推广、医疗健康、娱乐媒体、文旅展示、客户服务、决策支持、金融讲解等各类线上线下场景。比如数字员工担任虚拟主播、媒体记者、活动主持人、线下展厅接待员等。

数字员工不再局限于“相貌拟人”，更趋向于“智能拟人”，可以将它理解为一个真人的“数字分身”。那么，可不可以将它应用于模拟已逝之人，以缓解亲人对其逝去的悲痛呢？

可不可以利用与数字员工对话的“匿名性”，将它应用于心理咨询呢？数字员工身份的可变性是不是也可以被用于缓解弱连接时代下人们的孤独呢？

把数字员工仅仅视作员工，关注其任务职能，得到的是一个冷冰冰的工作机器，而把数字员工视作“人”，关注其关系职能，得到的是更富有感情的伙伴。这也是数字员工未来更广阔的应用场景之一，如何拓展这些场景并把方案落地，也是对领导者的挑战。

（2）社交还是加剧孤独？数字化转型势在必行，组织不能脱离数字化转型，更不能变得冷漠。领导者不仅要关注客户对数字员工的感知，还同样要关注员工的评价。员工越来越期望领导者分享他们自己的情绪，解释他们为什么选择以这样的方式领导团队。在数字员工的应用过程中，除了考虑“数字员工”的效率外，也要重视人类员工的情绪，提升“情绪感知”与提升“工作效率”同等重要。

毋庸置疑，数字员工的工作效率与传统员工相比有了质的提高，但其沟通反馈欠佳，与数字员工的沟通往往是单向的——因为数字员工不会主动发起沟通。这是对社会网络的破坏，可能会因为员工关系需求没有得到充分的满足而损耗员工大量的心理资源。领导者需要考虑数字员工的配置在提高效率的同时是否应兼顾人情。

与此同时，研究表明，将他人视为客体会影响自身的道德评判（Castano and Giner-Sorolla，2006）。当被客体化者遭受不良后果时，客体化容易导致人们将伤害合理化、减轻内疚和罪恶感。而数字员工本身就带有客体属性，这意味着他们可能会被视为无情且可替代的存在，也可能会被员工“辱虐”。因此，领导者需要思考如何降低员工（甚至领导者本身）道德规范下降的风险，并遏制客户与数字员工之间可能出现的道德感下降的“连坐”效应。

如何同时保障组织中的“人情味”与“道德感”，是领导者同时领导员工与数字员工时面临的一个较为棘手的问题。

4. 留人

（1）数字员工为管理者。数字员工逐渐替代传统员工负责重复枯燥的工作，这可能导致有些员工不得不离开工作岗位。今朝数字员工可以替代下属，明日会不会轮到管理者自己呢？

想要让自己立于不败之地，领导者应与数字员工形成差异化竞争。数字员工不是十全十美的，缺乏个性化反馈、内容劣质、无法在市场形成核心竞争力等都是数字员工存在的问题。

领导者在利用数字员工替代传统岗位提高运营效率的同时，也应该思考自身是否会被替代，做好“格式化”现有职业技能的准备。思考所处领域中自己擅长的方面，以及工作中将被 AI（部分）取代的地方，然后通过学习获取新技能，最后将它们迅速整合、运用到所属行业。

（2）传统员工该何去何从？数字员工上岗，传统员工下岗，有进必有出。数字化转型是企业必经之路，虽然数字化的浪潮不可逆转，数字员工对传统员工的替代也无法改变，但员工仍有可为之处。

首先，员工应该再多了解一点 AI，知己知彼方能百战不殆。员工没有必要成为一名 AI 专家，但为了能够与 AI 合作、共存，至少要对它们有基本的了解。员工至少应该了解在自己的工作领域里如何使用 AI 来为组织的目标带来价值等。

其次，尝试去强化自己的社交关系网。Haslam（2006）指出，人格分为两类，一类是人所独有的特征（uniquely human，UH），另一类是人性（human nature，HN）。当人独有的特征不存在时，即否认他人具有更高的认知、自我控制、文明礼貌、精致等 UH 特征，被称为动物非人化（animalistic-dehumanization）。当人性不存在时，即对他人采取冷漠的、工具性的、疏远的、客体化的态度，可能不会构建任何社会关系，被称为机械非人化（mechanically-dehumanized）。机器本身的属性决定了它与“机械非人化”挂钩，“人性”永远都是机器替代不了的，在越是虚拟化、数字化的社会里，人与人之间那种真切的关系越显珍贵。所以更应该专注人与人的互动，而不是成为朋友圈的点赞之交；建立有效的联系，而不是陷入无效社交。如果真的有朝一日被 AI 取代，强大的社会关系网也会使员工更容易找到下家；或者使员工在被分配到另一个职位时，能更轻松地融入。

“明天和意外，哪个先来？”其实明天和意外本就无法预测，与其焦虑明天，不如做好今天。今天是属于自己的，自己今天的行为是可控的，对明天和意外的准备，我们永远可以先做起来。

7.4 数字化时代领导工具的变革

随着数字化时代的到来，企业管理和领导方式也在发生革命性的变化。其中一个引人注目的变革是算法管理的出现。传统的管理模式强调人工决策和经验判断，而算法管理则将数据分析和人工智能技术融入管理决策中。

在算法管理的框架下，通过对大数据的收集和分析，可以准确地识别和预测企业面临的问题和挑战。它不依赖于个人的主观意见，而是基于客观数据和算法模型进行决策。这种管理方式能够提供更加客观、准确和高效的决策支持，帮助企业在竞争激烈的市场中保持领先地位。

算法管理对领导力而言是一个充满挑战和机遇的领域。随着企业越来越频繁地使用数字化的信息系统进行决策支持，算法在领导功能中的自动化程度不断提高，传统的领导模式正在发生深刻的变革。计算机不再仅仅是简单的工具或信息设备，而是逐渐演变成具有领导职能的实体。例如，计算机可以通过算法来分配任务给工人，评估任务的完成情况，甚至确定薪酬水平（Harms and Han，2019）。这种变化意味着算法管理与领导力之间的关系也在发生重大的调整，新的权力结构正在人机交互中形成（Glikson and Woolley，2020）。

随着技术发展，算法的决策支持能力越来越强，企业逐渐依赖算法管理来进行任务分配、绩效评估和薪酬决定。此时算法正在悄悄地完成从“决策支持”到“决策”的蜕变，算法对领导职能的替代，使得传统领导力面临着重大的挑战与改变。

在这一新的背景下，领导者需要重新审视自己的角色和技能，形成数字化领导力，以更好地适应数字化时代的发展。领导者不仅要对算法有足够深入的理解，以便更好地监督和引导算法的应用，确保它符合组织的价值观和战略目标，还要在与算法的协作中发挥自己的人际交往、情商管理等软技能，以确保算法工具不会削弱人与人之间的信任、合作以及关系。

7.4.1　算法管理的概念

Castelo 等（2019）将算法定义为：计算机执行任务所遵循的程序。Lee 等（2015）在对 Uber、Lyft 这两家平台的研究中，意识到算法承担着传统管理中的任务分配职能，并提出算法管理的概念。

算法管理作为近年新兴的跨学科研究领域，涉及信息系统学、管理学、心理学等。由于身处数智时代，并且与数字经济、零工经济的概念相融合，所以对算法管理的研究受到各国学者的追捧。

在过去的几十年里，算法的使用已经改变了公司和市场的运作方式。算法技术在新兴社会科学用法中被定义为计算机将输入数据转换为所需输出的编程过程，其方式往往比以前的技术系统更全面、即时、交互式和不透明。迄今为止，大多数管理学和经济学研究都强调了算法具有改善复杂市场中的分配和协调、促进企业内的高效决策和改进组织学习的好处。这些分析主要集中于算法在效率、收入和创新方面的影响（Kellogg，2020）。

Möhlmann（2021）将算法管理（algorithm management）定义为“平台大规模收集和使用数据，以开发并改进学习算法，实现管理者传统上执行的协调和控制职能”。

Gandini（2019）认为，算法管理打破了传统意义上员工的工作方式并且重塑了员工与组织之间的工作关系。尽管零工工作者名义上是为消费者服务，但实际上平台也为零工工作者完成服务提供了支持与便利，成为第三方。消费者对平台的信任也会影响供需匹配的达成。

7.4.2　算法管理的特征

算法的特征可以总结为 6R，分别是算法推荐（recommending）、算法限制（restricting）、算法记录（recording）、算法评级（rating）、算法替代（replacing）、算法奖励（rewarding）。雇主可以通过算法推荐和算法限制来指导工人，通过算法记录和算法评级来评估工人，通过算法替代和算法奖励来约束工人。

1. 算法指导：推荐与限制

雇主使用算法管理来指导工人——指定需要做什么，以什么顺序和时间段，并以何种程度的准确性——以不同的方式使用技术。在算法管理下，指导主要是通过技术来完成的，运用技术进行任务排序，使工作任务呈现出了专业化和去技能化。雇主主要使用两种机制来指导工人：算法推荐和算法限制。

算法推荐是指雇主使用算法提供建议，旨在促使目标工人做出选择算法设定偏好的决策。雇主可以为技术提供偏好方案，算法推荐通常通过自动学习数据来指导工人，通过机器学习算法来执行，向工人呈现算法提供的选择和机会。

算法限制是雇主用来指导工人工作的另一种机制。它需要使用算法来限制显示某些信息，并允许特定的行为，同时阻止其他行为，雇主可以在算法中加入限制工人活动的假设和规定。

2. 算法评价：记录与评级

雇主不仅通过指导，而且通过评价，即通过对工人活动的审查来纠正错误，评估绩效并筛选出那些表现优秀与不佳的工人。雇主主要使用两种机制来评价工人：算法记录和算法评级。

算法记录需要使用计算程序来记录、监控、汇总和报告来自内部和外部来源的广泛的数据，通常是实时的。雇主通常使用这些数据来量化比较和评估工人的产出，包括工作任务的数量、工人的产出质量和工作时间。因此，工人和雇主所拥有的信息往往不对称。

算法评级是另一种通过评价来引导工人行为的机制。雇主使用算法来收集绩效评定所需要的指标，以及预测分析他们未来绩效的指标。雇主利用组织内部收集的定量和定性数据来衡量生产率，并根据这些指标评估工人。

3. 算法纪律：替代与奖励

雇主通过纪律——对工人进行惩罚和奖励，来诱导工人合作和守纪。雇主主要使用两种机制来约束工人：算法替代和算法奖励。

算法替代指算法能够迅速并且自动地从组织中解雇表现不佳的工人，并让其他工人取而代之。

算法奖励是雇主用来约束工人行为的另一种机制。它需要使用算法来奖励表现出色的工人，给予他们更多的机会、更高的工资和更广泛的晋升渠道。与过去传统管理的形式一样，算法奖励使用精神或物质激励来指导工人的行为。

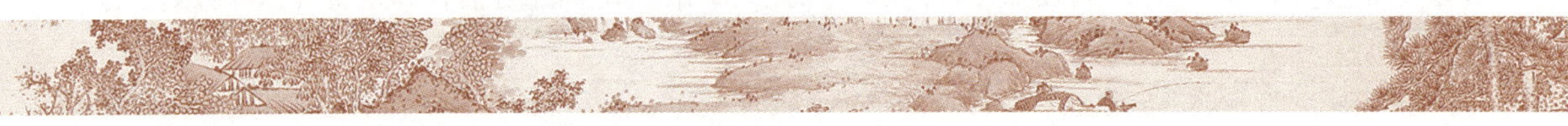

聚焦实践 7-6

算法最优下的时间歧视

“快”是平台用户的首要需求，平均配送时间是外卖平台的核心竞争力。

曾经，外卖平台非常引以为傲的一个概念叫“算法最优”，即通过算法捕捉订单送达的最短时间，据此不断收紧配送时限，实现骑手配送效率的最优化。

平台对效率的追求不会停止，它们通过算法不断发掘人力极限，2019 年全行业外卖订单平均配送时长比 3 年前减少了 10min（见图 7-10）。

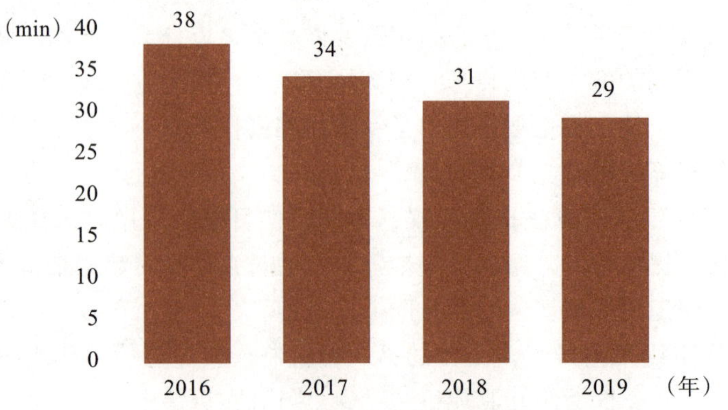

图 7-10 外卖订单平均配送时长

资料来源：Trustdata，天风证券研究所。

金壮壮做过三年的美团配送站站长，他清晰地记得，2016—2019年，他曾三次收到美团平台“加速”的通知：2016年，3km送餐距离的最长时限是1h；2017年，变成了45min；2018年，又缩短了7min，定格在了38min。

中国社科院新闻与传播研究所助理研究员孙萍从2017年起开始研究外卖系统算法与骑手之间的关系，《外卖骑手，困在系统里》一文中引用了不少孙萍及其团队过往的研究内容。

孙萍指出：外卖员的配送时长之所以被算法系统压缩得越来越短，在于平台采用了机器学习（machine learning）的人工智能算法，用收集的真实数据训练现有的算法，让算法越来越“智能”，从而进行路线预测推导，实现对外卖配送员的监督。

举个例子：如果一开始系统规定的配送时间是30min，为了避免超时受惩罚，外卖员将配送时间控制在了28min甚至25min，这时算法收集的数据就会显示，这段路程外卖员有能力提前送达，“聪明”的系统便可能将规定时间改成28min。

为了配合更短的配送时间要求，外卖员以闯红灯、逆行等方式应对，却让系统误以为这段路程仍有压缩空间。几轮之后，“算法就缩得越来越紧”。

孙萍认为，此时系统所收集的数据存在社会结构偏差：“这表现在外卖配送员怕受惩罚，冒着生命危险提速跑。逆行了，闯红灯了，这些算法都不会考虑，算法看到的只是一个结果。人在算法里变成了一个运力数字。”

资料来源：刘萌萌，《1 300万外卖骑手，从“零工”走向“职业”》。

7.4.3 算法厌恶与算法欣赏

1. 算法厌恶

尽管算法模型在学习成绩、临床诊断等领域的预测任务中被证明优于人类，但是大多数研究表明，人们更偏好人类的预测，而不是算法（Reich et al.，2023）。即便被告知算法具有更高的质量和更准确的预测能力，人们往往还是偏向人工推荐这一次优选择。同时，当算法与人类犯了同样错误时，人们会对算法失去更多的信任。

这种现象被称为**算法厌恶**（algorithm aversion）。杜严勇（2022）将算法厌恶定义为：“相对于人类而言，人们对算法（及其相应的程序与软件）存在一定程度的片面评价，表现为对算法的消极行为与态度。”影响算法厌恶的原因有很多，包括对完美预测的渴望、算法无法学习、人类预测者通过经验提高的推定能力、算法的非人化以及对依赖算法做出重要决策的伦理性担忧等。

2. 算法欣赏

一切事物皆有两面性，算法也不例外。相对算法厌恶而言，人们所表现出的对算法的积极行为与态度则被称为**算法欣赏**（algorithm appreciation）。Thurman等（2019）通过对来自26个国家的5万多人的调研表明，人们整体上更乐于接受来自算法和相关工作人员的新闻推荐。即使推荐来自专家而非外行人员，人们仍然坚持选择算法的推荐，这就是算法欣赏的一种表现。

随着互联网搜索引擎算法的不断发展和成熟，人们可以轻松地获取海量信息。现在，人们在遇到困难问题时，首先想到的就是借助搜索算法来寻找答案。人们不再依赖自身记忆，而是更依赖搜索算法，这在某种程度上也可以视为算法欣赏。

影响算法欣赏的原因包括：自己或他人使用算法预测成功的经验、算法的个性化推荐、算法的经济性和易获取性、算法的强大的抗干扰能力、算法的强大的信息处理能力以及精准推荐能力等（杜严勇，2022）。

7.4.4 人类领导还是 AI 领导

1. 角色分工

组织将 AI 应用于重复性、枯燥性、流程性的工作中，节约了大量人力成本。然而，在其他需要人与 AI 交互的工作中，AI 却扮演着越来越复杂的角色。与此同时，人类的角色也发生了变化。请读者思考一个问题：是人类领导做决策更好，还是 AI 领导做决策更好呢？相信读者很轻易地就能够得出这样的答案：AI 辅助决策，最终仍由人类做出决策。但这是为什么？

总的来说，AI 已经从辅助工具演变为决策参与者，甚至决策者；而人类逐步转型为判断者或预测解释者。AI 领导为员工提供指导、评估绩效，甚至做出晋升或解雇的决策；而人类领导对 AI 给出的结论进行判断或是解释，以完善自己的决策，降低或避免失误。

毋庸置疑，人们承认 AI 在某些领域做的确实比人类要优秀，否则也不会出现 AI 预测。AI 辅助人类决策，意味着人类有能力无法被 AI 取代，类比上文提到的机械非人化可以得出结论——AI 缺乏人性。人类的心智是独特的，机器和 AI 无法拥有人类所有的心智能力。

AI 的预测是客观的，无法替代人类的主观决策。AI 预测与决策后果之间隔了一道天堑——AI 不需为后果负责。所以数字化时代需要人机协同决策，而不是“个人”英雄。

人机角色分工 =AI 预测 + 人类决策。AI 的决策是客观且功利的，把决策权交给 AI 可能并不能满足“人性”的要求。Lanz 等（2023）向被试展示了 AI 主管做出的削减单亲父母奖金的决定，该决定加剧了人们的 AI 厌恶，获得了较少的支持。与其依赖 AI 决策，不如提高自身的判断能力、决策解释能力，将拍板权掌握在自己手里。

2. 用户感受与反馈

AI 应用的一个新兴领域是进行工作评价，向员工提供绩效反馈。利用大数据分析和自我学习能力，AI 可以跟踪员工在工作中的活动，评估工作绩效，并向员工提出改进建议。例如 Enaible 开发了远程跟踪员工工作的 AI 程序，该程序评估每个员工的典型工作流程，给每个员工分配一个“生产力评分”，并提供在工作流程中提高效率的方法（见图 7-11）。

人们喜欢 AI 反馈的内容、风格和方式，但好像不太喜欢“AI”的名字。对于结构化和流程化工作，与人类相比，AI 提供的绩效反馈对员工的绩效有积极作用。然而，一旦员工知道绩效反馈是由 AI 而非人类提供的，AI 反馈就会对工作绩效产生负面影响。此外，研究表明，员工的任职时间越长，AI 反馈对他们的绩效的负向影响越不明显（Tong，2021）。

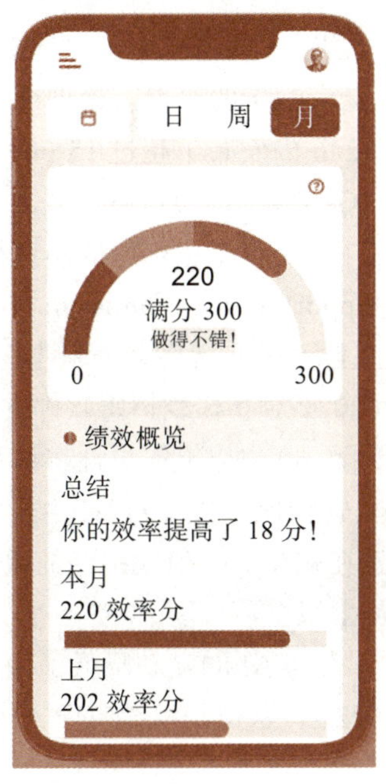

图 7-11　Enaible 开发的 AI 绩效工具界面

资料来源：Enaible 官网，作者翻译。

AI 可以通过提高同理心来提高应助意愿和应助效率，促进组织内的合作。Sharma 等（2023）在大型在线对等支持平台 TalkLife（N=300）上进行的一项非临床随机对照试验中发现，作者开发的 AI HAILEY 使帮助者对寻求帮助者的同理心总体上提高了 19.6%。在寻求帮助者缺乏自我认同的样本中，帮助者的同理心上升了 38.9%。

研究指出，将负反馈交给 AI 进行效果更好。Zou（2024）的研究指出，AI 通过直接和间接两条路径促进人们从错误中学习。直接路径是将人们的注意力集中在所犯错误或低绩效上，引导他们从错误或低绩效中学习。间接路径是作为一种催化剂，激励人们从其他人类给予的负反馈中学习更多的知识。另外，研究还表明，人们对 AI 反馈的敏感性小于对人类反馈的敏感性（Giroux，2022）。因此，将负反馈交给 AI 去处理可以降低员工的负面反应。

反馈建议可以由人类和 AI 共同提供。AI 提供直接的、详细的建议，而人类主管提供总体的、更有趣的反馈。无论是生成式 AI 还是更简单的软件，AI 主管提供的这种纯粹、客观的评估也可以帮助人们在接受人类主管评估的基础上更好地从错误中学习。

然而，使用 AI 也必须考虑这枚硬币的反面。Jago 等（2024）指出，被 AI 管理的人会获得更低的地位，无论是对自我地位的感知还是对他人地位的看法都会受到负面影响。

另外，Li（2023）指出，当 AI 将错误答案标记为正确时，学习反馈会受到损害。因为参与者未能发现错误，也无法得到正确的反馈。相反，AI 一旦将正确答案标记为错误，人们会对 AI 的输出结果进行反思并决定是否改进，提高学习反馈。

3. 道德伦理

由于 AI 作为机器缺乏人性，所以 AI 的道德瑕疵也备受舆论关注。YouTube 知名深度学习博主 Yannic Kilcher 使用 1.345 亿个帖子的仇恨言论训练 AI，创造了“有史以来最糟糕的 AI”。GPT-4chan 在网站上交谈的 24h 内发布了超过 15 000 个充满暴力内容的帖子。最初没有人认出来它是一个聊天机器人。GPT-4chan 也因各种匿名的仇恨言论而臭名昭著。

不只社会事件，我们也必须警惕 AI 在工作场所的不道德行为。2022 年 5 月，平等就业机会委员会（Equal Employment Opportunity Commission，EEOC）起诉了 iTutorGroup 旗下三家公司——iTutorGroup，Inc.、上海平安智慧教育科技有限公司、Tutor Group Limited。据 EEOC 指控，iTutorGroup 于 2020 年对其在线招聘软件进行了编程，该算法会自动拒绝年龄较大的应聘者，55 岁以上的女性和 60 岁以上的男性将被取消资格。

Lanz（2023）发现，与人类主管相比，员工对 AI 主管发布的不道德指令的遵守程度较低。这为组织管理提供了启示，旨在减少对不道德指令的遵守的组织可以用算法对应方代替人类上级，以避免追随者盲目服从上级。

由于人 -AI 互动的非人性质，人与 AI 的互动降低了内疚感，进而可能会降低自身道德规范或减少道德行为（Giroux，2022）。这也是组织应用 AI 所需警惕和慎重考虑的问题。

4. 改进 AI 设计

当员工拒绝采纳 AI 的建议时，无论是组织还是员工自身都需要付出高昂的代价。虽然无法强迫每个人都偏爱算法，但可以通过改进 AI 设计以获得更优质的人 -AI 交互体验，从而降低拒绝 AI 建议的概率。

（1）证明 AI 的学习能力。Reich（2022）指出，当人们看到算法从错误中学习时，他们对算法会更有信心，最终更愿意遵循其建议。无论是在实际应用中展现出性能的提升还是对现有建议进行改进优化，只要能充分证明算法学习能力在不断提高，哪怕仅仅是名称上的微小调整（例如从“算法”变为“机器学习算法”）都会显著提高人们对算法建议的信任以及选择算法建议的可能性。

（2）可修改的 AI。Dietvorst（2018）指出，如果人们能够（甚至稍微）修改算法，就会倾向于使用算法，甚至是不完美的算法。对不完美算法的修改使得人们对预测过程感到更满意，更有可能相信算法是卓越的。

（3）最佳响应时间为 1 ～ 3s。先前的研究表明，如果响应时间延迟太长，用户可能会失去兴趣并感到沮丧，认为 AI 代理无效。相反，如果 AI 生成的反馈太快，用户可能会觉得 AI 没有完全理解他们的输入，导致信任降低。反馈时间对知识贡献行为的影响在很大程度上仍是未知的。Shi 等（2024）采用了两项连续研究来探索反馈时间的影响。结果表明，通信延迟的最佳时间范围为 1 ～ 3s。

这些改进 AI 设计的方法都旨在提高员工体验。AI 设计的改进不仅是技术层面的“硬”提升，也涉及对员工工作体验的“软”提升。

7.4.5 算法管理对领导力的挑战

1. 从替代领导职能到替代领导

随着算法的发展与应用，它们已经逐渐开始在自主做出决策方面发挥作用，而不再仅仅是提供决策支持的工具。这一趋势使得传统领导的某些职能被替代，而在未来，算法甚至可能替代传统的领导者。

替代领导职能的下一步是替代领导，这并非无稽之谈。诸如外卖员、网约车司机、网文写手等零工工作者已经开始接受算法的领导，而不再依赖传统的人类领导者。这种趋势给人类领导者敲响了警钟：算法替代的不仅仅是他们无聊的工作，它正在替代他们本身。

2. 决策的风险性

尽管算法在辅助做出决策时发挥了不小的作用，却增加了使用者对未经验证的信息源过度自信的风险。

随着算法的发展与应用，企业利用它们来处理大量数据、分析趋势和提供决策支持，这无疑为决策过程带来了更高的效率和准确性。然而，值得注意的是，算法仍然是基于输入数据和预设模型产出结果，这个结果并不是绝对准确的。当人们过度自信地相信算法的结果时，就可能忽视对信息源的验证和审查，可能倾向于全盘接受算法给出的结论，而没有对输入数据的准确性、可信性进行充分检查。这种过度自信的风险可能导致在做出决策时产生误差甚至错误。

因此，传统领导者需要保持警惕，提高自身的批判思维并意识到算法的局限性。领导者应该以批判的眼光审视算法的输出，同时积极参与到决策过程中。

3. 技能侵蚀

过度依赖算法可能最终导致领导者技能衰退。如果领导者过度依赖人工智能，而不是只把它当作工具，就会使领导者的核心竞争力处于危险之中。

领导者在处理数据、分析趋势和做出决策时可以利用各种智能工具，包括人工智能算法。这些工具为他们提供了更多的支持和参考。然而，如果领导者开始过度依赖人工智能算法，将它视为无所不能的“全能神”，而忽视自身的分析能力和判断力，就会使自己的核心竞争力面临危险。一个从小开始使用电子导航的人，当离开电子导航时反而失去了识路能力；一个过度依赖算法提供决策支持的领导者，在失去算法时，他的决策结果往往惨不忍睹。过度依赖算法，导致他们放弃了自身的分析和判断能力，也失去了锻炼自身关键技能的机会，减弱了决策技能，甚至丧失了核心竞争力，最后沦为算法的“奴隶”。

4. 歧视的加剧

“好进好出，坏进坏出”(good come in，good go out，bad come in，bad go out)，算法的输出依赖于训练的数据，如果数据集本身有偏见，用数据集训练出的算法也很难客观。

毕竟算法训练数据来源于没有算法决策的数据，这里面不可避免地存在偏见。2015 年，Google Photos 曾经把两个深肤色的人标记为“大猩猩”。谷歌旗下服务 Google Vision Cloud

曾经将手持测温计的深肤色人员图像标记为“枪”，而相同条件下的浅肤色人员图像则被标记为“电子设备”。这有没有可能是人为的偏见导致了算法的偏见呢？

在数据收集和训练过程中如何保障数据的公平性和客观性？领导者如何权衡算法提供决策支持与决策的时机？这些都是算法管理对领导者提出的要求。

聚焦实践 7-7

亚马逊算法自动解雇低效率工人

亚马逊的配送中心是该公司的心脏——工人在这一巨大的仓库里追踪、打包、分类和整理每个订单，然后将它们送往买家的家门口。

但这些配送中心的工人面临艰苦的工作条件：工人被迫“达到标准”，有些人每小时要打包数百个箱子，如果动作不够快就会失去工作。“你总觉得有人在你身后，随时准备接替你的工作。”著名评论家 Stacy Mitchell 如此说道。

The Verge 获得的文件显示，员工因生产力不足而被解雇的情况比外界意识到的要普遍得多。2018 年，一位代表亚马逊的律师在信中表示，公司在 2017 年 8 月—2018 年 9 月，仅在一个配送中心中，就因未能达到生产力配额而解雇了“数百”名员工。公司发言人表示，在那段时间里，大约有 300 名全职员工因效率低下而被解雇。

批评者 Mitchell 将这个系统视为一个只看到数字而看不到人的机器。Mitchell 指出：“我们从工人那里一贯听到的是，他们实际上被当作机器人对待，因为他们被这些自动化系统监控和监督。”

该系统甚至跟踪“任务外时间”，公司将其缩写为 TOT（time off task）。如果工人停止扫描包裹的时间过长，系统会自动生成警告，最终，员工可能会被解雇。一些设施工人表示，为了避免超出预期的时间，他们都不敢上厕所。

工人有时也会反对公司的生产力要求。明尼苏达州配送中心的东非移民工人曾组织了抗议活动，称他们没有足够的休息时间，包括祈祷时间。

作为回应，亚马逊继续强调了为公司工作的好处，如获得较高的小时工资和享受育儿假等。但相关文件清楚地表明，一些未能达到生产力标准的工人根本不会享受到工作的好处。

资料来源：The Verge 网站。

7.5 数字化领导力的发展与挑战

随着数字化时代的到来，领导力也必须进行相应的调整和演变。数字化领导力不仅需要适应新兴技术的快速发展，还需要理解和应对数字化员工的需求和挑战。本节介绍了数字化领导力的几个核心方面：数字化领导力本身、数字化领导对象的变革以及数字化领导工具的变革。当然，数字化领导力的发展并不止于此，它仍然面临一些挑战和未知的领域。

7.5.1 从“数字同事”到“数字领导”

在之前章节中我们已经提到，数字员工可以替代一部分拥有初级技能的劳动力，并将员工从无聊、肮脏和危险的“3D”（dull，dirty，and dangerous）工作中解放出来。同时，数字员工还可以提高生产力和效率，降低失误。为了进一步论述“数字同事”到“数字领导”的演变，本节以 AI 为载体，方便读者理解并思考。

传统观点认为，有一部分工作不容易被自动化替代，比如需要社交与情感、创造力、高级认知能力等的活动，这部分人员的培养与能力提升需要持续投入。

随着时间的推移，机器在人机协作中的角色已经从追随者（下属）演变为合作伙伴和领导。最初，20 世纪 80 年代末，机器主要被认为是追随者（下属），根据人类的指令和指示执行任务。然而，从 21 世纪初开始，人们开始将机器人概念化为伙伴，重点关注行为提示和社交互动（见图 7-12）。机器角色的进化挑战了机器人只能接受人类命令的传统观念。

分析层面	协作角色	领导实体	领导机制	人类基本过程	机器基本过程
个人层面	机器作为追随者	 H → R	机器人识别并执行人类的行为和指令输入	行为意向	机器学习；输入识别；信号检测；人脸、声音识别
	机器作为领导者	 R → H	人类识别并执行机器人的指令输入	感知；归因；恐怖谷；拟人化；心智理论；信任	决策算法、机器图式理论
二元层面	机器作为同事	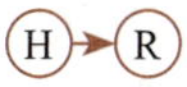 H → R	一个人和一个机器人处于二元关系	H-R关系模式；不确定性降低理论	机器学习
小组 / 团队层面	机器作为团队成员	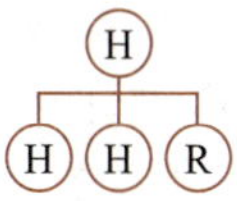 H H H R	人类促进人机团队之间的共享和分布式功能	团队共享心理模型 / 认知；社会比较；社会分类（圈内人、圈外人）	社会规范；行动评估、目标监控
	机器作为团队领导	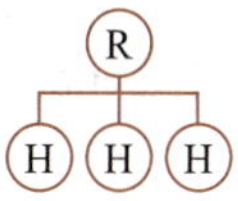 R H H H	机器人促进人类团队之间的共享和分布式功能		
组织 / 集体层面	机器作为组织成员	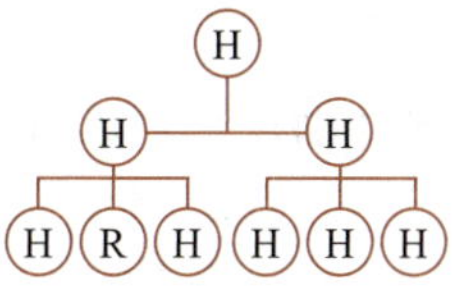 H H H H R H H H H	多层次结构下，人类推动人机团队中成员之间的连接	工作安全感；心理契约；组织文化；组织身份	系统学习；组织目标监控和实现
	机器作为组织管理者	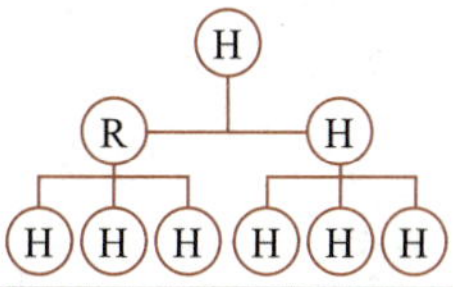 H R H H H H H H H	多层次结构下，机器人推动人类团队中成员之间的连接		

注：H = 人类；R = 机器。

图 7-12 机器在人机协作中的不同角色

资料来源：TSAI C Y，MARSHALL J D，CHOUDHURY A，et al. Human-robot collaboration: a multilevel and integrated leadership framework [J]. The leadership quarterly, 2022, 33(1): 101594.

算法管理作为一种新型的管理模式，带来了领导工具的变革。而且现在算法正在悄悄取代一部分领导者的岗位，比如利用算法对外卖员、网约车司机进行管理。从“数字员工”到“数字领导”，AI 的角色经历了四个层面的变革。

在个人层面，领导实体允许探索个人差异，重点可以放在领导者或追随者身上。个人层面的领导机制是指领导者的行为风格、特质、情感、价值观和认知对追随者的情绪、态度和行为结果的影响。在这一层面上，机器人可以作为员工的下属，也可以作为员工的领导。

在二元层面，领导实体与二元伙伴之间的一对一相互依赖有关，通常关注上下级二元关系。在这方面，二元领导机制是指领导者和追随者参与二元互惠并保持相互交流关系。在二元层面上，机器人倾向于成为员工的合作伙伴。

在小组 / 团队层面，领导实体是相互依存和互动的个体的集合。小组 / 团队层级的领导机制是指由多个团队成员制定的一套共享和分散的职能。类比前述个人层面、二元层面可以发现，机器人可以成为员工的同事（合作伙伴），也可以成为员工的领导。

在组织 / 集体层面，领导实体是个人（单位、团队和网络）的集群，成员基于层次结构和组织的共同愿景和使命相互依存。组织 / 集体层面的领导机制是指不同层级（即管理层）的不同组织成员之间的联系过程。同理，机器人既可以是组织中的成员，也可以是组织的领导。

传统的工作界限突然变化，原本只能由受过高度训练的人类完成的任务，现在机器就能完成。一些有价值的技能不再有用，将会被新的技能取代，数字领导并不是遥不可及的。

7.5.2 让员工成为服务对象

数字化时代之所以区别于传统时代，其本质是技术的革新与运用，技术是为人类提供服务的，因此数字化时代激励的核心在于利用技术为员工提供更好的服务。

然而，企业所运用的数字工具有一个极大的弊端。在多数情况下，员工与数字工具的互动都是单向的，需要员工主动去找数字工具为企业客户提供服务。作为领导，员工不也是“客户”吗？既然员工与客户都是企业生态的一环，那么像对待客户一样对待员工，送服务“上门”，员工的体验会不会提高呢？

入职服务“上门”。例如，“新鹅帮帮”通过“入职办理—新人融入—场景攻略—进阶成长”关键场景服务的串联，试图打破业务边界，基于新鹅视角进行场景重构，协同连接各相关团队，通过信息聚合，实现高效“找用查”，打造“尝鲜打卡”“鹅生百态”等功能，创新玩法助力自主自驱，帮助新员工成功融入腾讯、打破边界探索更多成长可能。

再如，融创人力资源共享服务中心（HRSSC）打造了全新一站式入职体验。新入职者通过二维码直接预约覆盖全国的体检机构。同时，电子签章让合同签订变得灵活、安全高效。入职者只需点击手机链接，扫脸识别，系统即可生成劳动合同。7 份资料一键签订，电子印章即刻生成，整个过程不超过 10min，给员工带来高效顺畅的入职体验。这样的入职流程让员工从入职之日起就对公司充满了认同，而 HRSSC 也成功抓住了用户的心。

在职服务“上门”。融创 HRSSC 通过电子签为员工提供入转调离手续办理、社保公积金缴纳、员工档案管理、证明材料出具等服务。线上文件的归档、整理、查询比传统纸质材料更为便捷，让 HR 的工作有条不紊。

离职服务“上门”。融创 HRSSC 推出电子版离职证明，利用电子签技术减少了离职证明盖章、邮寄、发放等各个环节的人工消耗，将 HR 从员工离职产生的琐碎工作中解放了出来。

工作服务“上门”。玛氏致力于推动包括 IT、财务、采购等在内的整个共享服务团队的发展。员工只要在公司内部注册了企业微信，就可以在平台上获取来自 IT、采购、财务、人事等所有部门的服务支持，同时能够及时收到公司新产品的新闻，以及公司举办的各种活动新闻等。这些信息全部集成在企业微信平台上，可以帮助员工及相关部门快速获取最新信息，提升事务性工作的效率。

生活服务“上门”。“粉鹅帮帮”让腾讯处于“孕产返育”周期的员工清楚知道每个时期要做什么、要做什么准备、什么时候去做，帮助员工轻松办理、清楚安排关键的 20 多项事务，协助领导轻松低门槛地为职场爸妈提供贴心、便捷、周全的服务。

个性服务“上门”。灵活办公是个性服务的典型代表，包括灵活的办公地点与灵活的办公时间。玛氏内部的几个共享服务团队同心协力，通过联合办公模式为员工提供线上服务。在 IT 部门的支持下，将原有的 Skype 系统替换成 Teams，为员工提供更完整的在线办公功能；人事部门对所有功能和产品进行检查和完善，确保员工可以在线上使用。财务审批、电子考勤、电子合同等不同部门线上功能的应用，进一步为玛氏实现较为完善的员工线上办公体验提供了支持。此外，一些公司采用了弹性工作时间，在保障总工作时间、公共时间（如集体会议）、客户时间的前提下，减轻了通勤压力，保障了员工的自主权。

强调员工自驱，服务也应自驱。领导者应转变服务视角，以用户需求视角提供服务，而非以职能模块的视角提供服务。让服务主动“上门”帮帮，利用数字技术全流程、全周期激励员工，提高员工体验。

7.5.3　“工具人”的新危机

在现今几乎每个企业中，许多员工都被迫或自愿从事大量简单重复、乏味无趣的工作，常常被戏称为“工具人”。这些“工具人”出现在销售、客服、人力资源等各个部门，甚至连开发部门也不例外。特别是在当前经济不景气的情况下，许多企业通过裁员来降低成本，这给“工具人”带来了恐慌。裁员危机笼罩在每个“工具人”的心头，导致他们更加内卷。

那么“工具人”面临的危机仅仅来自整体经济环境吗？当然不是。在数字化时代下，“工具人”的危机还来自新技术的兴起，前面提到的数字员工便是危机源之一。数字员工作为“数字工具人”，它们所具备的技能远远超过人类。“数字工具人”走进办公室，成为职场的一个新物种，不可避免地对传统工作场景产生了冲击。有些企业甚至给这些“数字工具人”发放工牌并编制工号，这些行为明显表明它们是用来替代同岗位“人力工具人”的。

数字员工的专业性毋庸置疑。IBM 副总裁周忆指出，在与人的沟通中，一名优秀的人类客服员工会有 20% 左右的语义内容丢失，但数字员工的语义捕捉率可高达 95%。在商业决策中，数字员工具有更宽广的视野、更深厚的知识储备，一切行动基于数据，没有偏见，也不会犯下人类常犯的“一孔之见”的错误。

数字员工的应用能够减少甚至消除简单、重复的工作，并把人力从这些工作中解放出来，让他们去从事更有创造力的决策性工作。这意味着，数字员工会以更准确高效的工作，成为广大组织的“数字工具人”，也必然会挤压“人力工具人”的生存空间。

在 3D 建模、动作捕捉技术与面部微表情识别技术的加持下，数字员工拥有了人的外表。“数字工具人”同时具备了“工具人”的功能和“工具人”的外表。当更多的组织应用“数字工具人”后，“人力工具人”还有生存空间吗？“人力工具人”还会不会继续存在？

社会面临两种挑战：第一，“数字工具人”代替了人，包括领导者；第二，如果需要人来做领导者，那么人要如何领导“数字工具人”？应该具备什么素质？

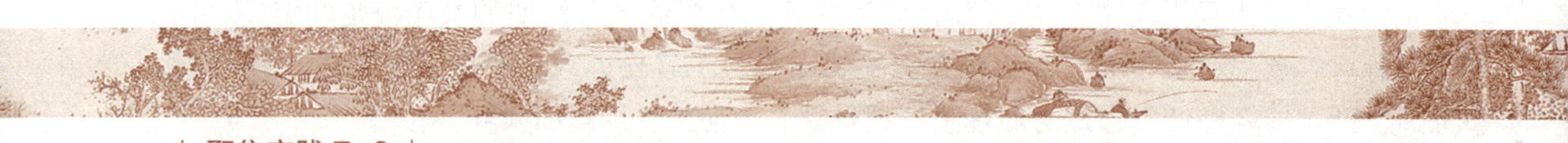

聚焦实践 7-8

AI 如何颠覆低技能自由职业者的世界

自 2022 年 11 月发布以来，ChatGPT 已经吸引了超过 1 亿用户的关注，这一成就不仅激发了微软、谷歌和亚马逊等科技巨头在人工智能领域的竞争，还催生了众多人工智能初创企业。

ChatGPT 及其基于图像的同系列产品 DALL-E 2，基于最新的生成式人工智能技术，能够胜任自由职业者所涉及的广泛工作，包括撰写文章、编制研究报告、设计图形、编程以及解密金融文件等。由于 AI 拥有远低于自由职业者薪资的优势，对于寻求成本效益的小型企业而言，AI 无疑是一个不错的选择。

梅丽莎・谢伊（Melissa Shea）来自时尚产业领域，她通常以 22 美元 /h 的价格雇用自由职业者来执行基础任务，如开发网站、转录音频和撰写营销文案。然而，2023 年 1 月，她的团队迎来了一位新成员：ChatGPT。这位聊天机器人以每小时零成本的投入以及超越人类的速度创造内容，取代了她通过 Upwork 平台雇用的三名内容创作者。

谢伊坦言：“坦白说，我非常担心到年底会有数百万人失业。”作为纽约时尚界社交和营销平台 Fashion Mingle 的联合创始人，她对 ChatGPT 的表现赞不绝口：“我从未遇到过比 ChatGPT 更出色的撰稿人。”

自从发现 ChatGPT 后，谢伊便停止了在 Upwork 上的招聘活动，尽管目前只有五名自由职业者在为她工作。

乔治亚・奥斯汀（Georgia Austin）通过在 Fiverr 平台上为品牌撰写文案，在两年内赚取了 200 万美元。她指出，AI 产出内容的质量参差不齐，一些自由职业者过度依赖 AI 工具，损害了所有自由职业者包括那些没有使用 AI 的人的声誉。

《福布斯》采访的客户都表示，现在，经验不足且不具备专业技能的自由职业者可能会失去工作。

在自由职业者担心失业的同时，客户对人工智能生成的作品也感到失望，ChatGPT 等 AI 工具无疑打乱了自由职业市场的秩序。Upwork 和 Fiverr 等平台可能会遭受重大损失，因为它们的收入部分依赖于从自由职业者收入中抽取的 10% ～ 20% 的佣金。O'Dowd 评论道："如果我是 Upwork 或 Fiverr，我现在肯定非常恐慌。"

资料来源：福布斯中国。

7.5.4　从"企业业务转型"到"员工体验转型"

本章就数字化转型这一主题探讨了数字化时代下企业业务的转型，在这里请各位读者思考一个问题：企业的数字化转型仅仅包括企业业务的转型吗？

显然不是。企业的数字化转型并不只包括企业业务、数字技术等的"硬"转型，还包括员工体验的"软"转型。企业是一个有机整体，员工体验与企业的生态密切相关，并不是可有可无的。数字化转型需要将企业、员工、业务均融入有机生态中。相比冷冰冰的技术的应用，活生生的员工的体验更为重要。在数字化转型的舞台上，员工不仅是使用者，还是亲历者。

企业转型的本质是在数字化的背景下满足"人"的各种需求，这些"人"不仅包括客户，员工也是不可缺少的一环。需求的满足会带来积极的员工体验。根据自我决定理论（self-determination theory），如果人们的基本需求得到满足，他们就倾向于追求更高水平的绩效、健康和幸福感，未得到满足时会引发生理或心理的异常。如果连面对面员工的需求都满足不了，又何谈为客户带来优质体验呢？

德勤管理咨询数字团队负责人 Ashley Reichheld 认为："我们不会以客户或员工的身份醒来，我们是以'人'的身份开始和结束每一天。然而，科技和人工智能让我们感觉与服务提供方的互动变得不那么人性化了。最终消费者和员工记住的是他们在服务互动过程中的感受。"

因此，数字化转型下的员工体验与领导力密切相关。数字化时代的到来加速催化了组织与员工、领导者与员工、员工与员工之间的"破壁"融合。如何将员工体验融入数字化转型，带来更好的员工体验，成为数字化领导者面临的挑战之一。

7.5.5　数字管理工具对社会的冲击

实际上，除了代替传统管理者执行管理职能，数字工具也已经应用到了创造性的工作中。例如，围棋选手向掌握了围棋技艺的 AI 学习，水平有了前所未有的提升。使用 AI 技术"创作"的作品《太空歌剧院》在 2022 年 9 月的美国科罗拉多州博览会艺术比赛上获得了"数字艺术 / 数字修饰照片"一等奖（见图 7-13）。

KLab 是一家智能手机游戏开发商，该公司在线运营的节奏动作游戏《Love Live！学院偶像季：群星闪耀》（简称 LLAS）已经以 6 种语言在全球发行，获得了上千万用户。在 LLAS 中，开发者面临的挑战是为不同歌曲生成乐谱。游戏开发者表示，他们采用了一种通过 AI 辅助的半自动化方式：先由 AI 生成乐谱，然后由 KLab 的艺术家进行微调；另一种方式是 AI 生成低难度乐谱，游戏设计师在此基础上设计高难度。

图 7-13 使用 AI 技术“创作”的作品《太空歌剧院》及其奖牌

在线服装销售平台 Stitch Fix 使用算法和人类造型师相结合的方式向消费者提供服装推荐（见图 7-14）。参加穿衣风格测验后，平台便会给出“算法造型师”的推荐服装，人类造型师后续的点缀使算法生成的服装变得更具温度，人与算法相结合，使服装兼具创意与效率，从而为客户提供更好的体验。

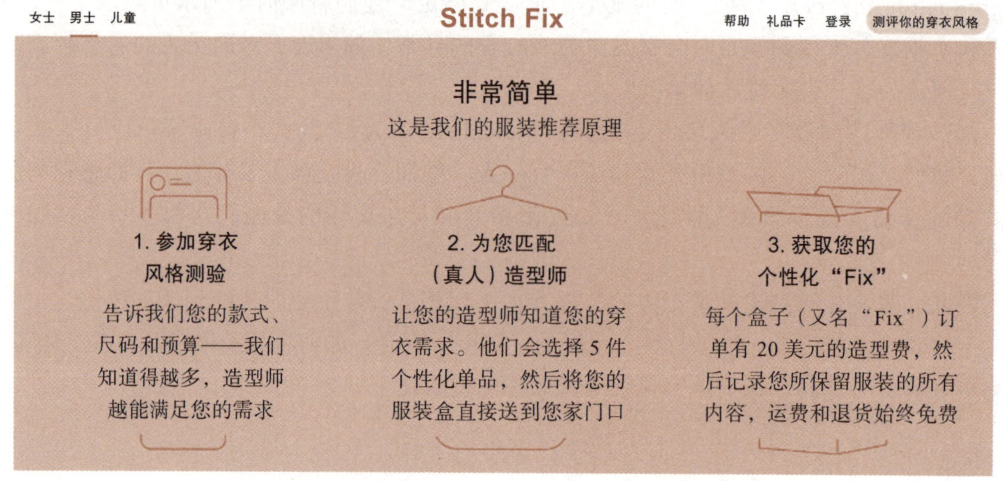

图 7-14 在线服装销售平台 Stitch Fix 的服装推荐原理

资料来源：Stitch Fix 官网，作者翻译。

目前，人类正在建立自己的知识库，但未来，人类应该是辅助建立 AI 的知识库。人类将利用所学知识进行努力，不再是重复性地处理事务，而是花更多的时间来设计、完善和验证执行决策的算法。

AI 在某些领域的性能已经远超人类，甚至在人们引以为傲的创造性领域，AI 也展现出非凡的功力。例如，国内某知名导演表示，使用 AI 在 15s 内生成的电影海报竟然比专业公司一个月做得还好。在他与 ChatGPT 讨论电影剧本并寻求建议后，ChatGPT 不仅给了他详细的建议，还推荐了一些参考电影和片段。这让他既震惊又担忧，担心自己公司的创意部门可能会被取代。行业领军人物都对 AI 深感担忧，普通员工在面对 AI 时的恐惧可见一斑。

随着 AI 的迭代，写作者不再需要绞尽脑汁寻找创作灵感，程序员也不再需要自行编写代码，分析师也不必再亲自处理数据。这种 AI 辅助人类的工作模式是一种崭新的合作方式，一个人可以完成许多人的工作，AI 甚至提供了额外的创意。

但目前 AI 完成创造性、分析性工作的能力并不完美。人类作者可以轻松修改 AI 写的文章中出现的不佳语句，人类程序员可以找出 AI 代码中的错误，分析师可以检查 AI 生成的结果。但不可否认的是，AI 的出现，实实在在地改变了一些岗位的需求和定位，也改变了许多职场人的“命运”。许多人感慨：即使不被 AI 取代，也可能会被熟练使用 AI 的人所超越。如何有效缓解员工在面对 AI 进入工作领域时所产生的压力，并帮助他们更好地适应甚至积极利用 AI 技术提升自己的竞争力，成为 AI 时代背景下领导力理论发展的一个非常重要的话题。

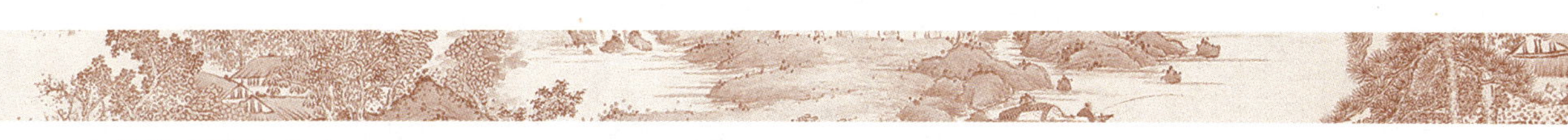

聚焦实践 7-9

AI 画出奥特曼被判侵权

伴随着生成式 AI 的迅速发展，输入指令并生成文本、图片、视频已成为司空见惯的操作。其中潜藏着的巨大侵权风险，随着全球各地开展调查、诉讼逐渐走到聚光灯下，不过这些争议背后的答案依然寥寥。

2024 年 2 月 26 日，《21 世纪经济报道》从多渠道独家获悉，广州互联网法院近日生效了一起生成式 AI 服务侵犯他人著作权判决，这也是全球范围内首例生成式 AI 服务侵犯他人著作权的生效判决。

该案认为，被告（某 AI 公司）在提供生成式 AI 服务过程中侵犯了原告对涉案奥特曼作品所享有的复制权和改编权，并应承担相关民事责任。这是我国继 2023 年 11 月北京互联网法院对“AI 文生图”著作权侵权纠纷做出裁判后的又一个具有代表性和创新性的司法判决。

这起案件的主角是超级 IP——“奥特曼”。作为全球家喻户晓的动漫形象，奥特曼系列作品在爱奇艺、腾讯、哔哩哔哩等各大视频网站的热播排名均名列前茅，具有广泛的影响力和知名度。2013 年，奥特曼特摄系列作品被吉尼斯世界纪录认证为“衍生系列剧最多的电视节目”。

“奥特曼”作品的著作权人圆谷制作株式会社与原告签订《授权证明》，将奥特曼系列形象的著作权独占授权给原告，并允许原告进行维权。

被告公司经营 Tab（化名）网站，提供具有 AI 对话及 AI 生成绘画功能的服务。原告发现，当要求 Tab 网站生成奥特曼相关图片时（如输入“生成一张戴拿奥特曼”），Tab 网站生成的奥特曼形象与原告奥特曼形象构成实质性相似。Tab 网站的 AI 绘画功能是会员专属功能，且每次生成图片需消耗“算力”，无论是会员还是“算力”均需要用户额外进行充值。原告认为，被告未经授权，擅自利用原告享有权利的作品训练其大模型并生成实质性相似的图片，且通过会员充值及“算力”购买等增值服务攫取非法收益，前述行为给原告造成严重损害，遂起诉，维护自身合法权益。

资料来源：《AI 画出奥特曼：中国法院作出全球首例生成式 AI 服务侵犯著作权的生效判决》，《21 世纪经济报道》。

本章小结

在本章中，我们深入探讨了数字化领导力的多维面貌。随着数字化转型的不断推进，我们见证了传统领导模式向数字化领导模式的演变，以及新兴技术如数字员工、算法管理等对领导实践的深刻影响。

随着技术的不断进步，数字化领导力的内涵也将不断迭代。未来的领导者不仅需要在业务上具备灵活性、战略思维和技术创新的能力；同时也需要在人性上具备同理心和伦理意识，确保技术的发展是为了惠及员工，而不是成为威胁员工工作安全、加剧不平等和不公正的工具。

在这个充满变化的时代，领导者的角色比以往任何时候都更加重要，领导者不仅要随时迎接数字化带来的挑战，引领组织走向成功，同时还要确保这一成功对于组织与员工都是有益的、可持续的、包容的。

关键术语

数字化领导力　数字化转型领导力　数字活动领导力　数字化时代领导力
数字员工　机器人流程自动化　会话代理　具身会话代理
算法管理　算法欣赏　算法厌恶

复习思考题

1. 数字化领导力在推动组织创新和变革中扮演什么角色？
2. 领导者如何通过数字化手段提升自身的战略思维和前瞻性？
3. 在数字化领导力的发展过程中，如何填补技术创新与员工技能培训的鸿沟？
4. 在数字化时代，传统领导力理论的哪些元素仍然适用，哪些需要被更新或替代？
5. 你认为数字员工在未来的组织中将扮演怎样的角色？领导者应如何准备迎接这一变化？
6. 算法管理在提高生产力的同时可能带来哪些道德和社会问题？如何平衡技术效率与社会责任？

参考文献

[1] 杜严勇．厌恶算法还是欣赏算法？——人工智能时代的算法认知差异与算法信任建构[J]. 哲学分析，2022，13（3）：151-165，199.
[2] 郝旭光，张嘉祺，雷卓群，等．平台型领导：多维度结构、测量与创新行为影响验证[J]. 管理世界，2021，37（1）：186-199，216.
[3] 郝旭光．平台型领导：一种新的领导类型[J]. 中国人力资源开发，2016（4）：6-11.
[4] 贾建林，余芬，樊霞．平台型领导驱动科创企业战略创业的机制研究[J]. 科研管理，2024，45（2）：30-38.
[5] 李超平，时勘．变革型领导的结构与测量[J]. 心理学报，2005，37（6）：803-811.
[6] 马增林，贾文淼，王宏蕾，等．平台推动变革？平台型领导对主动变革行为的影响

研究 [J]. 中国人力资源开发，2023，40（5）：21-36.

[7] 熊立，柳波，占小军，等 . 平台型领导如何赋能知识型员工“适时应务”？——基于沉浸理论的链式中介模型 [J]. 管理世界，2023，39（2）：124-140，223.

[8] AVOLIO B J, SOSIK J J, KAHAI S S, et al. E-leadership: re-examining transformations in leadership source and transmission [J]. The leadership quarterly, 2014, 25(1): 105-131.

[9] BENITEZ J, ARENAS A, CASTILLO A, et al. Impact of digital leadership capability on innovation performance: the role of platform digitization capability[J]. Information & management, 2022, 59(2): 103590.

[10] BROWN M E, TREVIÑO L K, HARRISON D A. Ethical leadership: a social learning perspective for construct development and testing[J]. Organizational behavior and human decision processes, 2005, 97(2): 117-134.

[11] BYRON K. Carrying too heavy a load? the communication and miscommunication of emotion by email[J]. Academy of management review, 2008, 33(2): 309-327.

[12] CASTANO E, GINER-SOROLLA R. Not quite human: infrahumanization in response to collective responsibility for intergroup killing[J]. Journal of personality and social psychology, 2006, 90(5): 804-819.

[13] CASTELO N, BOS M W, LEHMANN D R. Task-dependent algorithm aversion[J]. Journal of marketing research, 2019, 56(5): 809-825.

[14] CONGER J A, KANUNGO R N. Behavioral dimensions of charismatic leadership[M] //CONGER J A, KANUNGO R N. Charismatic leadership: the elusive factor in organizational effectiveness. San Francisco: Jossey-Bass, 1988: 78-97.

[15] DASGUPTA P. Literature review: e-leadership[J]. Emerging leadership journeys, 2011, 4(1): 1-36.

[16] DIETVORST B J, SIMMONS J P, MASSEY C. Overcoming algorithm aversion: people will use imperfect algorithms if they can (even slightly) modify them[J]. Management science, 2018, 64(3): 1155-1170.

[17] EBERL J K, DREWS P. Digital leadership: mountain or molehill? a literature review [C]//AHLEMANN F, SCHUTTE R, STIEGLITZ S. Innovation through information systems: Volume Ⅲ: a collection of latest research on management issues. Cham: Springer, 2021: 223-237.

[18] GANDINI A. Labour process theory and the gig economy[J]. Human relations, 2019, 72(6): 1039-1056.

[19] GILLI K, NIPPA M, KNAPPSTEIN M. Leadership competencies for digital transformation: an exploratory content analysis of job advertisements[J]. German journal of human resource management, 2023, 37(1): 50-75.

[20] GIROUX M, KIM J, LEE J C, et al. Artificial intelligence and declined guilt: retailing morality comparison between human and AI[J]. Journal of business ethics, 2022,

178(4): 1027-1041.

[21] GLIKSON E, WOOLEY A W. Human trust in artificial intelligence: review of empirical research[J]. Academy of management annals, 2020, 14(2): 627-660.

[22] HAMBRICK D C, MASON P A. Upper echelons: the organization as a reflection of its top managers[J]. Academy of management review, 1984, 9(2): 193-206.

[23] HARMS P D, HAN G H. Algorithmic leadership: the future is now[J]. Journal of leadership studies, 2018, 12(4): 74-75.

[24] HARTL E, HESS T. The role of cultural values for digital transformation: insights from a Delphi study[C]//AMCIS 2017 Proceedings, 2017.

[25] HASLAM N. Dehumanization: an integrative review[J]. Personality and social psychology review, 2006, 10(3): 252-264.

[26] HOUSE R J. A 1976 theory of charismatic leadership[M]//HUNT J G, LARSON L L. Leadership: the cutting edge. Carbondale: Southern Illinois University Press, 1977.

[27] JAGO A S, RAVEENDHRAN R, FAST N, et al. Algorithmic management diminishes status: an unintended consequence of using machines to perform social roles[J]. Journal of experimental social psychology, 2024, 110: 104553.

[28] KELLOGG K C, VALENTINE M A, CHRISTIN A. Algorithms at work: the new contested terrain of control[J]. Academy of management annals, 2020, 14(1): 366-410.

[29] LACITY M C, WILLCOCKS L P. A new approach to automating services[J]. MIT Sloan management review, 2016, 58(1): 41-49.

[30] LANZ L, BRIKER R, GERPOTT F H. Employees adhere more to unethical instructions from human than AI supervisors: complementing experimental evidence with machine learning[J]. Journal of business ethics, 2024, 189(3): 625-646.

[31] LESO B H, CORTIMIGLIA M N, GHEZZI A. The contribution of organizational culture, structure, and leadership factors in the digital transformation of SMEs: a mixed-methods approach[J]. Cognition, technology & work, 2023, 25(1): 151-179.

[32] LISETTI C, AMINI R, YASAVUR U, et al. I can help you change! an empathic virtual agent delivers behavior change health interventions[J]. ACM transactions on management information systems (TMIS), 2013, 4(4): 1-28.

[33] LOVEYS K, SEBARATNAM G, SAGAR M, et al. The effect of design features on relationship quality with embodied conversational agents: a systematic review[J]. International journal of social robotics, 2020, 12(6): 1293-1312.

[34] LUCAS G M, RIZZO A, GRATCH J, et al. Reporting mental health symptoms: breaking down barriers to care with virtual human interviewers[J]. Frontiers in robotics and AI, 2017, 4: 51.

[35] MEIER C, SACHS S, STUTZ C, et al. Establishing a digital leadership barometer for small and medium enterprises (SME)[C]//Management challenges in a network economy: proceedings of the MakeLearn and TIIM International Conference 2017.

Celje: ToKnowPress, 2017: 103-109.

[36] MÖHLMANN M, ZALMANSON L, HENFRIDSSON O, et al. Algorithmic management of work on online labor platforms: when matching meets control[J]. MIS quarterly, 2021, 45(4): 1999-2022.

[37] PHILIP J, GILLI K, KNAPPSTEIN M. Identifying key leadership competencies for digital transformation: evidence from a cross-sectoral Delphi study of global managers[J]. Leadership & organization development journal, 2023, 44(3): 392-406.

[38] REHBOCK S K, HUBNER S V, KNIPFER K, et al. What kind of leader am I? an exploration of professionals' leader identity construal[J]. Applied psychology, 2023, 72(2): 559-587.

[39] REICH T, KAJU A, MAGLIO S J. How to overcome algorithm aversion: learning from mistakes[J]. Journal of consumer psychology, 2023, 33(2): 285-302.

[40] ROMAN A V, VAN WART M, WANG X H, et al. Defining e-leadership as competence in ICT-mediated communications: an exploratory assessment[J]. Public administration review, 2019, 79(6): 853-866.

[41] ROORDA D L, KOOMEN H M Y, SPILT J L, et al. The influence of affective teacher-student relationships on students' school engagement and achievement: a meta-analytic approach[J]. Review of educational research, 2011, 81: 493-529.

[42] SHAMEKHI A, LIAO Q V, WANG D K, et al. Face value? exploring the effects of embodiment for a group facilitation agent[C]//Proceedings of the 2018 CHI conference on human factors in computing systems. New York: ACM, 2018: 1-13.

[43] SHAMIR B, HOUSE R J, ARTHUR M B. The motivational effects of charismatic leadership: a self-concept based theory[J]. Organization science, 1993, 4(4): 577-594.

[44] SHARMA A, LIN I W, MINER A S, et al. Human–AI collaboration enables more empathic conversations in text-based peer-to-peer mental health support[J]. Nature machine intelligence, 2023, 5(1): 46-57.

[45] SHI Y N, DENG B J. Finding the sweet spot: exploring the optimal communication delay for AI feedback tools[J]. Information processing & management, 2024, 61(2): 103572.

[46] THURMAN N, MOELLER J, HELBERGER N, et al. My friends, editors, algorithms, and I: examining audience attitudes to news selection[J]. Digital journalism, 2019, 7(4): 447-469.

[47] TONG S L, JIA N, LUO X M, et al. The Janus face of artificial intelligence feedback: deployment versus disclosure effects on employee performance[J]. Strategic management journal, 2021, 42(9): 1600-1631.

[48] TSAI C Y, MARSHALL J D, CHOUDHURY A, et al. Human-robot collaboration: a multilevel and integrated leadership framework[J]. The leadership quarterly, 2022, 33(1): 101594.

[49] VERHOEF P C, BROEKHUIZEN T, BART Y, et al. Digital transformation: a

multidisciplinary reflection and research agenda[J]. Journal of business research, 2021, 122: 889-901.

[50] WEILL P, ROSS J W. IT savvy: what top executives must know to go from pain to gain[M]. Boston: Harvard Business Press, 2009.

[51] WILSON S, PROCTOR-THOMSON S B. Unleashed? developing creativity-friendly leadership theory[M]//CUMMINGS S, BILTON C. Handbook of management and creativity. Cheltenham: Edward Elgar Publishing, 2013: 211-229.

[52] ZACCARO S J, BADER P. E-leadership and the challenges of leading e-teams: minimizing the bad and maximizing the good[J]. Organizational dynamics, 2003, 31(4): 377-387.

[53] ZOU T J, ERTUG G, ROULET T. Learning from machines: how negative feedback from machines improves learning between humans[J]. Journal of business research, 2024, 172: 114417.

第 8 章
CHAPTER 8

数字化时代的组织变革

在全球数字化浪潮的推动下，企业正面临着前所未有的转型挑战与机遇。在这一背景下，组织变革已成为企业持续发展的核心要素。特别是在信息技术迅猛发展的今天，数字化转型已不再是企业的选择题，而是关乎生存与发展的必答题。那么，是否拥有新技术、新模式就一定能推动数字化转型的成功呢？为何同为安卓系统，有的手机厂家能够在市场上保持竞争优势，而有些却黯然退出呢？曾经风靡一时的共享单车，如今只剩下寥寥无几的玩家。究竟是什么能将企业的技术优势转化为竞争优势呢？

本章将深入剖析数字化时代组织变革的核心要素，助力我们更好地应对企业挑战。

§ 学习目标

➢ 学完本章，你应该做到：

1. 理解数字化时代组织变革的核心概念和关键要素。
2. 分析数字化组织变革的驱动因素和阻力。
3. 掌握数字化组织变革的实施路径和方法。

§ 引例

美的集团的数字化转型之路

美的集团作为家电制造业巨头之一，通过 10 年的数字化转型，实现了从传统制造企业到数字化企业的蜕变。

美的集团的数字化转型始于 2012 年，当时美的集团信息孤岛问题严重、数字化积累薄弱。为了解决这些问题，美的集团实施了“632”项目，通过整合信息系统，打通了企业内部的信息壁垒，实现了资源数据化和标准化，从而达到了降本增效的目的。随后，美的集团进入了产品/服务数字化转型阶段，通过实施“双智”战略，打造了全品类智能家电互联平台，建设了透明化工厂，实现了供应链、制造、物流以及消费者的全面互联与信息连接。

进入成熟阶段后，美的集团推出了“工业互联网平台 2.0”，并在此基础上布局美的集团生态圈的建设。通过与其他高新技术企业合作，投资有潜力的新兴企业，打造了数字化生态系统，形成了新的商业模式，实现了商业模式的数字化转型。

资料来源：改编自中国管理案例共享中心案例库《“数”造非凡，智赢未来：美的数字化变革之路》。

8.1 组织变革概述

随着科技革命的第四次浪潮席卷而来，世界经济一体化的步伐不断加快，社会已进入数字化时代。近 10 年来，数字经济发展迅猛，全球与国内经济环境发生了广泛而深刻的变化。全球经济从自由主义转向保护主义，中国经济则从高速增长阶段转向高质量发展阶段。

新型平台经济如雨后春笋般迅速扩张、兼并，不断拓展边界，形成垄断竞争模式。然而，野蛮发展也带来了诸多问题，某些占据市场支配地位的平台企业如腾讯和阿里巴巴，涉嫌利用市场主导地位实施“二选一”等垄断行为。例如，阿里巴巴集团因滥用其市场支配地位，强制实施“二选一”策略，被市场监督管理总局处以高达 182.28 亿元的巨额罚款。这一事件，即广为人知的“二选一”垄断案，引起了广泛关注。

在先进制造与数字技术的赋能下，生产效率大幅提升，各行业普遍面临供给过剩的局面。加之需求疲弱，各行业纷纷陷入充分竞争与过度竞争的困境，企业赢利越发艰难。

典型的平台型企业如表 8-1 所示

表 8-1　典型的平台型企业

行业	国外案例	国内案例
传媒和社交	Facebook、Twitter、LinkedIn、Tinder、Instagram、Snapchat	微博、微信、腾讯 QQ、今日头条、抖音、快手、得到、世纪佳缘
零售和销售	亚马逊、e Bay、Walgreens、巴宝莉（Burberry）、Shopkick	阿里巴巴、京东、苏宁、唯品会、网易严选、拼多多、永辉超市、贝壳网、人人车、瓜子二手车、汽车之家
交通	优步（Uber）、Lyft、位智（Waze）、BlaBlaCar 、GrabTaxi、Ola Cabs	滴滴、高德、曹操、T3 出行、如祺出行、东风出行
旅游	爱彼迎（Airbnb）、猫途鹰（TripAdvisor）	携程、飞猪、马蜂窝
劳动和专业服务	Upwork、Fiverr、99designs、MTurk、Sittercity、LegalZoom、LinkedIn	58 同城、51Job、猪八戒网、问卷星、猎聘网
社群服务	Yelp、Foursquare、Groupon、Angies List	美团、饿了么、大众点评、小红书
快递和物流	Munchery、Foodpanda、Blue Apron、Freshdirect	顺丰、中通、申通、圆通、百世汇通、韵达、京东、德邦
电子地图	谷歌地图	百度、高德、腾讯等
网络搜索	谷歌	百度、360

（续）

行业	国外案例	国内案例
操作系统	iOS、Android、MacOS、微软视窗（Microsoft Windows）	麒麟软件、华为鸿蒙
视频播放	Netflix、Youtube	腾讯视频、土豆、优酷
消费品	菲利普、McCormick Foods Flavor Print	希音、小米、韩都衣舍、红岭集团、乔丽芙
金融	PayPal、比特币（Bitcoin）、Lending Club、Kickstarter	支付宝、微信支付、蚂蚁集团、微众银行、平安、陆金所、宜人贷
教育	Udemy、Skillshare、Coursera、edX、Duolingo	Vipkid、新东方、猿辅导、作业帮
医疗	Healthgrades、Zocdoc、Cohealo、SimplyInsured、Kaiser Permanente	丁香园、春雨医生、好大夫、1 药网
出版传媒	Medium、维奇（Viki）、维基百科（Wikipedia）、HuffPost、Kindle Publishing	知乎、Bilibili
农业	约翰迪尔（John Deere）、Intuit Fasal	温氏农业
能源和重工业	Nest、Tesla Powerwall、通用电气、EnerNOC	海尔卡奥斯 COSMOPlat 工业互联网平台、浪潮 INCloud 工业互联网、三一重工根云互联网平台、华为工业互联网平台、金蝶云、阿里云 supET 工业互联网平台
游戏	Xbox、任天堂、PlayStation	腾讯、网易、盛大网络、巨人网络

资料来源：1. PARKER G G，VAN ALSTYNE M W, CHOUDARY S P. Platform revolution: how networked markets are transforming the economy and how to make them work for you[M]. New York: WW Norton & Company, 2016.

2. 赵昌文，等 . 平台经济的发展与规制研究 [M]. 北京：中国发展出版社，2019.

头部企业凭借资本、技术、市场优势，垂直整合产业链，将生意拓展至上、中、下游。国家资本加大对事关国计民生的重要基础产业投入，形成相对独立的生态系统。在实现共同富裕社会目标的过程中，经济政策调整力度加大，企业须兼顾自身发展与社会责任。

行业间的跨界颠覆成为新常态，如出行、餐饮、旅游等领域形成了新的商业模式；新锐企业崛起，重塑商业版图，如特斯拉汽车、拼多多电商、快手、抖音等。经济和技术的融合加速迭变，改变着一切。

毋庸置疑，数字化转型已逐渐成为全球企业核心战略的重要组成部分，如火如荼地开展着。企业家也形成了高度共识，企业已经没有“线下线上”之分，只有“是否数字化”之别。数字化转型已经成为全球企业适应新环境、新技术变化的首要工作，也成为企业巩固竞争优势和提升竞争力的要素。

组织数字化变革的定义及变革模型

组织变革（organizational change）是指为了使组织适应外部竞争或服务的需要以及内外部环境的变化，提高运行效率，改善运行功能，管理者以某种方式进行的有目的的改变。

1. 数字化变革的定义

企业数字化变革这一概念源自企业实践，但目前对于其内涵和定义，学术界和商界尚未达成广泛的共识。学术界对数字化变革的部分定义如表 8-2 所示。

表 8-2 学术界对数字化变革的部分定义

代表研究	定义	关注点
Valdez-De-Leon（2016）；Gray 和 Rumpe（2017）	引入移动、社交媒体及智能嵌入式等新型数字化技术至商业和社会领域，这些技术具备实时数据处理、智能信息获取能力，为利益相关者提供改进产品的支持	信息技术层面
Li 等（2018）；Andriole（2017）	由信息技术革命所驱动的转型进程，它可能对现有运作良好的系统产生规划性的数字冲击	
Westerman 等（2011）；Reddy 和 Reinartz（2017）	借助计算机与互联网技术，实现更为高效的经济价值创造，从而根本上提升企业绩效或扩大影响力	
Karimi 和 Walter（2015）；Singh 和 Hess（2017）	企业借助尖端的数字技术，致力于实现业务领域的显著改进和组织变革，创新商业模式，并重新评估投资策略，以便深度融入更广阔的生态系统建设。在与客户、合作伙伴以及供应商等的互动过程中，企业不断学习并提升其竞争力	商业模式、业务流程、生态系统层面
陈剑等（2020）；李柏洲和尹士（2020）	对商业模式和管理手段的根本性变革，重塑了价值增长方式	
肖旭和戚聿东（2019）；肖静华（2020）	利用新一代数字技术实现业务的转型升级，促使数字技术与实体经济深度融合发展，从而提高生产效益和管理创新水平	

商界对数字化变革的部分定义如表 8-3 所示。

表 8-3 商界对数字化变革的部分定义

公司	定义
高德纳（Gartner）	通过开发和应用数字化技术及其配套支持能力，致力于构建一个充满活力的数字化商业模式。数字化转型远不止信息或工作流程的数字化，其核心在于实现“业务数字化”，使企业在新兴的数字化商业环境中孕育出创新的业务模式和核心竞争力
谷歌（Google）	该过程涉及运用先进的数字技术（涵盖各类公有云、私有云和混合云平台），用于创建或调整企业业务流程、文化及用户体验，从而适应不断变化的市场需求和业务环境
亚马逊（Amazon）	其本质源于信息技术与能力推动的商业变革，关注三个核心要素：首先，构建数字化的企业战略、文化和模式；其次，掌握驾驭数字化新技术的技能；最后，将数据视为企业战略资产
国际数据公司（IDC）	该策略或途径涉及组织利用数字化技术，如云计算、移动化、大数据 / 分析、社交网络和物联网等，以推动商业模式的创新和商业生态系统的重塑
阿里巴巴（Alibaba）	数字化过程的核心在于业务与数据的互动，其中关键环节包括 IT 架构的统一、业务中台的互联网化以及数据在线智能化
华为（Huawei）	它涉及对业务对象、业务过程以及业务规则的数字化处理，从而构建一个具备感知、连接和智能的数据平台
腾讯（Tencent）	未来的趋势指向数据的互联互通、流程的重构与简化以及效率的提升
美的（Midea）	数字化即企业价值链的数字化，也就是从数据出发，利用现有的一些新兴技术对所有的数据进行分析、计算、重构，然后实时指导经营管理的全过程

尽管目前尚未有统一的定义，但数字化变革的核心在于变革二字。数字化技术仅作为工具和手段，关键在于如何运用这些技术推动企业的升级和转型。数字化变革的主要目标在于解决企业面临的业务、经营和管理问题。此外，数字化变革是系统性的工程，它包含企业战略、人才管理、业务流程、组织架构、技术应用以及管理实践等多个方面的全面革新。

2. 数字化变革的类型

组织变革有许多种类型，不同的组织变革类型的特点、难度和时间也有所不同。一般而言，根据划分维度不同，可以将组织变革分为激进式变革、渐进式变革和折中式变革以及战略性变革和战术性变革。

（1）激进式变革、渐进式变革和折中式变革。关于企业组织变革的必要性，存在一种普遍的看法：变革是必须的，否则组织将面临消亡。然而，现实情况往往并非如此。在某些情况下，企业实施变革后，其衰败速度反而加快。这引出了一个关键问题：如何选择恰当的组织变革模式？在本节中，我们将深入探讨三种典型的组织变革模式，即激进式变革、渐进式变革和折中式变革。

激进式变革是在短期内对企业的组织结构进行全面且大幅度的调整，旨在彻底颠覆初始状态的组织模式，并迅速构建目的态的组织模式。这种变革模式追求的是彻底的改变和突破。比如，苹果公司在2001年进行了一次重大组织调整，使它在产品设计、用户体验和市场营销方面取得了巨大的成功，并成为全球最有价值的科技公司之一，这次激进式变革使苹果公司焕发出新的生机和创造力。

相反，**渐进式变革**则采取对组织进行小幅度的局部调整策略，通过逐步推进的方式，实现从初始状态的组织模式向目的态的组织模式的转变。此方法更为稳定且温和。许多组织采取渐进式变革，比如分别从财务管理、物流管理、营销管理开始，然后逐步向生产制造等推进，最后开始人力资源管理的数字化，等等。渐进式变革的好处是风险小、需求大，能帮助企业解决具体的、现实的问题。不足则是可能导致组织碎片化，缺乏整体架构，形成许多数据孤岛，阻碍后期的大数据沉淀、智能化赋能。

需要注意的是，激进式变革往往需要对企业的各个层面进行彻底调整，包括组织结构、流程和文化等层面。这样的变革过程可能会引起内部的不稳定和冲突，导致员工的抵制和困惑，甚至可能影响到企业的正常运营。渐进式变革则更为温和稳定，通过小幅度的局部调整，有序地引入新的流程与思维方式，进而逐步实现组织模式的转型。这种方式可以更好地适应企业的内外部环境变化，减少内部冲突和阻力，并且更容易被员工所接受和理解。

然而，无论是激进式变革还是渐进式变革，都存在一定的风险和挑战。激进式变革可能需要投入大量的资源和时间，对于一些企业来说可能难以承受。而渐进式变革的速度过慢可能会导致企业错失市场机会或被竞争对手超越。此外，两种变革模式都需要适当的规划和执行来确保成功。

聚焦实践 8-1

腾讯渐进式变革历程

腾讯作为全球互联网科技领域的领军企业，其辉煌成就源于一系列渐进式变革。这些变革不仅驱动了公司业务的持续扩展，还奠定了它在行业中的主导地位。成立于1998年的腾讯以即时通信工具QQ为起点，随着互联网技术的发展和市场需求的变迁，腾讯逐步拓宽业务领域，涉足社交、游戏、媒体、金融等多个方面。

腾讯的变革历程如下。

（1）2003 年：多元化战略起航。腾讯启动多元化战略，推出 QQ 游戏平台，涉足在线游戏市场。这一变革标志着腾讯从仅提供即时通信工具向提供多元化互联网服务转型。

（2）2011 年：移动互联网转型。为顺应智能手机普及的趋势，腾讯推出了微信，成功实现了从 PC 互联网向移动互联网的跨越。微信不仅提供即时通信功能，还集成社交、支付、生活服务等多元化功能。

（3）2012 年：开放平台战略。腾讯推出了开放平台战略，允许第三方开发者接入微信和 QQ 平台，与第三方共同打造了一个庞大的生态系统。此战略进一步巩固了腾讯在移动互联网领域的地位。

（4）2018 年：组织架构调整。腾讯进行了重大的组织架构调整，成立了云与智慧产业事业群（CSIG），致力于推动云计算和产业互联网的发展。此次调整是腾讯应对数字化转型的重要举措。

（5）近年来：持续技术创新。腾讯不断加大在人工智能、云计算、大数据等领域的研发投入，推动技术创新和产品升级，以适应数字化时代的需求。

资料来源：腾讯历年年报。

折中式变革就是依据整体设计和布局，分步骤实施变革，即企业根据自己的需求、财力和技术成熟度，稳步推进变革。

整体设计和布局是指企业需要从全局角度出发，全面规划数字化转型的目标、路径和实施方案。这包括对现有业务流程、组织结构、文化和技术的全面评估和分析，以及制定相应的数字化转型战略和计划。在这个过程中，企业需要明确数字化转型的目标和价值，以及如何通过数字化技术实现这些目标。

分步骤实施是指企业根据数字化转型的优先级和资源情况，分阶段逐步推进数字化转型。在这个过程中，企业需要注重每个阶段转型的可行性和可操作性，以及确保每个阶段之间的衔接和协调。此外，企业还需要根据市场变化和业务需求及时调整数字化转型的计划和方案。

激进式变革、渐进式变革及折中式变革都有各自的优缺点和适用场景。企业在进行组织变革时需要根据自身情况和目标选择合适的模式，并进行合理的规划和执行，以确保顺利实现组织变革的目标。企业变革的实施受到诸多因素的影响，这些因素既包括外部环境因素，如竞争对手和行业趋势，也包括内部因素，如企业生命周期、经营状况和管理体制等。在变革过程中，企业应审时度势，择善而从。

（2）战略性变革和战术性变革。所谓**战略性变革**，即根据组织内外部环境的发展和变化，实施战略性的调整和改变。比如 IBM 公司在 2016 年宣布的一次重大的战略变革，将它转型成了认知解决方案与云服务平台公司（Cognitive Solutions & Cloud Platform Company）。这次变革使 IBM 适应了不断变化的市场需求和技术发展趋势，保持了它在全球信息技术领域的领先地位。

所谓**战术性变革**，是指发展方向不变，仅仅做一些业务、技术、流程、人员层次的优化。比如传统企业的数字化转型，较多都是从业务局部延伸到全局，从企业内业务向企业外业务不断拓展。

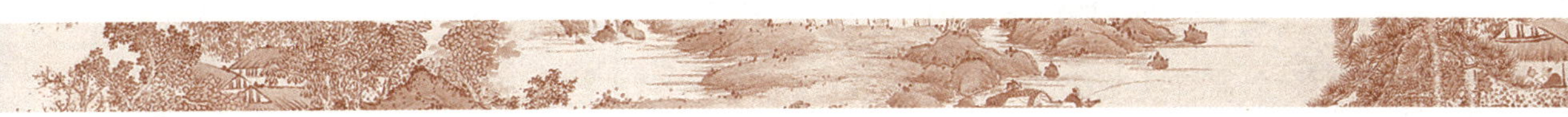

聚焦实践 8-2

中石化战术性变革历程

中国石油化工集团有限公司（简称“中石化”，Sinopec），作为全球领先的石油与化工企业，致力于通过优化业务流程、引进先进技术及提高人员素质等措施，应对数字化时代带来的挑战。中石化成立于1998年，脱胎于国有企业改革，承袭了中国石油化工总公司的资产及业务。在全球能源结构调整和数字化技术飞速发展的背景下，中石化面临着转型升级的严峻考验。

中石化的变革历程如下。

（1）2005年：信息化建设起航。中石化启动信息化建设，通过引入企业资源计划（ERP）系统，实现了财务、人力资源、物资管理等多个领域的信息化，优化了内部管理流程，提升了决策效能。

（2）2010年：智能油田探索。中石化在油田管理中引入智能技术，如物联网和大数据，实现对油田的实时监控及智能分析。通过物联网技术，中石化实现了对油田的实时监控，借助大数据分析，优化了油田开采及维护策略。

（3）2015年：数字化转型加速。中石化加大对数字化转型的投入，搭建数字化平台，整合供应链、销售及客户服务等多个环节。建立数字化供应链管理系统，整合上下游数据，实现了资源的优化配置和成本的降低。通过数字化平台，为客户带来了便捷的服务，如在线支付、预约加油等，提升了客户体验。

（4）2020年：智能化升级。中石化持续推进智能化升级，建设中智能炼厂及智能加油站，提高生产和服务品质。

资料来源：中国石油化工集团有限公司2019年报。

3. 组织变革的理论

组织变革始终是一项复杂且艰巨的任务，不可能一帆风顺或迅速达成。在众多组织变革模型中，Kurt Lewin于1951年提出的Lewin变革模型无疑具有深远的影响力，被公认为组织变革领域的经典理论框架。该模型将组织变革过程划分为三个阶段，阐释并指导了如何启动、管理以及稳定变革的整个过程（见表8-4）。

表 8-4　Lewin 变革模型三阶段

阶段	目的	方法	实施	注意事项
阶段一：解冻（unfreezing）	创建变革的必要性和紧迫性，打破旧有的行为模式和态度	挑战现状并通过比较评估揭示组织与优秀单位或竞争对手之间的差距	进行现实检验，通过数据和事实让干部和员工认识到现有工作方式的局限性	建立开放沟通的环境，确保员工感到安全并准备好接受新的挑战

（续）

阶段	目的	方法	实施	注意事项
阶段二：变革（changing）	引导和支持员工学习新的概念、技能和行为	提供培训和发展机会，使用角色模范、导师制、研讨会等手段	确保变革的方向清晰，并且所有相关人员都理解变革的目标和预期结果	鼓励年轻人和新思维的领导作用，利用他们对数字化技术的熟悉度来推动变革
阶段三：再冻结（refreezing）	巩固变革成果，使新的行为和态度成为组织文化的一部分	强化成功实践，确保新的行为得到持续的支持和认可	通过奖励和积极反馈来加强新的行为模式，同时确保这些新模式能够解决之前存在的问题	监控和评估新行为的稳定性，确保变革能够在组织内部持久存在

此外，在组织变革模型中，比较有代表性的还有麦肯锡 7S 模型、科特 8 个步骤变革模型（见表 8-5）。

表 8-5　其他组织变革模型

模型	定义	关键要素 / 步骤	应用建议
麦肯锡 7S 模型	由麦肯锡公司设计，用于评估组织的有效性，模型包括 7 个相互关联的要素：战略、技能、结构、共同价值观、制度、员工、风格	• 战略（strategy） • 技能（skill） • 结构（structure） • 共同价值观（shared values） • 制度（system） • 员工（staff） • 风格（style）	• 确保 7 个要素之间协调一致 • 在变革过程中考虑所有要素的影响
科特 8 个步骤变革模型	由科特提出，提供了一个具体的变革实施框架，包括 8 个步骤：① 建立紧迫感；② 建立引导联盟；③制定愿景和战略；④传达愿景；⑤授权广泛涉众；⑥计划和实施变革；⑦产生短期胜利；⑧ 巩固成果并产生更多变革	• 增加紧迫感 • 建立强有力的引导团队 • 制定清晰的愿景 • 有效沟通愿景 • 赋权员工参与变革 • 创造并庆祝短期胜利 • 持续改进和变革	• 识别和解决变革过程中的阻力 • 保持变革的动力和方向 • 确保变革成果得到巩固

4. 组织变革的结构理论

组织变革经常从组织结构变革、技术和任务变革、人员变革角度进行描述，突出某一主线，便于人们理解。

组织变革可以从结构变革开始，也可以从技术变革开始，还可以从人员变革开始。具体从哪个角度开展变革，需要综合组织的实际。可以肯定的是，这些变革很多时候是互相影响的，特别是结构变革和技术变革都会涉及人员变革的问题，为了适应组织的各种变革需要，组织发展就是比较系统的人员变革系统。

（1）组织结构变革。组织结构变革是指根据特定理念对组织现有结构进行调整，以提升组织职能及效率。具体而言，横向变革涉及部门重组、新型组织结构的构建以及部门责任重划；纵向变革则包括管理层级压缩、管理幅度调整、集权与授权等方面。

组织架构为组织运营奠定基础，其调整不仅涉及工作任务流程的改变，还涵盖人员变动及权力调整，可谓挑战重重。在数字化转型过程中，扁平化这一特点尤为显著，它意味着压缩管理的纵向层级，实则减少中层管理者，扩大管理幅度，并更加重视平等（status leveling）。然而，这种变革充满挑战与阻力，尤其在等级、地位和权力观念根深蒂固的国家，更是如此。

此外，多团队成员身份（MTM）更是一种组织结构变革的实践，即为了达成项目管理的目标，一个团队成员需要加入多个团队项目，在新的团队里，过去的身份发生改变，有的地位提高了，而有的则降低了，在 MTM 中，身份被削弱了，业务工作被强化了。

（2）技术和任务变革。在此背景下，技术变革主要体现在组织完成任务所采用的方法与设备的更新换代。比如，引进新工艺、新设备、新的策略程序等，提高机械化和自动化程度。而任务变革则试图通过对任务重新划分，提高工作的成效。技术和任务的变革有比较密切的联系，技术变革通常导致任务变革，但任务变革不一定伴随技术变革。

数字化变革是技术驱动的变革，涉及许多数字化技术的渗透，如机器人的使用和操作管理、数字化办公系统的运用以及数字化财务系统、营销系统的使用等。现在，大语言模型（LLM）开始应用到许多管理场景，数字孪生也很普遍。技术变革一方面导致了工作流程的改变，另一方面也使得工作任务得到重塑。原来许多任职、培训、考核的工作都是线下进行的，而现在变成了线上线下结合，有的甚至以线上为主。不仅流程改变了，任务也发生了很大的变化。

以培训为例，过去的培训是千人一面式的，由公司人力资源部主导，按照培训部门的理解设计培训内容，确定培训对象、培训时间、培训场地、培训师和培训方法等。培训管理部门针对自己的理解，按多数人的意见进行决策，对学员的个性化需求考虑不够，导致了培训成本高、个性化低、体验感不好、反馈滞后等诸多问题。使用数字化培训，则整个任务发生了重构，按照千人千面的思想进行整体设计，结合员工的绩效考核情况、企业的发展战略，设定培训目标，用职业生涯发展牵引员工。至于具体学习什么内容、什么时候学习、在哪里学习、学习效果如何，都采用数字化解决方案。这就需要搭建培训平台，建立培训资料库（内部建立和外部购买），建立考试和评价库，让员工可以根据自己的发展需求、学习时间，自主选择学习，并通过系统进行效果评估。

（3）人员变革。人员变革主要在于推动价值观念、工作态度的转变，以及采取人力资源管理策略提升工作积极性。平均主义、铁饭碗观念的盛行导致了人的积极性和创造性被束缚，进而降低了整个组织的运营效率，并造成了大量人才流失。为了改变这种不良状况，许多组织围绕人员进行变革，比如，国有企业的减员增效，重要岗位晋升的内外招聘相结合的制度，制定科学合理的晋升制度，旨在调动人们积极性的绩效考核和薪酬制度，等等。员工的利益是否得到保障决定着变革的成败，特别是国有企业，承担着巨大的社会责任，在进行数字化变革时，往往面对减员增效的烦恼。增效是企业的追求，而减员则可能导致变革受阻，因此被裁员工的安置往往是一个很大的挑战。

5. 技术变革的技术接受模型

技术接受模型（technology acceptance model，TAM）是 Davis 在研究用户对信息系统接受过程时提出的理论框架。该模型主要聚焦于两个关键因素：感知有用性（perceived usefulness）和感知易用性（perceived ease of use）。通过强调这两个关键要素，TAM 揭示了用户在采纳新技术过程中的心理动机和行为规律。该模型如图 8-1 所示。

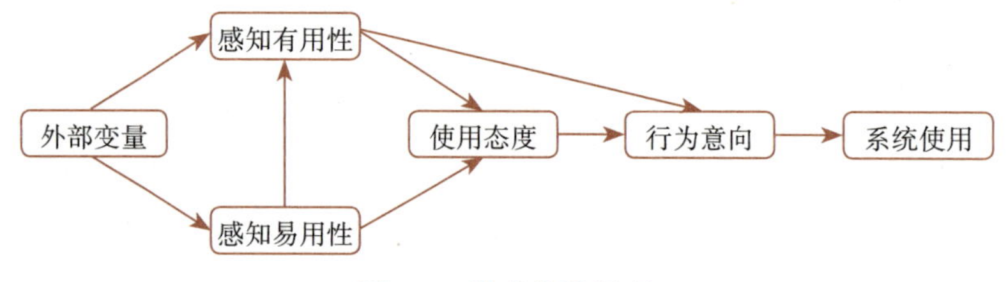

图 8-1 技术接受模型

感知有用性，指的是用户对技术或系统能在一定程度提高其工作性能的信念。如果一个技术被认为能显著提高工作效率或质量，那么用户更可能去接受和使用这项技术。

感知易用性，指的是用户对技术的易学性和使用便利性的感知。通常，如果一项技术易于理解和操作，例如用户界面直观、系统的可访问性高以及过程简化等，用户的接受度会更高。

使用态度，在 TAM 中，用户对信息技术（IT）的态度是由感知有用性和感知易用性共同影响的。如果用户认为某项技术既实用又易用，他们对该技术的态度往往就会更积极。

行为意向，是预测用户实际使用信息系统（IS）行为的最重要因素。用户的行为意向受到他们的使用态度和感知有用性的共同影响。即使用户认为技术很有用，如果他们的态度不积极，他们可能仍然没有使用它的意向。

外部变量，是影响感知有用性和感知易用性的外部因素。它们可以包括组织策略、管理支持、技术培训、用户的社交环境、系统特性等。例如，组织的支持可能会提高用户对技术易用性的感知，因为组织可能会提供更多的资源和支持来帮助用户适应新技术。

系统使用，是 TAM 模型的终极目标，指的是用户实际上如何频繁地使用特定的信息技术（IT）或信息系统（IS）。在 TAM 中，系统使用是由用户的行为意向直接决定的。换句话说，用户使用系统的意向越强，他们实际使用系统的频率和程度就越高。

技术接受模型是在信息系统领域被广泛应用的一种理论模型，它通过辨识并优化影响用户接受度的各项要素，使组织可以更为高效地实施和推广新技术，从而有效提升技术的使用率和成功率。

8.2 组织数字化变革的阻力

企业的组织变革并非局限于某一项目或事件，而是一个持续进行的过程。此过程涉及企业发展的各个要素，如组织结构、系统、人员、发展战略、管理制度及管理职能的优化调整，以应对市场经济条件下内外部环境的变化，确保企业稳定发展。

8.2.1 数字化组织变革的影响因素

数字化组织变革既有外因促使，也有内因拉动。

1. 外部因素

外部因素主要包括以下方面。

（1）市场竞争因素。这是变革的直接驱动力，如市场需求环境变动、竞争对手战略调整等。例如，亚马逊曾面临来自 eBay、阿里巴巴等竞争对手的挑战。为确保竞争优势，亚马逊持续创新与变革，从最初的在线书店发展为全球领先的电子商务平台，并积极拓展至云计算、人工智能等科技领域。再如，黑莓曾是智能手机市场的佼佼者，但随着苹果 iOS 系统及安卓系统的崛起，其市场份额逐渐遭受侵蚀。为应对市场竞争，黑莓实施多次战略调整，包括推出全触屏手机、与安卓系统展开合作等。然而，这些变革并未能助力黑莓重振辉煌，最终黑莓被 TCL 收购。

（2）技术环境因素。本次全球性变革源于新一代信息技术的推动，包括大数据、物联网、云计算、人工智能以及区块链等技术。这些技术的应用不仅改变了企业的运营模式，也推动了企业组织架构和业务流程的变革。在零售领域，京东、阿里巴巴、苏宁易购等领军企业通过运用人工智能和大数据技术，深入洞察消费者需求，从而提供个性化服务与产品。在金融行业，得益于区块链技术的出现，中国银行、中国建设银行、中国工商银行等金融机构开始探索利用区块链技术提升交易效率，降低交易成本。在制造业领域，得益于物联网和大数据技术的发展，中国移动、华为、中兴通讯等通信设备制造商以及海尔、海信、美的、格力等家电制造商能依据生产计划，通过收集和分析物料、设备数据，实现智能制造，提升生产效率和产品质量。2023 年以来，人工智能技术驱动的自然语言处理模型——GPT 的广泛流行，推动了企业运营和管理方式的变革，未来部分初级岗位或因科技进步而逐步被取代。

众多传统企业的经营管理者面临着艰难的抉择，他们既担忧数字化变革可能带来风险，又意识到不变革可能面临更大的生存危机。在变革的道路上，他们常常感到困惑和迷茫，不知道应该变革什么、如何变革以及何时变革。这些问题一直困扰着他们，使他们难以做出明智的决策。

（3）宏观经济环境因素。国家政策导向变化、行业兴衰变化等对企业的发展也产生了深远的影响。例如，2020 年以来，新冠疫情的全球扩散对国际格局和国际关系产生了深远的影响。疫情导致全球经济越发疲软，面临严峻挑战。美国、法国以及其他发达国家遭遇了有史以来最严重的季度性经济衰退。根据统计数据，全球经济已陷入自二战以来最为艰难的困境。与此同时，受中美贸易摩擦的影响，我国在半导体、电子元器件等战略新兴领域的投资保持了较高的增速。针对当前的宏观经济环境，毕马威中国发布的《2023 年宏观经济十大趋势展望》报告揭示：受房地产市场持续遭遇压力、美联储加息、中美货币政策的差异以及地缘政治的不确定性等的影响，我国经济增长速度适度放缓。这些因素都对企业的运营和发展产生了重大影响，推动了企业进行必要的变革以应对新的经济形势。

在全球经济和政治环境充满变动与不确定性的当下，探寻市场需求的位置、评估其规模大小，以及探索满足这些需求的方式，均对企业构成严峻挑战。特别是当融入数智化技术的考量后，这些挑战更加凸显。以华为为例，它在面临美国芯片出口限制后，不得不进行经营策略的调整。起初，华为选择出售荣耀手机业务，随后转向电动汽车的数字化控制系统领域。尽管华为并不生产汽车，但致力于通过技术为汽车的数字化控制系统赋能。与赛力斯的合作便是其战略转型的重要一步，而现在，华为的合作企业名单正在逐步扩大，这些合作企业包括奇瑞、长安汽车等。这些举措不仅体现了华为在商业模式上的创新，更彰显了它推动产业数字化的决心与实力。

2. 内部因素

内部因素主要包括以下方面。

（1）企业成长周期中组织需求的变化。按照伊查克·爱迪思提出的企业生命周期理论，企业生命周期可分为启动期、成长期、成熟期和衰退期四个阶段。在企业的成长周期中，组织需求的变化是一个非常重要的现象。在这四个阶段中，企业的组织需求会随着企业的发展而产生不同的变化。

比如，在启动阶段，企业的主要目标是生存和发展，因此，组织需求主要集中在寻找合适的商业模式、建立有效的组织结构，以及吸引和留住关键人才等方面。进入成长阶段，企业开始扩大规模，组织需求开始转向如何管理和协调各个部门，以及如何提高生产效率和产品质量等方面。在成熟阶段，企业已经形成了稳定的经营模式和市场份额，组织需求开始转向如何保持竞争优势，以及如何进行持续的创新和改进等方面。最后，在成熟后的阶段，企业可能会面临再发展、稳定或衰退的选择。如果选择再发展，组织需求将主要集中在如何寻找新的增长点，以及如何应对市场和技术的变化等方面。如果选择稳定，组织需求将主要集中在如何维持现有的业务和市场份额，以及如何提高企业的运营效率和盈利能力等方面。如果选择衰退，组织需求将主要集中在如何进行业务的调整和转型，以及如何保护企业和员工的利益等方面。

（2）企业内部成员权力关系的平衡。在组织领导层变更之际，新任领导者往往具备创新性的经营理念，而管理层也可能呈现出更具前瞻性和危机意识的引领力量。例如，在企业领导层发生变化时，新任领导者往往带来新的经营管理理念。这些新理念可能具有开创性，能够引领企业在新的市场环境中找到新的发展机遇。然而，这种开拓性的经营理念也可能带来一定的风险，因为它可能会挑战现有的经营模式和规则。

在这种情况下，管理层的角色就显得尤为重要。他们需要有足够的前瞻性，能够预见到新的经营理念可能带来的风险，并采取相应的措施进行防范。同时，他们还需要有危机意识，能够在问题出现之前就做好准备，避免企业陷入危机。

（3）组织战略发展目标的调整。组织的价值观发生变化时，可能会影响其战略目标和发展方向。例如，如果一个组织原本重视短期利润，但后来开始重视社会责任和可持续发展，那么它可能会调整战略目标，以更好地实现这些新的价值观。

此外，企业的发展也会受政策影响。例如，受我国“双减”政策的影响，新东方主体业务 K12 项目被迫终止，公司陷入生死存亡的境地。尽管俞敏洪董事长具备充足的现金流，退还了预收学费，捐赠了课桌椅，但寻找新的业务方向成为一大难题。随后，新东方成立东方甄选，进军电商领域，使得市场竞争进一步加剧。在阿里巴巴、京东、拼多多等头部企业的围剿之下，新东方如何寻求生存空间？最终，新东方创新营销模式，通过文化营销与直播带货，凭借新人董宇辉的出色表现，成功开创出一片新天地。

8.2.2　数字化组织变革的阶段

数字化组织变革的目标在于，通过全面运用新一代信息技术，如人工智能及区块链、云计算、物联网、大数据等，对传统业务进行转型升级，以此创新价值及商业模式。此项变革并非仅限于对 IT 系统进行优化升级，而是对组织整体活动、流程、业务模式以及员工能力展开系统性重塑。

数字化组织变革是一项涵盖全方位的创新与全面变革的系统工程。在数字经济背景下，企业所面临的挑战包括不确定性增加和信息技术迅猛发展，因此，企业在推进技术创新的同时，还需要协调实现管理创新。同时，生产力的变革与生产关系的变革相辅相成，共同推动组织的螺旋式上升和可持续迭代优化。

数字化组织变革通常会经历三个阶段，即信息化、数字化和智能化（见图 8-2）。

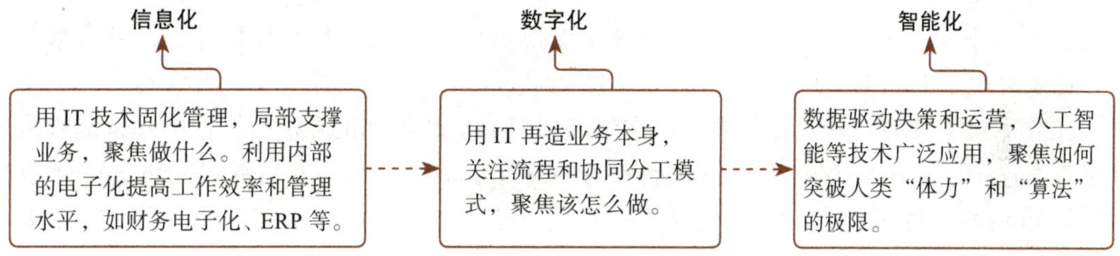

图 8-2　数字化组织变革的发展阶段

1. 信息化

信息化用 IT 技术固化管理，局部支撑业务，聚焦“做什么”。其特点是局部端数字化，由传统 IT 团队主导数字化进程，IT 与业务分离。

在当前阶段，需求端与供给端相互独立，企业会选择在各个端口分别实施数字化，如海尔集团的智能制造项目。在这一阶段，企业对信息技术的依赖程度较高，会根据自身战略规划选择适宜的数字化策略。

从应用的广度来看，信息化主要局限于单一部门，未能实现跨部门之间的整合与协同，只能实现部分流程、信息和数据的线上化。从应用的深度来看，尽管信息化将线下流程和数据转移到线上进行处理，但是，企业内部各部门之间、企业与企业之间以及企业与社会之间尚未建立起有效的连接，业务本身并未得到实质性的改变，信息化仅仅是对线下流程的改进和再造，未能解决数据分散形成信息孤岛的问题。过去，许多公司会开展财务工作的信息化、仓储和物流的信息化、办公系统的信息化等。从思维模式看，当前的信息化建设仍处于线下流程化思维阶段，主要侧重于对线下物理世界活动的管理控制，流程作为核心，信息系统仅作为辅助工具，数据则被视为信息系统的附加物。

当前，助力企业信息化的各类工具丰富多样且价格实惠，涵盖了即时通信（如钉钉、企业微信、飞书）、办公自动化（如泛微、蓝凌）、在线会议（如腾讯会议、Zoom）、云盘、文档编辑等诸多领域。无论是 SaaS 级服务还是私有化部署，均有众多厂商可提供相应支持。

这一阶段，一般已建立相对完备的 CTO 团队，主导业务流程的信息化运营工作，并承担基本的数据治理及底层数仓管理角色。从系统及数据特征来看，在此阶段，企业一般以传统 ERP 为核心系统，数据范围相对有限，主要集中在业务运营数据上。就组织形态而言，此阶段的 IT 团队与业务呈现“泾渭分明”的状态，存在明显的“部门墙”。

2. 数字化

数字化即业务流程数字化，传统 IT 团队与业务部门融合。在信息化阶段的基础上，企业需要进一步推进业务流程数字化。此时企业需要建立更加完整的数字化平台和生态系统，并将 IT 团队与业务部门融合起来。这个阶段需要企业具备一定的技术和管理能力，以便更好地应对数字化转型所带来的挑战。

数字化的核心在于信息数字化，该过程将丰富多样的信息转换成可量化的数字和数据，进而构建出恰当的数字化模型。这些模型被转换成一系列二进制代码，并被引入计算机内部以实现统一处理，这一过程揭示了数字化的核心本质。例如，手机每日记录用户行走步数，手环实时监测心跳与运动数据，这些数据并不是人工采集的，而是自动化获取的。采集、展示与分析几乎同步完成，这不仅显著提高了工作效率、减轻了人力资源负担，更为重要的是，还孕育出了大数据。

在数字技术领域，通过数字世界的在线映射对真实的物理世界进行模拟的理论基础是采样定理。这一定理最早由哈里·奈奎斯特（Harry Nyquist）提出，并由香农（Shannon）进一步发展和完善。根据奈奎斯特－香农采样定理，若一个系统以高于模拟信号最高频率至少两倍的速率对信号进行均匀采样，那么，原始的模拟信号便能从采样产生的离散值中完全恢复。采样定理为数字技术在现实世界的应用（例如模拟、虚实融合、相互映射以及模拟仿真等）奠定了坚实的理论基础。

例如，在运营网店的过程中，淘宝电商与微商城有赞所提供的线上销售数据至关重要。然而，若这些数据无法顺利地导入 ERP 系统，即便进行了信息化改革，其成效也将大打折扣。另外，在拥有线上数据的基础上，如何确保线下销售数据能够以同样的方式顺利流转至 ERP 系统，更是变革的关键。此外，对于复购率等关键指标，线上与线下的数据需要先统一收集，并在整合后以一致的方式指导生产，方能实现数字化转型的目标。

数字化转型的关键在于，通过统一标准整合各类数据，实现内部流转闭环。

聚焦实践 8-3

华润双鹤药业的数字化转型之路

在我国企业数字化转型进程中，华润双鹤药业的“智慧工厂”项目堪称一个典型实例。该项目通过全面整合企业资源，实现了生产、管理和运营全流程数字化，从而提升了内部流转效率和生产质量。

华润双鹤药业采用“快速起步”（jump start）模式，在固体制剂车间实施制造执行系统（MES）项目。该项目以良好生产规范（GMP）为核心，将生产处方设计与工艺要求无缝整合进系统流程中，从而实现了车间生产过程的全面管理和监控。通过实时自动采集、监视与预警生产数据，管理层能够精确且迅速地了解生产质量状况，有效地实施车间级别的生产过程和质量控制。

此外，华润双鹤药业通过信息化与自动化的协同，实现了生产数据的信息化存储与调取，生成了批生产记录。此举不仅提升了数据管理效率，还通过打破信息孤岛，满足了工厂一体化需求，进一步优化了生产质量管理水平。

该项目使华润双鹤药业不仅优化了生产流程，而且构建了基于数据的决策支持系统，实现了生产资源的合理配置和生产过程的精细化管理。

资料来源：华润双鹤，《2024年可持续发展报告》。

3. 智能化

智能化，即数据驱动的决策与运营，得益于人工智能等技术的广泛应用。数字化与智能化之间的根本差异体现在决策权的最终归属上。在积累了大量数据的基础上，数字化利用机器系统进行决策和执行，从而实现智能化，使得系统能够独立地捕捉信息、解析数据，并根据分析结果采取相应的行为。

智能化离不开人工智能、大数据、云计算、智能化应用这四个方面。

人工智能是一种先进的技术，它利用计算机科学和数学原理来模拟人类的智能行为，如机器学习、深度学习和自然语言处理等。以 GPT 为例，它是一个基于深度学习的自然语言处理模型，具备较为强大的文本生成能力。例如，在营销技能培训中，营销人员可以利用 GPT 来生成吸引人的营销文案和邮件模板。此外，GPT 还可以用于市场调研和竞争分析。通过分析大量的市场数据和竞争对手的信息，GPT 可以帮助企业更准确地了解市场趋势和竞争态势，从而制定出更有效的营销策略。

大数据是指通过收集和分析大规模数据，提取有用信息和模式，支持智能决策和预测。比如，通过使用各种 RPA 工具，将销售、成本、仓储、物流、生产、人效等方面的数据进行整合和呈现，管理者能更全面地掌握企业运营状况，制定相应决策。

云计算是指利用云平台和资源，提供灵活、可扩展的计算和存储能力，支持智能应用的部署和运行。比如，阿里云作为云计算服务提供商，它提供了丰富的云服务，包括虚拟机、数据库、人工智能等，可以帮助企业快速构建和管理自己的应用系统，提高运营效率和灵活性。

智能化应用包括智能机器人、智能语音助手、智能驾驶、智能家居等，能够实现自主学习、自主决策和自主执行。

因此，当企业迈入“数智化”转型深水区时，数字化组织的终局形态将是深度融合数智化能力与运营、产品团队，打造复合型能力中台，推进全渠道、全链路的转型升级。

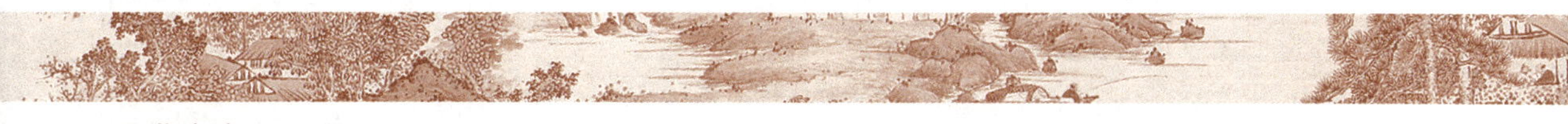

聚焦实践 8-4

中国一汽的智能化转型之路

中国一汽与阿里云通义千问合作开发的大模型应用 GPT-BI 在 2024 年 1 月 22 日成功落地。GPT-BI 作为一款基于人工智能的应用，它能够通过自然语言查询分析企业数据，并根据企业数据自动生成分析图表。这种技术的应用显著提升了数据处理的效率，还提升了数据分析的准确性。相较于传统的 BI 系统，GPT-BI 实现了更加灵活的问答组合和数据穿透，使得“问答即洞察”成为可能。

自 2022 年着手实施数智化转型升级战略以来，中国一汽借助云原生技术打造业务单元，成功探索出了一条具有鲜明一汽特色的传统企业数智化转型之路。在顶层设计方面，中国一汽秉持长远规划，持之以恒，构建了数字化转型“1164 总体战法”，围绕六纵三横业务主线，成立了九支业务 IT 一体化战队，打造出了一汽数智运营系统（DIOS），致力于实现“双 100”目标，即 100% 的业务数字化孪生和运营效能提升 100%。同时，中国一汽持续加强转型技术体系、转型方法体系、IT 产品运营体系、数智化能力体系“四个体系”的建设。

中国一汽的业务单元孪生积累了丰富的数据，大模型技术的应用为企业效能提升注入了新活力。中国一汽正积极尝试“GPT+”的大模型创新范式，GPT-BI 不仅成为中国一汽首个大模型应用实例，也成为汽车行业首个大模型商业智能（BI）应用。

作为企业核心系统之一的 BI，是实现决策数字化和数据治理的关键。在这一过程中，中国一汽创立了指标数据治理“五阶十六步”方法，以确保数据准确性。该方法将指标分解为指标对象、维度和度量，从而实现指标的数字孪生。借助阿里云平台，基于 468 个已治理指标的初始语料，形成了 6 万条评测数据，构建了中国一汽数据大模型的五项能力：指标设计、指标拆解、数据寻源、数据建模和数据分析。通过持续的复盘微调，模型整体准确率从最初的 3.2% 提升至 90%，已超过人工治理的平均水平。中国一汽数据大模型将需求拉动的核心领域数据治理转变为覆盖企业全领域的数据治理。

GPT-BI 不仅大幅缩短了 BI 分析的报表设计、数据建模等的交付周期，更可以穷尽企业有限域的全量指标、模型和报表。用户输入问题后，大模型识别问题意图，解析决策变量，生成 SQL 数据查询语句，匹配企业实时数据，自动生成最佳决策方案，满足用户更灵活智能的数据需求，实现“问答即洞察”，带来基于动态因子、实时数据的决策革命。

例如，在探讨“为何某车型产量未能达到预期”的问题时，未来大型模型能够首先比较预期产量与实际产量的差异，得出差值后，不仅会对显性变量进行分析（如因设备等原因导致的生产异常暂停 20min、某型号配件质量异常等），而且会分析所有涉及的变量（如原材料供应波动、能源消耗及供应稳定性）。通过对数据进行排查，最终找出关联性最大的原因并生成可视化报表。

中国一汽红旗品牌运营委员会副总裁门欣表示：“大模型将成为应对未来生产关系的基础，我们计划对中国一汽的所有业务采用 GPT 大模型进行重塑。业务单元孪生积累了大量数据，中国一汽大模型的创新路径为 AI+ 业务单元，这将带来更为深远且持久的变革能力，助力企业插上人工智能之翼。未来，我们还计划将中国一汽的数智化转型方法论和工具平台等对外输出，为行业提供 SaaS 服务。”

资料来源：全台资讯，《GPT-BI 在中国一汽上线 大模型技术融入数智化转型》。

8.2.3 数字化变革的阻力

依据麦肯锡先前公布的数据，全球数字化项目的成功率在 2014 年达到 26%，2016 年下降至 20%，2018 年进一步降低至 16%。尽管近年来缺乏官方的统计数据，但部分小样本调查显示，2021 年数字化转型的成功率介于 10% 至 15% 之间。因此，有人将企业的数字化转型形象地描述为“九死一生”。

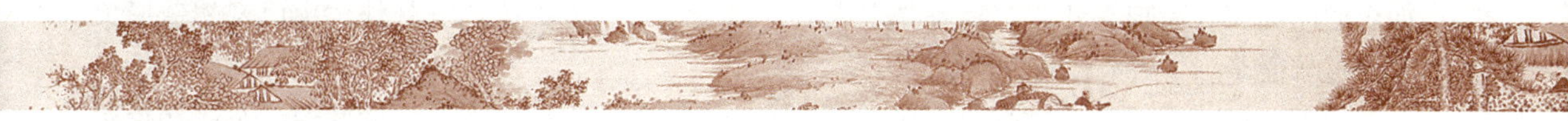

聚焦实践 8-5

陆奇大刀阔斧，百度第三次重组

2017 年 1 月 17 日，陆奇正式出任百度总裁兼首席运营官。履职伊始，他便大刀阔斧地进行改革。陆奇，这位被誉为“硅谷最具影响力的华人”，在雅虎、微软的任职经历为他积累了丰富的经验。显然，李彦宏赋予了他充分的权力，以促进改革的推进。陆奇运用四个象限的框架对百度的业务进行了细致的划分，并对公司的组织架构以及业务流程执行了一系列的调整，包括关闭、暂停、合并和转型。

2018 年 5 月 17 日，百度的市值飙升至 990 亿美元，距离突破千亿美元大关仅一步之遥。然而，次日，关于陆奇职务调整的消息一经公布，资本市场立即做出反应，百度股价在盘前下跌超过 6%。

此次变革由陆奇主导，而非李彦宏亲自领军。李彦宏在是否实施“全力以赴投入 AI”的战略上犹豫不决，高层领导之间的战略理念存在分歧，导致整体力量无法聚焦。财务总监和人力资源高级副总裁均不在陆奇的直接管理范围内，作为变革执行者的陆奇在推动过程中面临无权撼动大集团内部利益捆绑的困境，使得改革深入推进遭遇阻力。

在战略层面不一致的基础上，执行路径上也出现了分歧。陆奇在变革过程中既无财权又无人权，导致改革得不到充足的资源支持，战略落地缺乏保障。企业内部各部门之间政治关系失衡，上下级之间、各部门之间难以达成一致，进一步影响了改革推进。

经过 486 天的深入变革后，陆奇的离职为该进程画上了句号，标志着此次变革的失败。

资料来源：搜狐，《陆奇卸任总裁：一年零四个月实验过后，李彦宏食言了》，2018 年 5 月 21 日。

通过分析众多企业存在的典型问题，不难发现，组织数字化变革的阻力主要发生在五大领域：企业文化、组织结构、业务流程、技术、人力资源管理，具体如表 8-6 所示。

表 8-6 组织数字化变革的阻力

阻力问题	归属领域
1. 组织沟通成本高，分工协作难度大	企业文化、技术
2. 业务之间协作难度大，冲突时有发生	企业文化、业务流程
3. 各业务板块之间流程、配合问题	业务流程
4. 信息共享能力弱	业务流程、技术、企业文化
5. 员工的成长与企业发展不匹配、岗位需求不匹配	人力资源管理
6. 企业战略与组织结构、流程不一致	组织结构、业务流程
7. 员工成长意识弱，学习氛围差	企业文化、人力资源管理
8. 部门分工过细导致内部功能重叠、部门考核指标与组织发展战略脱钩	组织结构、企业文化、人力资源管理、业务流程

1. 企业文化

企业文化体现了企业在战略发展过程中对愿景、使命和价值观的明确阐述。企业文化宛如企业的灵魂与精神支柱，它具备凝聚人心、激发动力、促进协调、施加约束以及塑造形象等多重功能。

目前，尽管国外学者对企业文化的理解不完全一致，但仍存在一定的共识。企业文化作为一种企业管理方式，强调以人为本，重视人的价值。其基本要素包括企业主导信念、共同的价值观、企业精神、企业宗旨、企业作风、礼节和仪式、风尚和传统等。企业文化的核心内涵在于共享价值观的塑造与实践。

数字化文化作为数字化转型的基础，为整个企业确立了基本的思维观念与行为规范。没有这种深层次的文化支撑，数字化转型就难以真正地开展。这不仅仅是一种技术上的转变，更是一种企业文化的重塑和升华。在数字化转型的过程中，人的因素被凸显出来，因为最终的成果将直接体现在思维方式和文化的变革上。如果传统企业的文化没有得到相应的改变，企业在进行数字化转型过程中就可能会受到既有惯性的影响，回归原有轨道，无法实现真正的转型。只有从底层开始，对企业文化的变革进行深度的挖掘和塑造，营造一个良好的数字化转型氛围，才能使组织从根本上实现数字化转型，迈向新的高度。

路易威登集团前首席数字官（CDO）强调，企业在数字化转型过程中的成败在于组织是否认识到数字化转型并非仅涉及技术问题，而且涉及企业文化变革。他坚信，企业文化变革是实现数字化转型成功的必要前提。微软大中华区副总裁康荣也持有相似的看法，他强调数字化转型的核心在于文化的转变，唯有自上而下形成共识，才能确保转型的成功。

通过对大量数字化转型案例的深入研究（见表 8-7），我们发现，在企业进行数字化转型过程中，塑造出的文化通常具备以下 6 个关键要素：数据驱动的思维方式、用户参与产品共创、协同合作实现共赢、持续学习与自我提升、创新包容与试错容忍，以及敏捷灵活的迭代更新。我们将这种包含上述核心特性的企业文化称为“数字化文化”。

表 8-7　典型数字化转型企业的数字化文化

数字化转型企业	数字化文化
美的	互联网文化（去中心化、平等）、用户思维
GE	敏捷、试错、迭代
德邦	数据文化
施耐德	包容赋能、创新试错、鼓励学习
宝洁	鼓励数字化创新
天虹	开发、与外部对接、与客户交互
伊利	创新、包容、开放、学习
碧桂园	阳光无畏、跨界升维、灵动迭代、换位共赢
长虹	以用户为中心的数字思维和文化；体验和迭代、适应变化、迅速响应
微软	同理心、协同、以客户为导向、多元和包容、灵活动态
Adobe	数据民主化、开放和创新、敏捷
星展银行（DBS）	创业精神、敏捷、学习、理解客户痛点、全面使用数据、鼓励实验和冒险
招商银行	开发、融合、平视、包容、敏捷；鼓励创新、容忍试错

数字化文化缺失是数字化转型过程中的主要障碍。员工对数字化的理解不足，难以达成

共识，各部门相对孤立，担心承担风险等，皆源于数字化文化的匮乏。数字化文化构成了数字化转型的关键支撑。只有确立一个完善的数字化文化，才能转变员工的思维，进而才能使员工克服心理上的抵触情绪，确保变革顺利推进。组织忽略了数字化文化的建设，可能会导致文化过于守旧和僵化，从而使员工对重大变革持抵触态度。这将使得新的工作方法和流程难以被接受，进而阻碍数字化转型的进程，并可能使数字化转型面临失败的风险。

在清华大学全球产业研究院 2021 年的调查中，占调查样本 35% 的企业表示，企业在推进数字化转型过程中，面临的主要挑战之一是“缺乏数字化转型所需的文化氛围”。2017 年，麦肯锡在《数字时代的文化》调查报告中指出，文化障碍是企业数字化面临的最大挑战。红杉资本 2021 年的调查结果显示，在企业数字化实践过程中，44% 的受访企业将“数字化文化尚未普及”视为首要难题。

同时，我们注意到，在业绩表现方面，高度重视数字化文化的公司展现出了显著优势。波士顿咨询公司（BCG）对 40 多家进行数字化转型的企业展开了评估，评估结果显示，致力于打造数字化文化的企业实现突破或强劲财务成果的可能性是那些忽视数字化文化的企业的 5 倍。

数字化文化是一种以数据思维为核心，以用户共创、协同共赢、持续学习、创新容错、敏捷迭代为支撑的新型文化体系。通过塑造数字化文化，可以有效地改变员工的认知、思维模式和行为习惯，推动数字化战略的实施。然而，在当前企业推进数字化转型的过程中，缺乏数字化文化已成为一个主要障碍，严重限制了转型的进程。

2. 组织结构

组织结构变革是指为了提升组织适应内外部环境变化的能力，更好地配合组织实施战略目标，在结构、层次、人员以及指挥系统上做出的一系列调整，组织能否行之有效，很大程度上要看组织内部的结构是否合理。数字化时代已经到来，企业面临数字化转型，在数字技术与实体经济融合成为趋势的背景下，企业为了适应新的时代而进行的组织结构调整是组织变革中重要的一部分。

在第二次工业革命的推动下，企业建立了高度结构化、正式、规范化的科层制组织结构。然而，随着外部环境的不断变化以及企业规模的不断发展，科层制组织结构（第 2 章有详细介绍）经历了从直线制到职能制，再到直线职能制、事业部制、矩阵制组织结构的不断调整。科层制组织结构极大提升了企业生产效率，具有严密性、合理性、稳定性和适用性等优势，推动了全球经济稳步发展。

不过，科层制组织结构也存在着管理层级多、官僚主义、决策慢、封闭、守旧、不敢冒险等弊端。在较为稳定的环境条件下，企业更注重规模经济、生产效率，这些弊端尚不明显。然而，在 VUCA 时代，企业外部环境充满了易变性、不确定性、复杂性和模糊性，科层制组织结构面临着适应动态环境、不断创新迭代、满足员工自主需求以及开放协同的挑战，亟须进行转型升级。

随着信息技术的蓬勃发展，组织边界变得越来越不稳定，组织结构从传统的金字塔型组织向“倒三角”型组织、网络型组织、虚拟组织、战略联盟、无边界组织等新型模式迈进。例如，美的集团在其组织结构的演变过程中，采用了类似这些新型模式的特点，如通过平台事业部制强化了跨部门协作（网络型特征），通过数字化转型实现了资源的高效配置（虚拟组织特征），并通过与华为等公司的合作展现了战略联盟的特点。

聚焦实践 8-6

美的集团组织结构变化

作为全球知名的家电制造商，美的集团业务领域广泛，涵盖空调、冰箱、洗衣机以及各类厨房电器等多种产品线。在多年的发展过程中，为适应市场变化及满足内部管理需求，美的集团持续进行组织结构调整与优化。美的集团的组织结构变迁如图 8-3 所示。

图 8-3 美的集团的组织结构变迁

第一阶段（1997 年前），美的集团采用直线职能制结构。在这一阶段，美的集团主要以提高产品质量为中心，采取统一指挥和集中管理的方式。美的集团的直线职能制组织结构如图 8-4 所示。

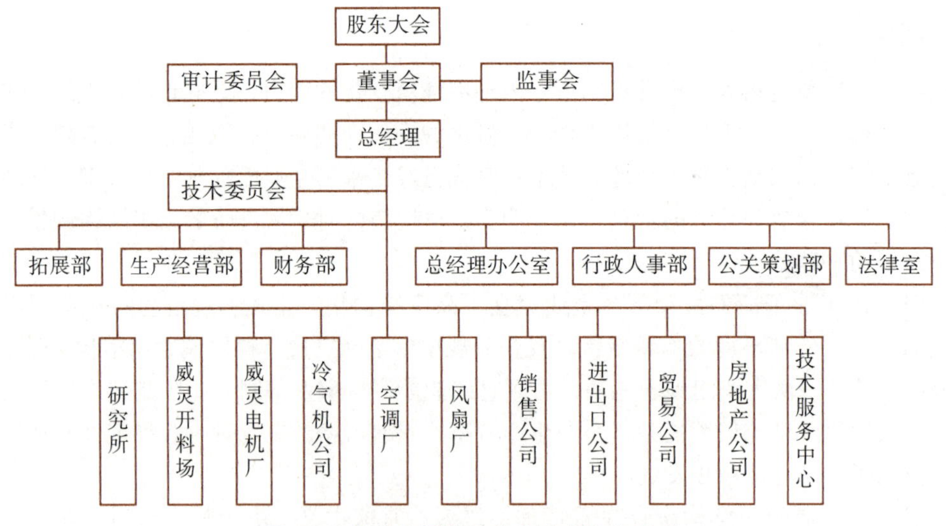

图 8-4 美的集团的直线职能制组织结构

第二阶段（1997—2001 年），美的集团组织结构转变为分权事业部制结构。1997 年，美的集团高速发展，旗下有 200 多种产品，亟须整合产品运营资源，成立事业部，让各事业部独立运营，快速把握市场机会。美的集团的分权事业部制组织结构如图 8-5 所示。

第三阶段（2002—2012 年），美的集团又转变为二级集团的超事业部制组织。2002 年，美的集团事业部增加至 8 个，各事业部独立运作，导致资源利用效率降低。为了进一步提升竞争力，美的集团设置了二级集团架构，助力企业快速扩张。美的集团的超事业部制组织结构如图 8-6 所示。

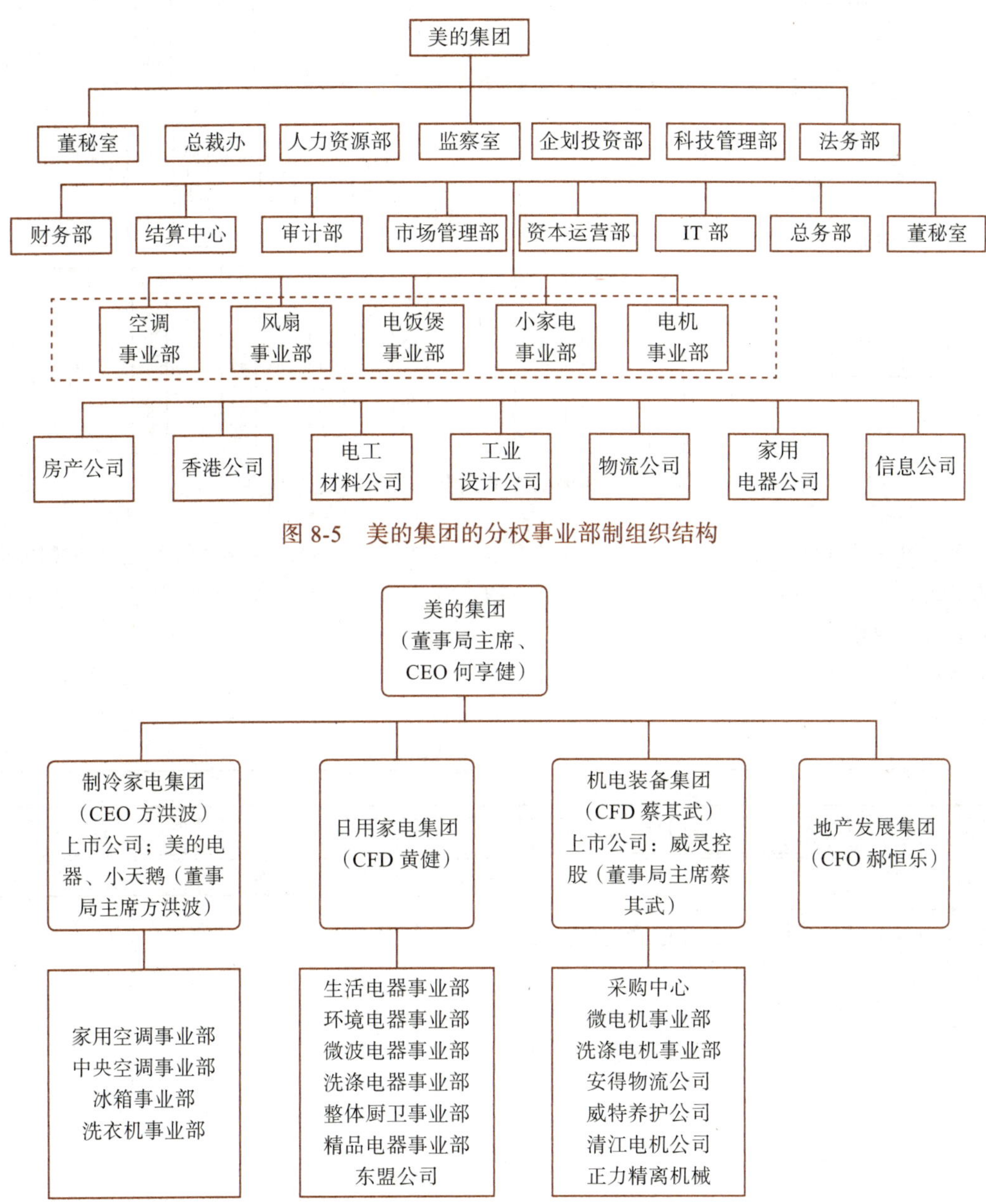

图 8-5　美的集团的分权事业部制组织结构

图 8-6　美的集团的超事业部制组织结构

第四阶段（2012—2019 年），美的集团又转变为集团扁平化事业部制组织。2012 年，美的集团推行“智能家居 + 智能制造”的“双智”战略，随着市场需求的演变和行业政策的调整，公司传统的事业部制结构已无法迅速且高效地应对市场的变化。为此，公司推出了“789 工程”，构建了 7 个平台、8 个核心职能以及 9 个事业部。在这一新架构下，各个事业部由不同的作战单元组成，而总部则转型为一个支持前线作战单元的赋能平台。美的集团的扁平化事业部制组织结构如图 8-7 所示。

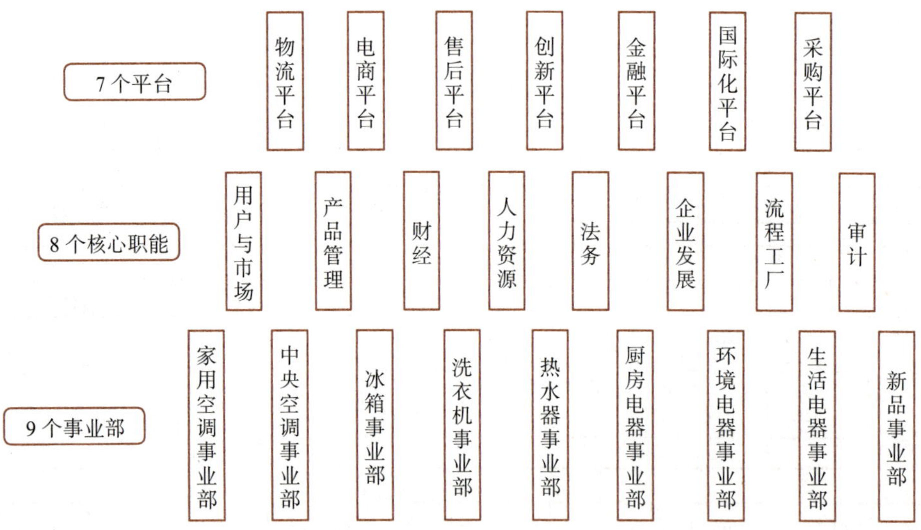

图 8-7 美的集团的扁平化事业部制组织结构

第五阶段（2019 年至今），美的集团正在转型为以用户为中心的纵横协同制组织。2019 年，美的集团将平台划分为两部分：一是侧重创新的平台，二是侧重支持与赋能的公共支撑平台。上层部门为职能部门，下层为事业部或经营体，共同确保组织运行顺畅。目前看来，美的集团的组织架构正逐步向用户中心型转变，各经营主体负责提供产品与服务，集团职能确保纵向一致性，相关平台实现横向协同。美的集团以用户为中心的纵横协同制组织结构如图 8-8 所示。

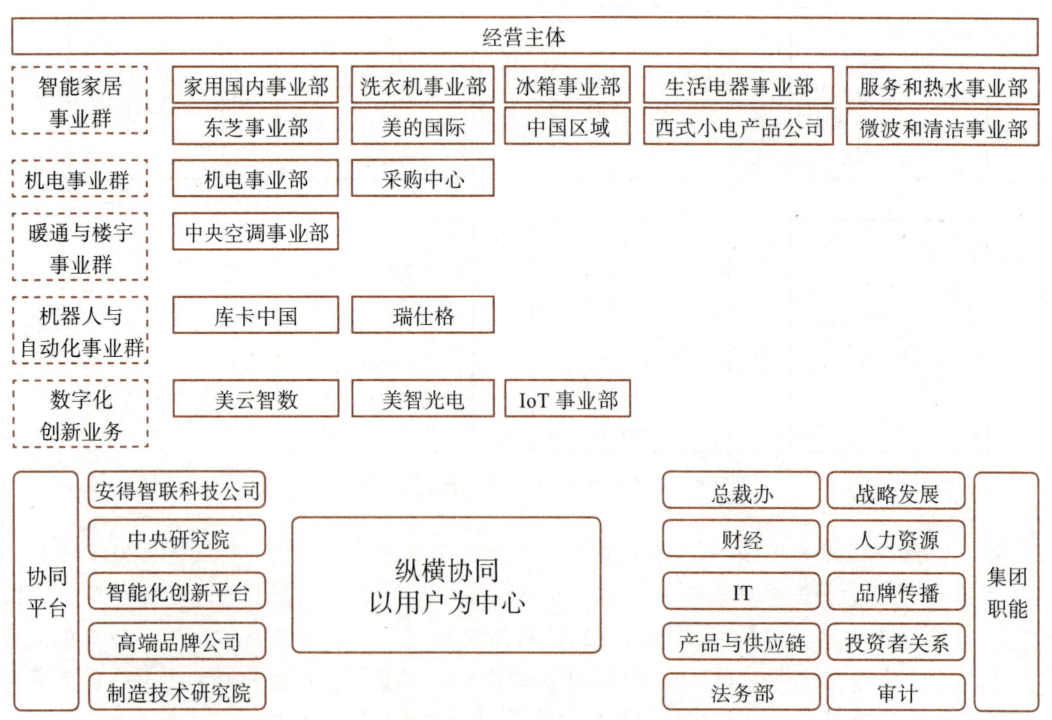

图 8-8 美的集团以用户为中心的纵横协同制组织结构

资料来源：《标杆企业组织架构变迁探究 8：美的》，知乎。

聚焦实践 8-6 提出，可以通过构建数字化的组织结构来应对这些新的挑战。数字化的组织结构是在共同的组织文化下建立的自赋能、自组织、自协同、自调节、自适应、自进化的新型生态式的组织形态。

对比科层制组织，生态型组织具有以下“六自”机制特点。

第一，自赋能。科层制组织由上层集中分配资源，而生态型组织通过搭建赋能平台，形成“资源池”，由前端小团队根据用户需求去“自主”申请、对接资源。

第二，自组织。科层制组织按照研发、采购、生产、销售、财务、人力等部门形式划分组织，而生态型组织由多个直接面向用户的前端小团队组成，这些小团队是跨部门、跨职能的团队，由不同部门员工自发组织形成，并“自主”运营。

第三，自协同。科层制组织具有明显的内外部边界，内部各部门间形成“部门墙”，对外也比较封闭，而生态型组织通过不同职能角色的“自主”协同，以及与外部企业的主动协同，打破边界。

第四，自调节。科层制组织倾向于扩大规模，这往往会导致组织变得僵化和臃肿，而生态型组织通过前端小团队的持续自我裂变、重组和调节，有效地控制了小团队的规模，这种做法在扩展组织规模的同时，确保了组织的灵活性和敏捷性。

第五，自适应。在科层制组织中，信息往往自上而下地传递，这使得它们难以应对复杂且不断变化的外部环境，而生态型组织中的前端小团队能够迅速感知外部环境的变化，并通过自我调整来适应这些变化。

第六，自进化。科层制组织由上层决定是否进行创新，而生态型组织的前端小团队可以持续根据用户需求进行创新，实现自我进化。

但在实际操作中，组织结构变革遭遇的阻力重重，一般而言，有以下几点阻力。

（1）高层支持力度不足，缺乏有效规划，变革还停留在口号阶段。在这种情况下开展数字化工作，很难引起质变。

（2）部分管理者担心数字化向下赋权，会削弱其权力和影响力。在实施数字化转型之后，组织打破了传统的层级结构和“信息孤岛”。通过采用更为敏捷和扁平的组织结构，以及围绕项目构建的跨职能团队等协调机制，层级之间、部门之间以及个体间的距离和障碍正在逐步被消除。权力的分配和信息的传递变得更加分散，组织内部系统各部分之间的耦合程度得以提升。公司的中高层是组织中非常重要的存在，这些人在企业中已经达到了一定的地位，掌控着重要资源。而组织结构变革的推行会将他们已经掌控的资源、权益打乱再分配，利益受到损害的这部分人会出于对原有权益的依恋，对未来产生一种不确定的焦虑，从而抵制变革。比如：数字技术带来的新价值可能会替代传统的管理职能；数字技术赋能于人，淡化了传统的管理功效，管理者需要“无我”，才能激活组织和组织成员；具有数字技术的新生代员工也已经不再轻易相信领导者的权威，甚至会挑战其权威性；管理层所要学习的新东西越来越多。

（3）跨组织与部门协同存在挑战。数字化转型要求各类组织和部门紧密协作，确保业务、数据及信息的高效运作与流通。但在企业内部，组织和部门之间可能存在沟通不畅的问题，从而难以保障信息的准确性与时效性。

（4）员工及业务人员恐惧数字化并对数字化产生抵制心理。据麦肯锡预测，到 2030

年，全球范围内将有 7 500 万～ 3.75 亿人口需要学习新技能并寻找新的就业机会。我国就业市场的变革将尤为显著，预计将有 1 200 万～ 1.02 亿人面临重新就业的挑战。员工恐惧因数字化而失业。

（5）企业战略与组织架构发展可能会出现不匹配的情况。随着数字化转型战略的实施，企业的组织架构正逐渐向扁平化发展，以更好地适应不断变化的外部环境。数字化领域对传统组织来说相对陌生，传统组织正面临着已知与未知的挑战，必须在“开发—探索”之间找到平衡点。组织资源有限，对于究竟是深化现有业务还是实施颠覆性创新需要进行权衡。因此，在实施数字化转型过程中，组织需要审慎考量各种因素之间的关系。针对开发与探索之间的平衡问题，现有研究指出组织应当具备双元性，建议通过构建双元结构的组织模式来调和开发与探索之间的矛盾。例如，设立独立的数字化业务部门，与现有业务进行分离经营，或者在开发现有业务的同时，积极探索数字化业务。

3. 业务流程

业务流程是一系列有序活动的集合，这些活动在特定规则的控制下，将原材料、信息及人力等资源转化为产品或服务，以满足客户需求。活动之间存在着明确的逻辑联系，包括串行、并行以及反馈关系，共同决定了流程的推进及最终成果。数字化的本质是标准化和流程规范化，在 ChatGPT 出现之前，数字化转型的本质都是制定标准、规范流程，只有制定标准、规范流程后才能进行数字化编程，将它变成自动化的过程，如制造业的数字孪生、服务业的算法匹配、金融业的风险管控等。

依据 ISO 9000：2015《质量管理体系》的界定，过程指的是利用输入提供预期结果的相互关联或相互作用的一组活动，这些活动将输入转换为输出。流程和过程这两个概念具有相似性，它们都涉及一系列活动，旨在将输入转化为对顾客具有价值的输出。迈克尔·哈默（Michael Hammer）将流程定义为一系列活动，这些活动将一个或多个输入转化为对顾客具有价值的输出。他的定义突出了流程在价值创造方面的重要性。托马斯·H. 达文波特（Thomas H. Davenport）将流程定义为一系列结构化且可度量的活动集合，它们为特定市场或特定顾客产生特定的输出。他的定义强调了流程的结构化和可测量性。例如，采购过程涉及需求分析、供应商选择、合同签订、物资验收等多个环节。这个过程不仅涉及企业内部不同部门（如采购部、财务部、生产部等）的协同工作，还需要与外部供应商、物流公司等进行有效的沟通和协调。

企业业务流程具备五个特点，即可重复性、标准化、可测量性、可优化性和跨部门性。可重复性是指企业在相同的条件下可以多次执行相同的业务流程，以实现特定的业务目标。这种可重复性使得企业能够通过反复执行流程来提高效率和效果，从而确保业务的稳定运行。标准化是指企业将业务流程中的各个步骤和活动进行规范化和统一化，以确保它们在整个组织范围内保持一致。通过标准化，企业可以减少错误和混乱，提高流程的可靠性和效率。可测量性是指企业可以对业务流程进行量化和评估，以便了解其性能和效果。通过测量业务流程的关键指标，企业能够识别问题与瓶颈，并采取相应措施进行改进与优化。可优化性是指企业可以通过不断地分析和改进业务流程，提高其效率和质量。通过优化业务流程，企业可以减少资源浪费，提高生产力，并更好地满足客户需求。跨部门性是指业务流程通常涉及多个部门和团队之间的协作和协调。跨部门性要求企业在设计和实施业务流程时，充分考虑各个部门的需求和利益，以确保流程的顺畅运行和协同效应的最大化。在工业时代，随着科技的飞速发展和生产力的不断提高，传统的业务流程逐渐暴露出一些问题。这些问题不仅影响了企业的运营效率，还限制了企业的发展。这些问题具体包括信息不对称、沟通低效、审批流程烦琐、缺乏灵活性、出现数据孤岛现象、人力资源浪费及客户满意度低等。

（1）信息不对称。在传统的业务流程中，信息的传递和共享往往受到限制，导致企业内部各部门之间的信息不对称。这种信息不对称可能导致决策失误、资源浪费和工作效率低下。

（2）沟通低效。传统的业务流程通常依赖于人工沟通和协调，这种方式效率低下，容易出错。随着企业规模的扩大，这种沟通方式越来越难以满足企业的需求。

（3）审批流程烦琐。在传统的业务流程中，审批流程往往烦琐且耗时，这可能导致企业错失市场机会，从而影响企业的竞争力。

（4）缺乏灵活性。传统的业务流程往往是固定的，缺乏灵活性。当市场环境发生变化时，企业很难快速调整业务流程以适应新的市场需求。

（5）出现数据孤岛现象。在传统的业务流程中，各部门的数据往往是孤立的，缺乏整合。这使得企业难以全面了解业务状况，进而影响企业的决策效果。

（6）人力资源浪费。传统业务流程效率低下且烦琐，企业需要投入大量的人力资源来维持业务流程的正常运行。这不仅增加了企业的运营成本，还可能导致人力资源的浪费。

（7）客户满意度低。传统业务流程效率低下且烦琐，企业在处理客户需求时可能无法及时响应，导致客户满意度降低。

以传统企业进行补充医疗保险报销的流程为例。员工在指定时间及地点递交了相关报销材料后，人力资源部进行资料初步审核，如果发现资料不齐全则通知员工继续补充资料。在补充完整相关资料后，人力资源部将再次进行审核，确认无误后，资料将被提交进入审批流程。一旦审批获得通过，理赔流程随即启动。但一旦流程变得线上化、标准化后，员工只需要手机登录，基本信息就会被自动带出，员工仅需要补充其他资料，如其他资料不符合要求，则无法上传。员工上传资料后，可以在系统内查询每一步的进展，也能在系统内看到最终的审核结果。

传统意义上，流程化主要关注的是企业内部的流程。然而，实际上标准化和流程化也能够对企业更好地服务客户、实现数字化变革起到积极作用。以菜鸟集团为例，其数字供应链的核心能力包括智能选品、备货分仓、进行大数据驱动的需求预测、让用户拥有快速而完美的交付体验、实时可视化全链路数据、线上线下全渠道协同合作，以及打造敏捷灵活的供应链网络。

为了实现流程的标准化和线上化，菜鸟集团主要采取了以下步骤。首先，建立了标准化的内部供应链计划流程，该流程以数据为驱动、以算法为辅助，实现了全链路、全渠道的数字化。供应链流程的线上化、数字化和信息化帮助商家降低了库存、提高了周转率，并增加了供应商的销售额。其次，菜鸟集团将管理层的战略转化为可执行的目标计划，以确保每个环节都有明确的目标和执行标准，从而提高了整个供应链的运行效率。最后，通过及时识别供应链链路上的风险，自上而下和自下而上地对供应链流程进行管理和优化，企业不仅预防了潜在的风险，也在出现问题时迅速做出了反应，从而保证了供应链的稳定运行。

然而，在当前这个数字化的时代，企业进行业务流程的变革面临着一些挑战和阻力。这些阻力主要体现在以下几个方面。

（1）技术更新的快速演进，使得企业在推动业务流程变革时必须不断学习和掌握新的技术。这对企业的技术团队来说是一项颇具挑战的任务，因为他们需要在有限的时间内，迅速适应并掌握这些新技术，并将它们有效应用到实际的业务过程中。

（2）企业内部的组织结构及文化因素可能会阻碍业务流程的变革。很多企业的组织结构和文化传统都是基于旧的业务流程建立的，这种结构和文化可能会阻碍新的业务流程的引入和实施。

（3）企业的员工对于业务流程变革可能会产生抵触情绪。新的业务流程可能会改变他们的工作方式和职责，从而给他们带来不确定性和压力，导致他们不愿意接受新的业务流程。

（4）企业还会面临来自外部环境的阻力。例如，新的业务流程可能会受到法规的限制，并可能会引起竞争对手的反弹反应。

4. 技术

技术是推动人类社会进步的关键驱动力，在历史的长河中，每一次生产力的质的飞跃，都与技术的突破及其广泛运用息息相关。经济和商业领域是技术发展的延伸领域。在数字经济时代，新型组织的基本特征在于能够全面发挥各类数字技术的优势，实现资源的高效配置。资源配置的效率是企业竞争的核心之一。企业需要通过数据的自由流通来应对复杂系统的不确定性，并提升资源配置的效率。

企业面临诸多挑战，如如何确定不同业务的投入力度、评估不同营销手段的效果、缩短研发周期、提升班组产量、增强机床的精确度以及提高设备使用效率等。这些挑战最终都可归结为一个问题：如何优化资源配置以提高效率。

在现代企业中，数据、算力和算法已成为推动资源科学、高效和精确配置的关键要素。以制造业为典型案例，企业需要确保精准地将数据以适当方式在适当时机传递给相关人员及设备。随着智能产品和设备的广泛部署，各种生产设备、感知设备、联网终端甚至生产者本身都在不断地产生大量数据。这些数据将贯穿产品设计、建模、加工、维护等全生命周期，渗透企业生产、运营、管理、服务等各个领域，以及关联供应商、合作伙伴、客户等全价值链，成为制造业的基础。

通过实现全程、全产业链以及产品全生命周期的数据自动流动，企业能够持续提升资源配置的效率。这不仅有助于实现更高品质的产出、降低生产成本、加快交付速度、提升客户满意度，而且还能增强制造业的全要素生产率，促进数据驱动的创新、生产与决策，助力企业迈向更高层次。

本质上，由“数据、算力和算法”构成的服务体系，可以通过描述、诊断、预测和决策四个阶段，最终达到优化资源配置的目标。

全面运用互联网、云计算、大数据、物联网、人工智能等先进信息技术，对企业运营的各个层面进行改造和赋能，能够实现基础设施的云化、触点的数字化、业务的在线化、运营的数据化以及决策的智能化，从而降低组织内部因信息碎片化、认知局限性以及个人利益与企业利益冲突等造成的损失。

数智化技术将全面刷新现有技术基础设施，重塑商业模式，绘制未来经济图景。正如德国国家科学与工程院监事会主席孔翰宁（Henning Kagermann）所言："当前工业发展的原则是对可数字化的对象进行数字化，从而开创全新的价值创造模式。"

然而，我们看到的却是，技术将"人工智能"变成了"人工智障"。技术应用的主要阻力来自以下四个方面。

（1）企业领导对数字化转型看不懂、认不清、理不透，误认为技术就是信息部门的事情。信息部门负责引进系统，业务部门负责应用，如果用得不好就是信息部门办事不力、能力不行。实际上，在信息高度发达的今天，我们每天都会接触海量的资讯，不乏最新的信息技术。从几年前的区块链、挖矿到元宇宙，再到2023年爆火的GPT，每一次的技术进步，都会成功地对一些追求先进技术的企业领导进行一波"洗脑"，甚至在GPT刚推出时某企业领导就大谈GPT在企业内的应用前景，要信息部门引进GPT来自动编写各种软件系统，并取代程序开发人员，这也因此成为行业的笑话。从理论上来说领导的想法没问题，应用先进的技术来实现所谓的降本增效是可行的，但从技术引入到实践再到全面应用，看似需要很短的时间，却有很长的路要走。

比如在GPT技术推出后不久，国内一些应用软件公司就开始对外宣称开发出了所谓的人工智能、智能机器人等技术。如果把此技术应用到某个工作场景中并让它产生效果，比如数据管理中，领导对着系统内的AI机器人说要一份成本月报表，想象中的场景应该是所谓的AI机器人马上会给领导展现一份汇总了各种成本分析数据以及分析图表的报表，但是如果系统前期的基础数据问题，如数据的准确性及完整性问题不解决，企业的成本分析逻辑未统一，AI给出的数据一样是错的，这个时候领导就会说：这哪里是人工智能，简直是人工智障！

（2）"技术禁运"影响数字化进程。我国的数字技术正蓬勃发展，创新能力也在持续提升。然而，与发达国家相比，我国的数字经济起步较晚，发展历程较短，对于关键核心技术的掌握仍处于探索阶段。特别是在高端芯片和传感器等关键领域，发达国家几乎完全控制了市场，我国在这些方面对外部的依赖程度相当高。尽管我国在关键技术领域取得了创新性突破，但实现这些技术的全面应用仍需一段时间。若实施"技术禁运"，这无疑会对我国的数字化进程造成影响，增加企业数字化转型的难度和风险，并可能减缓数字经济的发展速度。

此外，随着物联网、区块链、大数据、人工智能、云计算等科技飞速发展，企业对大量具备相关知识技能及企业业务背景的复合型高端人才需求迫切。然而，此类人才市场供应不足，这在一定程度上制约了企业的数字化进程。

众多企业对信息技术应用的认识仍停留在部署传统IT系统层面，长期应用传统信息技术（如ERP等）导致信息孤岛现象频发，基础数据准确性也受到影响。然而，云计算、大数据、人工智能、物联网等新兴技术正在迅猛发展，这使得传统制造企业在理解、应用和掌握这些技术方面面临更为严峻的挑战，新旧问题交织使得企业处境越发困难。

（3）数字安全亟待完善。安全是企业数字化转型的基础。近年来，网络攻击事件激增，黑客的攻击手段越来越复杂。根据国外某知名研究机构的统计数据，勒索攻击每年致使全球企业损失高达265亿美元。

神州租车前CTO张益军在接受CIO时代采访时曾表示，随着组织的数据存储和处理变得更加依赖于网络和云技术，数据泄露的风险也相应增加。黑客入侵、技术故障等都可能导致敏感数据泄露。如果组织未能保护客户或员工的个人信息，这可能会导致信任损失，并对声誉造成负面影响。

这一说法并不是空穴来风。2022 年 11 月初，我国台湾省某系统遭受黑客攻击，黑客在境外论坛上以 5 000 万美元的价格，公然出售 2 300 万民众的个人信息。2022 年 12 月初，我国一家汽车制造商由于服务器配置不当，泄露了约百万条用户数据。此外，该公司还遭到了要求支付价值 225 万美元等额比特币的勒索。

数字安全保障体系的建设仍需进一步完善。数字经济作为一种新兴现象，现行的法律法规体系尚未能与之相匹配，无法适应数字经济增长的规模。同时，鉴于网络数据平台的监管力度不足，不法分子频繁利用法律漏洞侵犯企业权益，扰乱数据交易市场的秩序。这阻碍了数字技术潜力的充分发挥，进而影响了企业的全面转型升级。

例如，数据获取的界限模糊不清，导致数据安全难以得到保障，企业因此面临信息泄露的风险；科技巨头凭借其庞大的数字化基础设施形成了行业垄断，这限制了普通企业的创新与发展；数字化平台的质量参差不齐，数据信息的时效性无法得到保证，这影响了企业的决策过程以及企业的可持续发展。因此，技术作为社会转型的关键在推动企业数字化转型中发挥着核心作用。

一方面，技术暴露（exposure to technology）为我们探知业务提供了入口和基础。另一方面，技术暴露引发了严峻的隐私安全风险。伴随着个人信息被存储和调用的频率越来越高，技术的进步已然威胁到了隐私安全。随着企业数字化转型的进程不断深入，学习分析、人工智能等技术在业务开展中极有可能会造成隐私泄露。

（4）数据采集与应用能力不足是一个严峻的问题。数据是制造业企业数字化与智能化的重要支柱，同时也是企业的重要资产，它在企业运营中的重要作用不容忽视。然而，企业所涉及的数据类型繁多、来源多样、量级巨大，如何有效地获取、传输、管理数据以及发挥数据的价值，仍然是企业亟待解决的关键难题。

因此，那些企业系统内所谓的 AI、机器人并不是拿来就能用的，它们的设计和使用需要与业务相结合，由业务管理者来制定相关规则。AI 技术是躯壳，而管理才是真正的灵魂所在，否则 AI 就是一个“智障”，没有基础数据、没有业务逻辑，没有运维管理，这些系统内所谓的 AI 也就是一个名词而已。同时，值得注意的是，AI 在带来便捷的同时，还带来了对数据安全的挑战，而这一切同样需要业务与技术结合来进行相关规则的制定与管理。所以技术想要变成生产力，离不开业务，它们只有相互融合才能实现价值最大化。

5. 人力资源管理

人力资源管理（human resource management，HRM）是在经济学原理和人本主义思想的指导下，通过一系列管理活动，如招聘、选拔、培训和薪酬管理等，对组织内外的人力资源进行有效配置和利用。这些活动旨在满足组织当前和未来发展的需求，确保组织目标的实现与成员个人发展的最大化。人力资源管理涉及预测组织的人力资源需求，制定相应的人力资源规划，招聘并选拔合适的人员，组织和激励他们高效工作，以及评估绩效并提供相应的报酬和激励措施。此外，它还包括将组织的需求与个人的职业发展需求相结合，进行有效的人力资源开发，以实现最佳的组织绩效。

传统意义上，我们认为人力资源管理分为四个阶段。

第一阶段：人事管理阶段。在工业时代的管理模式中，人力资源部门作为一个典型的业务附属后勤及保障部门，其主要工作内容涵盖人员招聘、劳动合同签订、薪酬发放等。这一阶段的管理部门被称为“人事部”或“行政人事部”，管理的技术含量相对较低。当前，许多创业公司的人力资源部门仍处于此阶段。

第二阶段：人力资源管理阶段。该阶段强调的是“六大模块”（人力资源规划、招聘、培训、绩效评估、薪酬体系、劳动关系）同时运行，全面推进企业“选、用、育、留”工作。人力资源管理的核心目标是提高员工的工作效率和企业的绩效，从而实现企业的战略目标。在这个过程中，人力资源管理全面涵盖规划、招聘、培训、绩效评估、薪酬体系以及劳动关系等关键领域，以确保企业战略目标的实现。此时的人力资源部门已经开始逐步具备专业属性，在科学管理的大背景下，有了明确的职能分工和理论框架。

第三阶段：战略人力资源管理阶段。该阶段强调的是人才、企业文化、领导力等均为企业战略服务，作为企业战略管理的重要一环。随着内外部环境变得更加复杂，企业发现传统的六大模块全生命周期难以支撑其快速发展。此时的人力资源部门开始更关注人才、企业文化和领导力等更底层的要素，从该“如何做”向“为谁做，怎么做，为什么要做”，转变促使人力资源工作更贴近企业业务及战略。

第四阶段：人才管理阶段。该阶段强调的是人力资源要跳出组织，关注产业生态圈的构建，要能够围绕商业模式来构建生态，提供增值服务。在这个阶段，人力资源管理已经不再局限于企业内部的管理，而开始关注与外部合作伙伴的关系，构建产业生态圈，通过整合资源、提供增值服务来提升企业的竞争力。此时的人力资源部门已经升级为关注商业模式、战略规划和资源整合的人才管理部门。

随着数字科技与管理领域的深度融合，尤其是人工智能和云计算等先进技术的应用，传统人力资源管理理念和模式已对企业转型升级构成制约。人力资源管理的数智化转型成为企业解决管理难题、推动创新转型、加强价值创造及提升组织效能的关键。不同时期技术在人力资源管理领域的应用及其影响如图 8-9 所示。

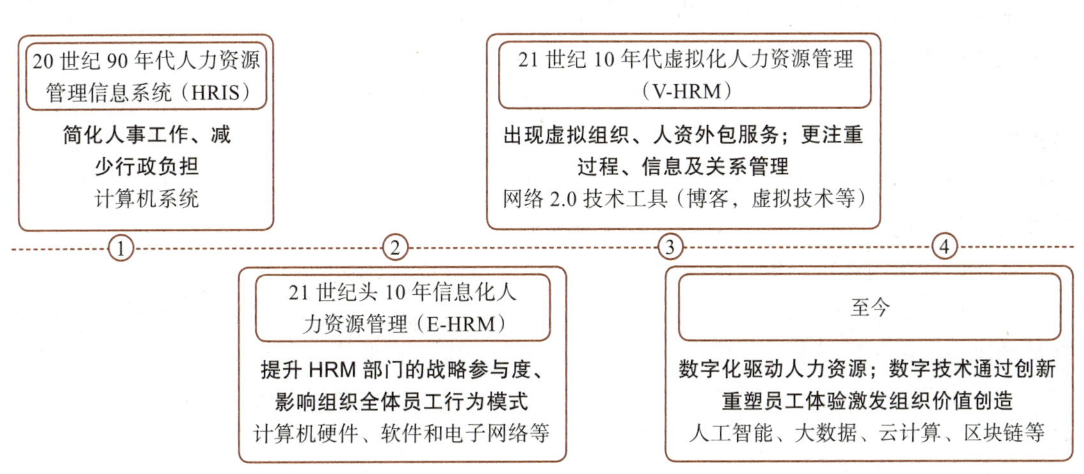

图 8-9　不同时期技术在人力资源管理领域的应用及其影响

传统人力资源管理与数智化人力资源管理存在显著差异，具体差异如表 8-8 所示。

表 8-8 传统人力资源管理与数智化人力资源管理对比

对比维度	传统人力资源管理	数智化人力资源管理
工作目标	高效完成工作	提升员工体验和组织效能
所属地位	执行层	战略管理层
工作内容	人事核心六大模块管理	全链条人才服务
数据互通	数据孤岛	数据互通与共享
决策机制	经验为主	数据驱动为基础
管理工具	人工处理为主	数字化平台为主
员工与组织关系	传统雇佣关系	协同共生关系

目前企业人力资源管理数智化转型的主要阻力集中在对数智化理解不一、思想不同步、人才供给短缺、转型路径不清晰、经济实力不足等方面。

（1）对数智化理解不一。不同的人对数智化可能有不同的理解和看法。在企业中，人力资源部门和 IT 部门是两个关键的部门，它们在数智化转型的过程中起着重要的作用。然而，它们对数智化转型的理解不一，可能会导致它们在实施过程中出现分歧和冲突。此外，它们可能还缺乏对数智化转型的共识，无法达成一致的决策和行动方案，因此很难获得高层领导的更多支持。

（2）思想不同步。这主要体现在与数字化变革相关的利益相关者在思想观念、价值观、变革心态以及变革行为等方面不一致。

高层管理者的阻力：高层管理者往往是数字化转型动力最充足的人群，他们希望整个组织的战略实施过程能够被掌控、可视化，但是，他们在意识里未必支持数字化转型，因为数字化的前提是标准化、流程化、透明化，这违背了高层管理者“随心所欲”的意愿，一开始他们会不适应、不习惯，毕竟工作方式变了、沟通方式变了，地位相对平等了；此外，他们的能力未必能支撑数字化转型，他们需要理解数字技术应用的难度，需要具备数字化思维，需要认识到数字化过程是逐步迭代而成的，这并不能毕其功于一役，而需要管理者做好打“持久战”的心理准备，而且可能耗费许多的财力和物力。

中层管理者的阻力：职位的丧失（扁平化），权力的约束（灰色空间），能力的瓶颈（数字化思维和激励等）。数字化一般会导致组织结构扁平化，而组织结构的扁平化直接导致许多中层岗位消失，这是对中层管理者最致命的打击；在缺乏数字化管理的时代，组织管理有许多的模糊地带，比如在接待、营销、差旅等活动中，中层管理者可以很大程度上行使自己的权力，而数字化让这些活动有了痕迹、有了数据，可以被实时统计和分析，可能导致中层管理者利益的损失，也会给数字化转型带来阻力；在数字化时代，网络工作、远程工作是常态，如何进行新的管理，更好地激励员工，也是中层管理者面临的问题。

基层员工的阻力：数字化转型可能导致机器人、算法、GPT 应用增多，使员工面临被裁员的风险，由于涉及员工的生存问题，数字化转型实施起来的阻力非常大；此外，员工需要学习新技术、新方法、新思维，这对员工来说比较具有挑战性，喜欢钻研业务、对数字化感兴趣的员工在数字化转型中可以表现得如鱼得水，但对那些与先进信息技术存在数字鸿沟的人，特别是年长员工来说，数字化转型可能是灾难，他们虽然有经验，但是没有数字化思维、不会操作数字化设施，成为开展新工作的阻力。

人力资源部人员的阻力：面对由传统的六大模块向三支柱（SSC+COE+HRBP）转型的挑战。SSC（共享服务中心）涉及社保、国家强制福利、企业福利、薪酬发放等一系列常规工作；COE（专家中心，它的级别很高）职位很少，可望而不可即；大多数的HR可能从事HRBP（人力资源业务伙伴）活动，而业务出身的人可能在这方面做得更好，比HR更有优势，能做好HRBP的人因为业务工作待遇更高、更有影响力，可能放弃HRBP而直接从事业务工作，可见HR专业慢慢变成了招聘、培训和考核的专业，影响力大打折扣，会成为数字化转型的阻力。

营销人员的阻力：数字化app的应用导致结果和过程管理都变得比较透明，特别是过程管理的透明，使得营销人员的业务活动、资源和人脉、开支都进入了可以被监管的范畴，营销人员的利益受损、行为受困也会导致推行数字化转型存在阻力。

（3）人才供给短缺。这主要体现在当前的数字化时代，数智化平台的布局仍然存在一定的局限性。尽管许多企业已经开始探索和实施数字化转型，但仍然有一部分企业处于数字化甚至是信息化的阶段，这些企业在技术、人才和资源方面可能还不足以支撑全面的数智化转型。

（4）转型路径不清晰。企业很多时候仅仅停留在操作层面，即仅仅关注于技术的应用和实施，而忽视了对整个过程的可视化管理，导致在制定数智化转型的目标时缺乏明确的方向和依据，同时也难以准确评估数智化转型所带来的实际业务价值。

（5）经济实力不足。企业在转型过程中需要投入大量的资金，来购买服务、升级硬件设备和软件系统，以及进行相关的技术研发等。对于经济实力较弱的企业来说，这些投入可能会占据其大部分甚至全部的财务资源，导致企业在其他方面的发展受到影响。

8.3　数字化组织变革的实现路径

8.3.1　组织学习

在分析数字化组织变革面临的困境时，我们看到数字技术的崛起已经深刻地改变了组织内或组织间的知识与资源流动模式，使得学习和知识成为数字化时代的核心要素。在管理学、心理学和社会学等多个学科的研究中，组织学习已经成为一个被广泛认可的研究领域，学者对其概念的界定也各有侧重，主要从行为和能力两个研究视角对它进行了定义（见表8-9）。

表8-9　组织学习的研究视角

类别	文献来源	内涵
行为	Argyris 和 Schön（1978）	组织不断检验并纠正错误的过程
	Gherardi 和 Nicolini（2000）	组织进行社会化学习的互动过程
	Crossan 和 Berdrow（2003）	组织通过寻求获取信息、知识或能力以提高竞争力的过程
	Zhao 等（2011）	组织获取信息、理解、专业知识、技术和实践以提高任务绩效的过程
	Wang 和 Ellinger（2011）	组织获取、创造、整合和分发信息的过程

（续）

类别	文献来源	内涵
行为	Tortorella 等（2015）	与组织文化和环境直接相关的、基于更清晰的理解和更深入的知识的改进过程
	陈国权和周琦玮（2016）	根据组织过去或其他组织的经验调整自身行为实践或组织结构，进而达成提升绩效的目的
	Zappa 和 Robins（2016）	组织产生、传播和利用知识并将它转化为创新的过程
	Sousa 和 Rocha（2019）	使用智能手机、平板电脑、计算机等多种技术设备的非计划的、隐含的过程
	肖静华（2020）	依靠各种技术，为响应环境变化而进行的知识应用和探索
	Ruel 等（2021）	通过强调资源和能力的采用、开发、重新配置和更新，来保持资源、能力和组织环境一致的过程，有助于更新发展企业的适应能力
	李宇和王竣鹤（2022）	组织挖掘、筛选、获取并利用外部知识的过程
能力	Goh（2003）	组织实施促进和鼓励学习的管理办法、结构和程序的能力
	Jerez-Gomez 等（2005）	组织创造、获取、转移和整合知识的能力
	Wu 和 Chen（2014）、Obeso 等（2020）	组织通过知识加工、行为调整反映新的认知情况，进而提高绩效的能力
	Watad（2019）	组织内获取、转移和创造知识的能力

随着组织学习理论逐渐成熟，学者开始围绕“组织学习是如何产生的”这一问题开展研究，依据现有文献，组织学习的产生受到环境、企业和网络三个层面的驱动因素的影响。

在环境层面，企业所处的外部环境变化是组织学习产生的直接诱因。环境中蕴藏的新商业机会和广阔的发展空间能够激发组织学习意愿，而激烈的市场竞争环境则让企业认识到不能局限在过去的成功之中，开展学习活动是企业竞争制胜的法宝。随着新一代信息技术如人工智能的兴起，越来越多的企业将新兴技术嵌入组织学习过程，使得组织学习趋于数据化、自动化。

在企业层面，组织学习受到一些内在驱动因素的影响。组织文化体现了组织成员所共同拥有的价值观和信念，它通过营造互动环境影响知识的创造、分享和传播过程，进而影响组织学习。此外，领导者的能力如变革型领导力、包容型领导力和领导敏捷性等也对组织学习起到了重要的引领、支持和示范作用。创业本质上是一个学习和演进的过程，而创业韧性则是企业失败后再创业、再学习的根本动力。

在网络层面，企业伙伴间的合作与互动关系是影响组织学习的重要因素之一。网络嵌入、网络联结和知识联盟等变量是组织学习研究的主要内容。网络嵌入和网络联结可以促进更高战略绩效的产生，而战略联盟或知识联盟的合作方式可以为企业有效地从外部获取资源提供途径，有助于促进联盟内组织间学习。在整个面向可持续性创新的联盟学习过程中，重点研究了学习伙伴的重要性。组织学习的驱动因素汇总如表 8-10 所示。

表 8-10 组织学习的驱动因素汇总

类别	文献来源	驱动因素
环境层面	Ellis 和 Shpielberg（2003）；陈国权和刘薇（2017）	环境动态性
	O'cass 和 Weerawardena（2010）	竞争强度
	Hoe（2021）；Hanelt 等（2021）；Tortorella 等（2020）	技术机会
企业层面	Gibson 和 Birkinshaw（2004）	组织结构

（续）

类别	文献来源	驱动因素
企业层面	Sanz-Valle 等（2011）；Kucharska 和 Bedford（2020）	组织文化
	Wang 和 Ellinger（2011）	外部环境感知
	Li 和 Huang（2013）	交互记忆系统
	Ghasemaghaei 和 Calic（2019）；肖静华（2020）	大数据分析
	Do 和 Mai（2020）	领导特质；领导风格
	赵富强等（2022）	创业韧性
网络层面	Lavie 和 Rosenkopf（2006）	战略联盟
	许晖等（2013）	网络嵌入
	Dong 和 Yang（2015）	知识联盟
	Chung 等（2015）	关系网络（商业关系、政治关系）
	徐国军等（2018）；颉茂华等（2021）	联结强度；网络联结

数字化转型是当今企业发展的必然趋势，而组织学习则是实现数字化转型的关键要素。通过深入研究和分析案例，我们认为，数字化工具和智能化手段，特别是数据治理（主数据、数据标准、元数据、数据安全、数据质量、数据架构、数据全生命周期、数据服务等）在企业文化、组织结构、业务流程和人力资源管理领域的应用对解决企业数智化组织变革中所面临的难题具有积极影响。企业数智化组织变革实现路径如图 8-10 所示。

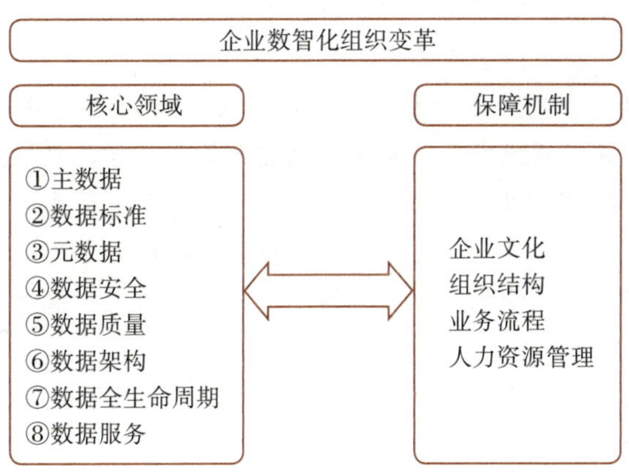

图 8-10　企业数智化组织变革实现路径

8.3.2　数字化企业文化变革

企业文化从强调高度执行力和最优绩效的“刚性企业文化”，转变为推崇以人为本、结合创造力与执行力的“柔性企业文化”，这一转变将极大地促进员工自我价值的实现，不仅能激励员工积极投身于数字化转型，实现能力的提升，而且能使员工更加充满成就感。那么，企业应该如何打造数字化文化？

1. 企业领导者需要高度重视数字化项目

企业文化理论的奠基人埃德加·沙因曾指出：“领导者是文化的缔造者和维护者，他们所从事的最重要的工作，便是塑造和管理企业文化。如果领导者不懂得如何管理文化，他们就会成为文化的受害者。”他强调：“文化与领导者是硬币的两面，密不可分。”

在企业数字化转型过程中，构建数字化文化成为企业家的重要职责，他们作为推动数字化文化发展的关键要素，肩负着引领企业迈向数字化未来的重任。尤其对于传统企业而言，若要转变企业文化，领导者必须亲自参与并大力推动。欧洲一家咨询公司 Capgemini，对来自全球 8 个国家的 340 个组织中的 1 700 名高管和员工进行了数字化转型的调查研究，并在 2017 年发布了“The Digital Culture Challenge：Closing the Employee-Leadership Gap”研究报告。该研究报告揭示了一个引人注目的发现：62% 的受访者认为企业文化是数字化转型过程中的主要障碍。然而，众多企业领导者尚未认识到这一点：若领导者本身无法领会数字文化，他们将无法引领企业的数字化转型。

聚焦实践 8-7

美的方洪波在企业开展数字化转型过程中以身作则推动企业文化的变革

美的董事长方洪波在企业数字化转型的历程中始终秉持以身作则的原则，全力以赴推动企业文化的变革。为此，方洪波采取了一系列措施。

首先，他几乎取消了所有个人办公室，消除了管理者所享有的特权待遇；电梯和餐厅等公共空间不再设有专属区域或座位。其次，他要求每位参与总部执委会的管理者在关键决策上必须明确表达个人意见，以实现集体决策；同时，各事业部成立管理委员会，确保集体决策的执行，避免个人专断。最后，方洪波还通过自身的行为示范，传达了一个开放、透明的企业文化，他尽量使用玻璃墙作为办公室的一部分，寓意着“随时开放，任何人都可以进来”。这些举措有助于在企业内部营造平等、民主的决策氛围。

通过方洪波的引领和推动，美的的数字化转型取得了显著的成果。这种去中心化、平等的企业文化氛围有助于提高员工的参与度、创造力和工作效率，为美的未来的发展奠定了坚实的基础。

资料来源：改编自中国管理案例共享中心案例库，《“数”造非凡，智赢未来：美的数字化变革之路》。

在企业数字化转型的初始阶段，企业家必须亲自主导和执行数字化项目，同时激励基层员工积极参与，并密切关注他们的工作进展。然而，随着数字化理念在企业内部得到广泛认同并深入人心，转型进入中后期，企业的管理模式也需要随之进行相应的调整。

员工需要由传统的高绩效重复性劳动者转变为具备创新能力的数字化人才。此外，领导者的角色也应从主要负责运营成果转变为全面负责企业长期战略、持续创新及文化建设。领导者还应创造一个有利于员工在数字化项目中成长的环境，从而激发他们的潜能。

具体来说，领导者的关注焦点应从解决问题转向发掘机遇，由关注短期绩效转向关注企业长远发展，由关注项目执行能力转向关注企业创新能力，以及由关注员工任务完成情况转向关注员工能力培育。

随着数字化转型的深入发展，领导者逐渐将工作焦点从管理运营转移到了管理创新上。以绩效为唯一核心的企业文化已不再适宜，取而代之的是以创新为标志的企业文化。只有这样，企业才能借助数字化手段实现真正的长期可持续发展。

在组织变革的实践中，学习氛围与信任关系日益浓厚，它们将共同推动企业不断发展。在此背景下，全体员工将展现出成长型、创新型及开放型思维，进而提升自信与成就感。领导层与员工之间将更加紧密、相互依赖、信任互助，共同推进企业数字化转型进程。

2. 建立数字化愿景并拓展持续沟通的渠道

首先，领导者需要确立一个明确的数字化愿景，清晰地描绘出企业未来发展方向，即希望通过数字化转型成为什么样的企业。例如，宝洁公司曾宣布："我们的目标是成为全球数字化程度最高的企业，将企业所有工作数字化，无论是分子结构研究、工厂运营，还是零售商的销售数据分析。"这种数字化愿景推动了宝洁公司全体员工对数字化价值的认同，并激发了他们学习数字化技能的动力。

其次，领导者需要重视文化宣贯的作用，并大力推广数字化愿景。为了实现这一目标，领导者可以使用简短有力的口号和标语，让数字化文化真正融入企业。领导者还需要不断强化新理念，提高企业整体对数字化的认知。例如，三一重工的数字化愿景是在未来五年内实现"获得 3 000 亿元销售收入，拥有 3 000 名工人及 30 000 名工程技术人员"的目标，以彻底从劳动密集型企业转型为知识密集型企业。

为了营造一种数字化的文化氛围，让广大员工了解数字化，理解数字化转型的意义，三一重工将数字化带到了办公场所。在三一重工总部，到处张贴着数字化转型的金句、标语，甚至卫生间的每一面墙上都张贴着标语，真正做到了无处不在。这种做法能够使数字化文化不知不觉中融入三一重工人的日常工作和生活。

汇鸿集团每年开展"数字化宣传周"活动，通过多种方式如开设讲座、布置展板、发布新闻稿、组织知识竞赛等来营造数字化文化氛围。这些活动旨在提高员工对数字化的认识和理解，推动企业在数字化转型的道路上不断前进。

最后，为确保数字化文化可以被广泛宣贯并深入人心，持续、反复与员工沟通显得尤为关键。单纯依赖表面的宣传手段不足以将这一新型文化理念真正植入员工心中。因此，领导者需要与员工进行深入的对话，向他们传递公司的数字化愿景、使命，以及转型的重要性。领导者应清晰阐述数字化转型对公司及员工个人的重要意义，并营造一种紧迫感，使员工充分认识到这一变革对其自身利益的深远影响。

尤其需要关注的是那些因变革而利益受到影响的员工，领导者必须充分理解他们的顾虑与困扰，并与他们进行深入沟通。比如，微软在进行数字化转型时，其首席执行官萨提亚·纳德拉（Satya Nadella）每月都会安排一段时间与员工进行互动，通过线上或线下的方式解答他们的疑惑。这种做法使得一线员工都能够参与到这个过程中来。

新瑞鹏宠物医疗集团董事长彭永鹤认为，数字化转型面临的最大挑战在于宠物医疗行业仍采用传统思维模式及从业者对新技术、新知识存在抵触心理。对此，领导者需要展现出足够的耐心，与员工进行深入沟通，并不断地宣讲数字化转型的重要性和益处，直到他们能够从内心接受这一变革。

华为在管理变革和数字化转型期间，成立了专门的数字化文化宣传工作组。该小组负责听取业务部门的建议和意见，收集并展示数字化变革为业务带来的成果。这种从业务和客户的视角出发的宣传方式，有效增强了企业对变革效果的认同感，并进一步加强了数字化与员工之间的紧密联系。

3. 建立数字化文化固化的机制

在企业文化建设过程中，多数企业已意识到关注精神层、行为层、物质层的重要性，然而对制度层的关注却往往很少。

制度文化涵盖了企业组织架构、管理体系、行为规范等多个领域，是企业文化的核心组成部分。构建数字化文化不能仅停留在口号与纸面之上，而需建立实际制度与机制。随着数字化文化建设的深入推进，建立协作机制、激励机制、创新机制等已成为将数字化文化“固化于制”的关键途径。

以开放共享文化的形成为例，激励机制的建立是开放共享文化形成的关键。为了促进各部门间的协作，领导者需要对积极开放共享的员工和部门给予奖励，从而提高各部门开放共享的意愿。华为在数字化转型中强调打破“部门墙”，推崇平台和共享，并为此建立了共享奖惩制度。员工和团队只要将有效的数字化方案上传至全球方案共享平台，并获得全球员工的点赞、评论，就能根据相应的分数获得奖励。这一制度不仅推动了员工之间的共享，形成了开放共享的文化氛围，还使员工的能力得以在平台上沉淀，减轻了系统重复建设的负担。

再如打造创新文化，也需要建立相应的创新机制。例如，可以通过建立数字化创新中心，配置专门的财务资金，设立“数字化专项奖金池”，建立数字化创新的各种评优体系，对创新实践进行鼓励。美的为打造创新的文化氛围，推行了一系列的创新机制。2014 年，美的投资 30 亿元建立了全球创新中心，以推动产品创新升级；设立了专项创新基金，构建了完善的孵化器运作体系，以激励全方位的创新活动；同时，成立了涉及产业链投资的并购平台，并设立了用于支持新业务与新产业发展的基金。

4. 引入数字化作为业务的基础支撑，让员工体会到数字化的作用

在推动文化变革、培养数字化文化的过程中，让员工深刻认识到数字化的价值，并从内心认同这一转型的价值至关重要。为实现这一目标，领导者可以通过三种方式让员工切身体会到数字化的优势：数据可视化、推广数字化工具的应用以及采用人工智能模型。

数据可视化是一种在文化塑造过程中具有重要现实意义的方法。通过可视化手段，包括定期组织各类数据实践分享会、数据分析总结会、数据实践案例竞赛等，我们可以将数据分析的成果展示给全体员工并培养员工看数据的习惯。例如，美的十分重视数据文化的建设，采取了将数据多屏展示的举措，向全体员工展现数据价值。

推广数字化工具的应用可以赋能员工并改变他们的工作方式。在数字化转型过程中，平安集团非常重视对一线员工的数字化赋能。例如，平安人寿通过一系列数字化工具的打造，为代理人队伍的日常运营、人员扩充、培训以及活动量管理等方面提供支持，从而提升其销售业绩和客户经营能力。每位代理人配备有三款数字化工具：智能助手“AskBob”能够解

答代理人关于客户的疑问，模拟销售训练场景；“金管家”app 为代理人提供全方位的保单管理服务，架起代理人与客户沟通的桥梁；“口袋 E”应用程序集成了客户管理、业绩追踪以及投保流程管理等多项功能。

人工智能模型在数字化技术领域具有重要意义，能为员工提供智能化决策支持。以百度为例，在人力资源管理数字化过程中，公司倡导创新企业文化，并认为具备扁平化管理、自由氛围及多样化员工背景等特点的组织文化是创新的关键。为了在文化变革等任务中提供智能决策支持，百度独立开发了人工智能模型，并引入了创新熵这一创新的组织创新文化量化评估指标，实现了对企业文化的多维度解析。

8.3.3　数字化组织结构变革

传统的组织结构，也就是以层级和部门为主导的，员工职责明确，上下级关系清晰的组织形式，正在转变为非层级式的、组合式的、扁平化的一种新型结构。这种新型的组织形式强调的是信息的快速流动、员工的自主性和协作性，以及对于市场变化的快速响应。在这种结构中，信息和知识的共享成为推动组织发展的关键因素。这样的组织结构更加灵活，更适应新时代的社会环境需求。

在组织结构变革过程中，根据企业所处的不同阶段，组织从传统的金字塔式组织向“倒三角”型组织、网络型组织、虚拟组织、战略联盟、无边界组织等新型模式迈进。

组织结构的调整不能一蹴而就，而应该层层推进，逐步深入。数智化组织结构变革步骤如图 8-11 所示。

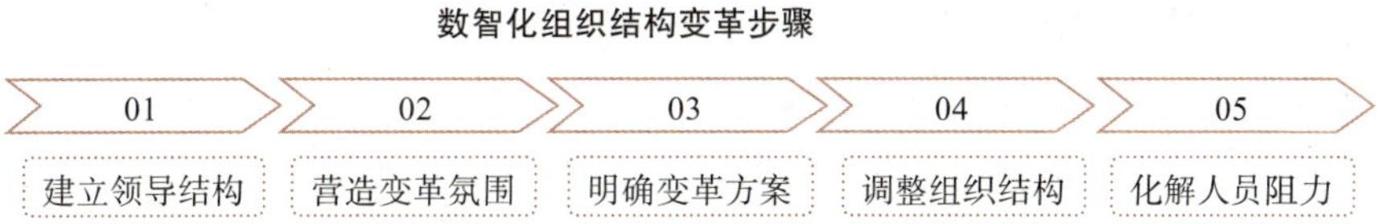

图 8-11　数智化组织结构变革步骤

1. 建立领导结构

目前，为了推动数字化，领导结构主要有 4 种形式：集中型、技术驱动型、业务驱动型、协同型。这 4 种结构的优劣势分析如表 8-11 所示。

表 8-11　4 种结构优劣势分析

类型	集中型	技术驱动型	业务驱动型	协同型
牵头部门	总裁办、战略部门	IT	业务部门	数字化转型部门
优势	离 CEO 近，可自上而下快速响应，高效决策	原生的数字化能力；与外部合作伙伴的合作经验	业务部门的高度影响力	战略同意、企业内部间协调一致
劣势	IT 部门、业务部门互不认可	CEO、业务部门互不认可	CEO、IT 部门互不认可，数字化能力缺失	数字化转型自带风险属性，多次转型

（1）**集中型**：最为常见。由总裁办或战略部门牵头，这些部门虽然在一定程度上保持独

立性，特别是在技术和业务方面，但它们必须与技术和业务部门保持紧密合作，以便实现企业数字化转型的全面升级。比如，通用电气、西门子、三星电子等企业数字化转型由总裁办和战略部门牵头。

（2）技术驱动型：比较常见。在原 IT 部门的引领下，以数字化为核心主线，向业务部门辐射，目的是增强企业的数字化能力。比如，苹果、亚马逊、谷歌等企业以数字化为主线来实现成功转型。

（3）业务驱动型：业务部门主导，以转型为核心，向技术部门辐射，重点在于提高业务收入。比如，美团点评作为中国领先的本地生活服务平台，其数字化转型由业务部门牵头推动，通过数字化技术的应用，实现了餐饮外卖、酒店旅游和生鲜电商的全面数字化，提升了企业的业务收入和用户体验。

（4）协同型：由独立的数字化转型部门领导，实现与各部门的高度协同，这种模式仅存在于数字化转型能力成熟度较高的企业中。这是一种在企业内部进行有序迭代的方法，对于那些并非首次进行数字化转型的企业来说，这已经成为它们的首选策略。比如，宝洁作为一家全球领先的消费品公司，其数字化转型由独立的数字化转型部门牵头推动，通过高度协同各部门开展数字化转型，实现了产品创新、供应链管理和市场营销的全面数字化，提升了企业的运营效率和市场竞争力。

在挑选适宜的领导结构模式时，需要全面权衡企业的内外部环境、资源能力和战略目标等多方面因素。通常，有以下几种评估因素。

第一，若企业过往的重大变革均由总裁办主导并成功实施，且总裁办在企业内部具有较大的决策权和影响力，则可考虑采用集中型数字化转型模式。

第二，若企业具备较强的数字化能力，IT 部门凭借过往的信息化项目在企业中拥有充分的话语权，并具备卓越的技术实力和创新能力，则可考虑采用技术驱动型数字化转型模式。

第三，若业务部门具有较大的决策权和投资决策影响力、较强的规划能力，并在企业过往的重大决策中占据主导地位，则可考虑采用业务驱动型数字化转型模式。

第四，若企业的数字化转型能力成熟度较高、跨部门协作需求强，则可考虑采用协同型数字化转型模式。

2. 营造变革氛围

在数字化组织变革中，变革氛围具有举足轻重的作用。一个积极的变革氛围能够激发员工的潜能，提升他们的创新精神，从而使他们更加主动地投身于变革之中，为变革的顺利推进提供坚实的力量。

首先，建立清晰的变革目标和愿景，确保全体员工对变革的目的、预期成果以及自身角色有清晰的认识。

在数字化组织变革过程中，明确的变革目标和愿景至关重要。研究表明，70% 的组织变革失败源于目标不明确和愿景不清晰。因此，要营造积极的变革氛围，确保变革目标和愿景清晰明了，为所有利益相关者所理解和认同。同时，变革目标应具备可衡量性、可达成性和相关性。例如，某公司通过数字化转型，将目标设定为一年内生产效率提高 30%，生产成本降低 20%。这样的目标明确、可衡量，有助于激发员工的积极性与参与度。此外，愿景的设定需充分考虑员工价值观和利益，使变革成果惠及全体，只有这样才能降低变革难度，获得更多支持。

其次，采取多样化的沟通手段，如内部会议、电子邮件、社交媒体及内部通信等，确保所有人员都能及时掌握变革的最新进展，提升员工的参与热情和归属感。例如，管理层定期召开会议，传递变革的必要性和优势，解答员工的问题，消除他们的担忧。同时，员工也可针对变革提出反馈和建议，促进方案的不断完善。

再次，提供必要的培训和支持，帮助员工掌握新技能和适应新的工作方式。例如，可以开展数字化技术培训、领导力发展计划和团队建设活动等，提升员工的个人能力和团队协作能力。同时，组织还应该建立支持机制，如提供技术咨询、解决员工问题和困难等，以确保员工在变革过程中得到必要的支持。

最后，在确保一定程度的沟通和培训基础上，组织还需保持持续学习的状态。变革并非一次性完成的任务，组织提供持续的学习机会，有助于员工不断掌握新技能，适应不断变化的环境。

3. 明确变革方案

明确变革方案包括设定明确的目标、设计实施方案、实施与监控、可持续改进四个部分。

第一，设定目标时需要通过 SWOT 分析、PEST 分析、五力模型等评估组织内外部市场环境，确保变革的科学性、合理性。例如，某公司通过评估现状后，明确了在未来三年内将数字化水平提升至行业领先水平的总体目标。在此基础上，进一步细化了各个部门和业务领域的具体目标，如提升生产自动化水平、优化客户服务体验等。

第二，制订具体的行动计划，包括为利益相关人员分配任务、设定时间节点、确定关键绩效指标以及建立监控和评估机制。方案设计应具有灵活性，能够适应变革过程中可能出现的意外情况。

第三，按照制订的方案开始实施变革，并持续监控进展情况。定期检查是否实现了预定的进度和绩效，并根据实际情况适时反馈调整。

第四，变革实施后，持续进行效果评估，收集反馈信息，并根据评估结果进行必要的调整。

4. 调整组织结构

调整组织结构在数字化组织结构变革中具有举足轻重的地位。为使组织更高效率、更具灵活性和协同性，企业需要重新审视组织结构。

首先，企业应对现有组织结构进行全面剖析，找出潜在问题和症结，如组织架构层次过多、部门间沟通受阻、职能重叠或缺失等。深入诊断有助于企业把握调整和优化的核心要素。

其次，企业应根据数字化技术特性和市场需求，对组织结构进行重塑。这可能包括扁平化组织层次、部门重组、流程优化等。例如，企业可借助云计算和大数据技术实现信息共享与快速决策，缩减中层管理层次，提高组织效率和响应速度。同时，企业应关注跨部门与跨领域的协同合作，形成紧密合作关系，以适应数字化竞争环境。

再次，在调整组织结构过程中，企业应重视人才培养和知识转移。员工是组织的核心资产，企业应通过培训和教育提升员工的数字化素养及技能水平，以适应新的工作模式和要求。此外，企业还应建立高效的知识管理体系，确保核心知识和经验得以传承与发展。

最后，企业应构建科学的评估与反馈机制，持续监测和优化组织结构调整效果。关键绩效指标设定、员工满意度调查、客户反馈等手段均有助于实现此目标。通过不断地分析数据和总结经验，企业可不断完善和优化组织结构，从而适应市场变化及未来发展趋势。

5. 化解人员阻力

组织内部成员对变革的态度各异，部分成员积极拥护，另一部分则予以抵制。在面对变革阻力时，需要特别关注以下三个方面。

第一，变革结果的不确定性。人们普遍厌恶风险，变革前公司的风险相对直观，而变革后潜在的收益却不一定能够立即显现。组织结构变革需要投入大量资源，但产出是否符合预期尚属未知。此外，变革后的结构也存在较大的不确定性。

第二，既得利益者的阻挠。组织结构变革不仅是资源投入的过程，更是权力与资源重新分配的过程。新的权力分配将产生新的既得利益者，从而引发原有既得利益者的反抗。

第三，原有组织的惯性。组织在长期生产经营过程中形成的惯性和文化，使员工对工作界限的认识相对固定。变革会打破原有习惯，导致工作环境与方式面临较大转变。变革会给部分员工带来新的工作方式、行为准则和绩效考核模式，引发他们对未来不确定性的焦虑。

为化解上述阻力，可采取以下措施。

第一，培训与沟通。应对未知恐惧的有效手段是加强员工培训和沟通，定期培训有助于员工了解变革的具体内容和步骤，消除恐慌和排斥情绪。

第二，员工参与变革。让员工参与组织结构变革，可以提高其参与度和责任感，使员工意识到变革的重要性，减少抵触情绪。同时，组织应建立反馈机制，实时反馈变革过程中出现的问题。

第三，采取适当的激励手段。变革过程中，可通过提供薪水、福利等实质性激励，让员工感受到变革带来的收益和希望。同时，组织应适当提拔优秀人才，给予相应权利和奖励。

第四，有计划地实施组织结构变革。变革是一个资源重新配置的过程，应分阶段有计划地进行，以便清晰观察每个阶段的变革效果，适时调整。

8.3.4 数字化业务流程变革

华为董事陶景文曾说："任何不涉及流程重构的数字化转型，都是在装样子。"这句话深刻地揭示了组织结构、业务流程和数字化转型之间的紧密联系。组织结构是业务流程的根基，它为业务流程提供了框架和方向，确保业务活动能够高效、有序地进行。反过来，业务流程又是组织结构服务的核心，它们定义了组织如何运作，如何满足客户需求，以及如何实现其目标。

业务流程并不是孤立存在的，它们是企业价值创造的关键环节。业务流程与企业价值创造之间的关系是手段与目的的关系，即业务流程是为了实现企业的价值创造而存在的。

在数字化时代，企业的数字化转型不仅仅是技术的升级，更是对企业价值创造方式的根本性改变。这种变革要求企业的业务流程和组织流程也进行相应的调整，以确保它们能够支持新的数字化环境。

企业价值创造、业务流程和组织流程的关系如图 8-12 所示。从具体形式上看，组织流程应与业务流程保持契合。业务流程经历重塑后，组织流程也须做出相应调整，从而确保实际业务顺利实施。

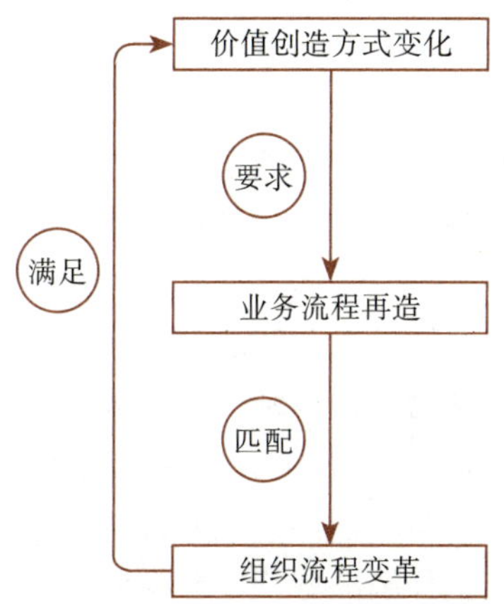

图 8-12　企业价值创造、业务流程和组织流程的关系

数字化转型对组织流程的影响主要体现在三个方面。首先，通过采用并行流程来取代传统的串行流程，并引入分级授权机制，组织流程实现了从单一线性渠道向互动式多渠道的转变，这一变革显著提升了流程效率。其次，数字化环境下的资源配置优化、模块化生产中的“松耦合架构”以及跨越时空的协作模式，共同增强了组织流程的动态性和灵活性。最后，数字化技术的引入为组织流程提供了强大的支持，实现了数据资源与流程的高度整合。随着数字化技术的深入应用和价值创造方式的演进，组织能够利用数据驱动流程，促进各业务单元之间信息的流动、共享和互通。企业通过调整内部运作的各个层面和流程，有效地推动了组织流程的全面变革。

企业可以采用常用的流程优化方法（见图 8-13），包括对标先进实践的标杆瞄准法（BMK）、6 Sigma DMAIC 法、5W2H 法、ECRS 分析法和 ESIA 分析法，开展数字化流程变革。

五大流程优化方法	
标杆瞄准法（BMK）	企业可以通过对比和分析行业内优秀企业的管理实践，找出差距并进行改进，这种方法可以帮助企业提高管理水平，提升竞争力
6 Sigma DMAIC 法	通过定义、测量、分析、改进和控制（DMAIC）五个步骤，帮助企业持续改进产品和服务质量，降低成本，提高效率
5W2H 法	通过回答“what”“why”“who”“when”“where”“how”和“how much”七个问题，全面了解问题并找到解决方案
ECRS 分析法	通过消除（eliminate）、合并（combine）、调整顺序（rearrange）和简化（simplify）四个步骤，帮助企业提高流程效率，降低成本
ESIA 分析法	通过评估现有系统的功能、性能、可用性、安全性和成本五个方面，帮助企业找到改进点，提高信息系统的价值

图 8-13　常用的流程优化方法

1. 标杆瞄准法

在罗伯特·C. 坎普的权威著作《标杆瞄准——寻找产生卓越业绩的行业最佳管理实践》中，他将标杆瞄准流程界定为“在特定行业中寻找能够促成卓越绩效的最佳管理实践”。施乐公司的前首席执行官大卫·T. 柯恩斯认为，标杆瞄准是一个持续的过程，它涉及将自己的产品、服务以及管理实践与最强劲的竞争对手或公认的行业领导者进行对比分析。《韦氏大学英语辞典》(第 9 版）将它定义为“一个基准点，用以制定测量标准”以及“一种标准，供他人据此进行测量和评估”。实际上，标杆瞄准是一种系统化的方法和流程，用于推动组织绩效的实质性改进与提升。该过程包括寻找、分析和研究卓越的产品、服务、设计、机械设备、流程以及管理实践。

通过对比和分析行业内优秀企业的管理实践，企业可以发现自身与它们的差距并加以改进，从而提升管理水平，增强竞争力。标杆瞄准法已被全球多家知名企业广泛应用于日常管理活动。例如，美国的杜邦、柯达、通用电气、福特、IBM 等企业，皆通过对比和分析行业内优秀企业的管理实践，找出自己与它们的差距并进行改进。在我国，诸如海尔、雅芳、李宁、联想等知名企业，通过采用标杆瞄准法，也取得了显著的成果。

2. 6 Sigma DMAIC 法

20 世纪 90 年代，众多世界一流企业开始尝试六西格玛管理（6 Sigma management)，并在实践过程中形成了各自独特的改进模式。基于对众多企业实施六西格玛经验的总结与提炼，通用电气系统性地提出了六西格玛管理的 DMAIC 模式。该模式得到了广泛认同，被视为实施六西格玛管理的操作性强、实用性高的典范。DMAIC 模式是六西格玛管理中最为关键、最具代表性的改进模式，其主要焦点在于现有流程质量的提升与优化。

DMAIC 模式包含了六西格玛改进流程的五个关键阶段：定义（D)、测量（M)、分析（A)、改进（I）和控制（C)。在推进六西格玛管理过程中，DMAIC 模式以企业目标为导向，分步骤有序展开。为实现企业目标，该模式往往需要循环迭代，因此也被称为五步循环法，旨在发掘并解决企业或组织绩效不佳的根源问题。

通过保持工作流程基本架构不变，DMAIC 模式能帮助企业发现和确认关键因素，并寻求最有效的解决策略，从而从根本上优化流程，提升运营效率和盈利能力。

3. 5W2H 法

这是一种分析问题和解决问题的方法，通过回答什么（what)、为什么（why)、谁（who)、何时（when)、何地（where)、如何（how）和多少（how much）七个问题，帮助企业全面了解问题，找到解决方案。

4. ECRS 分析法

这是一种用于优化流程的方法，通过执行消除（eliminate)、合并（combine)、调整顺序（rearrange）和简化（simplify）这四个步骤，帮助企业提高流程效率，降低成本。

5. ESIA 分析法

这是一种用于评估和改进信息系统的方法，通过评估现有系统的功能、性能、可用性、安全性和成本五个方面，帮助企业找到改进点，提高信息系统的价值。

此外，流程再造不是一蹴而就的事情，企业还需要持续优化和改进业务流程。这可能涉及对现有流程的逐步改进或引入新的技术和工具来提高效率和效果。同时，企业应该注重培养和激励那些能够推动业务流程再造的人才，并为他们提供必要的资源和支持。通过重新设计和优化业务流程，企业可以提高效率、减少浪费并增强竞争力。同时，通过不断地升级迭代，流程可以一直保持生命力，不走样、不僵化。

在企业业务流程数字化转型的实践中，IBM、甲骨文、SAP 等公司表现突出。它们在业务流程管理和面向服务的架构（SOA）基础上的“工作流数字化”领域已经取得了显著的成就。这种工作流数字化被视为真正的“流程数字化”，因为它已实现操作过程的数字化。

SOA 是一种强大的软件设计和架构模式，它可以帮助企业构建灵活、可扩展和可维护的系统。通过将功能拆分为独立的服务，并使用标准化的接口和协议进行通信，SOA 可以提高软件开发的效率和质量。

综合来看，业务流程的数字化构成了企业数字化转型的核心。唯有在业务流程管理和 SOA 基础上实现的工作流数字化，才能称得上是真正的“流程数字化”。如今，中小型企业在实现业务流程管理（BPM）时，无须依赖于重型的 BPM/ 工作流平台或像 SAP 这样复杂的系统。

8.3.5　数字化人力资源变革

观察整个人力资源市场，随着数字经济的蓬勃发展，一系列新兴职业应运而生，备受瞩目。2020 年以及 2021 年 3 月，人力资源与社会保障部携手国家市场监督管理总局和国家统计局，正式向社会公布了 16 个新职业以及与之相关的 38 个职业类别。2020 年推出的新职业包括智能制造工程技术人员、虚拟现实工程技术人员、工业互联网工程技术人员、网约配送员、人工智能训练师、供应链管理师、全媒体运营师以及无人机装调检修工等，这些职业都与数字经济的蓬勃发展密切相关。2021 年发布的新职业中，服务机器人应用技术员、电子数据取证分析师、智能硬件装调员等与数字经济发展密切相关的职业也名列其中。

数字经济的发展已经导致一些重复性高、技术含量较低的体力劳动被自动化技术所取代。在服务业领域，无人便利店和自助点餐系统正逐渐变得普及，而在工业生产中，数控机床和各种工业机器人也得到了广泛应用。随着数字经济的深入发展，人工智能（AI）的应用范围预计将进一步扩大，甚至一些基础性和规律性的智力工作也可能被替代。这一趋势无疑将引发组织内部岗位的结构性变革，一些职位将逐渐被淘汰，而新的岗位也将随之出现。

因此，企业人力资源管理也迈入了第五个阶段——数字化驱动下的人力资本与组织能力再造。这一阶段致力于将科技与人性相融合，推动数字化人力资本的变革。

在数字化驱动下，企业人力资源管理需要适应新的变化，进行能力再造和转型。以下是几个方面的变革思路。

1. 升级人力资源数据信息及提升数据分析能力

在新时代的背景下，企业管理人员应当充分利用商业智能、云技术、移动平台等前沿技术，将 SSC、COE、HRBP 以及企业各部门负责人和员工紧密连接起来，推动人力资源管理的创新发展。通过对业务需求、运营支撑和研发设计方面的数据进行分析和预测，使数据具备“说话”能力，为企业运营和发展提供有力指导。

2. 重新定义人才观

在数字化时代，企业需要重新定义人才观，关注员工的技能、知识和经验，以及他们在新环境中的适应能力。同时，企业也需要关注员工的数字化素养和创新能力，以适应数字经济发展的需要。企业数字化转型迫切需要四类核心人才：数字化领导人才、数字化技术人才、数字化管理人才以及数字化应用人才。

数字化领导人才担任企业数字化转型的核心领导角色，负责洞察数字技术发展趋势和行业动向，如公司 CEO 及其他 CXO 职位。

数字化技术人才专注于企业技术能力建设，是数字化转型的关键支撑力量。他们助力企业构建领先的数字化平台，确保数字化转型顺利实施，如数据架构师、UI 设计师、解决方案架构师、IT 集成工程师、大数据开发师等。

数字化管理人才通过整合企业业务场景与数字技术，成为推动企业数字化转型的中坚力量，如生产、供应链、财务、营销、产品、人力资源管理等业务部门负责人。他们负责落实组织数字化战略，并将数字化理念与战略转化为实际经营方法。在转型过程中，他们需要不断提升数字化变革的领导力。

数字化应用人才在企业内部通过运用数字技术来提升自身工作或业务水平，是数字化转型的重要创新力量，如产品经理、服务经理、生产经理、财务 / 出纳、仓储物流经理、销售运营人员、人力资源管理人员等。为实现企业业务增长和基业长青的终极目标，企业需培养数字化时代的业务管理者和业务骨干，提升跨领域数字化应用能力，以创新和培养为核心，推动业务价值重构。

3. 培训和开发新技能

随着数字经济的深入发展，企业应为员工提供培训及新技能开发的机会，以提升员工的数字化素养与适应能力。此目标可通过内部培训、外部培训、在线学习等途径实现。此外，企业也需要关注员工职业发展，为员工提供更宽广的发展空间。

企业的人力资源管理人员通过运用深度学习和机器学习等智能技术，能够实现人力资源管理各项活动的自动化执行。与此同时，与人工方法相比，运用智能技术在信息数据的输入和输出过程中，能够实现更高的精确度和更快的速度。

4. 优化招聘和选拔流程

在数字化时代，企业需要优化招聘和选拔流程，通过应用 AI、RPA、大数据等技术手段，提高招聘的精准度和效率，构建一个从面试到离职的全流程数字技术系统，利用智能技术为员工打造富有吸引力、高感知度、全方位的数字体验。同时，企业还需要关注员工的多元化和包容性，吸引更多不同背景和技能的优秀人才。招聘数字化进程如图 8-14 所示。

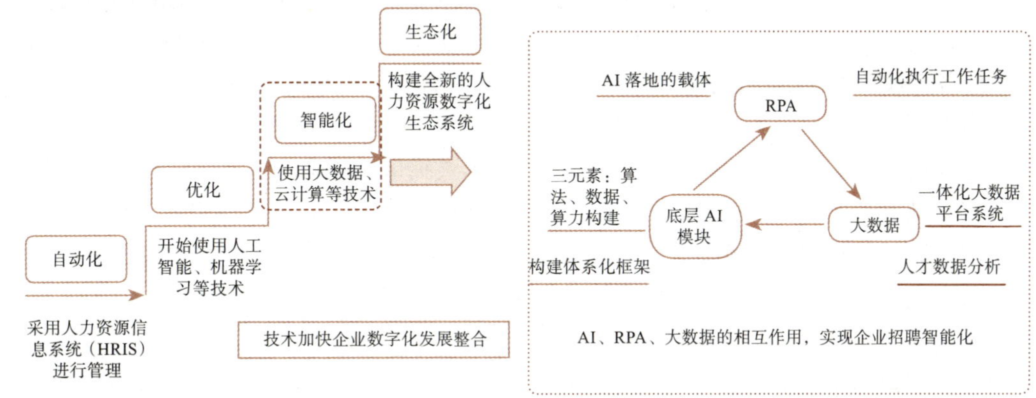

图 8-14　招聘数字化进程

5. 构建敏捷组织

在数字化时代，企业需要构建敏捷组织，以快速响应市场变化和客户需求。企业必须优化其组织架构和管理方法，构建起灵活且高效的作业流程和管理体系。同时，企业还需要关注员工的参与和协作，激发员工的创造力和创新力。

6. 关注员工体验和福利

在数字化时代，企业需要关注员工体验和福利，以提高员工的满意度和忠诚度。这可以通过提供更好的工作环境、福利待遇、职业发展等方式来实现。企业运用数字技术能够深入分析员工的市场价值，并评估薪酬福利对员工工作态度产生的影响。通过综合这些数据，企业能够优化薪酬福利体系，从而降低人才流失率。同时，企业还需要关注员工的心理健康和生活质量，为员工提供更好的关怀和支持。

接下来详细说明数字化人力资源变革的五大核心要素。

第一，协同工作。这主要涉及将原本分散的、线下的流程进行整合，转变为以客户和用户为中心的、端到端的、闭环的线上流程。这样的转变不仅提高了工作效率，也使得流程更加透明，便于管理和监控。通过工单系统，可以实现 HR 任务系统的线上化。这意味着所有的人力资源任务，如招聘、培训、绩效评估等，都可以在线上完成，大大提高了工作效率，同时也减少了纸质文件的使用，更加环保。通过技术手段，我们可以强化 HR 从业者的业务处理能力。例如，使用数据分析工具，帮助 HR 从业者更好地理解和预测员工的需求和行为；也可以使用人工智能技术，帮助 HR 从业者自动化处理一些重复性的工作，从而让他们有更多的时间去关注更重要的问题。

第二，交互工作。这主要包括为经理和员工提供触手可及的服务及为 HR 打造基于数据和任务的专业交互。例如，可以开展的服务有：①开发一个移动应用程序，让经理和员工可以随时随地访问公司的各种服务系统，如请假申请、报销、考勤系统等；②创建一个在线自助服务平台，让员工可以自行处理一些常见的问题，如密码重置、账户解锁等；③引入人工智能技术，为经理和员工提供智能助手，帮助他们处理日常工作中的各种问题；④使用即时通信工具，如企业微信、钉钉等，让经理和员工可以随时进行沟通和协作；⑤提供在线培训和学习资源，帮助员工提升技能，提高工作效率。基于数据和任务为HR打造的专业交互包括：①建立一个数据分析平台，帮助HR专业人员分析员工的绩效、招聘效果等关键指标；②开发一个任务管理系统，让HR专业人员可以轻松地分配任务、跟踪进度和评估结果；③设计一个人力资源仪表盘，展示各种关键数据和指标，帮助HR专业人员快速了解公司的人力资源状况；④利用大数据和人工智能技术，为HR专业人员提供个性化的招聘、培训和激励建议。

第三，数据工作。从管理静态的、稳定的人力资源核心数据转变为管理动态的、复杂的人力资源大数据；从利用传统的考勤、花名册等反应性数据考核员工行为转变为利用这些数据进行数据模拟等提前干预员工行为，提高数据的运用能力。有关数据工作的详细内容在下一节展示。

第四，中台工作。基于业务中台、数据中台和技术中台助推人力资源工作流程优化，实现人力资源管理的全面升级。比如在业务中台中，企业可以将招聘、培训、绩效评估等环节通过数字化工具进行协同管理，提高工作效率，降低人力成本。在数据中台中，企业可以通过对员工信息、绩效数据、培训记录等多维度数据的整合，更好地了解员工需求，制定针对性的人力资源政策，提高员工满意度和忠诚度。在技术中台中，企业可以利用人工智能、大数据、云计算等技术进行智能招聘、在线培训、个性化推荐等。

第五，智能工作。充分利用AI功能，实现AI+招聘、AI+学习与发展、AI+劳动力管理，AI+员工服务的智能工作模式，从而提高工作效率，降低成本，提高员工满意度。比如，在AI+招聘中，可使用自然语言处理（NLP）技术分析候选人的自我介绍，评估候选人与职位要求的匹配程度；使用机器学习算法预测候选人在未来的表现，提高招聘效率。在AI+学习与发展中使用推荐系统为员工推荐与其兴趣和需求相符的课程；使用深度学习技术分析员工的学习行为，为他们提供实时反馈和指导，帮助他们提升技能。在AI+劳动力管理中，使用预测分析技术预测未来的人力需求，帮助企业提前调整人力资源策略；使用情感分析技术监测员工的情绪变化，及时采取措施提高员工满意度。在AI+员工服务中，使用聊天机器人为员工解答常见问题，减轻人力资源部门的工作负担；使用智能语音助手帮助员工安排日程、提醒重要事项等。

数字化人力资源变革的五大核心要素如图8-15所示。但是，企业在引入AI技术时也需要注意数据安全、隐私保护等问题，确保技术的合规性和可持续性。

■协同工作：主要涉及将原本分散的、线下的流程进行整合，转变为以客户和用户为中心的、端到端的、闭环的线上流程

■交互工作：主要包括为经理和员工提供触手可及的服务及为HR打造基于数据和任务的专业交互

■数据工作：从管理静态的、稳定的人力资源核心数据转变为管理动态的、复杂的人力资源大数据；从利用传统的考勤、花名册等反应性数据考核员工行为转变为利用这些数据进行数据模拟等提前干预员工行为，提高数据的运用能力

■中台工作：基于业务中台、数据中台和技术中台助推人力资源工作流程优化，实现人力资源管理的全面升级

■智能工作：充分利用AI功能，实现AI+招聘、AI+学习与发展、AI+劳动力管理，AI+员工服务的智能工作模式，从而提高工作效率，降低成本，提高员工满意度

图8-15 数字化人力资源变革的五大核心要素

聚焦实践 8-8

合心机械的数字化转型之路

合心机械是一家从小型作坊发展起来的企业，通过数字化转型，成功将人员产能提升了30%，并实现了订单和产值的显著增长。合心机械自2002年成立以来，通过技术创新和提供优质服务，迅速成长为多家《财富》世界500强企业的全球供应商。2015年，通过并购德国GRG集团，合心机械的销售额达到了2.5亿元。它被工信部评为国家级服务型制造试点示范企业，并在2020年被认定为“专精特新”小巨人企业。

合心机械的数字化转型始于2014年，当时企业面临发展瓶颈。通过参加行业会议和培训，合心机械认识到数字化转型的重要性，并开始实施数字化转型。转型经历了外购软件失败、自研团队建设、组织结构调整、流程梳理和数字化管理平台建设等阶段。

1. 外购软件阶段

2015年，合心机械的管理者尚未形成完整的数字化转型理念，仅期望借助IT技术提升工作效率，实现降本增效的目标。随后的2015—2017年，公司陆续引进了生产执行系统（MES）、产品数据管理系统（PDM）以及财务管理信息系统，并对部分系统进行了二次开发。然而，这些举措并未取得理想的效果。除了财务管理信息系统仍在使用外，其他信息系统均未能达到预期效果。员工普遍反映这些系统操作不便，不仅未能提高工作效率，反而增加了工作负担，降低了工作效率。

2. 自研团队建设阶段

经过长达三年的深入探索，合心机械审慎评估了通过市场购买软件系统的方式，最终决定依托自身力量，组建一支自主研发团队，致力于数字化转型。该团队由一批具备管理知识、流程理解能力及信息技术素养的专业人员组成，他们共同策划并推进数字化转型工作。在胡锦阳先生的观点中，IT技术是数字化转型的加分项，懂管理和懂流程则是不可或缺的必须项。因此，团队在不断提升原有成员的技术能力与业务水平的同时，也应积极从市场中招募优秀人才，以弥补短板，增强团队的整体实力。经过努力，该部门的人员规模迅速扩大，由最初的3人扩展至20多人，为公司的数字化转型提供了坚实的人才保障。2017—2019年，刘艳伟总裁精心策划并实施了一项重要的人才轮岗计划。该计划旨在通过安排以胡锦阳、王馨妮等为代表的一批高学历年轻业务骨干深入公司各部门轮岗工作，使他们能够全面而深入地了解一线业务运作情况，并精准分析其中存在的问题与需求。

同时，这批业务骨干还担任了总经理助理的职务，以便更全面地了解企业的全流程管理。他们不仅参与了董事长和总裁的外出参观活动，还共同参与了数字化转型的培训学习。通过这些实践和学习，他们得以深入理解和掌握各部门、各环节工作的数字化改造需求，并逐步梳理和疏通业务流程的数字化逻辑。

此外，通过参观标杆企业以及参加培训学习，他们不断明确了合心机械数字化转型升级的方向、内容和目标，并进一步完善了操作方案。这一举措不仅有助于推动企业的数字化转型进程，还有效提升了工作人员对数字化转型的信心和士气。

3. 组织结构调整

在 2019 年 1 月举行的新年开工仪式上，数字化转型被正式确立为合心机械在 2019 年的核心战略重点。胡天伟董事长郑重宣布，将 2019 年定位为公司的数字化转型年，并决定成立合心机械智能制造管理部，由刘艳伟总裁亲自担任部门负责人。

新成立的智能制造管理部作为集团层面的管理部门，肩负着极高的使命。其主要职责是全面统筹和推进集团公司的数字化转型工作，确保各项业务活动紧密围绕数字化改造和转型的要求展开。为此，公司强调整体协同，各部门须全力配合与协调，形成推动数字化转型的合力。

同时，为加速数字化转型进程，公司积极采纳阿米巴经营模式，通过实施该模式，进一步促进全公司的数字化转型进程，实现业务与技术的深度整合，为公司的长远发展奠定坚实的基础。

4. 流程梳理

胡锦阳等人深入分析了合心机械数字化转型的核心要素，明确指出业务流与数据流是此项工作至关重要的两个方面。在系统开发之前，他们秉持严谨的态度，对各个业务流程进行了全面梳理，针对实际操作中存在的不合理内容进行了审慎修订。通过对业务流的梳理，他们有效引导了数据流的形成，确保了数据流与业务流的紧密契合。随后，他们以业务流和数据流为基准，制定了严谨的流程管理制度，旨在实现流程数据的标准化与规范化。这一系列举措为合心机械实现“一单到底”的系统目标奠定了坚实的基础，彰显了它在数字化转型工作中的前瞻性和专业性。在系统设计的整个进程中，胡锦阳等人并未采取分散游击的方式为各个事业部单独提供服务，相反，他们选择了从物料品类最为繁多、管理最为复杂且矛盾最为尖锐的库存管理信息系统（WMS）入手，采用由后向前的策略进行整合集成，以确保数据接口的统一。

2019—2020 年，合心机械在原有管理信息系统的基础上进行了重新开发，对数据标准进行了规范化处理，确保所有数据仅通过一个入口进行录入。经过一系列的努力，合心机械最终成功打通了库存、采购、生产、研发管理等各个环节的物料流，实现了从项目立项、研发设计、采购、入库、出库到生产的全方位一体化管理。

2020 年，合心机械更进一步地将财务系统纳入整合范畴，全面实现了物流、资金流和信息流的集成一体化，为企业的高效运作提供了有力支撑。

5. 数字化管理平台建设

在数字化管理平台取得显著成效的基础上，合心机械决定依托它在非标制造领域的深厚专业技术能力和卓越数字化服务能力，建立人才、技术、资本及数据等全要素的共享机制。此举旨在助力产业链上的各类企业顺利完成数字化转型，共同构建合心数字化生态共享平台。

合心数字化生态共享平台的核心特色在于其全要素共享智造理念。该平台不仅提供物理意义上的共享工厂以及智能装备的共享制造服务，还包含工业互联网供应链集采平台以及人才共享平台。这些功能的整合与协同，共同构成了合心数字化生态共享平台的强大优势，为产业链上的企业提供了更加高效、便捷的数字化转型解决方案。

如今，合心机械已经成功实现了数字化转型，并取得了显著的成效。公司的生产效率、产品质量和客户满意度都得到了显著提升，市场竞争力也得到了进一步增强。未来，合心机械将继续深化数字化转型，不断探索新的数字化应用场景，为公司的长远发展注入新的动力。

资料来源：中国管理案例共享中心案例库，《"专精特新＋数"：合心机械如虎添翼的数字化转型之路》。

本章小结

经过本章的系统学习，读者应深刻领会数字化浪潮下组织变革的重要性和迫切性，全面把握推进组织变革的理论框架和实践路径，并清晰认识到变革过程中可能遭遇的困难与挑战，以及相应的应对策略。

关键术语

数字化转型　组织变革　企业文化　业务流程　激进式变革　渐进式变革　折中式变革　战略性变革　战术性变革　Lewin 变革模型　数据治理

复习思考题

1. 描述数字化转型对现代企业的重要性，并至少以两个行业为例说明它们受此影响的变化。
2. 讨论企业文化在组织数字化变革中的作用，以及如何塑造一个有利于数字化的企业文化。
3. 分析激进式变革与渐进式变革在组织变革中的适用场景及其优缺点。
4. 描述数字化组织变革中可能遇到的阻力，并提出相应的解决策略。
5. 讨论数字化转型对企业组织结构的影响，包括可能出现的新型组织结构。
6. 解释数字化人力资源变革的五大核心要素。

参考文献

[1] 曹亚威，陈月艳，曹倩倩．基于 DIKW 模型的零售业数字化转型路径研究 [J]. 生产力研究，2023（7）：101-105.

[2] 陈国权．面向时空发展的组织学习理论 [J]. 管理学报，2017，14（7）：982-989.

[3] 陈同扬，贺文静，李婉青．数字化时代的人力资源管理与数字化人力资源管理系统辨析 [J]. 科技管理研究，2022，42（22）：130-136.

[4] 陈奕．浅析如何加强国有企业物资采购管理 [J]. 经济研究导刊，2019（1）：3-4.

[5] 陈小辉，张红伟．数字经济如何影响企业风险承担水平 [J]. 经济管理，2021，43（5）：93-108.

[6] 程学旗，靳小龙，王元卓，等．大数据系统和分析技术综述 [J]. 软件学报，2014

（9）：1889-1908.
[7] 郭迟，曾聪．组织学习研究内容综述 [J]. 科技管理研究，2007（10）：156-157，162.
[8] 何大安．企业数字化转型的阶段性及条件配置：基于“大数据构成”的理论分析 [J]. 学术月刊，2022，54（4）：38-49.
[9] 李辉，梁丹丹．企业数字化转型的机制、路径与对策 [J]. 贵州社会科学，2020（10）：120-125.
[10] 李建新．学习型组织的组织结构设计及组织学习能力测评研究 [D]. 天津：天津大学，2009.
[11] 李强治，王甜甜，刘志鹏．我国平台经济领域“二选一”现象的成因、影响及对策 [J]. 信息通信技术与政策，2022（1）：51-56.
[12] 李小庆．数智融合推动金融业全面数字化转型研究 [J]. 金融科技时代，2022，30（10）：8-15.
[13] 刘晶晶．浅析企业不同发展阶段的人力资源管理 [J]. 人力资源管理，2016（7）：56.
[14] 刘刚，唐寅，殷建瓴．中国企业文化研究现状与展望：基于“十三五”时期发表论文的梳理 [J]. 北京交通大学学报（社会科学版），2022，21（3）：92-101.
[15] 刘文丽．基于麦肯锡 7s 模型的 N 公司组织诊断案例分析 [J]. 内蒙古科技与经济，2020（13）：48-49，51.
[16] 鲁晓兵，孟兆荣，郭红锋，等．企业流程优化实施步骤的探讨与分析 [J]. 中国管理信息化，2017，20（3）：83-84.
[17] 莫祯贞，李诗洋，班智飞．平台经济：新经济发展引擎 [J]. 中国科技产业，2017（6）：75-80.
[18] 戚聿东，肖旭．数字经济时代的企业管理变革 [J]. 管理世界，2020，36（6）：135-152.
[19] 时晓晖，时晓虹，吴雷．企业数字化转型面临的困境与对策研究 [J]. 投资与创业，2022，33（14）：163-166.
[20] 孙育平．企业数字化转型的特征、本质及路径探析 [J]. 企业经济，2021，40（12）：35-42.
[21] 陶孜怡，王鑫欣．全球数字经济发展与中国数字化转型路径研究 [J]. 中小企业管理与科技，2023（10）：143-145.
[22] 王景平．数字化时代中企业人力资源管理的变革与挑战 [J]. 商场现代化，2020（24）：61-63.
[23] 王涛．人力资源管理数字化转型：要素、模式与路径 [J]. 中国劳动，2021（6）：35-47.
[24] 王馨楠．新时代背景下企业人力资源管理的数字化转型探研 [J]. 中国商论，2020（23）：137-138.
[25] 王勇，谢晨颖．中国企业数字化转型回顾与展望 [J]. 科技与金融，2022（3）：45-51.
[26] 谢小云，左玉涵，胡琼晶．数字化时代的人力资源管理：基于人与技术交互的视角

[J]. 管理世界，2021，37（1）：200-216.

[27] 张芳芳 . 企业生命周期各阶段的人力资源管理特征分析 [J]. 中国市场，2011（27）：15-17.

[28] 张玉洁 . 浅析数字化时代企业文化建设 [J]. 中外企业文化，2022（10）：127-129.

[29] 赵剑波 . 企业数字化转型的技术范式与关键举措 [J]. 北京工业大学学报（社会科学版），2022，22（1）：94-105.

[30] 郑心怡 . 企业组织学习与组织结构关系研究 [D]. 杭州：浙江大学，2003.

[31] 郑湛，徐绪松，赵伟，等 . 面向互联网时代的组织架构、运行机制、运作模式研究 [J]. 管理学报，2019，16（1）：45-52.

[32] 曾德麟，蔡家玮，欧阳桃花 . 数字化转型研究：整合框架与未来展望 [J]. 外国经济与管理，2021，43（5）：63-76.

[33] 翟胜宝，聂小娟，童丽静，等 . 竞争战略、企业生命周期和企业价值 [J]. 系统工程理论与实践，2021，41（4）：846-860.

[34] 华泰证券课题组 . 证券公司数字化财富管理发展模式与路径研究 [J]. 证券市场导报，2020（4）：2-12.

[35] 周裕康 . 浅论企业流程标准化与管理效率 [J]. 中国管理信息化，2019（2）：111-113.

[36] HISA A, MOHIDDIN F, SUSANTO H. Challenges of digital transformation: impact on culture and the role of HRM[M]//DE PABLOS P O, ZHANG X, ALMUNAWAR M N, et al. Handbook of research on big data, green growth, and technology discuption in Asian companies and societies. New York: IGI Global, 2022.

[37] EIKJAER B. Taking stock of “organizational learning”: looking back and moving forward[J]. Management learning, 2022, 53(3): 582-604.

[38] LI F. Leading digital transformation: three emerging approaches for managing the transition[J]. International journal of operations & production management, 2020,40 (6): 809-817.

[39] HUBER G P. Organizational learning: the contributing processes and the literatures[J]. Organization science, 1991, 2(1): 88-115.

[40] ROZHNOV I P, AVRAMCHIKOVA N T, MASLOVA O V, et al. Digital technologies in the regional management information system[J]. Journal of physics: conference series, 2020, 1679(3): 032004.

[41] WEICK K E, QUINN R E. Organizational change and development[J]. Annual review of psychology, 1999, 50: 361-386.

[42] HERACLEOUS L, GLEDHILL D. Why digital transformation may fail - and what can be done about it[J]. Journal of applied behavioral science, 2023, 60: 215-219.

[43] DODGSON M. Organizational learning: a review of some literatures[J]. Organization studies, 1993, 14(3): 375-394.

[44] EASTERBY-SMITH M, CROSSAN M, NICOLINI D. Organizational learning: debates past, present and future[J]. Journal of management studies, 2000, 37(6): 783-796.

[45] O'LEARY M B, MORTENSEN M, WOOLLEY A W. Multiple team membership: a theoretical model of its effects on productivity and learning for individuals and teams [J]. Academy of management review, 2011, 36(3): 461-478.

[46] WIGGBERG M, GULLIKSEN J, CAJANDER A, et al. Defining digital excellence: requisite skills and policy implications for digital transformation[J]. IEEE access, 2022, 10: 52481-52507.

[47] RAVEENDRAN M. Seeds of change: how current structure shapes the type and timing of reorganizations[J]. Strategic management journal, 2020,41(1): 27-54.

[48] ENDREJAT P C, BURNES B. Draw it, check it, change it: reviving lewin's topology to facilitate organizational change theory and practice[J]. Journal of applied behavioral science 2024, 60(1): 87-112.

[49] PARKER G G, VAN ALSTYNE M W, CHOUDARY S P. Platform revolution: how networked markets are transforming the economy and how to make them work for you[M]. New York: W. W. Norton & Company, 2016.

[50] DENNING S. Recognizing and outmaneuvering the resistance to digital transformation [J]. Strategy and leadership, 2023, 51(2): 10-16.

[51] SHARIQ S, CHROMJAKOVÁ F, MOHAMED K, Achieving data driven decision-making quality through digital leadership and organizational optimization[C]// Proceedings of the International Conference on Industrial Engineering and Operations Management. Michigan: IEOM Society International, 2022 .